FRIEDRICH LIST

Das natürliche System der Politischen Ökonomie

ÖKONOMISCHE STUDIENTEXTE

HERAUSGEGEBEN VON

GERHARD BONDI

IM AUFTRAGE DES INSTITUTS FÜR WIRTSCHAFTSWISSENSCHAFTEN

BEI DER DEUTSCHEN AKADEMIE DER WISSENSCHAFTEN ZU BERLIN

BAND 2

FRIEDRICH LIST

DAS NATÜRLICHE SYSTEM DER POLITISCHEN ÖKONOMIE

AKADEMIE-VERLAG · BERLIN 1961

FRIEDRICH LIST

DAS NATÜRLICHE SYSTEM DER POLITISCHEN ÖKONOMIE

Nach der französischen Handschrift
übersetzt und eingeleitet

von

GÜNTER FABIUNKE

AKADEMIE-VERLAG · BERLIN 1961

„Das natürliche System der politischen Ökonomie", als Preisschrift von Friedrich List der französischen Akademie der moralischen und politischen Wissenschaften unter dem Motto „Et la patrie, et l'humanité" im Januar 1838 vorgelegt, wurde erstmalig 1927 – nach dem Wiederauffinden des bis dahin verschollenen Manuskriptes der Listschen Handschrift – von Edgar Salin und Artur Sommer als Band 4 der von der Friedrich-List-Gesellschaft herausgegebenen Schriften, Reden und Briefe Lists der Öffentlichkeit zugänglich gemacht.

Die hier dem Leser vorgelegte Übersetzung erfolgte auf der Grundlage einer Fotokopie der Listschen Handschrift, für deren Anfertigung und Überlassung wir dem gegenwärtigen Oberbürgermeister der Stadt Reutlingen, Herrn Kalbfell, Dank sagen.

Erschienen im Akademie-Verlag GmbH, Berlin W 8, Leipziger Str. 3–4

Lizenznummer: 202 · 100/27/61
Gesamtherstellung: Druckhaus „Maxim Gorki", Altenburg
Bestellnummer 2093/2
Printed in Germany
ES 5 B 2

INHALT

Friedrich List (1789—1846) IX

I. Die wissenschaftliche und politische Aufgabe der vorliegenden List-Ausgabe IX

II. Deutschland in der Periode der heranreifenden bürgerlichen Revolution von 1848 — der historische Rahmen des politökonomischen Denkens Friedrich Lists . . . XIII

III. Die Hauptetappen des politischen und ideologischen Wirkens Friedrich Lists XVII

IV. Das politökonomische ‚System' Friedrich Lists . . XXXV

1. Lists Verhältnis zur fortgeschrittenen bürgerlichen Politischen Ökonomie Frankreichs und Englands XXXV
2. Die nationale ‚Opposition' Lists gegen die klassische bürgerliche Politische Ökonomie Englands XLV
3. Der vulgäre Charakter der politökonomischen ‚Theorien' Lists LIV
4. Lists Lehre vom industriellen Erziehungszoll — prägnantester Ausdruck des Klassencharakters seines ‚Systems' LXV
5. Die charakteristische ‚Originalität' des politökonomischen Denkens Lists LXXXIV

V. Der erzreaktionäre Charakter der imperialistischen ‚Wiederbelebung' Lists. XCII

Bemerkungen zur Übersetzung CVII

Das Natürliche System der Politischen Ökonomie 1

Einleitung 5

Kapitel I	Individual- und Sozialökonomie oder kosmopolitische Ökonomie	19
Kapitel II	Nationalökonomie oder Politische Ökonomie	22
Kapitel III	Die Theorie der produktiven Kräfte . .	28
Kapitel IV	Die Theorie der Werte	32

Kapitel V	Über den Unterschied zwischen den Nationen und den Systemen der Politischen Ökonomie	42
Kapitel VI	Über die vorherrschende Nation	48
Kapitel VII	Über die gemeinsamen Interessen aller Manufakturnationen hinsichtlich der Handelsfreiheit	52
Kapitel VIII	Über die Opposition der Nationen gegen die in Industrie, Handel und Seemacht vorherrschende Nation	56
Kapitel IX	Über die produktiven Kräfte der Landwirtschaft — Die erste Periode ihrer Entwicklung	57
Kapitel X	Landwirtschaft (Fortsetzung) — Die zweite Periode ihrer Entwicklung	60
Kapitel XI	Landwirtschaft (Fortsetzung) — Die dritte Periode ihrer Entwicklung	68
Kapitel XII	Über die produktiven Kräfte in Manufaktur und Gewerbe	77
Kapitel XIII	Manufaktur (Fortsetzung)	83
Kapitel XIV	Entzieht die Entwicklung einer Manufakturkraft der Landwirtschaft Kapitalien?	91
Kapitel XV	Schafft der Schutz, der den Manufakturen durch ein Zollsystem gewährt wird, ein Monopol zum Vorteil der Manufakturisten und zum Nachteil der Konsumenten von Manufakturprodukten?	98
Kapitel XVI	Wird der innere Markt den Manufakturen auf Kosten der Konsumenten eingeräumt?	100
Kapitel XVII	Haben landwirtschaftliche Produkte für sich selbst Zollschutz nötig und in welcher Hinsicht haben sie ihn nötig?	105
Kapitel XVIII	Die vierte Entwicklungsperiode der Landwirtschaft und der Manufakturen	113
Kapitel XIX	Über die produktiven Kräfte des Handels	117
Kapitel XX	— Fortsetzung — Worin unterscheiden sich das Interesse des Handels und das Interesse des Händlers?	124
Kapitel XXI	Über den Zollschutz im allgemeinen	132

Kapitel XXII	(Zölle) Über Einfuhr- und Ausfuhrverbote und -zölle	139
Kapitel XXIII	Zölle (Fortsetzung) Über das Schutzsystem	146
Kapitel XXIV	Über den Übergang vom Prohibitivsystem zum Schutzsystem	152
Kapitel XXV	Über den Übergang vom Schutzsystem zum System der möglichst voll entfalteten Handelsfreiheit	158
Kapitel XXVI	Über die geeignetsten Mittel zur Förderung und Durchsetzung der Handelsfreiheit	161
Kapitel XXVII	Rückblick auf die Geschichte der Politischen Ökonomie in England	166
Kapitel XXVIII	Rückblick auf die Geschichte der Politischen Ökonomie Frankreichs	184
Kapitel XXIX	Die Geschichte der Politischen Ökonomie Deutschlands	202
Kapitel XXX	Die Politische Ökonomie von Spanien, Portugal und Italien	218
Kapitel XXXI	Rückblick auf die Geschichte der Politischen Ökonomie der Vereinigten Staaten von Nordamerika	230
Kapitel XXXII	Rückblick auf die Politische Ökonomie Rußlands	239
Kapitel XXXIII	Über die Stellung der verschiedenen Systeme der Politischen Ökonomie zur Zollgesetzgebung	241
Kapitel XXXIV	Das natürliche System der Politischen Ökonomie	256
Kapitel XXXV	Die Frage	258
Entschuldigung		260

FRIEDRICH LIST

(1789–1846)

I. DIE WISSENSCHAFTLICHE UND POLITISCHE AUFGABE DER VORLIEGENDEN LIST-AUSGABE

Obwohl Friedrich List kein Klassiker der bürgerlichen Politischen Ökonomie war, gibt es gewichtige Gründe, dem heutigen Leser auch eines der markantesten Werke dieses deutschen bürgerlichen Ökonomen zugänglich zu machen.

Immerhin war Friedrich List der progressivste Ökonom des deutschen Bürgertums in der ersten Hälfte des 19. Jahrhunderts. War er auch unfähig zum theoretischen Erfassen der inneren Zusammenhänge des kapitalistischen Systems, so erkannte er doch als hervorragender Praktiker, worauf es zunächst für die Entwicklung des Kapitalismus in Deutschland ankam. Sein Wirken als Politökonom, vor allem sein leidenschaftliches Eintreten für die Zollvereinigung Deutschlands und für die Schaffung eines gesamtdeutschen Eisenbahnsystems, spielte in der revolutionären Aufschwungsperiode des deutschen Vormärz eine wichtige Rolle im Kampf um die Vorbereitung der deutschen Nationaleinheit. Es förderte in vielfältiger Weise die Durchsetzung des industriellen Kapitalismus in Deutschland. Als Autorität der Schutzzöllnerschule der deutschen Industriebourgeoisie schuf List, wie Friedrich Engels bemerkte, „. . . immer noch das Beste, was die deutsche bürgerlich-ökonomische Literatur produziert hat . . .“[1] Das Studium der politökonomischen Auffassungen Lists ist daher vor allem für

[1] F. Engels, K. Marx, „Zur Kritik der Politischen Ökonomie“ in: K. Marx/F. Engels, Ausgewählte Schriften in zwei Bänden, Berlin 1952, Band 2, Seite 342.

den deutschen Leser von großem historischen Interesse. Es erschließt ihm wertvolle Einblicke in die deutsche Entwicklung der bürgerlichen Politischen Ökonomie vor 1848.

Friedrich List trat aber nicht nur in Deutschland, sondern auch in anderen Ländern — u. a. in Nordamerika, Frankreich, Belgien, Ungarn — als Wortführer des bürgerlichen Strebens nach kapitalistischem Fortschritt, nationaler Einheit und Unabhängigkeit auf. Seine politökonomischen Lehren, die mit besonderem Nachdruck auf die beschleunigte Entwicklung des Industrie-Kapitalismus in zurückgebliebenen Ländern orientierten, wurden auch nach seinem Tode noch weit über die Grenzen Deutschlands hinaus progressiv wirksam. Sie dienten der nationalen Bourgeoisie in vielen mit historischer Verspätung zum Kapitalismus drängenden Ländern Südosteuropas, Lateinamerikas und Asiens im Kampf um nationale Unabhängigkeit und industrielle Selbständigkeit. Das betont national-bürgerliche Werk Lists repräsentiert somit nicht nur eine im deutschen, sondern auch im internationalen Rahmen bemerkenswerte Richtung in der Geschichte der bürgerlichen Politischen Ökonomie.

Die vorliegende List-Ausgabe dient jedoch nicht nur *historischen* Studien. Unter den Bedingungen der vom westdeutschen Imperialismus betriebenen Spaltung Deutschlands gewinnt das Werk des einstigen bürgerlichen Vorkämpfers der deutschen Nationaleinheit zugleich auch höchst *aktuelle* Bedeutung. Entstand es als ideologischer Ausdruck einer Etappe der deutschen Geschichte, in der alles auf die revolutionäre Durchsetzung einer neuen Produktionsweise im nationalen Rahmen Deutschlands ankam, so kann das Studium dieses Werkes sehr wesentlich zur Entlarvung des heutigen Verrats der reaktionären westdeutschen Monopolbourgeoisie an der deutschen Nation beitragen. Insofern ist die vorliegende List-Ausgabe ein Beitrag zum Kampf für die nationale Wiedergeburt Deutschlands als friedliebender, demokratischer Staat.

Die Aktualität der Herausgabe des Listschen Werkes wird durch einen besonderen Umstand noch wesentlich verstärkt. Bekanntlich gehört Friedrich List nicht zu den von der deutschen Bourgeoisie vergessenen Ökonomen. Im Gegenteil! Generationen von Ideologen des deutschen Imperialismus waren bemüht, das Werk Lists auf ihre Weise zu „aktualisieren". Seit den siebziger Jahren des vorigen Jahrhunderts löste eine imperialistische „List-Renaissance" die andere ab. Wohl kein deutscher bürgerlicher Ökonom der Vergangenheit wurde in der imperialistischen Literatur Deutschlands so häufig und vielseitig als „historischer Kronzeuge" angeführt wie Friedrich List. In jeder Periode der Entwicklung des deutschen Imperialismus diente das in seinen reaktionären Elementen einseitig übersteigerte, in seinen progressiven Elementen jedoch ideologisch deformierte und extrem reaktionär verzerrte Werk Lists zur chauvinistischen Vergiftung oder kosmopolitischen Zersetzung des deutschen Nationalbewußtseins. Die Herausgabe eines Originalwerkes Lists entlarvt daher am wirkungsvollsten den erzreaktionären Charakter der imperialistischen deutschen List-Literatur. Sie zeigt einerseits die bereits von List gelegten Keime der heutigen imperialistischen Ideologie und offenbart andererseits die absolute Fortschrittsfeindlichkeit jenes einseitig reaktionären List-Bildes, das unserem Volk jahrzehntelang von Ideologen des deutschen Imperialismus vorgegaukelt wurde.

Die vorliegende List-Ausgabe soll aber nicht nur den in der Vergangenheit von deutschen Monopol-Ideologen geschaffenen und in älteren Generationen unseres Volkes heute noch nachwirkenden reaktionären „List-Mythos" zerstören. Sie richtet sich vor allem und unmittelbar gegen die in jüngster Zeit in Westdeutschland immer stärker in den Vordergrund rückenden Versuche zur erneuten imperialistischen „Wiederbelebung" Lists. Diese modernste und gegenwärtig gefährlichste Variante der imperialistischen List-„Aktualisierung" trägt extrem antinationalen, volks- und menschheitsfeindlichen Charakter. Sie steht im Dienste des aggressiven und revanchistischen deutschen Imperialismus und Militarismus und ist direkt darauf abgestellt, die gegenwärtig vom klerikal-militaristischen Bonner Staat betriebene Politik der Preisgabe der nationalen Einheit und Souveränität Deutschlands „historisch“ zu rechtfertigen.

Mit Hilfe willkürlich herausgegriffener List-Zitate und entstellender List-Kommentare versuchen die Kriegsideologen des wiedererstandenen deutschen Imperialismus, ihre verlogenen kosmopolitisch-supranationalen Phrasen von der „Integration Europas“ und der angeblichen Überlebtheit der Nationen und Nationalstaaten „historisch“ zu sanktionieren. Offenkundig handelt es sich hierbei um die bisher gröbste Entstellung und reaktionärste Verzerrung des einst vorwiegend progressiven national-bürgerlichen Denkens Lists. Trotz aller Widersprüchlichkeit und vulgären Begrenztheit seiner politökonomischen Auffassungen straft daher List selbst am besten jene integrationssüchtigen supranationalen „Europa“-Ideologen des westdeutschen Imperialismus Lügen, die ihren heutigen Verrat an Deutschland und Europa, an der Nation und an der Menschheit ausgerechnet auf ihn zu stützen versuchen. Hierin besteht die besondere politische Aktualität der vorliegenden List-Ausgabe. Sie zerschlägt dem westdeutschen Imperialismus und Militarismus ideologische Waffen, die dieser im Rahmen seiner Kriegspläne zur völligen Vernichtung des deutschen Nationalbewußtseins einzusetzen versucht.

Das kritische Studium des Werkes Lists vermittelt dem Leser somit nicht nur nützliche Kenntnisse auf dem Gebiet der Geschichte der bürgerlichen Politischen Ökonomie. Es rüstet ihn zugleich auch zum Kampf gegen wichtige „historische“ Elemente der modernen imperialistischen Ideologie in Westdeutschland.

II. DEUTSCHLAND IN DER PERIODE DER HERANREIFENDEN BÜRGERLICHEN REVOLUTION VON 1848 – DER HISTORISCHE RAHMEN DES POLITÖKONOMISCHEN DENKENS FRIEDRICH LISTS

Die politische und ideologische Aktivität Lists entfaltete sich 1815, unmittelbar nach dem Sturz der napoleonischen Herrschaft über Deutschland; sie endete 1846, am Vorabend der bürgerlichen Revolution in Deutschland. Es waren in erster Linie die gesellschaftlichen Verhältnisse Deutschlands in dieser Periode, die im Werk Lists ihren ideologischen Niederschlag fanden.

Der gesellschaftliche *Hauptinhalt* dieser Etappe der deutschen Geschichte bestand in der weiteren geistigen und materiellen Vorbereitung der nationalen Einheit Deutschlands auf der Basis der allseitigen Herausbildung kapitalistischer Produktionsverhältnisse. Beides, die kapitalistischen Produktionsverhältnisse und die deutsche Nationaleinheit, waren Erfordernisse, die sich mit objektiver Notwendigkeit aus dem in Deutschland erreichten Entwicklungsstand der gesellschaftlichen Produktivkräfte ergaben. Die nach der französischen bürgerlichen Revolution und unter der Herrschaft Napoleons auch in Deutschland verstärkt vor sich gehende industrielle Entwicklung und die damit entstehenden neuen ökonomischen Austauschbedingungen und -bedürfnisse gerieten in einen immer schärferen Gegensatz zu den noch bestehenden und nach dem Sturz Napoleons sogar erneut wieder gefestigten feudalen Produktions- und Herrschaftsverhältnissen. Das allgemeine ökonomische Entwicklungsgesetz der Gesellschaft forderte jetzt auch in Deutschland immer gebieterischer die Überwindung der überlebten feudalen und halbfeudalen Verhältnisse durch bürgerlich-kapitalistische Produktionsverhältnisse, die den zur industriellen Revolution drängenden Produktivkräften Entwicklungsmöglichkeiten bieten konnten.

Sowohl die Schaffung kapitalistischer Produktionsverhältnisse als auch die Herstellung der bereits in den Freiheitskriegen von den Volksmassen angestrebten nationalen Einheit wurden immer eindeutiger zu unbedingten Voraussetzungen für den weiteren gesellschaftlichen Fortschritt in Deutschland. Sie mußten von den bürgerlich-demokratischen Kräften im hartnäckigen Kampf gegen die herrschenden reaktionären Gewalten des restaurierten Feudalismus und kleinstaatlich-absolutistischen Partikularismus, gegen Aristokratie, Junkertum und Zunftbürgertum erzwungen werden. Unter diesen Bedingungen reiften in Deutschland die objektiven und subjektiven Voraussetzungen einer bürgerlichen Revolution heran.

Der antifeudale Kampf der bürgerlich-demokratischen Kräfte für kapitalistischen Fortschritt und nationale Einheit stieß aber nicht nur in Deutschland selbst auf Widerstand. Er mußte sich gleichzeitig auch gegen ausländische Kräfte und Mächte wenden, die dem Kampf um sozialen und nationalen Fortschritt in Deutschland entgegenwirkten. In *politischer* Hinsicht war es vor allem die 1815 geschaffene und vom russischen Zarismus reaktionär beeinflußte „Heilige Allianz". Sie trug zur Restaurierung der feudalen Herrschaftsverhältnisse und Unterdrückung der progressiven bürgerlich-demokratischen Kräfte in Deutschland bei. In *ökonomischer* Hinsicht war es vor allem die nach dem Fall der napoleonischen Kontinentalsperre erneut auf den deutschen Markt vordringende Konkurrenz des inzwischen industriell voll entfalteten und zum Welthandels- und -industriemonopol strebenden englischen Kapitalismus. Sie bereitete der Durchsetzung des Kapitalismus im nationalen Rahmen Deutschlands und vor allem der Entwicklung der industriellen Produktivkräfte ernsthafte Schwierigkeiten.

Der objektiv notwendige revolutionäre Kampf der bürgerlich-demokratischen Kräfte gegen alle inneren und äußeren Hemmnisse des gesellschaftlichen Fortschritts in Deutschland wurde jedoch entscheidend durch die Schwäche der deutschen Bourgeoisie selbst gelähmt. Die deutsche Bourgeoisie, die im antifeudalen und antipartikularistischen Kampf als führende Kraft der Nation auftreten mußte, war eine politisch-ideologisch unreife und ökonomisch weit zurückgebliebene Klasse. Sie war nicht nur eine im allgemeinen schwache, sondern auch noch eine in politischer und ökonomischer Hinsicht äußerst heterogene Klasse. Ihre einzelnen Teile verfolgten auf Grund ihrer unterschiedlichen Stellung im kapitalistischen Reproduktionsprozeß sehr voneinander abweichende, oft sogar krass entgegengesetzte ökonomische und politische Interessen. Die heftigen Kämpfe zwischen Industriebourgeoisie und Handelsbourgeoisie, zwischen Industriebourgeoisie und Junkertum, die vor allem auf handels- und insbesondere zollpolitischem Gebiet um die Verteilung des aus Arbeiterklasse und Bauernschaft herausgepreßten Mehrprodukts geführt wurden, zeigen die innere ökonomische Zerrissenheit der damaligen deutschen Bourgeoisie.

Die ökonomischen Gegensätze innerhalb der deutschen Bourgeoisie wurden überdies noch durch die kleinstaatliche Zersplitterung Deutschlands wesentlich vertieft. Selbst der objektiv fortschrittlichste Teil der deutschen Bourgeoisie, als dessen Wortführer List auftrat, die Industriebourgeoisie, bestand aus zahlreichen voneinander isolierten Länderfraktionen, die auf Grund ihrer provinziellen Beschränktheit jeweils sehr verschiedene politische und ökonomische Ziele verfolgten. Der langwierige und widerspruchsvolle Kampf der deutschen Industriebourgeoisie um Herstellung der deutschen Zolleinheit, der zwar zu Zollbündnissen zwischen einzelnen deutschen Staaten, niemals aber zur umfassenden deutschen Zollvereinigung führte, legt hiervon beredtes Zeugnis ab. Die einheitliche Führung des antifeudalen nationalen Kampfes war durch diese ökonomische und politische Zerrissenheit der unentwickelten deutschen Bourgeoisie außerordentlich erschwert. Zu einem der ernstesten Hindernisse für das einheitliche Auftreten der bürgerlich-demokratischen Kräfte wurde schließlich der sich anbahnende politische Kampf der damals wichtigsten beiden deutschen Staaten, Preußen und Österreich, um die Hegemonie in Deutschland.

Alle diese Faktoren, die sich hemmend auf die umfassende Entfaltung des antifeudalen revolutionären Kampfes der deutschen Bourgeoisie auswirkten, wurden schließlich auch noch ganz entscheidend durch den Umstand verstärkt, daß Deutschland gegenüber England und Frankreich in dieser Periode erst mit erheblicher *historischer Verspätung* in die moderne kapitalistische Entwicklung einzutreten begann. Eine unmittelbare Auswirkung hiervon war der heftige Konkurrenzkampf, den die deutsche Bourgeoisie gegen die ihr allseitig überlegene englische Bourgeoisie zu führen hatte. Doch nicht nur das. Die deutsche Bourgeoisie nahm ihren politischen Kampf mit den herrschenden feudalen Gewalten erst in einem Zeitpunkt auf, als sich die Bourgeoisie Englands und Frankreichs bereits im offenen Kampf mit der *Arbeiterklasse* befand. Während in Deutschland einerseits noch die reaktionären Formen der feudal-absolutistischen Herrschaft bestanden und der Entwicklung des Kapitalismus Schranken setzten, bildete sich hier andererseits auch schon auf Grund der industriellen Entwicklung und der zunehmenden Abhängigkeit Deutschlands vom Weltmarkt der grundlegende Klassenantagonismus zwischen Bourgeoisie und Arbeiterklasse heraus.[2] Die schlesischen und böhmischen Arbeiteraufstände anfangs der vierziger Jahre zeigten dies deutlich. So sah sich die deutsche

[2] Siehe: K. Marx, Die moralisierende Kritik und die kritisierende Moral; in: K. Marx/F. Engels, Werke (MEW) Berlin 1957–1959, Band 4, Seite 351.

Bourgeoisie bereits im Gegensatz zur Arbeiterklasse, noch bevor sie ihre eigene politische Herrschaft im Kampf gegen die feudalen Gewalten durchgesetzt hatte. In dem Maße aber, wie sich die deutsche Bourgeoisie vor der Arbeiterklasse zu fürchten begann, wurde sie in ihrem eigenen revolutionären Kampf gegen die antinationalen feudalen Kräfte inkonsequenter und feiger, verriet sie schließlich auf dem Höhepunkt der Entwicklung ihre eigene Revolution an die feudale Reaktion.

Diese historische Situation Deutschlands, aus der heraus das politökonomische Denken Lists erwuchs und auf die es zurückwirkte, gilt es bei der wissenschaftlichen und klassenmäßigen Beurteilung des Listschen „Systems der Politischen Ökonomie“ zu beachten.

III. DIE HAUPTETAPPEN DES POLITISCHEN UND IDEOLOGISCHEN WIRKENS FRIEDRICH LISTS

List, 1789 als Sohn eines Weißgerbermeisters in der schwäbischen Reichsstadt Reutlingen geboren, trat 1806, nach zweijähriger Weißgerberlehre, als Schreiber in die Verwaltung des von Napoleon geschaffenen Königreichs Württemberg ein. Neben seiner praktischen Verwaltungstätigkeit als Rechnungsrat in Tübingen besuchte List juristische Vorlesungen an der dortigen Universität. Seine gesellschaftswissenschaftlichen Kenntnisse erweiterte er durch das Studium fortschrittlicher Werke der ausländischen Literatur. Er las damals u. a. auch das Hauptwerk des Adam Smith.

Im Rahmen des 1815 in Württemberg entstandenen Verfassungsstreites trat List erstmalig als Wortführer fortschrittlicher bürgerlich-kapitalistischer Interessen hervor. Vom Standpunkt des bürgerlichen Reformers wandte er sich gegen die wieder erstarkte bürokratische Willkürherrschaft des feudal-absolutistischen Regimes in Württemberg. In zahlreichen Publikationen sowie in eigens von ihm begründeten Zeitungen verlangte er die Herstellung bürgerlich-demokratischer Rechte und Freiheiten im Rahmen einer konstitutionellen Monarchie nach englischem Muster. Im Kampf gegen das restaurierte Feudalsystem, das seine absolutistische Diktatur mit Hilfe einer konservativen Ständeverfassung weiterhin zu sichern versuchte, forderte er, „daß veraltete Formen, welche der freien Regsamkeit des Bürgers im Wege stehen, beiseitegeschafft werden." „Hunderttausend freie Bürger müssen aufrecht dastehen und ihre Geisteskräfte üben — nicht dreißig Aristokraten!"[3], lautete einer seiner demokratischen politischen Grundsätze. Im Interesse der aufstrebenden bürgerlich-kapitalistischen Kräfte seines Landes forderte er durchgreifende staatliche Maßnahmen zum Schutze und zur Förderung von Handel und Gewerbe sowie zur Befreiung der Bauernschaft von drückenden Feudallasten.

Von fortschrittlichen bürgerlichen Kräften als Professor für Staatsverwaltungspraxis an die Universität Tübingen berufen (1817) und von den Bürgern seiner Heimatstadt als Abgeordneter in die württembergische Ständeversammlung gewählt (1820), stand List an hervorragender Stelle im politischen und ideologischen Kampf um die Durchsetzung liberaler bürgerlich-demokratischer Reformen in Württemberg. Gleichzeitig begann er, seinen Blick auf ganz Deutschland zu richten.

In *politischer* Hinsicht forderte List vom „Deutschen Bund" die Schaffung einer bundesstaatlichen Verfassung, „bei der nicht nur die deutschen Fürsten, sondern auch die deutschen Völker zu ihrem Recht kommen."[4] Ener-

[3] F. List, Kritik des Verfassungsentwurfs der württembergischen Ständeversammlung mit besonderer Rücksicht auf Herstellung der bürgerlichen Freiheit in den Gemeinden und Oberämtern; in: F. List, Schriften/Reden/Briefe, Berlin 1925—1935, Band 1, Seite 205.

[4] Siehe: F. List, Schriften . . .; a. a. O., Band 1, Seite 242.

gisch bekämpfte er den reaktionären Einfluß, den der österreichische Staatskanzler Metternich auf die Politik der deutschen Staaten ausübte. Heftig kritisierte er die Gründung der „Heiligen Allianz“, weil sie den fortschrittshemmenden Einfluß des russischen Zarismus auf Deutschland verstärkte.

In *ökonomischer Hinsicht* forderte List für die in ihren Produktions- und Austauschbedingungen besonders beengten bürgerlich-kapitalistischen Kräfte Württembergs die Herstellung der gesamtdeutschen Wirtschaftseinheit. In einer zum nationalen Dokument gewordenen „Bittschrift an die Deutsche Bundesversammlung“ verlangte er 1819 im Namen von mehr als fünftausend Kaufleuten und Fabrikanten aus *allen* Teilen Deutschlands „die Aufhebung der Zölle und Mauten im Innern Deutschlands.“ Untrennbar verbunden mit der Forderung nach Herstellung des Freihandels im Innern Deutschlands war seine Forderung nach „Aufstellung eines allgemeinen, deutschen, auf dem Prinzip der Retorsion beruhenden Zollsystems gegen die angrenzenden Staaten.“

An der Spitze einer von ihm während der Frankfurter Ostermesse 1819 ins Leben gerufenen gesamtdeutschen Kapitalistenorganisation entfaltete der inzwischen „wegen verdächtiger Organisationstätigkeit im Ausland (!)“ als Professor abgesetzte und aus dem württembergischen Staatsdienst entlassene List eine umfangreiche Aktivität zur Popularisierung der bürgerlich-kapitalistischen Forderungen nach *Schaffung eines einheitlichen und handelspolitisch gesicherten nationalen Marktes in Deutschland.* „Ohne freien Verkehr unter allen deutschen Völkern“ — schrieb er in einer von ihm damals begründeten gesamtdeutschen bürgerlichen Zeitung[5] — „gibt es kein vereinigtes, ohne gemeinsames Merkantilsystem kein unabhängiges Deutschland.“ Lists wirtschafts-, vor allem handelspolitische Forderungen

[5] „Organ für den deutschen Handels- und Fabrikanten-Stand“.

entsprachen in dieser Periode noch weitgehend den von Adam Smith begründeten fortschrittlichen Lehren der klassischen bürgerlichen Politischen Ökonomie. Das progressive, von den bürgerlichen Kräften Deutschlands nicht genügend unterstützte nationale Auftreten Lists stieß naturgemäß sehr schnell auf den erbitterten Widerstand der restaurierten feudalen Reaktion. Ihr ideologischer Hauptrepräsentant auf politökonomischem Gebiet, der feudale „Romantiker" A. H. Müller, beschimpfte die von List geforderte Errichtung einer allgemeinen deutschen Zoll-Linie als „eine der gewagtesten Revolutionen." „Die Forderung der Handelsfreiheit oder der Abschaffung aller inneren Mauthlinien, wie sie von jenem ... Verein gestellt wird", schrieb Müller 1820, „ist ... zu augenscheinlich revolutionair."[6] Von Metternich forderte er daher, „daß diesem Unfuge (diesen demagogischen Umtrieben im eigentlichen Sinne des Wortes) ernsthaft gesteuert werden müsse."[7] Müller erreichte, daß der „Aufwiegler" List von Metternich unter schärfste Kontrolle gestellt wurde.

Als List schließlich 1821 im Auftrage seiner Wähler eine scharfe Kritik an der verrotteten feudal-bürokratischen Verwaltung Württembergs verfaßte, um diese als „Reutlinger Petition" der württembergischen Ständeversammlung zu unterbreiten, wurde er auf Grund der ebenfalls stark von Müller inspirierten „Karlsbader Beschlüsse" einem *Kriminal*gerichtsverfahren unterworfen, seines Mandats als Volksvertreter beraubt und schließlich im Ergebnis eines schändlichen Demagogenprozesses wegen „Ehrbeleidigung und Verleumdung der Regierung, der Gerichts- und Verwaltungsbehörden und Staatsdiener Württembergs" zu Festungshaft mit Zwangsarbeit verurteilt.

List konnte sich der Verbüßung dieser Strafe zunächst erst einmal für zwei Jahre (1822/24) durch die Flucht

[6] A. H. Müller, Elemente der Staatskunst, Jena 1922, Band 2, Seite 501 f.

[7] Ebenda, Seite 501.

nach Frankreich und in die Schweiz entziehen. Aus der Emigration kämpfte er weiter gegen die absolutistische Willkür in seiner Heimat. Durch Veröffentlichung der Prozeßunterlagen entlarvte er den terroristischen und antidemokratischen Charakter der feudalen württembergischen Klassenjustiz. Gleichzeitig beobachtete er aufmerksam die fortgeschrittene bürgerlich-kapitalistische Praxis Frankreichs, um aus ihr Lehren für die weitere Entwicklung Deutschlands zu ziehen. Während einer Reise nach England (1824) besichtigte er den dort kurz vor seiner Vollendung stehenden Bau der ersten Dampfeisenbahn der Welt, der ihm den ersten Anstoß für seine spätere Aktivität auf dem Gebiet des Verkehrswesens gab.

Als List 1824, um seine Familie wiederzusehen, die württembergische Grenze überschritt, wurde er verhaftet und auf die Festung Hohenasperg verschleppt. Durch besonders schikanöse Behandlung wurde ihm dort die Zustimmung zur Auswanderung aus Deutschland abgezwungen. Mit Lists Verjagung aus Deutschland durch die feudale Reaktion endete die erste Periode seines progressiven Auftretens. List emigrierte 1825 in die Vereinigten Staaten von Nordamerika.

*

Unter den Bedingungen eines mächtig aufblühenden, zur industriellen Revolution drängenden und durch keinerlei feudale Fesseln behinderten Kapitalismus entfaltete List auch in Amerika eine große politische und ideologische Aktivität (1825–1832).

Als Redakteur einer einflußreichen deutschsprachigen Zeitung, dem „Readinger Adler“, nahm er regen Anteil am handelspolitischen Kampf der amerikanischen Industriebourgeoisie gegen die auch in Amerika den industriellen Fortschritt immer ernsthafter hemmende englische Konkurrenz. In Form von zwölf „Offenen Briefen“ an den Präsidenten einer amerikanischen Industriellenvereinigung veröffentlichte er 1827 sein *erstes systematisches politökonomisches Werk:* „Outlines of american political economy". In diesem bald weit verbreiteten amerikanischen Werk wandte sich List, nachdem er in Deutschland im wesentlichen noch die ökonomischen Lehren Adam Smith' verfochten hatte, erstmalig direkt gegen das von Adam Smith entwickelte Freihandelsdogma der klassischen englischen bürgerlichen Politischen Ökonomie. In schärfster Auseinandersetzung mit dessen agrarischen Anhängern in den sklavenhaltenden Südstaaten begründete er hierin die Notwendigkeit des zeitweiligen Zollschutzes für die nach Unabhängigkeit strebende amerikanische Industrie. Das von ihm entwickelte Protektionssystem entsprach dem notwendig gewordenen Übergang Amerikas von der agrikolen zur industriellen Produktion. In einer öffentlichen Erklärung stellte die „Pennsylvanische Gesellschaft zur Beförderung der Manufakturen und technischen Künste" fest, „. . . daß Professor List ein naturgemäßes System der Politischen Ökonomie begründet und sich dadurch um die Vereinigten Staaten höchlich verdient gemacht habe."[8]

Im ehrenvollen Auftrage des industrie- und schutzzollfreundlichen amerikanischen Präsidenten Jackson, dessen Wahl List 1828 mit Hilfe seiner Zeitung sichern half, ging List 1830/31 nach *Paris*, um dort in Verwirklichung seiner handelspolitischen Lehren zur Herstellung engerer amerikanisch-französischer Handelsbeziehungen zwecks gemeinsamer Abwehr der Industrie- und Handelsüberlegenheit Englands beizutragen. In diesen Jahren nahm List von Paris aus aktiven Einfluß auf die Schaffung nationaler Eisenbahnsysteme in Frankreich und Belgien.

Neben seiner publizistischen und handelspolitischen Aktivität entwickelte sich List in Amerika auch zum erfolgreichen kapitalistischen *Unternehmer*. Als Initiator

[8] Siehe: F. List, Das Nationale System der Politischen Ökonomie, Jena 1950, Seite 12.

einer der ersten amerikanischen Dampfeisenbahnen, die ein von ihm persönlich entdecktes und billig erworbenes Steinkohlenvorkommen verkehrsmäßig erschließen sollte, sammelte List reiche praktische Erfahrungen auf dem Gebiet des modernen kapitalistischen Verkehrswesens. In seinen damals in Deutschland anonym veröffentlichten „Mitteilungen aus Nordamerika“ (1827/29) entwickelte er erste Pläne für ein einheitliches nationales deutsches Kanal- und Eisenbahnsystem. Hierbei gab er u. a. auch konkrete Anregungen für den Bau der ersten deutschen Eisenbahn von Nürnberg nach Fürth.

Ermutigt durch die französische Juli-Revolution (1830) und die progressiven Auswirkungen, die sie zunächst auch auf Deutschland zu haben schien („Hambacher Fest“), kehrte List 1832, nachdem er, um in Deutschland vor weiteren Verfolgungen geschützt zu sein, die amerikanische Staatsbürgerschaft erworben hatte, als USA-Konsul nach Deutschland zurück.

Nachdem sowohl der „Freistaat“ Hamburg als auch das Großherzogtum Baden es abgelehnt hatten, den „einstigen Demagogen“ als amerikanischen Konsul anzuerkennen, gelang es List 1834 zunächst, im relativ liberalen Königreich Sachsen als USA-Konsul für Leipzig zugelassen zu werden.

Kein geringerer als Fürst Metternich persönlich, der schlimmste Würger des bürgerlichen Fortschritts in Deutschland und Europa, machte die sächsische Regierung sofort „auf das Gemeingefährliche der einem so hervorragenden Demagogen angewiesenen Stellung mit Nachdruck aufmerksam.“[9]

> „List ist bekanntermaßen“ — so eiferte er — „einer der Tätigsten, Verschlagensten und Einflußreichsten der deutschen Revolutionsmänner ... Ein Subjekt dieser Art ist eine um so bedenklichere Erscheinung, als er, wie gemeldet wird, von dem

[9] F. List, Schriften ...; a. a. O., Band 9, Seite 79.

Präsidenten der Vereinigten Staaten mit der Befugnis versehen ist, in den einzelnen Städten Sachsens Vizekonsuln aufzustellen und es folglich in seiner Macht liegt, in den ohnehin unruhigen Fabriksorten des Erzgebirges und des Vogtlandes öffentlich anzuerkennende Filialen seiner eigenen Wirksamkeit zu errichten."[10]

Metternich forderte, daß List als „erwiesener deutscher Aufwiegler" und „höchst gefährlicher Demagoge" sofort wieder des Landes verwiesen oder aber zur erneuten Aburteilung wegen „revolutionärer Umtriebe" an die Bundeszentralbehörde ausgeliefert werde.

Unter dem Schutz seiner amerikanischen Staatsbürgerschaft konzentrierte sich List zunächst auf die ideologische Vorbereitung und praktische Durchsetzung eines *nationalen deutschen Eisenbahnsystems*. Der von ihm 1834/35 durch Gründung einer der ersten größeren deutschen Aktiengesellschaften erfolgreich in Gang gebrachte Leipzig—Dresdner Eisenbahnbau sollte Ausgangspunkt für ein sächsisches und dieses Grundlage für ein „allgemeines deutsches Eisenbahnsystem" werden. Mit Hilfe des nationalen Eisenbahnsystems wollte List die ökonomische, politische und kulturelle Entwicklung, vor allem aber die nationale Vereinigung Deutschlands, die 1834 durch Schaffung des unter preußischer Führung stehenden „Deutschen Zollvereins" um einen wichtigen Schritt vorangekommen war, weiter vorantreiben helfen.

> „Das Eisenbahnsystem und der Zollverein" schrieb List — „sind siamesische Zwillinge; zu gleicher Zeit geboren, körperlich aneinandergewachsen, eines Geistes und Sinnes, unterstützen sie sich wechselseitig, streben sie nach einem und demselben großen Ziel, nach Vereinigung der deutschen Stämme zu einer großen und gebildeten, zu einer reichen, mächtigen und unantastbaren

[10] Ebenda, Seite 72.

Nation. Ohne den Zollverein wäre ein deutsches Eisenbahnsystem nie zur Sprache, geschweige zur Ausführung gekommen. Nur mit Hilfe eines deutschen Eisenbahnsystems vermag die gesellschaftliche Ökonomie der Deutschen zu nationaler Größe sich emporschwingen und erst infolge dieses Aufschwungs kann das Eisenbahnsystem zu voller Bedeutung gelangen. Das deutsche Eisenbahnsystem wirkt indessen nicht bloß durch Förderung der materiellen Nationalinteressen, es wirkt auch durch Stärkung aller geistigen und politischen Kräfte auf die Vervollkommnung der deutschen Nationalzustände."[11]

Neben seiner vielseitigen, sich auf ganz Deutschland erstreckenden Eisenbahn-Agitation unternahm List in dieser Periode seines Wirkens außerordentliche publizistische Anstrengungen, um mit Hilfe mehrerer von ihm begründeter bürgerlicher Zeitungen und Zeitschriften sowie durch das von ihm geschaffene Rotteck-Welckersche Staatslexikon „die politischen Wissenschaften zum Gemeingut des deutschen Volkes zu machen." Auf die *Popularisierung politökonomischer Kenntnisse* legte er hierbei besonderes Gewicht.

„Unter allen Zweigen des Wissens" — schrieb er im Vorwort zu seinem „National-Magazin" (1834) — „ist sicher die Nationalökonomie der wenigst beachtete in Deutschland . . . Eine populäre Behandlung dieser Doktrin erscheint aber in unseren Tagen . . . ein Nationalbedürfnis."[12]

„Sollen in Deutschland" — so heißt es an anderer Stelle — „die Nationalinteressen durch die Theorie

[11] F. List, Das deutsche Eisenbahnsystem als Mittel zur Vervollkommnung der deutschen Industrie, des deutschen Zollvereins und des deutschen Nationalverbandes überhaupt; in: Deutsche Vierteljahres Schrift, Heft 4/1841, Seite 2f.

[12] F. List, Schriften . . .; a. a. O., Band 5, Seite 18.

der Politischen Ökonomie gefördert werden, so muß diese aus den Studierstuben der Gelehrten, von den Kathedern der Professoren, aus den Kabinetten der hohen Staatsbeamten in die Kontore der Fabrikanten, der Großhändler, der Schiffsreeder, der Kapitalisten und Bankiers, in die Büros aller öffentlichen Beamten und Sachwalter, in die Wohnungen der Gutsbesitzer, vorzüglich aber in die Kammern der Landstände herabsteigen, mit einem Wort, sie muß Gemeingut aller Gebildeten in der Nation werden."[13]

In der Bildung des „Deutschen Zollvereins" sah List eine wichtige Voraussetzung, um die bis dahin in Deutschland noch eng provinziell beschränkte bürgerliche Politische Ökonomie in den Dienst des nationalen kapitalistischen Fortschritts stellen zu können.

„Denn" — so schrieb List — „erst seit der Gründung des Zollvereins ist es den Deutschen möglich geworden, die Politische Ökonomie aus dem *nationalen* Gesichtspunkt zu betrachten."[14]

*

Lists Kampf um den gesellschaftlichen Fortschritt in Deutschland stieß auch jetzt auf Widerstände. Seine gesamtdeutschen Eisenbahnpläne gerieten sehr bald schon in einen immer schärferen Konflikt mit den lokal eng begrenzten Profitinteressen der von Harkort geführten Leipziger Eisenbahnspekulanten. Systematisch wurde er von diesen aus dem dortigen Eisenbahnbau herausgedrängt. Auch in Preußen, Baden und Württemberg scheiterten seine nationalen Eisenbahnpläne zunächst an feudal-partikularistischer Beschränktheit und engstirniger kapitalistischer Profitgier. Alle persönlichen Anträge auf Erteilung von Konzessionen zum Bau von

[13] F. List, Das Nationale System . . .; a. a. O., Seite 41.
[14] Ebenda, Seite 30.

Eisenbahnen wurden ihm von den feudalen Regierungen auf Grund seiner „Demagogen-Vergangenheit“ strikt abgelehnt. Gleichzeitig stießen auch die vielfältigen publizistischen Bemühungen Lists um die Durchsetzung des allgemeinen bürgerlich-kapitalistischen Fortschritts in Deutschland im wachsenden Maße auf den von Metternich organisierten Widerstand der feudalen Kräfte (Zensur). Seitens der schmalspurigen und feigen deutschen Bourgeoisie erhielt List in diesen Jahren nur eine völlig unzureichende Unterstützung. Selbst die Anstrengungen, die List unternahm, um in irgendeinem der damaligen deutschen Staaten Bürgerrechte zu erlangen, scheiterten wegen seiner „belastenden politischen Vergangenheit.“ Sogar der bürgerliche Senat der Stadt Leipzig, um deren wirtschaftliche Entwicklung List sich besonders verdient gemacht hatte, lehnte sein Gesuch um Aufnahme als Schutzverwandter „unter Bezug auf den wider ihn als vormaligen Deputierten der württembergischen Ständeversammlung anhängig gewesenen Kriminalprozeß“ ab.[15] Lediglich seine amerikanische Staatsbürgerschaft bewahrte List vor neuer Inhaftierung in Deutschland.

Nachdem List trotz wiederholter Bemühungen keine feste Anstellung in Deutschland finden konnte, war er 1837, im Gefolge der amerikanischen Bankkrise vermögenslos geworden, gezwungen, Deutschland zum dritten Male zu verlassen.

*

List ging von 1837 bis 1840 nach Belgien und Frankreich. In beiden Ländern setzte er zunächst seine 1830/31 begonnenen Bemühungen um die Schaffung nationaler Eisenbahnsysteme fort. Während er in Belgien als Initiator der dort entstandenen Staatseisenbahn gefeiert wurde, bot ihm 1840 die französische Regierung (Thiers)

[15] F. List, Schriften . . .; a. a. O., Band 3, Seite 738.

eine hohe Staatsstellung, um ihm Gelegenheit zu geben, für Frankreich Eisenbahnen bauen und handelspolitisch wirken zu können. Wegen der damaligen aggressiven Haltung Frankreichs gegenüber Deutschland, die von der französischen Hochfinanz zur Ablenkung von den heranreifenden inneren Schwierigkeiten geschürt wurde, lehnte List jedoch dieses verlockende Angebot ab. Im November 1837 begann er in Paris mit der Beantwortung zweier Preisfragen der französischen „Akademie der moralischen und politischen Wissenschaften". Neben einer bis heute noch verschollenen Arbeit über moderne Verkehrsmittel schrieb er in wenigen Wochen das hier vorgelegte „Natürliche System der Politischen Ökonomie". Nach den amerikanischen „Outlines" ist Lists französisches „Systéme naturel" die zweite umfassende Darstellung seiner inzwischen durch praktische Erfahrungen und literarische Studien weiter ausgereiften politökonomischen Auffassungen. Obwohl es nicht die Gesamtheit seiner politökonomischen Auffassungen widerspiegelt, ist es die *klarste und konzentrierteste systematische Fassung der von List vertretenen Richtung einer betont nationalen bürgerlichen Politischen Ökonomie.*

Da das handschriftliche Manuskript seines „Natürlichen Systems" im Eigentum der französischen Akademie verblieb,[16] — ein Preis wurde keiner der eingereichten Arbeiten zuerkannt — begann List sofort mit der Abfassung eines weiteren, diesmal ausdrücklich zur Veröffentlichung in Deutschland bestimmten Werkes. Zur Vorbereitung desselben veröffentlichte er 1839/40 in der „Deutschen Vierteljahresschrift" zwei größere theore-

[16] Das handschriftliche Manuskript des ‚Natürlichen Systems' blieb nahezu ein Jahrhundert verschollen. Erst 1925 wurde es von dem deutschen bürgerlichen List-Forscher Artur Sommer im Archiv des ‚Instituts de France' in Paris wieder aufgefunden. Nach Auskunft des Pariser Akademie-Instituts ging das Original der Listschen Handschrift während des zweiten Weltkrieges erneut, diesmal wahrscheinlich unwiederbringlich verloren.

tische Abhandlungen: 1. „Die Freiheit und die Beschränkungen des auswärtigen Handels, aus dem historischen Gesichtspunkt beleuchtet"; 2. „Über das Wesen und den Wert einer nationalen Gewerbsproduktivkraft". Wie der mit ihm befreundete Heinrich Heine, arbeitete auch List von Paris aus rege an der Augsburger „Allgemeinen Zeitung" mit. In dieser Zeitung, die damals in Süddeutschland eines der führenden bürgerlichen Organe im Kampf um die Herstellung der deutschen Nationaleinheit war, nahm er mit zahlreichen Beiträgen zu tagespolitischen, vor allem handelspolitischen Fragen aktiven Anteil an jenen Ende der 30er Jahre in Deutschland entstandenen „Debatten über Freihandel und Schutzzoll", die für den jungen Karl Marx dann zu einem der ersten Anstöße zur intensiven Beschäftigung mit politökonomischen Fragen wurden. In Auseinandersetzung mit den von der englischen Industriebourgeoisie damals nach Deutschland entsandten „Freihandelshausierburschen" und ihren industriefreindlichen Verbündeten in Deutschland befürwortete List einen Zoll-Protektionismus zugunsten der deutschen Industrie. In diesen Jahren entwickelte sich List zur anerkannten Autorität der Schutzzöllnerschule der deutschen Industriebourgeoisie.

*

In der Hoffnung, stärkeren Einfluß auf die industriefördernde Gestaltung der Handelspolitik des „Deutschen Zollvereins" zu erlangen und zugleich auch für dessen schnellere Ausweitung auf *alle* deutschen Staaten (einschließlich Österreichs) wirken zu können, sowie in der Absicht, den Eisenbahnbau in Deutschland weiter beschleunigen zu helfen, kehrte List 1840 nach Leipzig zurück. Im hartnäckigen Kampf gegen kleinstaatliche, vor allem preußische Separatinteressen setzte er hier zunächst den Bau der thüringischen Eisenbahn durch.

Auf Grund seiner „Verdienste um das Vaterland, auf dem literarischen Felde wie im Gebiete der industriellen

Tätigkeit“ verlieh ihm im November 1840 die Juristische Fakultät der Universität Jena die Würde eines Doktors beider Rechte.

Da List trotz vieler Bemühungen weder in Sachsen noch in Thüringen eine Anstellung bei den von ihm ins Leben gerufenen kapitalistischen Eisenbahnbaugesellschaften erhalten konnte, folgte er einer Aufforderung der Augsburger „Allgemeinen Zeitung“ zu engerer Mitarbeit. Neben seiner publizistischen Tätigkeit wirkte er von Augsburg aus aktiv, aber ebenfalls wieder ohne jeden persönlichen Erfolg auf die Entwicklung des Eisenbahnbaues in Süddeutschland ein.

Im April 1841 erschien Lists noch in Paris begonnenes *deutsches Hauptwerk:* „Das nationale System der Politischen Ökonomie“ (Erster Band: Der internationale Handel, die Handelspolitik und der Zollverein). Dieses in seinen historischen Teilen umfassender ausgearbeitete, stärker auf Deutschland bezogene, daher aber auch stärker durch die deutsche nationale und kapitalistische Rückständigkeit beschränkte Werk Lists deckt sich in seinem wesentlichen theoretisch-ideologischen Gehalt mit dem hier veröffentlichten „Natürlichen System der Politischen Ökonomie.“ In seinem Mittelpunkt stand die von List bereits in den „Outlines“ und im „Système naturel“ ausgebildete Lehre vom industriellen Erziehungszoll. Es wurde schnell zur ideologischen Hauptwaffe der Schutzzöllnerschule der deutschen Industriebourgeoisie. Bereits 1843 erlebte es seine dritte Auflage.[17]

[17] Nach einer vierten und fünften Auflage (1850 und 1851) erschienen in Deutschland von 1877 bis 1930 noch neun weitere Auflagen des ‚Nationalen Systems‘. Die jüngste (15.) deutsche Ausgabe besorgte der verdiente bürgerliche List-Forscher Hans Gehrig im Jahre 1950 (Jena). — Lists ‚Nationales System‘ erschien u. a. auch in folgenden Übersetzungen: Ungarisch (1843); Französisch (1851 und 1857); Schwedisch (1888); Russisch (1891); Englisch (Philadelphia 1856; London 1885 und 1904; New York 1904 und Bombay 1909); Chinesisch.

Um den Widerstand der junkerlich-agrarischen Kräfte gegen die kapitalistische Industrialisierung Deutschlands zu brechen, begann List, seine Aufmerksamkeit im stärkeren Maße auch agrarökonomischen Fragen zuzuwenden. In einer als Bestandteil des 2. Bandes seines „Nationalen Systems“ gedachten theoretischen Abhandlung („Die Ackerverfassung, die Zwergwirtschaft und die Auswanderung“) legte er 1842 seine agrarökonomischen Auffassungen dar. Hier befürwortete List im wesentlichen den „preußischen Weg“ der Entwicklung des Kapitalismus in der Landwirtschaft.

Nachdem List die ihm 1841, unmittelbar nach dem Erscheinen seines „Nationalen Systems“, von Führern der rheinpreußischen Industriebourgeoisie (Oppenheim, Schramm und Fay) angetragene Chefredaktion der von diesen damals vorbereiteten und kurz darauf dann von Marx geleiteten „Rheinischen Zeitung“ aus Gesundheitsgründen (Beinbruch) nicht hatte übernehmen können, schuf er sich 1843 zur Verbreitung seiner handelspolitischen Lehren ein eigenes Publikationsorgan: „Das Zollvereinsblatt“.

Mit dieser Zeitschrift versuchte List, aktiven Einfluß auf die Handelspolitik des „Deutschen Zollvereins“ zu gewinnen. Dort unterbreitete er der deutschen Öffentlichkeit nicht nur zahlreiche praktische Vorschläge zur industriefördernden Gestaltung der Zolltarife, sondern auch eine Fülle konkreter Pläne zur ökonomischen und politischen Vereinigung *aller* deutschen Staaten. Mit besonderer Schärfe kämpfte er hierbei gegen die von Prince-Smith geführte Freihandelsschule der Junker und Kaufleute in den deutschen Ostseeprovinzen. Von den lebensfremden und weltabgewandten, provinziell beschränkten und vornehm zurückhaltenden Professoralökonomen an den deutschen Universitäten forderte List, daß sie endlich ihre Rolle als „natürliche Stimmführer der Nation in ihrer ökonomischen Angelegenheiten“ begreifen und aktiv parteilich am Kampf um die politische und ökonomische Einheit Deutschlands teilnehmen sollten, statt praxisfremde ökonomische Dogmen abzuleiern.

Wie in allen Perioden seines Wirkens unterbreitete List auch im „Zollvereinsblatt“ viele überaus bedeutsame *praktische Vorschläge zur Einführung gesamtdeutscher Einrichtungen*, die der beschleunigten Durchsetzung des bürgerlich-kapitalistischen Fortschritts im nationalen Rahmen Deutschlands dienen sollten. Mit Hilfe eines einheitlichen deutschen *Münz-, Maß- und Gewichtssystems*, einer deutschen *Nationalbank*, eines einheitlichen deutschen *Gewerbe- und Patentrechts*, eines gesamtdeutschen *Marine- und Konsularwesens*, durch gesamtdeutsche *Messen und National-Industrie-Ausstellungen* sowie durch andere großzügige und erst später verwirklichte Vorschläge für gesamtdeutsche Einrichtungen versuchte der bald von der deutschen Reaktion als „Projektemacher“ und „Phantast“ verschrieene List, die in Deutschland zur industriellen Revolution drängenden Produktivkräfte von den hemmenden ökonomischen und politischen Fesseln der Feudalordnung zu befreien.

List, dessen „Nationales System“ sofort nach seinem Erscheinen auch von den nach kapitalistischem Fortschritt und nationaler Selbständigkeit strebenden fortschrittlichen Kräften Ungarns, u. a. von L. v. Kossuth, positiv aufgenommen wurde, bereiste 1844/45 *Ungarn*. In Gutachten „Über die nationalökonomische Reform Ungarns“ sowie „Über die Transportverbesserung in Ungarn“ gab er vielseitige praktische Ratschläge, die auf eine allmähliche soziale und ökonomische „Hebung der ungarischen Nationalzustände“ abzielten. Metternich, dessen Geheimdienst List auch nach seiner erneuten Rückkehr nach Deutschland wieder unter strenge Beobachtung gestellt hatte, verhinderte jedoch durch sofortiges persönliches Eingreifen jedes weitergehende progressive Wirken Lists in Ungarn.

Eine ihm damals von dem liberalen russischen Finanzminister Cancrin angebotene hohe Staatsstellung zur

Durchsetzung seines „Nationalen Systems“ in Rußland lehnte List unter Hinweis auf das autokratische zaristische Regime ab.

Angesichts der Tatsache, daß alle seine auf Deutschland gerichteten Pläne am hartnäckigen Widerstand der junkerlich-feudalen Reaktion scheiterten, sowie unter dem Eindruck der immer feiger werdenden deutschen Bourgeoisie verstärkte List seit 1843 seine *Tendenzen zur reaktionären Kompromißbereitschaft gegenüber den junkerlich-feudalen Kräften.* Gleichzeitig begann er mit der reaktionären chauvinistischen Übersteigerung des von ihm vertretenen bürgerlichen *Nationalismus.* In einer im November 1845 begonnenen und unvollendet gebliebenen Artikelreihe („Die politisch-ökonomische Nationaleinheit der Deutschen“) entwickelte er neben *extrem reaktionären und expansionistischen Plänen zur Vereinigung Mitteleuropas unter deutscher Führung* ein ganzes *Programm der deutschen Südostexpansion sowie einer „germanisch“-imperialistischen Kolonialpolitik.*

List, dessen politökonomisches Denken und handelspolitisches Wirken seit seiner amerikanischen Emigration gegen das von der klassischen englischen bürgerlichen Politischen Ökonomie theoretisch begründete und von der englischen Industriebourgeoisie und ihren politischen Führern praktisch durchgesetzte Freihandelsdogma gerichtet war, gelangte in den 40er Jahren immer mehr zur Einsicht in die Fruchtlosigkeit seiner Bemühungen um eine Änderung der englischen Handelspolitik gegenüber Deutschland. Nachdem er die handelspolitischen Wortführer der englischen Industriebourgeoisie jahrzehntelang wegen des „bodenlosen Kosmopolitismus“ ihrer Freihandelsdoktrin vergeblich davon zu „überzeugen“ versucht hatte, daß die Entwicklung Deutschlands zur industriellen Selbständigkeit und nationalen Einheit auch für England vorteilhafter wäre als die Kolonisierung Deutschlands durch das übermächtige englische Kapital, reiste er 1846 nach England, um sich persönlich von den Möglichkeiten eines englisch-deutschen Übereinkommens zu überzeugen. List, der im englischen Unterhaus Zeuge der Abschaffung der Kornzölle und damit des vollen Sieges der Freihandelspolitik wurde, verfaßte noch in London eine Denkschrift „Über den Wert und die Bedingungen einer Allianz zwischen Großbritannien und Deutschland." Darin entwickelte er das genau so anmaßende wie reaktionäre *Programm einer auf die gemeinsame Erringung der Weltherrschaft gerichteten politisch-ökonomischen Partnerschaft zwischen England und Deutschland.* Während die selbstbewußten Politiker der englischen Industriebourgeoisie Lists imperialistische Allianz-Konzeption grundsätzlich ablehnten, würdigten ihn die für die Handelspolitik des „Deutschen Zollvereins" maßgeblichen Politiker Preußens nicht einmal einer Antwort.

Enttäuscht durch die Ablehnung seiner weltpolitischen Pläne, ohne jede Hoffnung auf Verwirklichung seines nationalen bürgerlich-kapitalistischen Fortschrittsstrebens in Deutschland, mürbe gemacht durch die jahrelangen gehässigen und sich ständig verschärfenden Verfolgungen seitens der junkerlich-feudalen Reaktion und die immer schmutziger werdenden Verleumdungen seitens ihrer „wissenschaftlichen" und journalistischen Schreiberlinge, von seiner eigenen Klasse, der unentschlossenen und feigen deutschen Bourgeoisie, schmählich im Stich gelassen, vermögenslos geworden und auf Grund seines sich ständig verschlechternden Gesundheitszustandes in völlig ungesicherter materieller Lage setzte List in einem Anfall von geistiger Umnachtung seinem Leben am 30. November 1846 in Kufstein ein Ende.

„Gleichwohl" — so würdigte Franz Mehring, der Historiker der deutschen Arbeiterklasse, die Leistung des progressivsten Ökonomen der deutschen Bourgeoisie — „erkannte List, der keine wissenschaftliche Größe, aber ein praktischer Verstand war, worauf es zunächst für den deutschen

Kapitalismus ankam; er agitierte leidenschaftlich für einen deutschen Zollverein und ein deutsches Eisenbahnsystem. Aber die partikularistischen Regierungen verfolgten den nationalen Demagogen, und die Bourgeoisie ließ ihren beredtesten Vorkämpfer verhungern, bis er sich eine Kugel durch den Kopf jagte."[18]

IV. DAS POLITÖKONOMISCHE „SYSTEM" FRIEDRICH LISTS

1. Lists Verhältnis zur fortgeschrittenen bürgerlichen Politischen Ökonomie Frankreichs und Englands

Stand die deutsche Bourgeoisie damals in der ökonomischen und politischen *Praxis* vor Aufgaben, die seitens der Bourgeoisie Frankreichs und Englands seit langem bereits erfolgreich gelöst waren, so stand auch ihr Ideologe List in der politökonomischen *Theorie* vor Aufgaben, die von den Ökonomen der Bourgeoisie Frankreichs und Englands ebenfalls seit langem schon gelöst waren. Hinkte die deutsche Bourgeoisie in der Praxis der fortgeschrittenen kapitalistischen Entwicklung Frankreichs und Englands hinterher, so marschierte zwangsläufig auch ihr Ideologe List in der Theorie im *Nachtrab* der bürgerlichen Politischen Ökonomie Frankreichs und Englands. Während der Kapitalismus in Frankreich und England schon eine Entwicklungsstufe erreicht hatte, auf der sich alle seine inneren Widersprüche offen entfalteten und zur revolutionären Lösung drängten, ging es in Deutschland noch darum, überhaupt erst einmal die elementaren Grundlagen für die Entwicklung der dem Kapitalismus innewohnenden Widersprüche zu schaffen. Aus diesem unterschiedlichen Entwicklungsniveau des Gegenstandes

[18] F. Mehring, Historische Aufsätze zur preußisch-deutschen Geschichte, Berlin 1946, Seite 161.

der Politischen Ökonomie, der kapitalistischen Produktionsverhältnisse, ergaben sich auch entsprechend unterschiedliche historische Aufgabenstellungen für die Politische Ökonomie des Bürgertums einerseits in Frankreich und England, andererseits in Deutschland:

> „Während das Problem in Frankreich und England lautet:" — schrieb Marx 1844 — „Politische Ökonomie oder Herrschaft der Sozietät über den Reichtum, lautet es in Deutschland: Nationalökonomie oder Herrschaft des Privateigentums über die Nationalität. Es gilt also in Frankreich und England das (Privateigentums-GF.) Monopol, das bis zu seinen letzten Konsequenzen fortgegangen ist, aufzuheben; es gilt in Deutschland, bis zu den letzten Konsequenzen des Monopols vorzugehen. Dort handelt es sich um die Lösung und hier handelt es sich erst um die Kollision."[19]

Begannen sich in England und Frankreich bereits die historischen Grenzen der kapitalistischen Produktionsweise praktisch und theoretisch abzuzeichnen, so mußte in Deutschland die kapitalistische Produktionsweise in Theorie und Praxis erst noch ihren Anfang nehmen.

> „Man beginnt also jetzt in Deutschland anzufangen," — schrieb Marx 1844 zur Lage der bürgerlichen Politischen Ökonomie und speziell zur Rolle der Listschen Theorie in Deutschland — „womit man in Frankreich und England zu enden beginnt. Der alte faule Zustand, gegen den diese Länder theoretisch in Aufruhr sind und den sie nur noch ertragen, wie man die Ketten erträgt, wird in Deutschland als die aufgehende Morgenröte einer schönen Zukunft begrüßt, die kaum noch wagt, aus der *listigen* Theorie in die schonungsloseste Praxis überzugehen."[20]

[19] K. Marx, Kritik der Hegelschen Rechtsphilosophie — Einleitung; in: MEW, a. a. O., Band 1, Seite 382f.
[20] Ebenda, Seite 382.

Der historische Platz der politökonomischen Theorie Lists läßt sich somit zunächst auf zweifache Weise bestimmen: Lists Theorie ist vom Standpunkt der fortgeschrittenen kapitalistischen Entwicklung Frankreichs und Englands *rückständig*, vom Standpunkt der zurückgebliebenen kapitalistischen Entwicklung Deutschlands *fortschrittlich*; sie nimmt in der *allgemeinen* Geschichte der Politischen Ökonomie nur einen völlig unbedeutenden Platz ein, steht aber in der Geschichte der bürgerlichen Politischen Ökonomie *Deutschlands* an hervorragender Stelle.

Aus dieser zunächst sehr allgemeinen Bestimmung des historischen Platzes der bürgerlichen politökonomischen Theorie Lists ergibt sich zugleich auch ihr vorwiegend vulgärer Charakter, ihre allgemeine Bedeutungslosigkeit für die wissenschaftliche Weiterentwicklung der Politischen Ökonomie.

*

Hatte die Politische Ökonomie in England und Frankreich bereits ihren Höhe- und Endpunkt als bürgerliche Wissenschaft erreicht, so existierten in Deutschland bis zum Tode Lists noch nicht einmal die primitivsten *materiellen* Voraussetzungen für eine selbständige *wissenschaftliche* Entwicklung der bürgerlichen Politischen Ökonomie. Stellte sich in England und Frankreich für die *wissenschaftliche* Politische Ökonomie mit der offenen Entfaltung des proletarischen Klassenkampfes seit 1830 bereits die geschichtliche Aufgabe des Übergangs auf die Positionen der Arbeiterklasse, so war seit diesem Zeitpunkt auch schon in Deutschland jede wissenschaftliche Entwicklung der Politischen Ökonomie vom *bürgerlichen* Standpunkt grundsätzlich unmöglich geworden.

„In Deutschland kam also die kapitalistische Produktionsweise zur Reife," — schrieb Marx 1873 — „nachdem ihr antagonistischer Charakter

> sich in Frankreich und England schon durch geschichtliche Kämpfe geräuschvoll offenbart hatte, während das deutsche Proletariat bereits ein viel entschiedeneres Klassenbewußtsein hatte als die deutsche Bourgeoisie. Sobald eine bürgerliche Wissenschaft der Politischen Ökonomie hier möglich zu werden schien, war sie daher wieder unmöglich geworden."[21]

Als Ideologe der deutschen Bourgeoisie, die in der Praxis lediglich nachexerzierte, was ihr die französische und englische Bourgeoisie längst vorgemacht hatte, konnte List daher in der Theorie im wesentlichen nur Probleme *wiederholen*, die zwar für die Durchsetzung des Kapitalismus in Deutschland noch von entscheidender *praktischer* Bedeutung waren, die aber für die weitere *theoretische* Entwicklung der Politischen Ökonomie längst schon jede wissenschaftliche Bedeutung verloren hatten. Insofern aber, als List theoretisch längst gelöste Probleme der Politischen Ökonomie wiederholte, war er typischer Vulgärökonom.

> „Es charakterisiert eben die Vulgärökonomie" — schrieb Marx — „daß sie das, was in einer bestimmten überlebten Entwicklungsstufe neu, originell, tief und berechtigt war, zu einer Zeit wiederholt, wo es platt, abgestanden und falsch ist. Sie bekennt damit, daß sie auch nicht einmal eine Ahnung über die Probleme besitzt, die die klassische Ökonomie beschäftigt haben. Sie verwechselt sie mit Fragen, wie sie nur auf einem niedrigen Standpunkt der Entwicklung der bürgerlichen Gesellschaft gestellt werden konnten ... Diese Sätze haben längst alles und jedes theoretische Interesse verloren, so sehr sie diesen oder jenen Staat praktisch interessieren mögen."[22]

[21] K. Marx, Das Kapital, Berlin 1951, Band 1, Seite 13.
[22] K. Marx, Das Kapital, Berlin 1951, Band 3, Seite 836.

Dies gilt vor allem für die vulgärökonomische *Restauration des Merkantilsystems*, insbesondere für die Wiederbelebung seiner *nationalen* und *protektionistischen* Elemente durch Friedrich List.

Auf Grund der unentwickelten, historisch rückständigen Klassenlage der deutschen Bourgeoisie wiederholte List aber nicht nur Probleme, die vom allgemeinen Standpunkt der gesellschaftlichen Entwicklung bereits ideologisch rückständig und theoretisch gelöst waren. Er war aus seiner Klassenposition heraus auch unfähig, die reifen wissenschaftlichen Ergebnisse der klassischen (vor allem der englischen) bürgerlichen Politischen Ökonomie theoretisch richtig zu begreifen.

> „F. List," — so charakterisierte Marx 1859 den ideologischen Abstand Lists von der klassischen englischen bürgerlichen Politischen Ökonomie — „der den Unterschied zwischen der Arbeit, sofern sie Nützliches, einen Gebrauchswert, schaffen hilft, und der Arbeit, sofern sie eine bestimmte gesellschaftliche Form des Reichtums, den Tauschwert, schafft, nie begreifen konnte, wie Begreifen überhaupt seinem interessiert praktischen Verstand fern lag, erblickte daher in den englischen modernen Ökonomen bloße Plagiarien des Moses von Ägypten."[23]

List war also nicht nur schlechthin ein im starken Maße nachplappernder Schüler der fortgeschrittenen bürgerlichen Politischen Ökonomie Englands und Frankreichs; er war überdies auch noch, soweit es sich um die reifsten wissenschaftlichen Lehren der klassischen englischen bürgerlichen Politischen Ökonomie handelte, ein nur wenig gelehriger Schüler.

*

[23] K. Marx, Zur Kritik der Politischen Ökonomie, Berlin 1951, S. 31.

Die Feststellung, daß List auf Grund seiner Klassenposition einerseits durchaus der progressivste Repräsentant der bürgerlichen Politischen Ökonomie in Deutschland vor 1848, andererseits aber nur Schüler der vorausgeeilten bürgerlichen Politischen Ökonomie Englands und Frankreichs war, genügt allerdings nicht zur vollständigen Bestimmung seines Platzes in der Geschichte der bürgerlichen Politischen Ökonomie. Um den klassenmäßig-ideologischen und wissenschaftlich-theoretischen Gehalt des politökonomischen Denkens Lists voll erfassen, vor allem aber, um das Verhältnis Lists zur klassischen englischen bürgerlichen Politischen Ökonomie genauer bestimmen zu können, muß eine Besonderheit des nationalen Kampfes der deutschen Bourgeoisie vor 1848 berücksichtigt werden.

> „Die Bourgeoisie" — erklärten Marx und Engels — „befindet sich im fortwährenden Kampfe: anfangs gegen die Aristokratie; später gegen die Teile der Bourgeoisie selbst, deren Interessen mit dem Fortschritt der Industrie in Widerspruch geraten; stets gegen die Bourgeoisie aller auswärtigen Länder."[24]

Was die deutsche Bourgeoisie vor 1848 angeht, so mußte sie auf Grund ihrer historischen Verspätung *gleichzeitig* bereits in *mehreren* Richtungen für den kapitalistischen Fortschritt in Deutschland kämpfen: 1. gegen die längst überlebten feudalen und halbfeudalen, partikularistischen und zunftbürgerlichen Kräfte in Deutschland selbst; 2. gegen die dem nationalen und industriellen Fortschritt immer hinderlicher werdenden Sonderinteressen des deutschen Handelskapitals und des ostelbischen Junkertums; 3. gegen die seit der industriellen Revolution bereits im Weltmaßstab führende und seit 1815 auch den deutschen Markt im starken Maße

[24] K. Marx/F. Engels, Das Manifest der Kommunistischen Partei, in: MEW, a. a. O., Band 4, Seite 471.

wieder beherrschende englische Bourgeoisie. Von erstrangiger Bedeutung für die Herausbildung und Entwicklung des politökonomischen Denkens List war dabei vor allem das in dieser Periode objektiv gegebene *Verhältnis der deutschen Bourgeoisie zur englischen Bourgeoisie.*[25]

Sah die deutsche Bourgeoisie in der englischen Bourgeoisie einerseits ihr historisches Vorbild, dem sie objektiv nachstrebte, so mußte sie andererseits gegen die ihr nicht nur historisch und ideologisch, sondern auch ökonomisch überlegene englische Bourgeoisie den allerschärfsten Konkurrenzkampf führen, um sich entwickeln zu können. Ihr Ideologe List war daher nicht nur ein mehr oder weniger gelehriger *Schüler*, sondern zugleich auch einer der heftigsten *Kritiker* der klassischen englischen bürgerlichen Politischen Ökonomie.

Die unmittelbare ökonomische Grundlage für Lists Kritik der klassischen englischen bürgerlichen Politischen Ökonomie war der nationale Konkurrenzwiderspruch zwischen dem schon hoch entwickelten englischen und dem noch völlig unentwickelten deutschen Kapitalismus. Als Repräsentant der rückständigen deutschen Bourgeoisie kritisierte List die klassische englische bürgerliche Politische Ökonomie jedoch auf typisch vulgäre Weise, nämlich vom Standpunkt der historischen Rückständigkeit eines unentwickelten Kapitalismus. Er kritisierte die höchste Stufe der wissenschaftlichen bürgerlichen Politischen Ökonomie, wie Engels bemerkte, nicht von vorn, sondern von hinten; nicht vom Standpunkt ihrer sozialistischen Überwindung, wie es die Utopischen Sozialisten in England und Frankreich seit langem schon vom moralischen Standpunkt aus taten und wie es Marx und Engels

[25] Der hier hervorgehobene Gesichtspunkt ist für die historisch-kritische Beurteilung des politökonomischen Denkens Lists von um so größerer Bedeutung, als List auch zum Sprecher der Bourgeoisie in Ländern wurde, die in einem ähnlichen Verhältnis zu England standen wie Deutschland.

in den letzten Lebensjahren Lists vom wissenschaftlichen Standpunkt der Arbeiterklasse aus zu tun begannen, sondern vom Standpunkt des theoretisch längst überlebten bürgerlich-kapitalistischen Merkantilsystems.

> „Darum“ – so schrieb Engels bereits 1844 – „kann auch die neuere liberale Ökonomie die Restauration des Merkantilsystems durch List nicht begreifen, während die Sache für uns ganz einfach ist. Die Inkonsequenz und Doppelseitigkeit der liberalen Ökonomie muß sich notwendig wieder in ihre Grundbestandteile auflösen. Wie die Theologie entweder zum blinden Glauben zurück oder zur freien Philosophie vorwärtsgehen muß, so muß die Handelsfreiheit auf der einen Seite die Restauration der Monopole, auf der anderen die Aufhebung des Privateigentums produzieren.“[26]

Die englische Bourgeoisie hatte ihren *nationalen Markt* seit langem schon in der Periode der ursprünglichen Kapital-Akkumulation und im Ergebnis der Durchsetzung der Manufakturproduktion geschaffen. Die entscheidende ideologische Hilfe hatte ihr dabei das *Merkantilsystem* geleistet. Nach der industriellen Revolution jedoch konzentrierte sie ihre Kräfte immer nachdrücklicher auf die Eroberung des *Weltmarktes*. Hierbei leisteten ihr die von ihren *klassischen* Ökonomen entwickelten Lehren die entscheidende ideologische Hilfe. Insbesondere das von ihren politökonomischen Klassikern im Kampf gegen das noch vorwiegend monopolistische und protektionistische Merkantilsystem allseitig begründete *Freihandelsprinzip* half ihr bei der Niederreißung aller ihrem Handel im Wege stehenden nationalen und internationalen Schranken.

Die deutsche Bourgeoisie dagegen mußte sich in dieser Periode überhaupt erst einmal ihren eigenen nationalen

[26] F. Engels, Umrisse zu einer Kritik der Nationalökonomie; in: MEW, a. a. O., Band 1, Seite 502.

Markt auf der Grundlage der Entwicklung des inneren Marktes schaffen. Dabei aber mußte sie bereits *gleichzeitig* die in Deutschland schon längst fälligen Aufgaben der ursprünglichen Akkumulation des Kapitals sowie die inzwischen ebenfalls bereits herangereiften Aufgaben der kapitalistischen Industrialisierung lösen.

Sie konnte sich daher einerseits *schon nicht mehr nur* auf die theoretische Übernahme und praktische Ausnutzung der antifeudalen und antipartikularistischen *nationalen* Lehren der älteren bürgerlichen Politischen Ökonomie Englands und Frankreichs, insbesondere des Merkantilismus, beschränken. Andererseits konnte sie sich unter diesen Bedingungen aber auch *noch nicht unmittelbar* die *kosmopolitischen* Lehren der liberalen klassischen englischen bürgerlichen Politischen Ökonomie zu eigen machen. Sie befand sich objektiv in einer gewissen historischen *Mittelstellung*, der ideologisch eine gewisse „Verknüpfung" merkantilistischer und klassischer, monopolistischer und liberaler bürgerlicher ökonomischer Lehren entsprach.

Um im antifeudalen Kampf freie Hand zu bekommen und ihre Kräfte konzentrieren zu können, brauchte sie jedoch zunächst erst einmal in doppelter Hinsicht unmittelbaren Schutz gegen die ihr *ökonomisch* und *ideologisch*, *praktisch* und *theoretisch* überlegene englische Bourgeoisie. In handelspolitischer Hinsicht forderte sie daher Schutzzölle, die sie vor den zerstörenden Auswirkungen der englischen Konkurrenz bewahren und ihr überhaupt erst einmal den eigenen, bis dahin von der englischen Bourgeoisie beherrschten Markt sichern sollten.

> „Das Bürgertum" — schrieb Engels 1847 — „kann sich auch in der Tat nicht halten, nicht befestigen, nicht zu unumschränkter Macht gelangen, wenn es nicht seine Industrie und seinen Handel durch künstliche Mittel schirmt und pflegt.

Ohne Schutz gegen die ausländische Industrie wäre es in einem Jahrzehnt zerquetscht und niedergestampft.“[27]

Um jedoch diesen dringend notwendigen *praktisch-ökonomischen* Schutz gegen die englische Konkurrenz durchsetzen zu können, benötigte die deutsche Bourgeoisie zum anderen *theoretisch-ideologischen Schutz* gegen die von den klassischen Ökonomen der englischen Bourgeosie entwickelten Freihandelslehren; dies um so mehr, als deren allgemeine Anerkennung durch starke antinationale und industriefeindliche Kräfte in Deutschland ihren Schutzbedürfnissen direkt entgegenstand.

Als Marx 1844 die Situation der bürgerlichen Politischen Ökonomie in Deutschland kennzeichnete, stellte er fest:

> „Das Verhältnis der Industrie, überhaupt der Welt des Reichtums zu der politischen Welt, ist ein Hauptproblem der modernen Zeit. Unter welcher Form fängt dies Problem an, die Deutschen zu beschäftigen? — Unter der Form der Schutzzölle, des Prohibitivsystems, der Nationalökonomie.
>
> Die Deutschtümelei ist aus dem Menschen in die Materie gefahren und so sahen sich eines Morgens unsere Baumwollritter und Eisenhelden in Patrioten verwandelt. Man beginnt also in Deutschland die Souveränität des Monopols nach innen anzuerkennen, dadurch, daß man ihm die Souveränität nach außen verleiht.“[28]

Es war List, der die Aufgabe übernahm, die praktischen Schutzzollinteressen der deutschen Bourgoisie im Kampf gegen die Freihandelslehren der englischen Bourgeoisie theoretisch zu verteidigen. Hierbei schuf er sein „Natürliches bzw. Nationales System der Politischen Ökonomie“.

[27] F. Engels, Schutzzoll oder Freihandelssystem; in: MEW, a. a. O., Band 4, Seite 59.

[28] K. Marx, Zur Kritik der Hegelschen Rechtsphilosophie ...; a. a. O., Seite 382.

2. *Die nationale „Opposition" Lists gegen die klassische bürgerliche Politische Ökonomie Englands*

Auf Grund ihrer *ahistorischen* Betrachtungsweise unterstellten die klassischen Ökonomen der englischen Bourgeoisie nicht nur im allgemeinen die „Ewigkeit" und „Natürlichkeit" des Kapitalismus. Als Ideologen der im Weltmaßstab führenden englischen Bourgeoisie hielten sie auch das zu ihrer Zeit bestehende ökonomische Verhältnis Englands zur übrigen Welt für „einzig richtig", „ewig" und „natürlich". Auf der Grundlage ihrer bürgerlich-klassischen Einsichten in den wert- und mehrwertschaffenden Charakter der Arbeit sowie in Konsequenz ihrer Lehren von der Arbeitsteilung forderten sie in Übereinstimmung mit den Klasseninteressen der englischen Bourgeoisie nicht nur im nationalen, sondern auch im internationalen Rahmen die *allseitige* Durchsetzung der freien Konkurrenz. Bei einem System des vollkommen freien Handels, so lehrten sie, würde sich jedes Land von selbst auf die ihm „von Natur aus" vorteilhafteste Produktion spezialisieren. Auf diese Weise käme es zur ökonomischen Vereinigung der gesamten Menschheit, zur Bildung einer „Universalunion". In dieser „Universalunion" sollte selbstverständlich das ihrer Meinung nach „von Natur aus" allein zur industriellen Produktion berufene England die gesamte Welt mit Industriewaren beliefern, während es Aufgabe anderer Länder wäre, England mit agrarischen Rohstoffen und Lebensmitteln zu versorgen.

Gegen dieses von der klassischen bürgerlichen Politischen Ökonomie theoretisch begründete Klassenprogramm der zum Kampf um den Weltmarkt angetretenen und daher *kosmopolitisch* gewordenen englischen Bourgeoisie entwickelte sich naturgemäß eine allgemeine *nationale* bürgerliche Opposition in den erst noch zum Kapitalismus drängenden Ländern. Zu einem der einflußreichsten Sprecher dieser anti-englischen, anti-kosmopolitischen und anti-klassischen, betont nationalen bürgerlichen

Opposition auf politökonomischem Gebiet wurde Friedrich List.

Das von den klassischen englischen bürgerlichen Ökonomen theoretisch begründete kosmopolitische Ziel der englischen Bourgeoisie charakterisierte List u. a. in folgenden Sätzen:

> „Ganz England würde sich auf diese Weise zu einer einzigen unermeßlichen Manufakturstadt ausbilden. Asien, Afrika und Australien würden durch England zivilisiert und mit neuen Staaten nach englischem Muster besät. So entstände mit der Zeit eine Welt von englischen Staaten unter dem Präsidium des Mutterstaates, in welcher sich die europäischen Kontinentalnationen als unbedeutend unfruchtbare Volksstämme verlören.
>
> Frankreich würde sich mit Spanien und Portugal in die Bestimmung teilen, dieser englischen Welt die besten Weine zu liefern und die schlechten selbst zu trinken; höchstens dürfte den Franzosen die Fabrikation einiger Putzwaren verbleiben.
>
> Deutschland dürfte dieser Welt schwerlich etwas mehr zu liefern haben als Kinderspielwaren, hölzerne Wanduhren, philologische Schriften und zuweilen ein Hilfskorps, das sich dazu hergäbe, in den Wüsten Asiens oder Afrika für die Ausbreitung der englischen Manufaktur- und Handelsherrschaft, der englischen Literatur und Sprache zu verschmachten.
>
> Nicht viele Jahrhunderte dürfte es anstehen, so würde man in dieser englischen Welt mit derselben Achtung von den Deutschen und Franzosen sprechen, womit wir jetzt von den asiatischen Nationen reden.“[29]

Gegen die Freihandels-Agitation des von der englischen Bourgeoisie nach Deutschland entsandten und später auch

[29] F. List, Das Nationale System . . .; a. a. O., Seite 218f.

von Marx und Engels, allerdings vom proletarischen Standpunkt, bekämpften Führers der Antikornzoll-Liga, Dr. Bowring, schrieb List 1839:

> „Dr. Bowring ist sehr im Irrtum, wenn er glaubt, die Deutschen wünschten sich keine größere Glückseligkeit, als wiederum Getreide und Bauholz nach England auszuführen und dafür englische Fabrikwaren entgegennehmen zu dürfen ... Nur armen, unkultivierten, schwachen Nationen oder Kolonien kann es konvenieren, Getreide und Holz auszuführen und Fabrikwaren einzuführen, Gewerbsfleißige, reiche, mächtige und verständige Nationen konsumieren ihre Rohstoffe und Lebensmittel selbst und produzieren einen Überfluß an Manufakturwaren, den sie gegen fremde Rohstoffe und Lebensmittel eintauschen. Denn nur vermittelst der inneren Manufakturen vermögen die Nationen ihren Ackerbau zu veredeln, großartige Transportanstalten zu gründen, ihren Handel auf ferne Weltgegenden zu erstrecken, ihre Schiffahrt, Bevölkerung, Zivilisation und Macht und die Garantien ihrer Selbständigkeit zu vermehren ... Lange genug sind die Deutschen die Holzhacker, die Besenfabrikanten und Schafhirten der Engländer gewesen; sie sind nicht danach lüstern, ihren Dienst wieder anzutreten.“ [30]

Vom Standpunkt der nach industrieller Selbständigkeit, nationaler Einheit und Unabhängigkeit strebenden deutschen Bourgeoisie eröffnete List den Kampf gegen das Freihandelsdogma der klassischen englischen bürgerlichen Politischen Ökonomie. Da er hierbei aus einer Klassenposition heraus kämpfte, die *im internationalen Rahmen zwar rückständig* (gegenüber England und Frankreich), *im nationalen Rahmen aber noch progressiv* war,

[30] F. List, Dr. Bowring und der deutsche Zollverein; in: (Augsburger) Allgemeine Zeitung vom 28. Dezember 1839.

trugen die im Ergebnis dieses Kampfes entwickelten ökonomischen Lehren einen äußerst widerspruchsvollen, im wesentlichen vulgären, im einzelnen gelegentlich eng begrenzt wissenschaftlichen Charakter.

Um seiner Klasse den Weg zu steigenden Profiten, nationaler Industrie und Macht zu zeigen, stellte List dem *Ahistorismus* und *Kosmopolitismus* (der „kosmopolitischen Ökonomie“) der englischen Bourgeoisie den *Historismus* und *Nationalismus* (die „Nationalökonomie“) der deutschen Bourgeoisie, der „englischen Theorie“ die „deutsche Praxis“ entgegen.

Erfüllt von dem Glauben an die Zukunft des Industrie-Kapitalismus auch in Deutschland überwand List dabei zunächst einmal in progressiver Weise die klassenmäßig eng national begrenzte ahistorische Vorstellung der klassischen englischen Ökonomen, wonach nur England zur industriellen Produktion befähigt sei:

> „Die kosmopolitische Theorie und ihre sehr politischen Urheber, die Engländer,“ — so schrieb er — „wollen als einen Naturvorzug geltend machen, was einzig und allein Vorteil der Erziehung ist ... Allerdings gibt es in der Natur gegründete Produktionsverschiedenheiten zwischen England und Frankreich, wie zwischen England und Deutschland. So ist England von der Natur in der Wolle- und Fleischproduktion, Frankreich in der Weinproduktion bevorzugt. Aber die natürliche Zone der Manufakturproduktion ist nicht durch den Kanal begrenzt, wie uns die Engländer glauben machen wollen. Sie begreift die ganze gemäßigte Zone in sich. Sie hört erst da auf, wo die heiße Zone beginnt. Offenbar hat die kosmopolitische Schule Erziehungsverhältnisse mit Naturverhältnissen verwechselt. Offenbar haben die Engländer diese Konfusion der Schule schlau benutzt, um ein Welt-Manufaktur-, Schiffahrts- und Handelsmono-

pol als ihr natürliches Erbteil in Anspruch zu nehmen."[31]

Ausgehend von dieser richtigen *Unterscheidung zwischen gesellschaftlichen und natürlichen Produktionsbedingungen* und von der damit begründeten Möglichkeit zur kapitalistischen Industrialisierung Deutschlands gewann List auch weitgehend richtige Einsichten in den *historischen Charakter der Handelspolitik.* Schutzzoll und Freihandel erfaßte er dabei im wesentlichen richtig als historisch bedingte Formen der bürgerlichen Handelspolitik, die entsprechend dem jeweils erreichten Entwicklungsstand der inneren und äußeren, ökonomischen und politischen Bedingungen der jeweiligen Nation sehr unterschiedliche, die industrielle Entwicklung entweder fördernde oder aber hemmende „Erziehungsfunktionen" erfüllen.

Auf Grund einer betont praktisch-historischen bürgerlichen Betrachtungsweise gelangte List in Übereinstimmung mit den Klasseninteressen der nationalen Bourgeoisie Deutschlands zur Auffassung, daß die von den klassischen bürgerlichen Ökonomen begründete Forderung nach *sofortiger* allseitiger Einführung des Freihandels und weltumspannender ökonomischer Vereinigung der Menschheit auf Grund des unterschiedlichen Entwicklungsniveaus der einzelnen Nationen weder mit der „Vernunft" noch mit der „Natur der Dinge", keineswegs also mit den nationalen Interessen der kapitalistisch unterentwickelten Länder übereinstimmte. Bei *grundsätzlicher* Anerkennung des von den klassischen bürgerlichen Ökonomen genannten *Zieles* der gesellschaftlichen Entwicklung — Vereinigung der gesamten Menschheit in einer „Universalunion" — sowie unter *grundsätzlicher* Zustimmung der von ihnen auf dieser Entwicklungsstufe geforderten ökonomischen *Form* der Menschheitsvereini-

[31] F. List, Die nationalen Handelssysteme von England, Holland und Deutschland; in: (Augsburger) Allgemeine Zeitung vom 8. April 1841.

gung — Freihandel —, lehnte List beides jedoch vom Standpunkt der damaligen deutschen Gegenwart als *noch verfrüht* ab.

> „Die Freiheit des Handels" — so schrieb er in dem hier vorgelegten Werk — „ist kein leerer Traum. Sie ist ein Gesetz der Vernunft und unter ihrer Herrschaft werden alle Völker der Erde den höchsten Grad des physischen Wohlbefindens und der Zivilisation erreichen; doch *erst dann, wenn sich alle Nationen auf die gleiche ökonomische, moralische, soziale und politische Entwicklungsstufe erhoben haben werden.*"[32]

Als Ideologe der kapitalistisch zurückgebliebenen Nationen oder gar, wie in Deutschland, der erst noch zu schaffenden bürgerlichen Nation ging List davon aus, „daß die [Herstellung der] Handelsfreiheit genau wie die Vereinigung der Menschheit nur ein natürliches Ergebnis der *gleichmäßigen und gleichzeitigen Entwicklung der politischen und gesellschaftlichen Verhältnisse aller Nationen* sein kann."[33]

> „Eine aus *überwiegender politischer Macht*, aus überwiegendem Reichtum einer einzigen Nation hervorgehende, *also auf Unterwerfung und Abhängigkeit der anderen Nationalitäten basierende Universalunion* dagegen" — so schrieb er — „würde den Untergang aller Nationaleigentümlichkeiten und alles Wetteifers unter den Völkern zur Folge haben; sie widerstritte den Interessen wie den Gefühlen aller Nationen, die sich zur Selbständigkeit und zur Erreichung eines hohen Grades von Reichtum und politischer Geltung berufen fühlen; sie wäre nur eine Wiederholung dessen, was schon einmal dagewesen: des Versuchs der Römer, jetzt mit Hilfe der Manufakturen und des Handels,

[32] F. List, Das Natürliche System der Politischen Ökonomie, vorliegende Ausgabe, Seite 124.
[33] Ebenda, Seite 256 f.

statt früher durch kalten Stahl ins Werk gesetzt, darum aber nicht minder zur Barbarei zurückführend."[34]

Erkannte List den Freihandel im *nationalen* Rahmen *sofort*, im *internationalen* Rahmen jedoch erst *für die Zukunft* an, so sah er im Schutzzoll den Weg, auf dem er erreicht werden sollte, und zwar über die „Erziehung" der Nationen zur industriellen Selbständigkeit.

> „Auch wir sind Kosmopoliten," — so schrieb List in dem hier vorgelegten Werk — „doch unser Kosmopolitismus ruht auf einer soliden Grundlage: auf der Nationalität. Auch wir erreichen einen Punkt, wo das System der Handelsfreiheit vorteilhafter ist als das System der Handelsbeschränkungen. Doch wir gelangen auf einem ganz anderen Weg dorthin als Smith und Say. Wir sind Staatsbürger, bevor wir Weltbürger sind. Unsere Anstrengungen und Kräfte sind der Zivilisation, dem Wohlstand, dem Ruhm, der Sicherheit unserer Nation geweiht. Auch für die Menschheit erstreben wir das gleiche Ziel; doch ihr Glück muß mit dem Glück der Nation vereinbar sein. Die Nation darf nicht leiden, damit das Glück der Menschheit schneller erreicht wird. Schließlich ist es in erster Linie die Nation, der wir unsere Bildung, unsere Sprache, unsere Lebensfähigkeit und unsere geistige Reife verdanken."[35]

„Die vollkommene Nation — nicht die vollkommene Menschheit ist die Aufgabe, die von der gegenwärtigen Zeit zu lösen!"[36] so formulierte List in einer Periode, in der alles auf die Bildung der deutschen Nation ankam, den *Nationalismus* der deutschen Bourgeoisie im Kampf gegen den von der englischen Bourgeoisie vertretenen *Kosmopolitismus*.

[34] F. List, Das Nationale System ...; a. a. O., Seite 62f.
[35] F. List, Das Natürliche System, a. a. O., Seite 158 f.
[36] F. List, Schriften ...; a. a. O., Band 9, Seite 176.

In einseitig praktisch-handelspolitischer Sicht meinte List, daß die von der klassischen bürgerlichen Politischen Ökonomie entwickelte Freihandelstheorie lediglich in einer ferneren Zukunft allgemeine Gültigkeit erlangen würde, in der damaligen Gegenwart jedoch nur allein für England gelten könnte.

> „Wäre der Verfasser ein Engländer", so schrieb er von sich, „er hätte schwerlich das Grundprinzip der Adam Smithschen Theorie in Zweifel gezogen."[37]

Da List, befangen im nationalen Denken, die klassische englische bürgerliche Politische Ökonomie lediglich als die „Nationalökonomie Englands" auffaßte, stellte er sich die Aufgabe, jene von ihr angeblich „vergessenen" politökonomischen Grundsätze zu entwickeln, die in seiner Gegenwart für die zurückgebliebenen, aber aufstrebenden bürgerlichen Nationen gültig wären:

> „Als charakteristischen Unterschied des von mir aufgestellten Systems," schrieb er, „bezeichne ich die Nationalität. Auf die Natur der Nationalität als des Mittelgliedes zwischen Individualität und Menschheit ist mein ganzes Gebäude gegründet."[38]

Wenn List sein System „Das nationale System der Politischen Ökonomie" nannte, so erklärte er hierzu: „Dieser Titel heißt mit anderen Worten: Die Politische Ökonomie von dem Standpunkt der Nationalität aufgefaßt."[39]

Indem sich der „Praktiker" List auf diesen, ihm „natürlich" erscheinenden *nationalen* Standpunkt stellte und dabei sein Hauptaugenmerk auf die *außen*wirtschaftlichen Beziehungen seiner Klasse konzentrierte, verschloß er

[37] F. List, Das Nationale System ...; a. a. O., Seite 60.
[38] Ebenda, Seite 40.
[39] F. List, Über Kosmopolitismus und Nationalität; in: Das Zollvereinsblatt Nr. 29/1845.

sich jedoch jede tiefere Einsicht in die *inneren* Zusammenhänge des kapitalistischen Systems. Die enge Begrenztheit seines praktischen und nationalen Standpunktes machte ihn daher auch unfähig, die weitgehende *wissenschaftliche Allgemeingültigkeit* der klassischen bürgerlichen Politischen Ökonomie zu begreifen.

War die klassische englische bürgerliche Politische Ökonomie die theoretische Verallgemeinerung der überlegenen kapitalistischen Praxis Englands, so konstatierte List vom Standpunkt der unentwickelten kapitalistischen Praxis Deutschlands, insbesondere vom handelspolitischen Gesichtspunkt der deutschen Bourgeoisie, einen „Widerspruch zwischen (englischer) Theorie und (deutscher) Praxis". Da ihm das Verständnis für den wissenschaftlichen Gehalt der klassischen englischen bürgerlichen Politischen Ökonomie abging, er diese nur vom Standpunkt der handelspolitischen Interessen einer unentwickelten nationalen Bourgeoisie aus beurteilte, glaubte er, sie hätte zwar *schon* für die englische, aber *noch* nicht für die deutsche kapitalistische Praxis Gültigkeit. Die klassische englische bürgerliche Politische Ökonomie wollte er deshalb durch eine auf die unmittelbaren praktischen Bedürfnisse des zurückgebliebenen Kapitalismus orientierte „Nationalökonomie" ersetzen bzw. „ergänzen".

Der zum abstrakten Denken unfähige „praktische Verstand" List begriff damit im Grunde genommen die Politische Ökonomie nicht als eine *theoretische Wissenschaft*, aus der sich jeweils historisch konkrete, den nationalen und internationalen gesellschaftlichen Bedingungen entsprechende praktische Schlußfolgerungen ableiten lassen. Stattdessen identifizierte er sie mit der *Wirtschaftspolitik*, sah er in ihr unmittelbar, nur und in erster Linie ein System von wirtschaftspolitischen Regeln. Da die einzelnen Nationen sehr verschiedene Entwicklungsgrade erreicht hätten, so folgerte er, müßte auch bis zur Herstellung der auf nationaler Gleichberechtigung beruhenden

„Universalunion der Menschheit“ jede Nation ihre eigene „nationale“ Politische Ökonomie, ihre eigene „Nationalökonomie“, mit anderen Worten ihr eigenes „natürliches“ resp. „nationales“ System von wirtschaftspolitischen Regeln und Grundsätzen haben.

In seiner praktischen Zielstellung begründete daher das von List entwickelte „Natürliche bzw. Nationale System der Politischen Ökonomie“ nichts anderes als ein spezifisches System der nationalen bürgerlichen Wirtschafts- und Handelspolitik. Es orientierte auf eine *Politik zur beschleunigten Durchsetzung des industriellen Kapitalismus in ökonomisch zurückgebliebenen Ländern zwecks Herstellung und Sicherung der nationalen Einheit und Unabhängigkeit dieser Länder.* In seinem Mittelpunkt stand der Nachweis für die zeitweilige Notwendigkeit des industriellen „Erziehungszolls“.

So sehr dieses „System“ den praktischen Entwicklungsbedürfnissen des unentwickelten Kapitalismus, vor allem den handelspolitischen Interessen der nationalen Bourgeoisie in den zurückgebliebenen Ländern entsprach, so sehr kennzeichnet die ihm zugrundeliegende praktizistische, eng handelspolitisch und national-bürgerlich beschränkte Auffassung von der Politischen Ökonomie den vulgären Charakter des politökonomischen Denkens Lists.

3. Der vulgäre Charakter der politökonomischen „Theorien“ Lists

Die Vulgarität des politökonomischen Denkens Lists besteht nicht in erster Linie darin, daß List im Interesse der deutschen Bourgeoisie Schutzzölle forderte und diese theoretisch zu begründen versuchte. Die Vulgarität des politökonomischen Denkens Lists beginnt dort, wo List die Grenzen überschreitet, die ihm als „Praktiker“ des zurückgebliebenen deutschen Kapitalismus gesetzt sind. Sie beginnt vor allem dort, wo er dazu übergeht, die von ihm nicht verstandene klassische englische bürgerliche Politische Ökonomie „theoretisch“ anzugreifen, um sie durch „bessere Theorien“, durch ein „natürliches“ oder „nationales“, ein „amerikanisches“ oder „deutsches“ System zu „ergänzen“.

Alle politökonomischen „Theorien“, die List zur Rechtfertigung seiner praktischen Forderungen konstruierte, tragen daher im wesentlichen einen vulgären antiklassischen Charakter. Sie reflektieren das gegenüber der klassischen bürgerlichen Politischen Ökonomie niedrigere ideologische Niveau und den gegenüber dem englischen Kapitalismus historisch rückständigen Standpunkt Lists. Es wird genügen, dies am Beispiel der beiden Haupttheorien seines „Systems“ — der „Stufentheorie“ und der „Lehre von den produktiven Kräften“ — konkret nachzuweisen.

Lists *„Stufentheorie“* — im vorliegenden Werk am umfassendsten ausgearbeitet — brachte die Entwicklungsinteressen der bürgerlichen Kräfte in den kapitalistisch zurückgebliebenen Ländern zum Ausdruck. Indem List mit dieser „Theorie“ gegen die national bedingten Elemente des Ahistorismus der klassischen englischen bürgerlichen Politischen Ökonomie opponierte, versuchte er, die Notwendigkeit und Möglichkeit der industriekapitalistischen Entwicklung in allen Ländern der gemäßigten Zone, vor allem in Deutschland, zu begründen. So sehr dieser Versuch theoretisch und praktisch berechtigt war, zeigt er, wie wenig List zur echten historischen Betrachtungsweise fähig war und selbst im vulgären bürgerlichen Ahistorismus befangen blieb.

Lists Lehre von den „Stufen“ der gesellschaftlichen Entwicklung geht grundsätzlich nicht über den Kapitalismus hinaus. Unter betonter Hervorhebung der *nationalen* Entwicklung faßt sie den Kapitalismus als „ewige“, sich lediglich *quantitativ* entwickelnde gesellschaftliche Ordnung auf. Die von List erdachten „Stufen“ der kapitalistischen Nationalentwicklung stellen eine äußerst vulgäre, von Oberflächenerscheinungen, vor allem von technisch-materiellen Merkmalen der Produktion ausgehende und schematisch-willkürlich konstruierte Periodisierung der gesellschaftlichen Entwicklung dar. Sie geben keinerlei Auskunft über die Entwicklung der Eigentumsverhältnisse und gestatten insofern auch keine tiefere Einsicht in die inneren Widersprüche und eigentlichen Triebkräfte der gesellschaftlichen Produktion.

List, der die Frage nach dem Charakter des Eigentums an den Produktionsmitteln umging und stattdessen die Rolle des Außenhandels für die nationale gesellschaftliche Entwicklung überschätzte, sah deshalb in der äußeren Handelspolitik den entscheidenden Entwicklungsfaktor des gesellschaftlichen Lebens. Er vertuschte auf diese Weise die grundlegenden Klassengegensätze *innerhalb* der kapitalistischen Gesellschaft. In metaphysischer Weise sah er die *äußeren*, vor allem im Außenhandel (und Krieg) zum Ausdruck kommenden Konkurrenz-Gegensätze zwischen den bürgerlichen Nationen als entscheidend für die gesellschaftliche Entwicklung an. Lists „Stufentheorie" negierte damit die Notwendigkeit der revolutionären Ablösung der einen Produktionsweise durch die andere. Sie leugnete insbesondere die Notwendigkeit des revolutionären antifeudalen Klassenkampfes bei der Durchsetzung des Kapitalismus.

Als Ziel der gesellschaftlichen, genauer gesagt, der nationalen Entwicklung proklamierte Lists „Stufentheorie" die friedliche, mit Hilfe von sozialen Reformen auf evolutionärem Wege zu erreichende Herstellung einer „Harmonie" zwischen *allen* gesellschaftlichen Klassen innerhalb der Nation auf der Basis des technischen „Gleichgewichts" zwischen Landwirtschaft, Industrie und Handel. Zur Erreichung dieses Zieles — der „Normalnation" — orientierte Lists „Stufentheorie" in erster Linie auf die beschleunigte Schaffung einer unabhängigen nationalen Industrie. Als das entscheidende Mittel hierfür pries sie den Schutzzoll.

„Nun beruhe aber" — so drückte List diesen Zusammenhang aus — „die Macht und der Wohlstand, ja die Zivilisation jeder Nation auf harmonischer Entwicklung ihres Ackerbaues, ihrer Industrie und ihres Handels; die Industrie sei das Mittelglied zwischen den beiden anderen, und ohne sie könne weder der Ackerbau noch der Handel gedeihen. Die Industrie müsse also durch die Nationalkraft so lange geschützt werden, als sie die freie Konkurrenz mit einer fremden ihr überlegenen Industrie nicht bestehen könne".[40]

Sollte Lists „Stufentheorie" die historisch herangereifte Notwendigkeit der kapitalistischen Industrialisierung Deutschlands zeigen, empfahl sie den Schutzzoll als die geeignetste Form zur handelspolitischen Sicherung dieser Industrialisierung, so sollte sie neben dieser *praktischen* Zielstellung zugleich auch *theoretisch* beweisen, daß die klassische englische bürgerliche Politische Ökonomie — die „Lehre von den Tauschwerten", wie List sie nannte — für Deutschland *noch* keine Gültigkeit haben könnte. Sie sollte nachweisen, daß auf der in Deutschland erst erreichten „Stufe" der Entwicklung des Kapitalismus allein Lists „Natürliches oder Nationales System der Politischen Ökonomie" — insbesondere seine „Lehre von den produktiven Kräften" — gültig wäre.

Mit seiner *„Lehre von den produktiven Kräften"* wollte List einen weiteren „theoretischen Nachweis" erbringen, daß für Deutschland allein der Schutzzoll die geeignetste Handelspolitik zur Hervorbringung einer unabhängigen deutschen Nationalindustrie sei. So praktisch-historisch berechtigt diese Zielsetzung damals für Deutschland (und vorher für Amerika) war, so theoretisch falsch war es jedoch, wenn List meinte, sie im Kampf gegen die klassi-

[40] F. List, Über den Wert und die Bedingungen einer Allianz zwischen Großbritannien und Deutschland; in F. List, Schriften . . .; a. a. O., Band 7, Seite 287.

sche bürgerliche Politische Ökonomie eigens „begründen" zu müssen. Sein vulgärer Angriff richtete sich hierbei vor allem gegen die von ihm nicht begriffene klassische bürgerliche Arbeitswertlehre.

> „Wir glauben aber beweisen zu können", so behauptete er, „daß neben dieser *Wissenschaft der Tauschwerte* eine selbständige Wissenschaft der *produktiven Kräfte* gebildet werden müsse, um die Natur der Gesellschaftsökonomie vollständig und richtig darzustellen, und daß die Handelspolitik hauptsächlich die Theorie der produktiven Kräfte, nicht aber, wie bisher von den Theoretikern geschehen ist, die Theorie der Tauschwerte zur Richtschnur nehmen müsse."[41]

Hatten die klassischen englischen bürgerlichen Ökonomen ihre Freihandelsforderungen auf der Grundlage ihrer Einsichten in das spontane Wirken des Wert- und Mehrwertgesetzes entwickelt und dabei nachgewiesen, daß jede Behinderung der freien Konkurrenz zur Verteuerung der Produktion und damit zur Schmälerung der Profite ihrer Klasse führen müsse, so bestritt List die Gültigkeit der klassischen bürgerlichen Wert- und Mehrwertlehren für die „nachstrebenden Nationen". List, dem es im Profitinteresse seiner Klasse um die Steigerung der Arbeitsproduktivität, insbesondere um die Entwicklung der industriellen Produktivkräfte in Deutschland ging, beurteilte die Frage der Arbeitsproduktivität jedoch nicht wie die klassischen englischen Ökonomen vom allgemeinen Profitstandpunkt, insbesondere nicht vom Standpunkt der kapitalistischen Weltwirtschaft, sondern vom Standpunkt der nationalen Wirtschaft, dem zentralen Begriff seines gesamten „Systems". Indem er vom Standpunkt der unentwickelten nationalen Wirtschaft und des Profits der aufstrebenden nationalen Bourgeoisie

[41] F. List, Die englische Kornbill und das deutsche Schutzsystem; in: (Augsburger) Allgemeine Zeitung vom 7. März 1839.

an die Frage der Arbeitsproduktivität heranging, kam er zur *teilweisen und zeitweiligen Ablehnung der freien Konkurrenz in den außenwirtschaftlichen Beziehungen der Nationen.* Zur Rechtfertigung des Schutzzolls bejahte er eine zeitweilige niedrigere nationale Produktivität, sah er in ihr geradezu eine Bedingung für die von der Nation erst noch zu erreichende höhere Produktivität. Im Interesse des Profits der rückständigen deutschen Bourgeoisie forderte er von der Nation, auf die billige Einfuhr englischer Industriewaren zugunsten der Entwicklung einer eigenen deutschen Industrie teilweise und zeitweilig zu verzichten.

> „Die Nation“ — erklärte List — „muß materielle Güter aufopfern und entbehren, um geistige oder gesellschaftliche Kräfte zu erwerben, sie muß gegenwärtige Vorteile aufopfern, um sich zukünftige zu sichern. Es ist wahr, daß die Schutzzölle im Anfang die Manufakturwaren verteuern; aber es ist ebenso wahr, und sogar von der Schule zugestanden, daß sie im Laufe der Zeit bei einer zur Aufbringung einer vollständigen Manufakturkraft befähigten Nation wohlfeiler im Inland fabriziert als von außen eingeführt werden können. Wird durch die Schutzzölle ein Opfer an *Werten* gebracht, so wird dasselbe durch die Erwerbung einer *Produktivkraft* vergütet, die der Nation nicht allein für die Zukunft eine unendlich größere Summe von materiellen Gütern, sondern auch industrielle Independenz im Falle des Krieges sichert.“[42]

Die durch den Schutzzoll *zeitweilig* eintretende Verteuerung der Industriewaren betrachtete List als den „Preis“, den die Nation für ihre „Erziehung zur industriellen Selbständigkeit“ zu zahlen hätte:

> „Wenn der Schutzzoll für einige Zeit die inländischen Manufakturwaren verteuert, so gewährt er

[42] F. List, Das Nationale System . . .; a. a. O., Seite 234f.

in Zukunft wohlfeilere Preise infolge der inländischen Konkurrenz; denn eine zur vollständigen Ausbildung gelangte Industrie kann die Preise ihrer Fabrikate um so viel wohlfeiler stellen, als die Verführung der Rohstoffe und Lebensmittel und die Einführung der Fabrikate an Transport- und Handelsgewinsten kostet.

Der durch die Schutzzölle verursachte Verlust der Nation besteht jedenfalls nur in *Werten*, dagegen gewinnt sie *Kräfte*, vermittelst welcher sie für ewige Zeiten in den Stand gesetzt wird, unberechenbare Summen von Werten zu produzieren. Dieser Aufwand an Werten ist demnach nur als *Preis der industriellen Erziehung der Nation* zu betrachten."[43]

Konnten die klassischen Ökonomen der englischen Bourgeoisie, gestützt auf die im Weltmaßstab damals modernste und daher jeder Konkurrenz gewachsene industrielle Produktion, die komplizierten Wechselwirkungen der kapitalistischen Konkurrenz bereits in das „Gesetz des billigen Preises" zusammenfassen und daher im allseitigen Freihandel die entscheidende Bedingung zur weiteren Steigerung der Arbeitsproduktivität und damit zur Senkung des Warenwertes bei gleichzeitiger Erhöhung der Mehrwertproduktion sehen, so mußte List überhaupt erst einmal auf die Entwicklung der „billigsten", d. h. der *industriellen* Produktion im nationalen Rahmen selbst orientieren.

War der internationale Freihandel für das entwickelte Kapital Englands bereits ein Haupterfordernis seiner erweiterten Reproduktion, so entsprach der nur die innere Konkurrenz zulassende, die äußere Konkurrenz jedoch begrenzende Schutzzoll den in Deutschland noch gegebenen primitiven Erfordernissen der Kapitalakkumulation in der

[43] Ebenda, Seite 74.

Anfangsperiode des industriellen Kapitals. Konnte das erstarkte englische industrielle Kapital auf die *unmittelbare* Unterstützung seitens des staatlichen Überbaus im einzelnen bereits verzichten, so bedurfte das deutsche industrielle Kapital noch der staatlichen Krücken, um überhaupt auf die Welt kommen zu können. Sollte Deutschland industrialisiert werden, dann mußten vor allem die durch die billige Einfuhr englischer Industriewaren bedrohten Profite der deutschen Bourgeoisie künstlich, d. h. mit politischen Mitteln durch Schutz des nationalen Marktes vor der ausländischen Konkurrenz gesichert werden.

List, dem das theoretische Verständnis der klassischen bürgerlichen Lehren von der wert- und mehrwertbildenden „produktiven Arbeit" abging, „kritisierte" daher die angebliche *Überbetonung der Arbeit* durch die klassische bürgerliche Politische Ökonomie. Dem vulgär an der Oberfläche haftenbleibenden List erschien dabei bezeichnenderweise die Arbeit selbst nur als das Resultat noch tiefer liegender, angeblich von der Klassik übersehener Ursachen.

> „Wir fragen," — so schrieb er — „heißt es wissenschaftlich räsonieren, wenn man als die Ursache einer Erscheinung etwas bezeichnet, was für sich selbst das Resultat einer Menge tiefer liegender Ursachen ist? Es ist keinem Zweifel unterworfen, aller Reichtum wird nur vermittelst geistiger und körperlicher Anstrengungen (Arbeit) erworben; damit ist aber noch keine Ursache bezeichnet, woraus man nützliche Folgerungen ziehen könnte; denn die Geschichte lehrt, daß ganze Nationen, trotz der Anstrengungen und der Sparsamkeit ihrer Bürger, in Armut und Elend geraten sind."[44]

[44] Ebenda, Seite 223.

Für List, dem es darauf ankam, *praktische* Folgerungen für die Entwicklung des deutschen Kapitalismus zu ziehen, ging es vor allem um die Herstellung von *gesellschaftlichen* Bedingungen, unter denen die Arbeit überhaupt erst einmal ihre Reichtum erzeugende, wert- und vor allem mehrwertbildende „produktive Kraft“ entfalten konnte. Indem er für die Durchsetzung bürgerlich-kapitalistischer *Produktionsverhältnisse* und für die Schaffung eines die kapitalistische Entwicklung aktiv fördernden *politischen und ideologischen Überbaus* eintrat und hierin die entscheidenden Voraussetzungen für die Entwicklung der Arbeitsproduktivität in Deutschland sah, betrachtete er diese Kategorien des gesellschaftlichen Lebens als „reiche Quellen der produktiven Kräfte“. Wenn List damit durchaus richtig praktische Erfordernisse des Gesetzes der Übereinstimmung der Produktionsverhältnisse mit dem Charakter der Produktivkräfte, wenn er damit insbesondere die praktischen Erfordernisse der zum vollen Durchbruch drängenden ökonomischen Gesetze des Kapitalismus aussprach, so war es doch völlig falsch, wenn er hierbei in idealistisch-metaphysischer Weise die verschiedenartigsten gesellschaftlichen und sogar technischen Kategorien vulgär zusammenfaßte und — etwa in folgender Weise — durcheinanderbrachte:

> „Die christliche Religion, die Monogamie, die Abschaffung der Sklaverei und der Leibeigenschaft, die Erblichkeit des Throns, die Erfindung der Buchstabenschrift, der Presse, der Post, des Geldes, des Gewichts und des Maßes, des Kalenders und der Uhren, die Sicherheitspolizei, die Einführung des freien Grundeigentums und die Transportmittel sind reiche Quellen der produktiven Kraft. Um sich davon zu überzeugen braucht man nur den Zustand der europäischen Staaten mit dem der asiatischen zu vergleichen. Um den Einfluß der Gedanken- und Gewissensfreiheit auf die produk-

tiven Kräfte der Nation kennenzulernen, braucht man nur die Geschichte von England und dann die von Spanien zu lesen.

Die Öffentlichkeit der Rechtspflege, das Geschworenengericht, die parlamentarische Gesetzgebung, die öffentliche Kontrolle der Staatsverwaltung, die Selbstadministration der Gemeinden und Korporationen, die Pressefreiheit, die Assoziationen zu gemeinnützigen Zwecken gewähren den Bürgern konstitutioneller Staaten wie der Staatsgewalt eine Summe von Energie und Kraft, die sich schwerlich durch andere Mittel erzeugen läßt. Kaum ist ein Gesetz oder eine öffentliche Einrichtung denkbar, wodurch nicht auf die Vermehrung oder Verminderung der produktiven Kraft ein größerer oder geringerer Einfluß geübt würde."[45]

So progressiv das praktisch-politische Streben Lists nach Durchsetzung kapitalistischer Produktionsverhältnisse und nach Schaffung eines in gleicher Richtung wirkenden bürgerlich-demokratischen Nationalstaates war, so reaktionär war sein „theoretischer" Angriff gegen die klassische bürgerliche Arbeitswertlehre. Der von der klassischen bürgerlichen Politischen Ökonomie bereits in vieler Hinsicht richtig herausgearbeitete Begriff der „produktiven Arbeit" (im Sinne von mehrwertschaffender Arbeit) wurde in Lists „Lehre von den produktiven Kräften" zu einem verschwommenen, alle möglichen gesellschaftlichen und technischen, ökonomischen und politischen Kategorien vulgär zusammenfassenden *moralisch-ethischen Begriff*. Die materielle Produktion selbst wurde damit als die entscheidende Grundlage des gesellschaftlichen Lebens geleugnet. Der spezifische Zusammenhang ihrer beiden Seiten wurde übersehen. Der Begriff der „Produktivität" wurde dadurch, selbst nur vom bürger-

[45] Ebenda, Seite 227f.

lichen Profitstandpunkt, in einer völlig unzulässigen Weise ausgeweitet und verlor damit schließlich als politökonomische Kategorie jeglichen wissenschaftlichen Wert.

„Sehen wir nun," — schrieb List — „in welche Irrtümer und Widersprüche die Schule verfallen ist, indem sie den bloß materiellen Reichtum oder den Tauschwert zum Gegenstand ihrer Forschung machte und die bloß körperliche Arbeit als die produktive Kraft bezeichnete.

Wer Schweine erzieht, ist nach ihr ein produktives, wer Menschen erzieht, ein unproduktives Mitglied der Gesellschaft. Wer Dudelsäcke oder Maultrommeln zum Verkauf fertigt, produziert; die größten Virtuosen, da man das von ihnen Gespielte nicht zu Markte bringen kann, sind nicht produktiv. Der Arzt, welcher seine Patienten rettet, gehört nicht in die produktive Klasse, wohl aber der Apothekerjunge, obgleich die Tauschwerte oder die Pillen, die er produziert, nur wenige Minuten existieren mögen, bevor sie ins Wertlose übergehen. Ein Newton, ein Watt, ein Kepler sind nicht so produktiv als ein Esel, ein Pferd oder Pflugstier, welche ‚Arbeiter' in neuerer Zeit von Herrn M'Culloch in die Reihe der produktiven Mitglieder der menschlichen Gesellschaft eingeführt worden sind . . .

Die angeführten Irrtümer und Widersprüche der Schule werden sich vom Standpunkt der ‚Theorie der produktiven Kräfte' aus leicht berichtigen lassen. Allerdings sind die, welche Schweine großziehen, Dudelsäcke oder Pillen fabrizieren, produktiv, aber die Lehrer der Jugend und der Erwachsenen, die Virtuosen, die Ärzte, die Richter und Administratoren sind es in einem noch viel höheren Grade. Jene *produzieren Tauschwerte*, diese *produzieren produktive Kräfte*, der eine, indem er die künftige

Generation zur Produktion befähigt, der andere, indem er Moralität und Religiosität bei der jetzigen Generation befördert, der dritte, indem er auf die Veredlung und Erhebung des menschlichen Geistes wirkt, der vierte, indem er die produktiven Kräfte seiner Patienten rettet, der fünfte, indem er die Rechtssicherheit, der sechste, indem er die öffentliche Ordnung produziert, der siebente, indem er durch seine Kunst und den Genuß, den er dadurch gewährt, zur Produktion von Tauschwerten reizt."[46]

Oder: „Die Arbeit ist produktiv, entweder indem sie Tauschwerte hervorbringt oder indem sie die produktiven Kräfte vermehrt."[47]

Der von der klassischen bürgerlichen Politischen Ökonomie entwickelte Begriff der „produktiven Arbeit", der eindeutig auf die Entwicklung der kapitalistischen Mehrwertproduktion orientierte, verlor damit in Lists „Lehre von den produktiven Kräften" jegliche antifeudale revolutionäre Schärfe. Er diente in der ihm von List gegebenen vulgären Fassung schließlich in reaktionärer Weise zur „theoretischen" Rechtfertigung aller bestehenden gesellschaftlichen Klassen, Schichten und Berufe. Es ist daher kein Zufall, daß er von der an List anschließenden „Historischen Schule" der deutschen Vulgärökonomie begierig aufgegriffen und zur Rechtfertigung des später verwirklichten Bündnisses zwischen Bourgeoisie und Junkertum ausgenutzt wurde.

4. Lists Lehre vom industriellen Erziehungszoll — prägnantester Ausdruck des Klassencharakters seines „Systems"

Ergaben sich die politökonomischen „Theorien" Lists zunächst unmittelbar aus dem Konkurrenzwiderspruch

[46] Ebenda, Seite 231 ff.

[47] F. List, Arbeit, in: Rotteck-Welcker, ‚Staatslexikon', Band 1 (1834), Seite 644.

zwischen der deutschen und englischen Bourgeoisie, richteten sie sich daher hauptsächlich gegen die klassische englische bürgerliche Politische Ökonomie, so ist dies nur eine, wenn auch die vom Standpunkt der Geschichte der Politischen Ökonomie bedeutsamste Seite, die bei der klassenmäßig-ideologischen Beurteilung des politökonomischen Denkens Lists Beachtung finden muß. Da die Stellungnahme der deutschen Bourgeoisie zur äußeren Handelspolitik aber nicht nur durch ihr Verhältnis zur englischen Bourgeoisie, sondern gleichzeitig auch entscheidend durch ihr Verhältnis zu den übrigen Klassen und Schichten *in Deutschland selbst* bestimmt war, widerspiegelten sich auch diese Klassenzusammenhänge im politökonomischen Denken Lists. Da in der Frage „Schutzzoll oder Freihandel?" nicht nur die Konkurrenzinteressen der deutschen und englischen Bourgeoisie aufeinanderprallten, sondern sich in dieser Frage auch die Interessen der verschiedenen Klassen und Schichten innerhalb Deutschlands kreuzten, deckten oder widerstritten, so war die Entscheidung für Schutzzoll oder Freihandel nicht nur eine Frage des internationalen Konkurrenzkampfes zweier kapitalistischer Klassen, sondern zugleich auch eine Frage des innerdeutschen Klassenkampfes selbst.

Die Art und Weise, in der List zu dieser Frage Stellung nahm, zeigt daher auch *sein Verhältnis zu den Klassen und Schichten im damaligen Deutschland.* Sie gibt Auskunft über den Platz seiner politökonomischen Auffassungen im Rahmen der deutschen Ideologie dieser Periode und ermöglicht die abschließende klassenmäßig ideologische Beurteilung seines „Natürlichen bzw. Nationalen Systems der Politischen Ökonomie."

*

Die — auch im vorliegenden Werk ausführlich entwickelte — Zolltheorie Lists war der unmittelbare Interessenausdruck der Industriebourgeoisie, des objektiv progressivsten Teiles der deutschen Bourgeoisie.

„Unter dem Bürgertum“ – schrieb Engels 1847 – „herrschen zwar im betreff der Industrie und des Handels zwei verschiedene Ansichten. Es unterliegt indes keinem Zweifel, daß die Partei für die Schutz- respektive Differentialzölle weitaus die mächtigste, zahlreichste und überwiegendste ist.“[48]

„Die Schutzzöllner“ – so charakterisierte Marx 1847 die Klassenposition der von List geführten Schutzzöllner in Deutschland – „haben niemals die kleine Industrie, die eigentliche Handarbeit protegiert. Haben etwa in Deutschland der Dr. List und seine Schule für die kleine Leinenindustrie, für die Handweberei, für das Handwerk Schutzzölle verlangt? Nein, wenn sie um Schutzzölle baten, taten sie es nur, um die Handarbeit durch die Maschinen, die patriarchalische Industrie durch die moderne Industrie zu verdrängen. Mit einem Wort, sie wollen die Herrschaft der Bourgeoisie, besonders der großen industriellen Kapitalisten, verbreiten. Sie gingen so weit, den Verfall und Untergang der kleinen Industrie, der kleinen Bourgeoisie, des kleinen Ackerbaues, der kleinen Bauern laut als ein trauriges, aber für die industrielle Entwicklung Deutschlands notwendiges Ereignis auszurufen.“[49]

Im Interesse der *großen* deutschen Industriebourgeoisie zielte Lists Zolltheorie auf die beschleunigte Schaffung einer selbständigen, von England unabhängigen deutschen Nationalindustrie ab.[50]

[48] F. Engels, Schutzzoll oder Freihandelssystem, a. a. O., Seite 59.

[49] K. Marx, Die Schutzzöllner, die Freihandelsmänner und die arbeitende Klasse, in: MEW, a. a. O., Band 4, Seite 296.

[50] Das Gleiche gilt auch für den von List früher bereits in Amerika vertretenen Zollschutz. Auf ihn treffen die folgenden Sätze von Friedrich Engels aus dem Jahre 1888 zu:

„Übrigens" — so erklärte Marx 1848 — „ist das Schutzzollsystem nur ein Mittel, in einem Lande die Großindustrie aufzuziehen ..."[51]

List, der den Freihandel prinzipiell anerkannte, für dessen sofortige Durchsetzung im nationalen Rahmen Deutschlands eintrat und im Schutzzoll lediglich das Mittel zur künftigen Verwirklichung des Freihandels auch im internationalen Rahmen sah, *begrenzte* den von ihm vorgesehenen Zollschutz in mehrfacher Weise. Bei grundsätzlicher Ablehnung jeglicher Ausfuhrbeschränkungen und jeglichen Agrarprotektionismus forderte er den Zollschutz ausschließlich zugunsten der Entwicklung der Industrie. Die kapitalistische Industrialisierung Deutschlands und die Eroberung des nationalen Marktes durch die große deutsche Industriebourgeoisie waren die von List eindeutig gesetzten Ziele des industriellen Zollschutzes. Gleichzeitig sah er darin das entscheidende Mittel nicht nur zur ökonomischen, sondern auch zur *politischen Vereinigung Deutschlands* zur Nation:

„Das Schutzsystem müsse aber auf deutschem Boden nicht bloß von der ökonomischen Seite, es müsse noch mehr von der politischen beurteilt werden. Die ökonomische Einheit sei auf diesem Boden der Vorläufer und die Grundlage der politischen Einheit. Jeder neue industrielle Erfolg, den

„Da das Protektionssystem ein Kunstmittel ist, Fabrikanten zu fabrizieren, kann es nützlich erscheinen, nicht nur einer halbentwickelten Kapitalistenklasse, die noch mit dem Feudalismus ringt; es kann der aufkommenden Kapitalistenklasse auch vorwärtshelfen in einem Lande, das wie Amerika den Feudalismus nie gekannt hat, das aber auf der Entwicklungsstufe steht, wo der Übergang vom Ackerbau zur Industrie zur Notwendigkeit wird." (F. Engels, Schutzzoll und Freihandel, in: K. Marx/F. Engels, Kleine ökonomische Schriften, Berlin 1955, Seite 574.)

[51] K. Marx, Rede über die Frage des Freihandels; in: MEW, a. a. O., Band 4, Seite 457.

> das Schutzsystem zutage fördere, sei eine praktische und handgreifliche Demonstration von dem großen Vorteil der nationalen Einheit, und durch so viele ökonomische Erfolge, die Deutschland infolge des nationalen Schutzsystems zu erringen und zu erwarten habe, müsse die Nation auch von der Richtigkeit und Notwendigkeit der politischen Einheit durchdrungen werden."[52]

Um die kapitalistische Industrialisierung Deutschlands möglichst kurzfristig zu erreichen, beschränkte List den von ihm vorgesehenen Zollschutz zunächst einmal in *gebrauchswertmäßiger* Hinsicht, forderte er ihn nicht in gleicher Weise für alle Industriezweige.

> List behauptete, „daß die industrielle Erziehung der Nation das Ziel sein muß, wonach der Deutsche Zollverein zu streben hat, daß die Maßregeln, um zu diesem Ziel zu gelangen, darauf berechnet sein müssen, allererst die Industrie in ihrem gegenwärtigen Bestand zu erhalten, und dann nach und nach ihr den inneren Manufaktur(waren)markt zu gewinnen und zu sichern, *vorzüglich* aber die großen, auf Befriedigung allgemeiner Bedürfnisse abzielenden Manufakturzweige emporzubringen."[53]

Wenn List dabei auf den handelspolitischen Schutz der deutschen *Textilindustrie* besonderen Nachdruck legte, so kennzeichnet dies seine spezifische Klassenposition als Wortführer der industriellen *Groß*bourgeoisie Deutschlands, die *damals* noch vorwiegend in der *Leichtindustrie* beheimatet und von der englischen Konkurrenz besonders bedroht war. Der von List vor allem für die Leichtindustrie geforderte Schutzzoll entsprach zugleich als Mittel der

[52] F. List, Über den Wert und die Bedingungen einer Allianz . . .; a. a. O., Seite 287f.

[53] F. List, Über das Wesen und den Wert einer nationalen Gewerbsproduktivkraft; in: Deutsche Vierteljahrs-Schrift, Heft 1/1840, Seite 189.

beschleunigten ursprünglichen Kapitalakkumulation dem typisch kapitalistischen Weg der Industrialisierung. Wenn List andererseits forderte, daß die Einfuhr von neuen Maschinen und modernen Produktionsmitteln möglichst *nicht* durch Zölle gehemmt werden solle, so zeigt dies die weitreichende und keineswegs auf die Leichtindustrie beschränkte Zielsetzung seiner Pläne zur umfassenden Industrialisierung Deutschlands:

> „Maschinenfabriken" — so schrieb er — „sind gewissermaßen die Fabriken von Fabriken und jeder Zoll auf die Einfuhr fremder Maschinen ist eine Beschränkung der inneren Manufakturkraft."[54]

Der ausgesprochen „erzieherische", auf die beschleunigte Konzentration der industriellen Produktivkräfte und des industriellen Kapitals gerichtete Charakter des von List gedachten Zollschutzes zeigt sich am deutlichsten in der *zeitlichen* und *wertmäßigen* Begrenzung der von List vorgeschlagenen Schutzzölle.

> „Herr List" — so erläuterte Engels 1845 Lists Zollsystem — „schlägt allmählich steigende Schutzzölle vor, die endlich hoch genug sein sollen, daß sie dem Fabrikanten den inländischen Markt sichern; dann sollen sie eine zeitlang auf dieser Höhe bleiben und dann allmählich wieder erniedrigt werden, so daß endlich, nach einer Reihe von Jahren, aller Schutz aufhört."[55]
>
> „Hohe Zollsätze" — so schrieb List 1839 — „verlangt kein Vernünftiger in Deutschland, aber Sätze, wie sie gegenwärtig bei den Twisten und Leinenfabrikaten bestehen, gewähren dem neuen Unternehmer keine Garantie für sein Kapital.

[54] F. List, Das Nationale System . . .; a. a. O., Seite 422.

[55] F. Engels, (Zweite) Elberfelder Rede über den Kommunismus; in: MEW, a. a. O., Band 2, Seite 551.

England, das bei seiner Konkurrenz am wenigsten zu fürchten hat, belegt fremde Baumwollwaren mit 20%. Man gewähre diesen Artikeln nur einen Schutzzoll von 10%, lasse ihn jedes Jahr — nur fünf Jahre lang — um 2% steigen und dann wieder jährlich um 1% fallen, und Deutschland wird imstande sein, den Engländern die ganze freie Konkurrenz anzubieten."[56]

Die von List vorgesehene Zollhöhe zeigt, daß der Zoll *lediglich die Einschränkung, keineswegs jedoch die völlige Ausschaltung der fremden Konkurrenz auf dem nationalen Markt* bewirken sollte:

„Allzu hohe Einfuhrzölle, welche die auswärtige Konkurrenz gänzlich ausschließen, sind der Nation selbst, die sie anlegt, schädlich, indem dadurch der Wetteifer der Manufakturisten mit dem Auslande ausgeschlossen und Indolenz genährt wird."[57]

Die Zollhöhe wollte List so festgelegt wissen, daß sie *bei voller Entfaltung der inneren Konkurrenz* der Masse der inländischen Industriellen den profitablen Absatz ihrer Erzeugnisse ermöglichte, gleichzeitig aber auch die auswärtige Konkurrenz im begrenzten Rahmen, gewissermaßen in nicht mehr „schädlicher" Dosierung, als weiteren Stachel der technischen Entwicklung — „zur Teilnahme an dem jährlichen Konsumtionszuwachs" (ebenda) — zuließ.

Lists Zolltheorie zeigt sehr anschaulich die für sein gesamtes Werk charakteristische „Verknüpfung" merkantilistischer und klassischer bürgerlicher ökonomischer Theorien. Einerseits wurde der seinem Wesen nach prinzipiell *monopolistische*, dem Merkantilsystem entstammende *nationale* Zollgedanke des Protektionis-

[56] F. List, Dr. Bowring und der deutsche Zollverein; in: (Augsburger) Allgemeine Zeitung vom 28. Dezember 1839.
[57] F. List, Das Nationale System . . .; a. a. O., Seite 72.

mus, der gleichermaßen auf die Bereicherung der Kapitalisten wie auf die Stärkung der nationalen Macht abzielte, von List wieder aufgewärmt, andererseits aber wurde er im Sinne der *liberalen* Lehren der klassischen bürgerlichen Politischen Ökonomie eng begrenzt und den nationalen und historischen Besonderheiten des damaligen deutschen Kapitalismus angepaßt.

*

Die in Lists Zolltheorie zum Ausdruck gebrachten progressiven Profit- und Akkumulationsinteressen der großen deutschen Industriebourgeoisie stießen jedoch auf den Widerstand gesellschaftlicher Kräfte in Deutschland, die keineswegs bereit waren, den von List geforderten „Preis für die industrielle Erziehung der Nation" zu zahlen.

Innerhalb der deutschen Industriebourgeoisie selbst waren das jene Teile, deren Interessen auf Grund ihrer untergeordneten allgemeinen Bedeutung von List als „nicht besonders förderungswürdig" betrachtet wurden (z. B. Kleinindustrie, Luxusindustrie usw.). Andere Teile der deutschen Industriebourgeoisie wiederum erhoben gegen Lists Zollsystem Einspruch, weil sich ihre Konkurrenzbedingungen infolge der verteuernden Wirkung bestimmter Zölle zu verschlechtern drohten (z. B. Industriezweige, die zollverteuerte Waren weiterzuverarbeiten gehabt hätten). Diese Teile der Industriebourgeoisie widersprachen der von List mit Hilfe des Zolls im *Gesamtinteresse* der Bourgeoisie angestrebten *Umverteilung des industriellen Profits*.

Auf diese Weise war nicht einmal seitens der (noch dazu staatlich zerrissenen) deutschen Industriebourgeoisie ein einheitliches Auftreten in der Zollfrage zu erreichen. Lists idealistische Appelle an die „Einsicht" der widerstrebenden industriellen Kapitalisten sowie seine Bemühungen um die Herstellung der „Solidarität" innerhalb der deutschen Industriebourgeoisie scheiterten an der Tatsache des von ihm nicht tief genug in seinen Eigentumsgrundlagen erfaßten Wolfsgesetzes der kapitalistischen Konkurrenz!

*

Innerhalb der deutschen Bourgeoisie war es dann vor allem aber *die Handelsbourgeoisie*, die sich Lists Zollforderungen widersetzte. Das deutsche Handelskapital sträubte sich vor allem gegen die von List im Interesse des nationalen und kapitalistischen Fortschritts geforderte und mit Hilfe des Zolls angestrebte *Unterordnung des Handelsprofits unter den industriellen Profit*. Besonders die am Zwischenhandel mit ausländischen Waren interessierten und daher kosmopolitisch gesonnenen Handelskapitalisten in den deutschen Messe- und Hansestädten, in den Ostseeprovinzen sowie in einer Reihe von deutschen Kleinstaaten waren es daher, die — wie Engels zur „Freihandelsschule der Kaufleute in den Ostseeprovinzen" bemerkte — „die Argumente der englischen Freetrader in kindlichem, aber interessiertem Glauben nachlallten."[58]

Alle Versuche Lists, das Handelskapital davon zu „überzeugen", daß ihm der entfaltete *Binnenhandel* eines industrialisierten Deutschlands weit größere, solidere und ständige Profite abwerfen werde als der unsichere *Außenhandel* eines Agrarlandes mit England, scheiterten an den beschränkten Profitinteressen der deutschen Handelsbourgeoisie.

*

Eng verbunden mit diesen antinationalen kapitalistischen „Handlangern des fremden Trödels, deren Einkünfte mit dem Aufkommen der einheimischen Industrie geschmälert werden"[59], und ebenfalls wirksam unterstützt von den Freihandelsagitatoren der englischen Industriebourgeoisie, kämpften schließlich vor allem die an der un-

[58] F. Engels, Karl Marx ‚Zur Kritik der politischen Ökonomie'; a. a. O., Seite 342.

[59] F. List im „Zollvereinsblatt" vom 4. März 1844.

gehinderten Getreideausfuhr nach England interessierten *ostelbischen Junker* sowie überhaupt die *feudalen und halbfeudalen Großgrundbesitzer* in ganz Deutschland gegen Lists Zollsystem. Sie lehnten die von List im Interesse der Industriebourgeoisie geforderte und durch den Zoll erstrebte *Unterordnung der Grundrente unter den Profit* auf das Entschiedenste ab. Die feudalen und halbfeudalen Großgrundbesitzer waren nicht nur die *Hauptfeinde* der von List geforderten Schutzzollpolitik, sondern der von ihm erstrebten kapitalistischen Industrialisierung und nationalen Vereinigung Deutschlands überhaupt.

Als die entscheidende reaktionäre gesellschaftliche Kraft erwies sich hierbei das *preußische Junkertum.* Mit Hilfe der preußischen Staatsbürokratie und gestützt auf die schematische Übernahme der klassischen englischen bürgerlichen Politischen Ökonomie übte es maßgeblichen Einfluß auf die Gestaltung der Handelspolitik des „Deutschen Zollvereins" aus. Das reaktionäre preußische Junkertum trat um so entschiedener gegen den von List vertretenen Schutzzoll auf, als der *Freihandel in dieser Periode* zugleich auch *ein spezifisches Mittel der preußischen Politik im Kampf um die Vorherrschaft Preußens in Deutschland* und um die Ausschaltung des damals auf Grund seiner ökonomischen Rückständigkeit noch besonders schutzbedürftigen Österreichs aus dem deutschen Nationalverband sein konnte.

Lists Bemühungen, durch sein „System" die feudalen und halbfeudalen Großgrundbesitzer Deutschlands „auf theoretischem Wege" von der Notwendigkeit der kapitalistischen Industrialisierung mit Hilfe des Schutzzolls zu „überzeugen", sein lakaienhaftes Liebeswerben um die Gunst des deutschen Adels, den er allmählich „verbürgerlichen" und „national gesinnt" machen wollte, zeigen ihn eindeutig als Repräsentanten der unentschlossenen, feigen und kompromißbereiten deutschen Bourgeoisie vor 1848. Seine vulgären Vorstellungen vom technischen „Gleichgewicht" zwischen Landwirtschaft, Industrie und Handel unter kapitalistischen Bedingungen, seine hiermit verbundene Überbetonung der „Einheit der nationalen Interessen“ und die darauf fußenden reaktionären Auffassungen von der Klassenharmonie zwischen Bourgeoisie und Adel offenbaren, daß List den tiefen *sozialen Inhalt des nationalen Kampfes* in der damaligen revolutionären Periode der deutschen Geschichte nicht erkannte, ja, daß er nicht einmal den objektiv antifeudalen Charakter seines eigenen Schutzzollsystems tief genug begriffen hatte. Lists unentschiedene versöhnlerische Haltung gegenüber dem deutschen Adel zeigt ihn als einen Ökonomen, der objektiv dazu beitrug, den „preußischen Weg“ der Entwicklung des Kapitalismus in Deutschland auf der Grundlage des reaktionären Kompromisses zwischen Junkertum und Bourgeoisie ideologisch *vorzubereiten*.

> „Überall und zu jeder Zeit“ — meinte List — „sind die glücklichsten Zeiten der Nationen diejenigen gewesen, wo Adel und Bürgertum vereint nach Nationalgröße strebten, überall waren die traurigsten jene, wo sie den Vernichtungskampf gegeneinander führten.“[60]

Da List den Klassenkampf als „ein trauriges Ereignis“ bejammerte und durch die von ihm falsch verstandene „Einheit der nationalen Interessen“ ersetzte, umging er die *Frage der Macht*, die Grundfrage jeder revolutionären gesellschaftlichen Vorwärtsbewegung.

> „Kein Vernünftiger wird für Deutschland“ — so beruhigte er die feudalen Herrschaften — „eine andere Freiheit oder eine andere Regierungsform in Anspruch nehmen als diejenige, welche den Dynastien und dem Adel nicht allein den höchsten Grad von Prosperität, sondern, was ungleich mehr ist, Fortdauer garantiert.“[61]

[60] F. List, Das Nationale System . . .; a. a. O., Seite 44.
[61] Ebenda, Seite 44f.

List sah nicht, daß die *erste Voraussetzung* selbst nur für die Verwirklichung einer progressiven nationalen bürgerlichen deutschen Handelspolitik darin bestand, „daß" – wie Engels 1847 bemerkte — „die ganze Handelspolitik Deutschlands respektive des Zollvereins den unfähigen Händen deutscher Fürsten, ihrer Minister und hochmütigen, aber in Handels- und Industriesachen höchst geistesbeschränkten und unwissenden Bürokraten entrissen und von denen abhängig gemacht und entschieden werde, die sowohl die nötige Einsicht als das nächste Interesse bei der Sache besitzen."[62]

Indem List in reformistischer Weise das *friedliche Hineinwachsen des Feudalismus in den Kapitalismus* predigte und seine Klasse damit desorientierte, hemmte er die notwendige Revolutionierung der bürgerlich-demokratischen Kräfte im damaligen Deutschland, verhinderte er schließlich auch die revolutionäre Durchsetzung seiner eigenen objektiv progressiven bürgerlichen Zolltheorie.

*

Mit besonderer Heftigkeit wehrte sich auch das deutsche *Zunft- und Kleinbürgertum* gegen das ihm von List mit Hilfe des Schutzzolls und der kapitalistischen Industrialisierung zugedachte Schicksal der *beschleunigten Proletarisierung.* Rissen die deutschen Kleinbürger an manchen Orten die neu verlegten Schienen der von List inspirierten Eisenbahnen wieder heraus, um ihre historisch überlebten Produktionsbedingungen mit physischer Gewalt zu verteidigen, so gab es auf ideologischem Gebiet gleich zwei „Schulen", die vom Standpunkt des reaktionären Kleinbürgertums den Kampf gegen Lists Zollagitation führten.

Unter Berufung auf das englische Proletarierelend warnte der von K. Grün vertretene *„Wahre Sozialismus"* vor der Verwirklichung des Listschen Zollsystems

[62] F. Engels, Schutzzoll oder Freihandelssystem; a. a. O., Seite 58.

und vor den hierdurch beschworenen „sozialen Konvulsionen.“

> „Die ‚Nackten‘ und ‚Frierenden‘“ — schrieb Karl Marx hierzu — „werden bekanntlich in Deutschland überall von dem Spießbürger vorgeschoben, wo es gilt, die Schutzzölle oder irgendeine andere progressive Bourgeoismaßregel zu bekämpfen ... Sein (K. Grüns. GF.) Haß gegen die Liberalen, die Julirevolution, die Schutzzölle spricht sich aufs Unverkennbarste als der Haß des gedrückten stabilen Kleinbürgers gegen den unabhängigen progressiven Bourgeois aus.“[63]

Gleichzeitig kämpfte die von G. v. Gülich geführte *Schutzzöllnerschule des deutschen Kleinbürgertums* gegen die großbürgerlichen Zollpläne Lists. Mit Hilfe eines extremen Prohibitivsystems versuchte sie, wie Marx bemerkte, „die Handarbeit gegen die Maschinen zu schützen (und) ... nicht allein den Eingang ausländischer Industrieprodukte, sondern selbst den Fortschritt der nationalen Industrie zu verhindern.“[64]

So historisch berechtigt es war, wenn List für die Entwicklung einer zahlenmäßig starken und ausbeutungsfähigen *industriellen Arbeiterklasse* eintrat, wenn er im Sinne der ursprünglichen Akkumulation des Kapitals die *beschleunigte Verwandlung der kleinen Warenproduzenten, Handwerker und Bauern, in Proletarier* forderte, so apologetisch und reaktionär waren jedoch seine Vorstellungen von der Lage der Arbeiterklasse unter kapitalistischen Bedingungen. Erklärte List, um die ständig zunehmende Furcht der deutschen Bourgeoisie vor der Arbeiterklasse zu dämpfen, daß die krasse und auch von ihm scharf kritisierte Verelendung der Arbeiterklasse in England lediglich eine Folge der dortigen „zu schnellen“ und daher

[63] Wiedergegeben von Franz Mehring in der „Neuen Zeit“, XX. Jahrgang, Band 1, Seite 353.

[64] K. Marx, Die Schutzzöllner ...; a. a. O., Seite 297.

„unharmonischen“ Entwicklung des Kapitalismus sei, so entschuldigte er das dann im schlesischen Weberaufstand auch in Deutschland offen sichtbar werdende Arbeiterelend mit der „zu langsamen“ und daher ebenfalls „unharmonischen“ Entwicklung des deutschen Kapitalismus. Alle „Disharmonien“ des Kapitalismus, auch die Ausbeutung der Arbeiterklasse, führte er letztlich auf die „fehlerhafte“ und von „falschen Theorien“ inspirierte Handelspolitik der nach Weltherrschaft strebenden englischen Bourgeoisie zurück. Auf diese Weise erklärte er sie zu „Kinderkrankheiten der neuen Ordnung“, die mit Hilfe seines Schutzzollsystems schnell „geheilt“ werden könnten. Im optimistischen Glauben an die Möglichkeit zur Herstellung eines allgemeinen — technischen, ökonomischen, politischen und sozialen — „Gleichgewichts“ im nationalen und internationalen Rahmen sah er in den immer krasser zutagetretenden kapitalistischen Widersprüchen lediglich „Wachstumsschwierigkeiten“, die sich aus dem Übergang zum Kapitalismus ergaben.

> „Wenn die Manufakturkraft der Nation, in ihrer Totalität betrachtet,“ — so drückte er seinen Glauben an die historische Notwendigkeit des kapitalistischen Ausbeutungssystems aus — „als Ursache und Wirkung eines ungleich höheren Grades von Zivilisation, von bürgerlicher Freiheit, von Wohlstand, Unabhängigkeit und Macht der Nation erscheint, als im Agrikulturstaat je eintreten kann, so ist dagegen nicht in Abrede zu stellen, daß die großen Fabriken mannigfaltige und große Nachteile im Gefolge haben, und daß das Manufaktursystem des Mittelalters, indem es eine große Anzahl freier, selbständiger, an Wohlstand, Gewerbsbetrieb und Bildung einander so ziemlich gleichstehender und in ihrem Bestand und Wesen für die ganze Lebenszeit gesicherter Manufakturisten zu einem Gemeinwesen verband, große Vorzüge

hatte vor der neuen Ordnung, die eine große Anzahl unselbständiger, auf den notdürftigsten Lebensunterhalt beschränkter, oft dem Mangel ausgesetzter und in ihrem Beruf auf die Erlernung weniger Handgriffe beschränkter Manufakturarbeiter einigen wenigen Gebildeten und Reichen unterwirft. Dagegen ist aber auch nicht zu verkennen, daß offenbar die Fortschritte in den Wissenschaften und Künsten und die Gesetze der Natur selbst den früheren Zustand gestürzt haben — daß, nachdem einmal *eine* Nation diesen Gesetzen Folge gegeben, die *übrigen* Nationen den früheren Zustand unmöglich aufrecht halten konnten, ohne in ihrer Kultur und Macht überhaupt zurückzubleiben — daß offenbar die größten Gebrechen, die wir an der neuen Ordnung in England gewahren, von dem falschen Streben dieser Nation, die ganze Manufakturkraft der Erde zu monopolisieren, und überhaupt von einer fehlerhaften Gesetzgebung und Handelspolitik herrühren. Endlich scheint uns, die neue Ordnung sei eine provisorische; sie gehöre nur einer Übergangsperiode an."[65]

War es richtig, wenn List die Notwendigkeit des Kapitalismus proklamierte, so war es vulgär und apologetisch, wenn er dabei gleichzeitig auch die ,,Linderung der Gebrechen" des Kapitalismus nach dessen voller Herausbildung in Aussicht stellte.

Lists oberflächliche Vorstellungen von der Möglichkeit einer allseitigen „Harmonie" und „Proportionalität" im Kapitalismus sowie seine ständigen Appelle an das „soziale Gewissen", an die „Einsicht" und „Moralität" der Bourgeoisie verbreiteten gefährliche reformistische Illusionen von der paradiesischen Lage der Arbeiterklasse nach Erreichung des kapitalistischen „Normalzustandes" im nationalen und internationalen Rahmen.

[65] F. List, Über das Wesen und den Wert . . .; a. a. O., Seite 386f.

Selbstverständlich empfahl List den *Schutzzoll als das wirksamste Mittel zur Lösung der sozialen Frage* und zur Sicherung der Klassenharmonie zwischen Bourgeoisie und Proletariat.

> „Vernünftigerweise" — so schrieb List — „kann es sich also doch nur um möglichste Verminderung der die Fabrikation begleitenden Übelstände, nicht aber um die Frage handeln, ob man die ganze Manufakturkraft sich aneignen oder sie vernachlässigen oder gar von sich stoßen solle. Hier aber zeigt sich eben das Schutzsystem als das einzige Mittel zu diesem Zweck, . . . den einheimischen Fabrikanten Verpflichtungen aufzuerlegen, wodurch jene Übel nach und nach bedeutend vermindert, wo nicht ganz aufgehoben werden."[66]

Der Schutzzoll, so meinte er in apologetischer Weise, sollte nicht nur die „arme" deutsche Bourgeoisie selbst bereichern. Er sollte ihr zugleich auch die Mittel in die Hand geben, der deutschen Arbeiterklasse „vernünftige" Löhne und „menschliche" Arbeitsbedingungen zu gewähren:

> „Es wird genügen" — so entlarvte Marx die von List verbreiteten Illusionen — „den Widerspruch hervorzuheben, der sich unter dieser Theorie verbirgt, die auf den ersten Blick etwas Verführerisches, Praktisches, Rationelles zu haben scheint.
>
> Ein befremdender Widerspruch! Das Schutzzollsystem gibt dem Kapital des einen Landes die Waffen in die Hand, um den Kapitalen der anderen Länder trotzen zu können; es verstärkt die Kraft jenes Kapitals gegenüber den fremden und bildet sich zugleich ein, durch dieselben

[66] F. List, Die gegenwärtige Lage der Industrie im Zollverein; in: (Augsburger) Allgemeine Zeitung v. 21. Dezember 1843.

Mittel dasselbe Kapital klein und schwach zu machen gegenüber der arbeitenden Klasse. Das hieße doch zuletzt an die Philantropie des Kapitals appellieren, als ob das Kapital als solches Philantrop sein könnte. Im allgemeinen können die sozialen Reformen aber auch niemals durch die Schwäche des Starken bewirkt werden; sie müssen und werden ins Leben gerufen durch die Stärke des Schwachen."[67]

Im übrigen aber erklärte List stets sehr *offen* und *freimütig*, daß er Not und Elend der Arbeiterklasse durchaus als einen notwendigen Bestandteil des „Preises für die industrielle Erziehung der Nation" betrachte.

„Daß die neuere Organisation der Industrie" — schrieb er — „eine größere Zahl von Individuen in eine abhängige Lage versetzt als die frühere, muß zugegeben werden, allein dieses Übel liegt außerhalb der Kontrolle der Individuen wie der Staaten, und der höchste Grad von Torheit wäre es doch wahrlich, wenn man auf eine so wesentliche Quelle der materiellen Wohlfahrt und der Macht der Nation Verzicht leisten wollte, bloß weil die unermeßlichen Wohltaten und Vorteile, die sie gewährt, auch zugleich von Übelständen begleitet wird, während doch nichts auf dieser Welt davon frei ist."[68]

Franz Mehring hob deshalb hervor, daß „List selbst als kapitalistischer Agitator aus seinem Herzen eigentlich keine Mördergrube machte, sondern offen gestand, daß leere Geldschränke ein weit größeres Übel wären als alles proletarische Elend."[69]

[67] K. Marx, Die Schutzzöllner . . .; a. a. O., Seite 297f.
[68] F. List, Die gegenwärtige Lage der Industrie . . ., a. a. O.
[69] F. Mehring, Aus dem literarischen Nachlaß von Karl Marx, Friedrich Engels und Ferdinand Lassalle, Stuttgart 1913, 2. Auflage, Band 2, Seite 357.

Alle Äußerungen der Furcht vor der revolutionären Kraft der Arbeiterklasse, alle ängstlichen Hinweise auf die „sozialen Gefahren“ des Pauperismus und Kommunismus versuchte List, da sie der kapitalistischen Industrialisierung Deutschlands und seinen Zollplänen hinderlich waren, mit „theoretischen“ Beschwichtigungen aus dem Wege zu räumen. In dieser Hinsicht überragte er bei weitem das jämmerliche ideologische Niveau seiner eigenen, vor der Arbeiterklasse ängstlich zitternden Klasse.

> „Darum ist es auch so traurig“, — klagte er — „wenn man die Übel, womit in unseren Tagen die Industrie begleitet ist, als Motive geltend machen will, die Industrie selbst von sich abzuweisen. Es gibt weit größere Übel, als einen Stand von Proletariern: Leere Schatzkammern — Nationalunmacht — Nationalknechtschaft — Nationaltod.“[70]

„Sprechen sie wissenschaftlich und frei zur Arbeiterklasse“ — sagte Marx daher von den Schutzzöllnern — „so fassen sie ihre Philantropie in folgenden Worten zusammen: Es ist besser von seinen Landsleuten als von fremden ausgebeutet zu werden.“[71]

*

Die *Haltung der Arbeiterklasse zum Listschen Zollsystem* formulierten Marx und Engels. Vom Standpunkt des *revolutionären Sozialismus* wiesen sie nach, daß weder Freihandel noch Schutzzoll das geringste an der ausgebeuteten Lage der Arbeiterklasse im Kapitalismus ändern können, „. . . daß der Arbeiter,“ — wie Engels schrieb — „herrsche nun das Schutzzoll- oder das Freihandels- oder ein aus beiden gemischtes System, keinen höheren

[70] F. List, Das Nationale System . . .; a. a. O., Seite 45.
[71] K. Marx, Die Schutzzöllner . . .; a. a. O., Seite 297.

Arbeitslohn erhält, als gerade zu seiner notdürftigsten Unterhaltung hinreicht.“[72]

Sowohl den Freihandel wie den Schutzzoll entlarvten sie als *Methoden zur Aufrechterhaltung und Verschärfung der Ausbeutung der Arbeiterklasse sowie zur Ausplünderung der Volksmassen durch das Kapital.*

Da aber Freihandel und Schutzzoll auf den verschiedenen Entwicklungsstufen des Kapitalismus sehr unterschiedlich zur Herausbildung und vollen Entfaltung der Widersprüche der kapitalistischen Gesellschaftsordnung beitragen und daher auch sehr verschieden auf die Entwicklung der Arbeiterklasse und die materielle Vorbereitung der proletarischen Revolution wirken, verhielten sich Marx und Engels keineswegs gleichgültig gegenüber den Fragen der bürgerlichen Handelspolitik. Während sie sich prinzipiell und speziell vom Standpunkt der *englischen* Arbeiterklasse für den Freihandel als der reifsten und dem entwickelten Kapitalismus adäquaten Form der bürgerlichen Handelspolitik aussprachen, erklärten sie sich genau so grundsätzlich und speziell vom Standpunkt der *deutschen* Arbeiterklasse für den zeitweiligen Schutzzoll als der dem damaligen Entwicklungsstadium des Kapitalismus in Deutschland angemessen erscheinenden Form der bürgerlichen Handelspolitik.

> „Da aber, wie oben gesagt“, — schrieb Engels — „die Bourgeoisie in Deutschland des Schutzes gegen das Ausland bedarf, um mit den mittelalterlichen Überresten einer Feudalaristokratie und dem modernen Ungeziefer von ‚Gottes Gnaden‘ aufzuräumen und ihr eigenstes, innerstes Wesen rein und lauter zur Entfaltung zu bringen, so hat auch die arbeitende Klasse ein Interesse an dem, was der Bourgeoisie zur ungeschmälerten Herrschaft verhilft. Erst wenn nur noch eine Klasse — die Bourgeoisie — ausbeutend und unter-

[72] F. Engels, Schutzzoll oder Freihandelssystem; a. a. O., Seite 60.

drückend dasteht, — ... erst dann entspinnt sich der letzte und entscheidende Kampf zwischen den Besitzenden und Besitzlosen, zwischen der Bourgeoisie und dem Proletariat."[73]

Konnte der Schutzzoll zur beschleunigten Durchsetzung des Industriekapitalismus in Deutschland beitragen, half er nicht nur Fabrikanten, sondern gleichzeitig auch Lohnarbeiter „künstlich zu fabrizieren", wie Engels sagte, so förderte er auch objektiv — genau wie der von List vorangetriebene Eisenbahnbau — die Bildung und Vereinigung der deutschen Arbeiterklasse, das erste und wichtigste Erfordernis ihres Sieges. Daher konnte und mußte er von ihr als *objektiv antifeudale Bourgeoismaßregel* aktiv unterstützt werden. Diese Rolle des vorwärtstreibenden Flügels innerhalb der nationalen bürgerlich-demokratischen Bewegung mußte die Arbeiterklasse wie im allgemeinen so auch in der besonderen Frage der Handelspolitik um so mehr übernehmen, als die deutsche Bourgeoisie selbst und ihr Wortführer List auch hierbei vor den letzten Konsequenzen zurückschreckten und nicht bereit waren, den Schutzzoll als Waffe gegen Feudalismus und absolute Staatsgewalt revolutionär zu erkämpfen.

5. Die charakteristische „Originalität" des politökonomischen Denkens Lists

Die von List repräsentierte Richtung der betont nationalen bürgerlichen Politischen Ökonomie ist durch einen Widerspruch besonderer Art gekennzeichnet, der ihren am Lebensabend der *klassischen* bürgerlichen Ökonomie auftretenden Vertretern eine gewisse Originalität verleiht. Dieser ideologische Widerspruch ergab sich aus der widerspruchsvollen Klassenlage der industriellen Großbourgeoisie in den Ländern, die in der kapitalisti-

[73] Ebenda.

schen Entwicklung gegenüber England zurückgeblieben waren. Einerseits war die Industriebourgeoisie dieser Länder im nationalen Rahmen eine „große“, mit den fortschrittlichsten Produktionsmitteln ausgerüstete Klasse. Andererseits aber war sie gegenüber der englischen Industriebourgeoisie eine „kleine“, produktionstechnisch jämmerlich unterlegene Klasse. Die von dieser Industriebourgeoisie beherrschten kapitalistischen Produktionsverhältnisse waren im nationalen Rahmen zwar höchst fortschrittlich; sie waren gegenüber England aber noch äußerst rückständig. Vor allem aus dieser historisch bedingten *Zwiespältigkeit der Klassenlage der deutschen Industriebourgeoisie* erwuchs auch eine charakteristische Widersprüchlichkeit ihrer politökonomischen Ideologie, in der sich monopolistische und liberale, merkantilistische und klassische, nationale und kosmopolitische, optimistische und pessimistische, progressive, konservative und reaktionäre Züge in eigenartig originaler Weise miteinander verbanden.

Während die deutsche industrielle Großbourgeoisie *im nationalen Rahmen* schon keinerlei Konkurrenz mehr zu fürchten hatte und daher für die volle Durchsetzung des Freihandels auf dem nationalen Markt eintrat, mußte sie sich *nach außen* gegen die erdrückende Konkurrenz der englischen Industriebourgeoisie wehren und daher für deren Ausschaltung vom nationalen Markt mit Hilfe des Schutzzolls eintreten. Pries sie einerseits die „Wohltaten“ der freien Konkurrenz *in den binnenwirtschaftlichen Beziehungen*, kämpfte sie daher für die Beseitigung aller überlebten inneren Monopole und feudalen Privilegien, so beschimpfte sie andererseits die „Schädlichkeit“ der gleichen freien Konkurrenz *in den außenwirtschaftlichen Beziehungen*, forderte sie für sich selbst das Monopol und Privileg des Schutzzolls. Lobte sie die „Nützlichkeit“ und „Notwendigkeit“ der Konzentration des *eigenen* industriellen Kapitals, so tadelte sie die „Schädlichkeit“ und „Gefährlichkeit“ der gleichen Konzentration des industriellen Kapitals *in England*. Erklärte sie vom Standpunkt des technischen Fortschritts den Untergang der Kleinproduktion und die damit verbundene Expropriation der kleinen Warenproduzenten und kleinen Kapitalisten als „unvermeidlich“ und „notwendig“ für die *deutsche* nationale Entwicklung, so eiferte sie gegen den gleichen technischen Fortschritt *in England*, so weit er sie selbst zu ruinieren und expropriieren drohte. Erschien ihr die Ausbeutung der Arbeiterklasse, *von ihr selbst betrieben*, als die „gerechteste“ Sache von der Welt, so kritisierte sie die „Ungerechtigkeit“ der Ausbeutung des *englischen* Proletariats, weil sie darin eine Grundlage der übermächtigen und ihr gefährlichen Konkurrenzkraft der englischen Industriebourgeoisie erkannte. Trat sie *im nationalen Rahmen für Arbeitsteilung* ein, sah sie diese als „harmonisch“ an, weil sie von ihrer eigenen „nützlichen“ Industrie beherrscht sein sollte, so bekämpfte sie die von der englischen Industriebourgeoisie angestrebte *internationale Arbeitsteilung* als „unharmonisch“, weil sie von der „schädlichen“ englischen Industrie beherrscht sein würde. Lehnte sie es ab, daß Deutschland gegenüber England die Rolle eines agrarischen Anhängsels spielen sollte, behauptete sie deshalb die Möglichkeit und Notwendigkeit der kapitalistischen Industrialisierung in allen Ländern der gemäßigten Zone, so predigte sie ihrerseits aber den Ländern der heißen Zone die Unmöglichkeit zur Entwicklung einer eigenen industriellen Produktion, forderte sie von diesen, Deutschland gegenüber genau *die* Rolle zu spielen, die Deutschland gegenüber England nicht spielen wollte. War es ihrer Meinung nach für Deutschland „völlig falsch“, Agrarprodukte aus- und Industrieprodukte einzuführen, so empfahl sie gerade dies den Ländern der heißen Zone als „einzig richtig“. Alle diese vielfältigen Widersprüche, die aus der objektiven Klassenlage der zurückgebliebenen, aber aufstrebenden deutschen Bourgeoisie erwuchsen und die die ganze Widersprüchlichkeit des bürgerlichen Nationalismus überhaupt kennzeichnen, fanden im Werk Lists ihren deutlichen ideologischen Niederschlag. Sie bilden die Grundlage für die charakteristische Verknüpfung einerseits progressiver, andererseits konservativer und reaktionärer Elemente im gesamten politökonomischen „System" Lists.

Dieses Charakteristikum, das den Schriften Lists eine gewisse Originalität verleiht, erläuterte uns Karl Marx, als er 1857 zu dem List ideologisch sehr nahestehenden nordamerikanischen „Nationalökonomen" H. C. Carey Stellung nahm. Wie Marx erklärte, war Carey „der einzige originelle Ökonom der Nordamerikaner."[74] Genau wie List vertrat auch er einen betont *anti-englischen* nationalen Standpunkt in der Politischen Ökonomie. Carey sprach, wie Marx hervorhob, „die bestimmte nationale Entwicklung der Vereinigten Staaten aus, ihren Gegensatz zu und ihre Konkurrenz mit England."[75] Genau das Gleiche tat List bereits 1827 in seinem Marx nicht bekannt gewordenen amerikanischen Werk. Er tat es später vor allem vom deutschen Standpunkt. „Amerikanische Verhältnisse gegen englische", — so schrieb Marx von Carey — „darauf reduziert sich seine Kritik der englischen Theorie."[76] Amerikanische resp. deutsche Verhältnisse gegen englische Verhältnisse — das war auch bei List der wesentliche Inhalt seiner „Kritik" der klassischen englischen bürgerlichen Politischen Ökonomie.

Griff Carey die auch von ihm nicht begriffene englische bürgerliche Klassik kurzerhand als „Mißverständnis" an, um, wie es uns Marx erklärte, „die Harmonie der Produktionsverhältnisse da zu beweisen, wo die klassischen Ökonomen naiv ihren Antagonismus zeichneten"[77], lehnte er die „englische Theorie" ab, weil sie angeblich mit der „amerikanischen Praxis" nicht vereinbar war,

[74] K. Marx, Grundrisse der Kritik der Politischen Ökonomie, Berlin 1953, Seite 844.

[75] Ebenda, Seite 846.

[76] Ebenda, Seite 844. [77] Ebenda.

so tat List vor ihm in Amerika und später in Deutschland genau das Gleiche.

Beide Ökonomen standen vor der Tatsache des durch den politischen und ökonomischen Vorsprung Englands gestörten „Gleichgewichts" im internationalen Rahmen. Beide sahen vor allem die „gleichgewichtsstörenden" Auswirkungen der englischen Konkurrenz im nationalen Rahmen ihrer Länder. Blind für die *inneren* Zusammenhänge des objektiv auf antagonistischen Widersprüchen beruhenden kapitalistischen Systems, erfüllt vom apologetischen Glauben an die Möglichkeit eines „harmonischen" Kapitalismus, sahen sie daher in der englischen Bourgeoisie den einzigen Störenfried. Wie Marx schrieb, erklärte sich Carey, genau wie List, die allgemeine kapitalistische „Disharmonie"

> „... aus der vernichtenden Einwirkung Englands, mit seinem industriellen Streben nach industriellem Monopol auf dem Weltmarkt. Ursprünglich sind die englischen Verhältnisse durch die falschen Theorien seiner Ökonomen verrückt worden, im Innern. Jetzt, nach außen hin, als die gebietende Macht des Weltmarktes, verrückt England die Harmonie der ökonomischen Verhältnisse in allen Ländern der Welt ...
>
> Die Harmonie der ökonomischen Verhältnisse basiert nach Carey auf der harmonischen Kooperation von Stadt und Land, Industrie und Agrikultur. Diese Grundharmonie, die England in seinem eigenen Innern aufgelöst hat, zerstört es durch seine Konkurrenz überall auf dem Weltmarkt und ist so das destruktive Element der allgemeinen Harmonie. Schutz dagegen können nur die Schutzzölle — die gewaltsame, nationale Absperrung gegen die Destruktivkraft der englischen großen Industrie — bilden."[78]

[78] Ebenda, Seite 845f.

Genau die gleiche „Erklärung“ der Ursachen wie auch der Möglichkeiten zur Lösung der wachsenden inneren und äußeren, nationalen und internationalen Widersprüche des Kapitalismus gab List. Genau wie Carey erkannte er nicht, daß die von ihm beklagte „Disharmonie“ im Kapitalismus objektiv aus der Existenz des kapitalistischen Privateigentums an Produktionsmitteln einerseits, der gesellschaftlichen Produktion andererseits entspringt. Genau wie Carey meinte auch List in idealistischer Befangenheit, daß die kapitalistische „Disharmonie“ lediglich ein Produkt des „bösen Willens“ oder der „Dummheit“ der Menschen — vor allem natürlich der englischen Ökonomen — sei, daß man nur an die „Moralität“ und „Einsicht“ der herrschenden Klassen appellieren müsse, daß man nur „bessere Theorien“ zu entwickeln brauche, kurz, daß man nur sein „Natürliches oder Nationales System der Politischen Ökonomie“ befolgen sollte, um alle „Disharmonien“ wieder aus der Welt zu schaffen.

Die Originalität des widerspruchsvollen Denkens beider Ökonomen besteht schließlich darin, daß sie in völlig naiver Weise glaubten, die vom entwickelten Kapitalismus in England ausgehenden Widersprüche des gesellschaftlichen Lebens ausgerechnet durch Entwicklung des gleichen Kapitalismus in ihren eigenen Ländern „überwinden“ zu können; daß — wie Marx zu Carey feststellte — „er den Vereinigten Staaten vorschlägt, den von England propagierten Industrialismus dadurch zu zerstören, daß sie ihn bei sich selbst durch Schutzzölle rascher entwickeln.“[79]

Mit der gleichen Naivität trat List für die beschleunigte Entwicklung einer „nützlichen“ Industrie in Amerika bzw. Deutschland mit Hilfe von Schutzzöllen ein, um beide Länder auf diese Weise von der „schädlichen“ Industrie Englands unabhängig zu machen.

[79] Ebenda, Seite 846.

Wie Marx hervorhob, „. . . endet bei Carey die Harmonie der bürgerlichen Produktionsverhältnisse mit der vollendeten Disharmonie dieser Verhältnisse, wo sie auf dem großartigsten Terrain, dem Weltmarkt, in der großartigsten Entwicklung, als die Verhältnisse produzierender Nationen, auftreten."[80] Diesen auch für List typischen Widerspruch charakterisierte Marx dadurch, daß er von Carey sagte:

> „Alle Verhältnisse, die ihm innerhalb bestimmter Landesgrenzen oder auch in der abstrakten Form von allgemeinen Verhältnissen der bürgerlichen Gesellschaft harmonisch erscheinen — Konzentration des Kapitals, Teilung der Arbeit, Salariat etc. —, erscheinen ihm als disharmonisch, wo sie in ihrer entwickelten Form — ihrer Weltmarktsform — auftreten, als die inneren Verhältnisse, die die englische Herrschaft auf dem Weltmarkt produzieren, und die, als destruktive Wirkungen, die Folge dieser Herrschaft sind.
>
> Es ist harmonisch, wenn innerhalb eines Landes die patriarchalische Produktion der industriellen Platz macht und der Auflösungsprozeß, der diese Entwicklung begleitet, wird nur nach seiner positiven Seite aufgefaßt. Aber es wird disharmonisch, wenn die englische große Industrie die patriarchalischen oder kleinbürgerlichen oder anderen auf niederen Stufen sich befindenden Formen fremder nationaler Produktion auflöst.
>
> Die Konzentration des Kapitals innerhalb eines Landes und die auflösende Wirkung dieser Konzentration bietet ihm nur eine positive Seite dar. Aber das Monopol des konzentrierten englischen Kapitals und seine auflösenden Wirkungen auf

[80] Ebenda.

die kleineren nationalen Kapitalien anderer Völker ist disharmonisch."[81]

Nachdem Marx gezeigt hat, daß Carey im nationalen Rahmen zwar durchaus *progressiv* zu denken verstand, daß er deshalb auch *positiv* für die volle Durchsetzung des Kapitalismus im nationalen Rahmen eintrat, gleichzeitig aber den kapitalistischen Auflösungsprozeß im internationalen Rahmen, in seiner „weltmarktlichen vollen Erscheinung" verkannte, ihn nicht als den reifsten Ausdruck der kapitalistischen Widersprüche zu begreifen vermochte und ihn deshalb also *konservativ* und *reaktionär* ablehnte, stellte er fest — und es gilt vollauf für List:

> „Wo ihm die ökonomischen Verhältnisse in ihrer Wahrheit, d. h. in ihrer universellen Realität gegenübertreten, schlägt er daher von seinem prinzipiellen Optimismus um in einen denunzierenden und gereizten Pessimismus. Dieser Widerspruch bildet die Originalität seiner Schriften und gibt ihnen ihre Bedeutung. Er ist ebensowohl Amerikaner in seiner Behauptung der Harmonie innerhalb der bürgerlichen Gesellschaft als in Behauptung der Disharmonie derselben Verhältnisse in ihrer weltmarktlichen Gestalt."[82]

Es war die kapitalistisch zurückgebliebene, an Widersprüchen so außerordentlich reiche gesellschaftliche Praxis Deutschlands vor 1848, aus der Lists originell-widerspruchsvolles politökonomisches „System" erwuchs und weit aus dem Sumpf der damaligen deutschen bürgerlichen Vulgärökonomie aller Schattierungen herausragte. Es war der eng national begrenzte bürgerliche Standpunkt der deutschen Bourgeoisie vor 1848, der im politökonomischen Denken Lists seinen widerspruchsvollen — teils progressiven, teils konservativ-reaktionä-

[81] Ebenda, Seite 846f.
[82] Ebenda, Seite 847.

ren — ideologischen Ausdruck fand und List zum originellsten und insgesamt progressivsten Ökonomen der deutschen Bourgeoisie werden ließ.

V. DER ERZREAKTIONÄRE CHARAKTER DER IMPERIALISTISCHEN „WIEDERBELEBUNG" LISTS

Während Lists politökonomische Lehren naturgemäß in vielen Ländern, die ebenfalls verspätet in die kapitalistische Entwicklung eintraten, noch eine relativ progressive Rolle im Kampf der nationalen Bourgeoisie für staatliche Unabhängigkeit und industrielle Selbständigkeit, gegen imperialistische Knechtung und koloniale Ausplünderung spielten[83], gerieten sie in Deutschland nach 1848 zunächst einmal für etwa drei Jahrzehnte in völlige Vergessenheit. Erst unter völlig neuen gesellschaftlichen Bedingungen — nach Herstellung der Reichseinheit „von oben", vor allem aber seit dem einsetzenden Übergang zum Imperialismus — kam es in Deutschland zur umfassenden Neubelebung Lists. Diese von Ideologen des junkerlich-bourgeoisen deutschen Imperialismus inszenierte Neubelebung Lists trug ausgesprochen reaktionären Charakter. Sie war dadurch gekennzeichnet, daß alle reaktionären Elemente des

[83] Lists Werk, teilweise in Übersetzungen vorliegend, übte u. a. in Ungarn, Rumänien, China, Indien sowie in zahlreichen Ländern Mittel- und Südamerikas einen deutlich erkennbaren Einfluß auf die Herausbildung und Entwicklung der dortigen bürgerlichen Unabhängigkeitsbewegungen aus. Es diente dem Kampf der nationalen Bourgeoisie dieser Länder gegen imperialistische Knechtung und koloniale Ausplünderung, für staatliche Unabhängigkeit und industrielle Selbständigkeit. Zu den bekanntesten Führern revolutionärer bürgerlich-demokratischer Freiheitsbewegungen, die sich u. a. auch ausdrücklich auf die Lehren Friedrich Lists beriefen, gehören L. v. Kossuth (Ungarn), L. Štur (Slowakei) und Sun-Yat-Sen (China).

politökonomischen Denkens Lists wieder aufgegriffen und weiter ausgebaut, zugleich aber alle progressiven Elemente des Listschen „Systems" entweder kurzerhand unterschlagen, bewußt verfälscht oder aber durch schematische Übernahme in eine veränderte historische Situation reaktionär deformiert wurden. Diesen extrem reaktionären Charakter behielt die den jeweiligen politischen Zielsetzungen des deutschen Imperialismus angepaßte bürgerliche deutsche List-Literatur bis in die westdeutsche Gegenwart hinein bei.

Die nachstehend aufgeführten, chronologisch geordneten *Auszüge* aus der imperialistischen deutschen List-Literatur werden genügen, um eine hinreichende Vorstellung von dem in der Tat kaum zu überbietenden reaktionären Charakter dieser Literatur zu vermitteln:

1888

„Heute unterliegt es für Eingeweihte wohl keinem Zweifel mehr, daß List in allen Bestrebungen und Werken, die zu Deutschlands Einigung und Größe geführt haben, der bedeutendste Vorgänger Bismarcks war. Der Unterschied zwischen den beiden genialen Männern liegt nur darin, daß dem gewaltigen Reichskanzler bei der Durchführung seiner Pläne die mächtigsten materiellen Hilfsmittel zu Gebote standen, dem armen List hingegen gar keine."

(Friedrich Bodenstedt über List; siehe F. List, Schriften . . . a. a. O., Band 9, Seite 203).

1897

„Daß die heutige wirtschaftliche Blüte des deutschen Reiches unmöglich wäre ohne die vorausgegangene Einigung des Gebietes im deutschen Zollverein, dürfte von niemanden bezweifelt werden. Was liegt da näher, als die betretenen Bahnen weiter zu verfolgen? Um so mehr als die geistigen Urheber des deutschen Zollvereins, die Friedrich List, Nebenius und andere, ein viel größeres

Gebiet als das vorhandene, schon vor zwei Menschenaltern bei ihren Plänen vor Augen hatten. Die Schaffung eines mitteleuropäischen Zollvereins ist die große Aufgabe des jetzt lebenden Geschlechts ... Leider sind die alten Pläne eines Friedrich List so sehr aus dem Bewußtsein unserer Zeit geschwunden, ... daß es heute wieder nötig wird, die Grundlagen solcher mitteleuropäischer Zollvereinigungspläne neu zu schaffen.“

(Prof. Dr. Ernst Haase [Erster Vorsitzender des „Alldeutschen Verbandes“], Deutsche Weltpolitik, 1897, Seite 8.)

1908

„Schon in den traurigen Tagen des Deutschen Bundes, vor 60—70 Jahren, hat ein so weltkundiger und weitsichtiger Mann wie Friedrich List das deutsche Volk zu kühner wirtschaftlicher und politischer Expansion angefeuert ... Man hat den großen Patrioten damals einen Phantasten gescholten. Aber bereits hat sich zum großen Teil erfüllt, was List damals erträumte; und was noch fehlt, kann errungen werden, wenn sich wirklich zur Kraft der Wagemut gesellt. Wenn unser deutsches Volk weiter in der Welt emporsteigen will, so darf es sich durch die Gefahren der Weltpolitik nicht schrecken lassen; es muß auch dem Tode ins Angesicht schauen können.“

(Prof. P. Arndt, Deutschlands Stellung in der Weltwirtschaft, Leipzig 1908, Seite 122f.)

1909

„Lists Gedankenwelt ist so modern, daß es uns bei der Lektüre seiner Schriften oft anmutet, als spräche jemand über die wichtigsten Gegenwartsfragen zu uns ... Es ist gewiß kein Zufall, wenn sich seit einigen Jahren, fast möchte ich sagen, seit Beginn dieses Jahrhunderts allenthalben in Deutschland und Österreich, aber auch in England, Frankreich und den Vereinigten Staaten wieder das Interesse für den großen deutschen Agitator

Friedrich List regt. Heute erst wird sein Lebenswerk weiteren Kreisen bekannt. Wie aber erklärt sich das? Gewiß können mancherlei Gründe dafür geltend gemacht werden, nur einen, den wichtigsten vielleicht, möchte ich anführen. List, der große Gegner von Adam Smith, war der rastlose Apostel jenes wirtschaftspolitischen Glaubensbekenntnisses, das heute fast in allen Kulturstaaten zur ‚Staatsreligion' erhoben worden ist: er ist Schutzzöllner."

(Dr. W. Gerloff, Ein deutscher Volkswirt; in: Erstes Morgenblatt der Frankfurter Zeitung vom 18. 7. 1909, Seite 5.)

1916

„Jetzt, während des Ringens um die politische und wirtschaftliche Weltzukunft, könnte man aus seinen (Lists G. F.) Schriften Kriegsbroschüren zusammenstellen, die fast wie aktuelle Tagespublizistik anmuten müßten."

(Theodor Heuß, Über Friedrich List anläßlich seines 70. Todestages; in: Deutscher Wille — des Kunstwarts 30. Jahr, 1. Dezember-Heft 1916, Seite 235.)

1938

„Das Werk Lists ist so wirklichkeitsnah, daß wir diesen politischen Kämpfer, wenn wir seine Werke lesen, gleichsam als einen Mann der großen deutschen Gegenwart betrachten können."

(Dr. Dederer, — Nazi-Oberbürgermeister von Reutlingen —, Vorwort zu einem Friedrich-List-Volksbuch, herausgegeben im Auftrage der Stadt Reutlingen, Berlin 1938, Seite V.)

1942

„Lists Ziel — dies geht aus den Zollvereinsplänen der letzten Jahre hervor — war eine großdeutsche Wirtschaftseinheit, die weit über alle territorialen Schranken des damaligen Deutschland hinausgehend, Holland,

Belgien, Dänemark und ebenso die kleinen Staaten des Südostens einbezog ... Wie modern muten uns heute diese Gedanken an, so auch wenn er von Holland als dem großen Brückenkopf Englands auf dem Kontinent spricht, der zurückgewonnen werden müsse."

(H. Voss in der Einleitung zu „Friedrich List, Kräfte und Mächte" 1942, Seite 51f.)

1942

„Die Geschichte hat gesprochen. Friedrich List in sie eingegangen als einer der größten Wegbereiter des in seinen Stämmen geeinigten großen Deutschen Reiches, das 1871 in Versailles von Bismarck geschaffen wurde ... Der einige Deutsche Staat von 1871 aber war die Grundlage und die Voraussetzung des nationalsozialistischen Großdeutschen Reiches und Volkes des Jahres 1933 und des großen deutschen und europäischen Freiheitskampfes seit dem September 1939. — Was Männer wie Friedrich List aus heißer Liebe zu Volk und Vaterland erahnt und seherisch gekündet haben, das hat Bismarck in eine feste äußere Form gegossen. Adolf Hitler aber hat ihm erst das wahre Leben eingehaucht, hat aus einem Staat ein Volk, eine Nation gemacht."

(Th. Steimle, Einleitung zu einem „Friedrich-List-Brevier", München und Berlin 1942, Seite 109f.)

1942

„Echte Volkswirtschaft ist ohne echte Großraumwirtschaft nicht möglich. Erst die Wiederherstellung der natürlichen Ganzheit des europäischen Lebens ermöglicht jetzt auch die Wiederherstellung der Ganzheit des Lebens jedes europäischen Volkes und seiner Volkswirtschaft. Indem wir jetzt erstmalig und bewußt die Völkerfamilie als politisch-biologische Realität, als die ihre Völker verpflichtende und berechtigende Lebenseinheit in die Erkenntnis einführen, gewinnen wir eine neue Anschauung der Welt und damit eine neue natürliche

Ordnung in Politik, Wirtschaft und Kultur, in der auch die Arbeit Friedrich Lists ihre Erfüllung findet. – Zu seiner Zeit aber mußte Friedrich List ein Deutscher ohne Deutschland sein – nach demselben Gesetz, nach dem Deutschland zur Zeit Bismarcks ein Reich ohne Europa war. Erst heute entstehen unter der Hand des geheimnisvoll vom Schicksal berufenen Mannes der großen Stunde, Adolf Hitler, das Reich und Europa. Denn eines kann ohne das andere nicht sein. Deutschland als Reich und Europa als lebendige Einheit: das ist Europas politisches Gesetz."

(W. Daitz, Präsident des Führerringes der Gesellschaft für europäische Wirtschaftsplanung und Großraumwirtschaft im Nachwort zu dem von dieser faschistischen Gesellschaft als „Feldpostausgabe" herausgegebenen List-Roman Walter von Molos „Ein Deutscher ohne Deutschland", Hamburg 1942, Seite 498f.)

1946

„Wird List, in seiner Gesamtwirkung auf die deutsche und europäische Situation begriffen, als einer der Väter des Nationalismus oder als einer der Vordenker eines übernationalen Gedankens zu deuten sein?"

(Prof. Theodor Heuß, Der Reutlinger Friedrich List, Rede bei der Gedenkfeier der Stadt Reutlingen zum 100. Todestag von Friedrich List am 30. November 1946, Stuttgart und Tübingen 1947, Seite 27.)

1946

„Der nationale Gedanke ist die klassische Form, in die List den materiellen Einheitsanspruch gegossen hat. Das verspätete Auftreten dieses Anspruchs bewirkte, daß die nationale Form übermäßig ausgebildet wurde und darüber der kosmopolitische Gehalt verloren ging ... Uns scheint somit die Aufgabe gestellt, von der imperialen Wirklichkeit den Schritt zu jener Weltunion zu tun, die in unserer Vergangenheit aus naturrechtlich-kosmopolitischem Gedankengut konzipiert war. Wenn sie durch den modernen Imperialismus mit seinen Widersprüchen zurückgedrängt wurde, so ist der europäische Nationalismus seinerseits infolgedessen auf die Stufe eines Provinzialismus abgesunken, dessen materielle Möglichkeiten ebenso unzulänglich geworden sind wie seine Souveränitätsbegriffe."

(Prof. Friedrich Lenz, Friedrich List und die deutsche Einheit, Stuttgart 1946, Seite 117f.)

1947

„Indem Friedrich List in seinem Hauptwerk das System einer nationalstaatlichen Handelspolitik dem kosmopolitischen System der nationalökonomischen Klassiker entgegensetzte und leidenschaftlich in Amerika, in Deutschland, in Frankreich vertreten hat, geriet er unvermeidlich in das Ansehen eines politischen Nationalismus. Aber dieses Bild ist unzureichend und trügt. Von den Frühschriften bis zur letzten Fassung des nationalen Systems der Politischen Ökonomie vertritt Friedrich List den Gedanken, die Entwicklung der Gesellschaft führe mit Notwendigkeit zu einer Universalunion der Völker ... Nur gegen autoritäre Mächte wie gegen das zaristische Rußland zeigt List offene Ablehnung und Feindschaft."

(Prof. H. Ritschl. Friedrich Lists Leben und Lehre, Tübingen und Stuttgart 1947, Seite 25 und 28.)

1950

„Über keinen Nationalökonomen der Vergangenheit ist in Deutschland in den letzten fünfundzwanzig Jahren so viel geschrieben worden wie über Friedrich List ... Zwei tiefere Gründe scheinen mir zu dieser anhaltenden Befassung mit Lists Lehre und System die Veranlassung zu sein. Einmal ist es das Bewußtsein des Ungenügens der rein rationalen Theorie, die am Modell einer als geschlossenes System fingierten freien Marktwirtschaft entwickelt wird ... Der zweite Grund scheint mir darin zu liegen, daß in unserer Generation die Notwendigkeit erkannt wurde, eine aktive Wirtschaftspolitik theoretisch zu fundieren. Darin allerdings ist Friedrich List, wenn man so sagen darf, unerhört modern; hierin ist sein Gesamtwerk ein erstes klassisches Vorbild."

(Prof. H. Ritschl in einer Besprechung der 1949 erschienenen List-Biographie des Tübinger Professors C. Brinkmann; in: Jahrbuch für Sozialwissenschaft, Band 1, 1950, Heft 2, Seite 187.)

1954

„Friedrich List und seine Bedeutung für die europäische Integration" (Thema einer Dissertation von Bernd Erat an der Rechts- und wirtschaftswissenschaftlichen Fakultät der Universität Tübingen, vorgelegt am 26. 7. 1954.)

*

Verfolgen wir die Hauptlinien der soeben im historischen Querschnitt sichtbar gemachten imperialistischen „Wiederbelebung" Lists, so ergeben sich die folgenden Feststellungen.

a) Der von List vertretene *Nationalismus*, der zunächst auf die Herstellung der deutschen Nationaleinheit gerichtet war und deshalb als bürgerliche Ideologie zur Zeit Lists noch vorwiegend progressiven Charakter trug, wurde *nach* Herstellung der deutschen Nationaleinheit zu einer eindeutig reaktionären Ideologie im Dienste des deutschen Imperialismus. Unter diesen Umständen rückten auch die bereits von List entwickelten chauvinistischen Elemente des Nationalismus immer stärker in den Vordergrund. Sie dienten jetzt dem deutschen Imperialismus unmittelbar bei der ideologischen Vorbereitung des ersten und zweiten Weltkrieges. Dies gilt vor allem für jene erzreaktionären politischen Konzeptionen Lists, die den deutschen Kapitalismus auf die Schaffung eines „Großdeutschen Reiches" unter Einschluß von Belgien, Holland, Dänemark usw., auf die Südostexpansion sowie auf eine aktive imperialistische Kolonialpolitik orientierten. Dies gilt nicht zuletzt für die heute von westdeutschen Monopol-Ideologen wieder aufgewärmten Forderungen Lists nach Herstellung einer unter deutscher Führung stehenden „Mitteleuropäischen Zollunion". Gleichzeitig aber wiederholten die Ideologen des deutschen Imperialismus auch solche politischen Forderungen Lists, die zu seiner Zeit zwar noch historisch berechtigt und progressiv waren, inzwischen aber längst historisch überlebt und daher absolut reaktionär geworden waren. Letzteres gilt u. a. für die von List noch mit Recht vertretene Forderung nach Einschluß Österreichs in den gesamtdeutschen Zollverband. Sie diente später den Hitlerfaschisten zur „historischen" Rechtfertigung der räuberischen Annektion der längst zur selbständigen Nation gewordenen Österreicher. Sie wird auch heute wieder von unbelehrbaren „Anschlußpolitikern" in Westdeutschland und Österreich strapaziert.

b) Auch der von List prinzipiell anerkannte, lediglich in seiner damaligen britischen Form energisch bekämpfte *Kosmopolitismus*, der bei der Herstellung des kapitalistischen Weltmarktes noch eine vorwiegend progressive Rolle spielte, wurde unter den Bedingungen des Imperialismus zu einer eindeutig reaktionären Ideologie. Als Kehrseite des Nationalismus und Chauvinismus sowie in Verbindung mit der auch von List bereits in Keimformen vertretenen Rassenideologie[84] spielte er bis 1945

[84] In seiner ‚Allianz-Denkschrift' schrieb List 1846:

> „Es ist noch nicht lange her, daß man in politischer Beziehung von einer deutschen, von einer romanischen und von einer slawischen Rasse spricht; allein diese Unterscheidung scheint großen Einfluß auf die praktische Politik der Zukunft üben zu wollen. An der Spitze der drei Rassen stehen England, Frankreich und Rußland. Es ist kaum einem Zweifel unterworfen, daß die germanische Rasse durch ihre Natur und ihren Charakter von

eine wichtige Rolle bei der Begründung der maßlos reaktionären Weltherrschaftspläne des deutschen Imperialismus. In Gestalt der modernen, ebenfalls auf List „gestützten“ und von der neu geschaffenen Friedrich-List-Gesellschaft allseitig geförderten europäischen Integrationsideologie dient er heute dem wiedererstandenen deutschen Imperialismus nicht nur zur Zersetzung des deutschen Nationalbewußtseins, sondern zugleich auch zur Unterwerfung westeuropäischer Länder unter das Diktat des westdeutschen Monopolkapitals. Mit seiner Hilfe sollen die westeuropäischen Staaten in die vom westdeutschen Imperialismus politisch und ökonomisch beherrschte klein-europäische Kriegsgemeinschaft eingegliedert werden. Zugleich liefert er „historische“ Begründungen für die gegenwärtigen aggressiven Kriegspläne des revanchelüsternen westdeutschen Imperialismus. Das Gleiche gilt für Lists weltpolitische Konzeption hinsichtlich einer aktiven deutschen Kolonialpolitik. Vor allem seine Vorstellungen von der „friedlichen Durch-

der Vorsehung vorzugsweise zur Lösung der großen Aufgaben bestimmt ist, die Weltangelegenheiten zu leiten, wilde und barbarische Länder zu zivilisieren und die noch unbewohnten zu bevölkern, weil keiner der beiden anderen die Eigenschaft beiwohnt, in Masse nach fremden Ländern auszuwandern, dort vermittelst der Gabe der Selbstverwaltung, der Selbstrechtspflege und Selbstordnung, neue, und zwar vollkommenere Gemeinwesen zu gründen und sich von dem Einfluß barbarischer und halbbarbarischer Ureinwohner freizuhalten, wie denn namentlich von den Franzosen und Spaniern bekannt ist, daß sie überall unter fremden Stämmen eher geneigt sind, deren Unsitte anzunehmen, als vermögend, sie auf ihren eigenen sittlichen Standpunkt zu erheben.“

(F. List, Über den Wert und die Bedingungen . . .; a. a. O., Seite 275.)

Solche und ähnliche Äußerungen, allerdings nicht mehr wie bei List auf England und Deutschland gleichermaßen, sondern ausschließlich nur noch auf Deutschland bezogen, konnten natürlich ohne weiteres in das Repertoire der faschistischen Rassenideologen eingehen.

dringung" der Länder der heißen Zone dienen gegenwärtig der westdeutschen List-Gesellschaft bei der „historischen" Rechtfertigung des vom westdeutschen Imperialismus betriebenen Neokolonialismus. Wenn imperialistische Ideologen heute in Westdeutschland die einst berechtigte ablehnende Haltung Lists gegenüber dem reaktionären russischen Zarismus zitieren, um sie in völliger Verdrehung der historischen Zusammenhänge unmittelbar auf die heutige sozialistische Sowjetunion zu beziehen, so zeigt dies den genauso primitiven wie extrem reaktionären Charakter der imperialistischen „Aktualisierung" Lists.

c) Der von List vertretene bürgerliche *Reformismus*, vor allem seine reaktionären Vorstellungen von der „friedlichen" Überwindung des Feudalismus, von der „Harmonie" zwischen Junkertum und Bourgeoisie fanden in dem in Deutschland nach 1848 verwirklichten reaktionären Kompromiß zwischen Junkertum und Bourgeoisie eine breite soziale Grundlage. Sie dienten jetzt der inneren Festigung des junkerlich-bourgeoisen deutschen Imperialismus. Das Gleiche gilt für die agrar-ökonomischen Konzeptionen Lists, die später nicht zufällig auch eine „historische" Begründung für die faschistische Erbhofgesetzgebung lieferten.

Eine besonders reaktionäre apologetische Rolle spielte der von List vertretene und dann von Monopol-Ideologen weiterentwickelte Reformismus im Kampf gegen die deutsche Arbeiterklasse. War Lists Eintreten für die Gemeinsamkeit der Interessen von Bourgeoisie und Proletariat zu seiner Zeit noch insoweit berechtigt, als es sich auf den gemeinsamen antifeudalen revolutionären Kampf beider Klassen vor 1848 bezog, so richtete sich Lists prinzipielle Leugnung des Klassenkampfes sowie der von ihm vertretene Sozialreformismus in der imperialistischen Periode bereits eindeutig auf die Unterordnung der Arbeiterklasse unter die junkerlich-bourgeoise Herrschaft. Das von List gepredigte Dogma von der „Harmonie“ aller gesellschaftlichen Kräfte im nationalen Rahmen diente u. a. auch den Ideologen des deutschen Faschismus bei der „historischen“ Rechtfertigung der „national-sozialistischen Volksgemeinschaft“. Es dient ihren heutigen bunderepublikanischen Nachfahren bei der „historischen“ Begründung des „Volkskapitalismus“.[85]

d) In der gleichen Richtung liegt auch die reaktionäre Entfaltung des von List immerhin noch mit einiger Berechtigung, weil im progressiven Sinne vertretenen vulgärökonomischen *Historismus* sowie die von ihm durch Begründung der „Nationalökonomie“ eingeleitete Leugnung allgemeiner ökonomischer Gesetze. Die reaktionären „Historischen Schulen“ der deutschen bürgerlichen Vulgärökonomie, die u. a. das „friedliche“ Hineinwachsen des Feudalismus in den Kapitalismus und später des Kapitalismus in den Sozialismus predigten, rechneten daher nicht zufällig auch Friedrich List zu ihren ideologischen Wegbereitern. Das Gleiche gilt für ihre modernen institutionalistischen Nachfolger.

e) Wenn List schließlich in der Periode des Imperialismus auf dem Gebiet der *Handelspolitik* immer wieder als Zoll-Autorität zitiert wurde, so geschah dies im grundsätzlichen Widerspruch und unter direkter Entstellung

[85] Als List die sozialen Perspektiven des Kapitalismus einmal in den rosigsten Farben ausmalte — damals allerdings weniger noch zur Irreführung der Arbeiterklasse als vielmehr zur Beruhigung der vor dem Proletariat zitternden Bourgeoisie — entwickelte er auch im Geiste des damaligen ‚Bourgeois-Sozialismus‘ gewisse Vorstellungen vom „Arbeiter-Miteigentum“ durch Aktien. So schrieb er u. a.:

> „Gedenkbar ist ferner, daß der Assoziationsgeist bei den zivilisierten Nationen immer größere Fortschritte macht, daß der Gedanke, *die Arbeiter als Aktionäre bei den großen Fabrikanstalten zu beteiligen und ihnen dadurch Wohlstand für das ganze Leben und einen gewissen Grad von Independenz zu sichern*, mehr und mehr realisiert werden dürfte.“

(F. List, Über das Wesen und den Wert . . .; a. a. O., Seite 388 f.)

seiner tatsächlichen handelspolitischen Vorstellungen und Lehren. Die jetzt mit List „gerechtfertigten“ Industrie-Zölle lagen eindeutig im Interesse der von List stets bekämpften Monopole. Sie dienten nicht mehr der längst abgeschlossenen industriellen „Erziehung“ Deutschlands durch die volle Entfaltung der freien inneren Konkurrenz, sondern gründeten sich gerade auf die von List stets energisch abgelehnte Ausschaltung der inneren Konkurrenz zwecks Sicherung hoher Monopolpreise und -profite. Sie waren damit, völlig im Gegensatz zu den auf die Steigerung der nationalen Arbeitsproduktivität gerichteten Auffassungen Lists, ein Ausdruck für die im monopolistischen Kapitalismus einsetzende Tendenz zur Stagnation der gesellschaftlichen Produktivkräfte. Erst recht widersprachen die dann ebenfalls — völlig unbegründet — auf List „gestützten“ und sogar eindeutig im Mittelpunkt der imperialistischen deutschen Handelspolitik stehenden Agrar-Zölle der Listschen Zolltheorie, die bekanntlich jeglichen Agrarprotektionismus strikt verworfen hatte.

> „Auf der Suche nach einer volkswirtschaftlichen Autorität, nach einem Mann mit Namen, der für eine Schutzpolitik eintreten würde“, — erklärt J. Kuczynski — „fand man zwar keinen Zeitgenossen, aber man konnte List benutzen, wenn man den Inhalt seiner Lehren verfälschte. List war seit einer Generation tot. Die akademischen Kreise hatten dafür gesorgt, daß das System dieses so eminent praktisch interessierten, seines Lehrstuhls enthobenen Professors vergessen wurde. Die politischen Kreise hatten erst recht kein Interesse daran, das Andenken an diesen ewigen Rebellen gegen das reaktionäre Beamtentum wachzuhalten. So war List in weiteren Kreisen vergessen worden. Und dadurch war es möglich, ihn in vollkommen entstellter Gestalt wieder zum

Leben zu erwecken. Die Reaktion hatte einen Helden gefunden, und die fortschrittlichen Kreise, die ihn nach seinem Tode vergessen hatten, schwiegen zu diesem Verbrechen an deutscher Kulturtradition. Die Reaktionäre von 1880 hatten ihn zu neuem Leben erweckt, indem sie sein Zollargument verabsolutierten und sein wahres Ziel, die Handelsfreiheit unter gleichberechtigten Nationen, verheimlichten."[86]

f) Trat List für die *Aktivität des Staates* auf wirtschaftlichem, vor allem auf handelspolitischem Gebiet ein, sah er hierin eine wesentliche „Quelle der produktiven Kraft", so war dies noch historisch berechtigt. Es entsprach dem gesellschaftlichen Fortschritt, so lange und insofern der Staat noch im Dienste der vollen Durchsetzung des Kapitalismus stand. Gerade in diesem Sinne hatte List die staatliche Aktivität gefordert. Die Wiederholung dieser einst progressiven Forderung wurde jedoch eindeutig reaktionär mit der Entwicklung des staatsmonopolistischen Kapitalismus. Als Instrument der kapitalistischen Monopole soll der Staat von nun ab den herangereiften Untergang des Kapitalismus und damit den weiteren gesellschaftlichen Fortschritt verhindern und hinauszögern. Gerade in diesem reaktionären Sinne aber werden heute in Westdeutschland wieder die Auffassungen Lists von der aktiven Rolle des Staates ausgiebig zitiert. —

So steht es in den Hauptzügen um die von Ideologen des deutschen Imperialismus seit den 70er Jahren des vorigen Jahrhunderts immer wieder und heute erneut betonte, stets jedoch extrem reaktionär interpretierte „Aktualität" der politökonomischen Lehren Lists.

Die Herausgabe des vorliegenden Werkes dient der Entlarvung dieser eindeutig fortschrittsfeindlichen impe-

[86] J. Kuczynski, Friedrich List — Vorkämpfer der deutschen Einheit; in: Aufbau, 5. Jahrgang, 1947, Seite 422.

rialistischen List-„Aktualisierung“. Sie macht einerseits jene reaktionären Elemente des politökonomischen Denkens Lists sichtbar, die von den Ideologen des deutschen Imperialismus übernommen, weiterentwickelt und zu volks- und menschheitsfeindlichen Zwecken einseitig in den Vordergrund gerückt wurden. Sie erschließt andererseits aber auch jene progressiven Elemente des politökonomischen Denkens Lists, die von den Ideologen der deutschen Monopolbourgeoisie immer wieder verheimlicht, verfälscht und reaktionär deformiert wurden, obwohl sie oder, genauer gesagt, gerade weil sie zu den wenigen wirklich fortschrittlichen Traditionen des deutschen Bürgertums auf politökonomischem Gebiet gehören.

BEMERKUNGEN ZUR ÜBERSETZUNG

Der Übersetzer ist sich der Kompliziertheit wie auch des heiklen Charakters der ihm gestellten Aufgabe bewußt. Schließlich handelt es sich bei dem vorliegenden Werk nicht darum, die in einem einwandfreien Französisch formulierten Gedanken eines Franzosen, sondern die auf eine äußerst unzulängliche Weise französisch formulierten Gedanken eines Deutschen in die deutsche Sprache zurück zu übertragen. Daraus erwachsen sogleich zwei verschiedenen Schwierigkeiten.

Erstens ist es die von List weder in Grammatik, Syntax noch Wortschatz einwandfrei gehandhabte französische Sprache, die einer normalen Übersetzung nahezu unzugänglich ist. Lists Französisch ist im eigentlichen Sinne ein Deutsch-Französisch, ein mit französischen Worten drapiertes, in die von List schlecht beherrschte französische Grammatik gezwängtes und daher auch rückwirkend stark deformiertes Deutsch. Es ist noch dazu ein Deutsch, das heute nicht nur mehr als hundert Jahre alt ist, sondern zu alledem auch noch von List in einer ganz besonders eigenwilligen und sprachprägenden Weise beherrscht und gestaltet wurde. Das ist die erste Schwierigkeit, die sich der Übersetzung in den Weg stellte und die sich direkt aus der eigenartigen sprachlichen Fassung des Listschen Werkes ergibt.

Eine zweite Schwierigkeit entspringt der Tatsache, daß es sich um das Werk eines publizistisch und literarisch außerordentlich produktiven Deutschen handelt. Die in diesem Werk von List entwickelten Gedanken lassen sich daher in gleicher oder doch sehr verwandter Ausprägung in zahlreichen seiner früheren und vor allem seiner späteren deutschsprachigen Schriften finden, und zwar in einer hervorragenden, sprachlich eindeutigen Fassung. Für den Übersetzer lag daher die Versuchung nahe, sich in allen Fällen, wo ihm bestimmte Auffassungen Lists in einer unzulänglichen, ungenauen oder in einer von dem sonst üblichem Sprachgebrauch Lists abweichenden Formulierung entgegentraten, auf die entsprechenden deutschsprachigen Fassungen zurückzugreifen, um diese hier wiederzugeben. Gewiß wäre auf diese Weise die typische Ausdrucksweise Lists und damit der in der Sprache zum Ausdruck kommende Zeitcharakter seines Werkes sichtbarer geworden als durch eine unmittelbare, streng sachlich bestimmte Rückübertragung seines französisch vorliegenden Textes. Dennoch ist der Übersetzer nur in ganz seltenen, sachlich absolut eindeutigen Fällen auf diese Weise verfahren. Er ließ sich in erster Linie von dem Gedanken leiten, daß seine Hauptaufgabe in der sachlich einwandfreien und dem heutigen Leser voll verständlichen Wiedergabe der von List in diesem Werk fixierten ökonomischen Auffassungen besteht. Er hielt sich deshalb streng an den Sachgehalt des vorliegenden französischen Textes, ohne diesen jedoch im Hinblick auf Satzbau und Grammatik sklavisch zu übernehmen.

Da die Hauptaufgabe dieser Ausgabe nicht darin besteht, dem Leser die von List meisterhaft beherrschte deutsche Sprache, seine glänzende Rhetorik und heute noch überaus faszinierende Sprachgewalt, also das rein äußerliche Kleid seines politökonomischen Denkens, nahezubringen, sondern den gerade in diesem Werk einmalig konzentriert und systematisch gefaßten Inhalt seines politökonomischen Denkens zu vermitteln, dürften die vorstehend erläuterten Übertragungsgrundsätze hinreichend gerechtfertigt sein.

Wenn Karl Marx einmal, verärgert über das inkonsequente Auftreten eines sozialistischen Redners, fragte:

„Weshalb hat derselbe nicht kurzweg lieber eine Rede von List wiederholt? — *In einer solchen ist wenigstens Schärfe, Leben und Mut*",[87] — so hofft der Übersetzer, daß es ihm trotz der strengen Übertragungsgrundsätze doch noch möglich gewesen ist, dem Leser von heute eine solche deutsche Fassung des Listschen Werkes vorzulegen, die jene von Marx gelobten Charakterzüge der Listschen Sprache — *Schärfe*, *Leben* und *Mut* — sowohl in der Sache wie auch in ihrer sprachlichen Fassung sichtbar werden läßt.

*

Bleibt noch zu bemerken, daß selbstverständlich alle offensichtlichen reinen Schreibfehler Lists (bzw. seines Kopisten) ohne besondere Hinweisung korrigiert wurden. Worte aber, oder Satzteile, die der Übersetzer im Interesse der klareren Herausarbeitung des Listschen Gedankenganges oder zur Schließung einiger von List aus Zeitmangel nicht mehr ausgefüllter Lücken von sich aus hinzufügen zu müssen glaubte, wurden in eckige Klammern gesetzt und dadurch als Zusätze kenntlich gemacht.

Alle von List stammenden Anmerkungen zum Text seines Werkes wurden — wozu er selbst auf Grund der äußerst übereilten Abfassung seines Werkes nicht mehr die Zeit fand — mit kleinen hochgestellten Ziffern ([1]) signiert und am Fuße der jeweiligen Seite wiedergegeben. Anmerkungen des Bearbeiters wurden mit Sternchen (*) signiert.

Günter Fabiunke

[87] Wiedergegeben von Franz Mehring in: Aus dem literarischen Nachlaß von Karl Marx ...; a. a. O., Seite 378.

FRIEDRICH LIST

DAS NATÜRLICHE SYSTEM DER POLITISCHEN ÖKONOMIE

ET LA PATRIE, ET L'HUMANITÉ*

(Sowohl das Vaterland als auch die Menschheit)

Antwort auf die Frage der Akademie der moralischen und politischen Wissenschaften:

> „Welche Umstände muß eine Nation berücksichtigen, um bei Einführung der Handelsfreiheit oder bei einer Änderung ihrer Zollgesetzgebung die Interessen der nationalen Produzenten auf gerechte Weise mit den Interessen der Gesamtheit der Konsumenten in Übereinstimmung zu bringen?"

* Da es sich bei dem vorliegenden Werk Lists um eine Preisarbeit handelt, trägt es formell keinen Titel, sondern beginnt mit dem von List gewählten und wahrscheinlich auch von ihm selbst geprägten Motto und mit der Wiedergabe des Wortlauts der von der Akademie gestellten Preisfrage. Da List selbst sowohl in der Preisschrift (siehe das vierunddreißigste Kapitel) wie auch an anderer Stelle wiederholt das von ihm in diesem Werk entwickelte wirtschaftspolitische System als das „Natürliche System der Politischen Ökonomie" bezeichnete, glauben wir, seinem Werk mit Recht diesen Titel geben zu dürfen.

EINLEITUNG

In der Politischen Ökonomie sind Theorie und Praxis zum Schaden der einen wie der anderen fast völlig voneinander isoliert.

Die Theoretiker glauben und behaupten, daß die Praktiker nur Routiniers seien, unfähig, die ganze Richtigkeit und Bedeutung der Gedanken und Prinzipien zu begreifen, die man ihnen einzuschärfen versucht.

Die Praktiker ihrerseits glauben und behaupten, daß die Theoretiker Ideologen seien, die die Welt, so wie sie ist, ignorieren und sich statt dessen eine andere erträumen, die nur in ihren Systemen existiert.

Auf diese Weise verfehlt die Wissenschaft ihr wichtigstes Ziel, nämlich die Praxis zu erhellen und zu verbessern; und die Praxis bleibt nach wie vor, was sie ist: Tochter der Routine.

Indes ist sicher, daß in einem natürlichen Zustand der Dinge die Theorie der Praxis richtige, förderliche und anwendbare Regeln liefern sollte und daß die Praxis ihrerseits die Theorie unterstützen müßte, indem sie ihr Tatsachen und Ergebnisse liefert, die es dieser ermöglichen, die Gültigkeit bestimmter Prinzipien zu überprüfen und weitere zu finden.

Wer sowohl Theoretiker wie Praktiker ist, wird nicht leugnen, daß auf beiden Seiten Irrtümer und Fehler vorkommen.

Bis heute haben alle Begründer neuer Systeme und ihre Schüler die Erfahrungen der Praxis zuwenig beachtet, Erfahrungen, die jeder sammeln kann, der mit den öffentlichen Angelegenheiten vertraut ist. Statt dessen haben sie zuviel Vertrauen in die Ergebnisse ihrer zweifellos tiefen, doch in Stubeneinsamkeit ausgebrüteten Erwägungen gesetzt. Sie taten es selbst dann, wenn diese Erwägungen und ihre Ergebnisse im Widerspruch zu allem standen, was man stets für richtig und weise gehalten hatte. Selbst der ehrenwerte Adam Smith scheut sich nicht, Leute, die auf Grund praktischer Erfahrung gegen die Illusionen der Theorie geschützt sind, als *verschlagene Tiere* zu qualifizieren. Die französischen Apostel und Interpreten dieses berühmten Schriftstellers belegen die gleichen Leute mit nicht weniger schmeichelhaften Titeln. Und dennoch gab es zu allen Zeiten unter den Männern, die die Geschäfte der fortgeschrittensten Nationen leiteten, sehr viele, die dank ihrer Intelligenz, ihrer Erfahrung und ihrem hohen Verstand ebenso wie durch ihre patriotischen Empfindungen den ersten Platz unter ihren Zeitgenossen einnahmen. Kann ein Unparteiischer ihre Verdienste bestreiten und glauben, daß solche Männer jahrhundertelang die Rolle von Toren und Dummköpfen gespielt haben?

Allerdings muß eingeräumt werden, daß die Praktiker im allgemeinen zu hartnäckig darauf bestanden, die Fragen der Politischen Ökonomie lediglich auf ihre eigene Weise ins Auge zu fassen und darzustellen, daß sie zu hochmütig darauf verzichteten, den Theorien auf den Grund zu gehen, um deren Fehler aufzudecken und in ihnen selbst die Waffen zu suchen, mit denen sie die Theoretiker auf ihrem eigenen Gebiet hätten bekämpfen können.

Zur Unterstützung dieser Behauptungen könnten wir das Beispiel eines französischen Schriftstellers[1] anführen,

[1] Ferrier.*

* François-Louis-Auguste Ferrier (1777–1861), Über die Regierung im Hinblick auf ihre Beziehungen zum Handel. (Du gouvernement considéré dans ses rapports avec le commerce), Paris 1805[1], 1822[3].

einen jener Männer, die Geist mit Erfahrung verbinden. Dieser gelangte durch seine Überlegungen oft zu überraschenden Schlüssen, ging aber in seiner Beweisführung von Grundsätzen aus, deren Unrichtigkeit längst erwiesen ist.

Was bei Männern, die mit außerordentlicher Verantwortung für die öffentlichen Angelegenheiten belastet sind, einen berechtigten Widerwillen erregen mußte, Grundsätzen der Theoretiker zu folgen, deren Gegensatz zur Erfahrung auf der Hand liegt, das ist:

1. daß so viele Systeme einander ablösten und daß dabei immer das jeweils neueste die Unzulänglichkeit und Unrichtigkeit des vorangegangenen bewies;
2. daß seit Colbert alle Männer, die die praktische Anwendbarkeit einer Theorie versuchten, daran gescheitert sind;
3. daß die Theoretiker selbst weit davon entfernt sind, untereinander einig zu sein.[1]

So haben die Physiokraten bewiesen, daß das Merkantilsystem nicht vertretbar war; die Theorie von Smith und Say bewies wiederum ihrerseits das Unzulängliche und Fehlerhafte des physiokratischen Systems.

Der Versuch der Vereinigten Staaten von Nordamerika, die Handelsfreiheit einzuführen, scheiterte zweimal. Die Verträge Turgots, die in der Absicht geschlossen wurden, der Handelsfreiheit möglichst nahezukommen, hatten etwas ganz anderes als den Wohlstand Frankreichs zur Folge. Und Deutschland besaß wiederum zu allen Zeiten Handelsfreiheit. Statt aber dadurch etwas zu gewinnen, sah es den größten Teil seiner produktiven Kräfte untergehen.

Unglücklicherweise ist das Ergebnis von Experimenten in der Politischen Ökonomie genauso ungewiß wie auch bisweilen das Ergebnis ärztlicher Experimente, obwohl

[1] Vergleiche den Unterschied in den Ansichten von J. B. Say und Adam Smith [Anmerkung auf Seite 10f. dieser Ausgabe].

die einen wie die anderen stets mit der gerade in Mode befindlichen Theorie übereinstimmen. In allen Fällen, wo die theoretischen Grundsätze im Widerspruch zu dem stehen, was der gesunde Menschenverstand bis dahin als richtig, nützlich und notwendig angesehen hat, ist es daher klüger, statt eine Veränderung zu wagen, die für das öffentliche Wohl verhängnisvoll werden könnte, auf seiten der Theorie einen Irrtum anzunehmen und die Ausführung riskanter Maßnahmen auszusetzen, bis weitere Forschungen die Richtigkeit oder Falschheit der Theorie erwiesen haben.

Das gilt besonders für das, was seit den Zeiten von Quesnay als Freiheit des Handels bezeichnet wird. Im Namen der Wissenschaft forderten die Theoretiker von den Männern der Praxis die Handelsfreiheit, ohne daß sie aber ihrerseits genau definierten, was sie unter diesem Begriff verstanden. Demgegenüber spürten die Praktiker zu allen Zeiten und in allen Ländern unter den jeweils gegebenen Umständen die Notwendigkeit und Nützlichkeit gewisser [handelspolitischer] Regulierungen und Beschränkungen.

Immer wenn eine gewisse Zahl aufgeklärter, erfahrener und intelligenter Menschen an die Notwendigkeit und Nützlichkeit einer Maßnahme glaubt, die ihre Privatinteressen nicht berührt, ist anzunehmen, daß ihre Betrachtungsweise auf die Natur der Dinge gegründet ist. Das ist selbst dann der Fall, wenn andere Menschen, die zwar für besser ausgebildet und klüger gelten, aber bar jeder Erfahrung sind, diese Maßnahme verurteilen und als der Natur der Dinge wie der Vernunft entgegenstehend ansehen.

Haben die richtigsten Reformgedanken fast immer gegen die Vorurteile der Routine anzukämpfen, so muß man doch auch andererseits beachten, daß neue Systeme, denen ein Schein von Klarheit Ansehen und Einfluß verschafft, leicht das Opfer einer großen Unannehmlichkeit werden. Sie werden nämlich von vielen Menschen übernommen, die zwar selbst nicht Denker sind, vor aller Welt aber als solche gelten wollen und sich deshalb ohne Prüfung und ohne Nachdenken als Parteigänger dieser Systeme aufspielen, um am Ruhm ihrer Schöpfer teilzuhaben.

Daher kommt es, daß der wohltuende Einfluß der bedeutendsten Reformer in mancher Hinsicht wieder durch das Vertrauen aufgehoben wird, das selbst ihre Irrtümer genießen, die gleichzeitig mit den Wahrheiten ihrer Lehre aufgenommen werden.

Je genialer und scheinbar klarer also ein neues und siegreiches System ist, je mehr Vertrauen es bei Leuten von Verstand und Wissen erobert hat, um so mehr auch muß man selbst zu scheitern befürchten, sobald man den schwierigen Versuch wagt, die dem System innewohnenden Irrtümer aufzudecken. Gerade das kennzeichnet in mancher Hinsicht die Lage des Verfassers vorliegender Arbeit.

Um die vom Institut gestellte Frage in einer befriedigenden Weise beantworten zu können, sieht er sich bei voller Würdigung der hervorragenden Verdienste von Adam Smith und J. B. Say gezwungen, nachzuweisen,

> daß das System dieser beiden großen Autoren entscheidende Lücken aufweist;
>
> daß diese Lücken Ursache für die Unvereinbarkeit von Theorie und Praxis sind, für die Meinungsverschiedenheiten zwischen Theoretikern und Praktikern;
>
> daß die Wahrheit in der Mitte zwischen moderner Theorie und heutiger Praxis liegt.

Der Verfasser vorliegender Schrift verschließt keineswegs vor der Schwierigkeit seines Unternehmens die Augen. Schließlich bewundert er selbst das großartige Genie beider Schriftsteller, die er zu bekämpfen hat. Er sieht auch, daß ihr System von so vielen hervorragenden Geistern aufgenommen wurde.

Bei dem geringen Vertrauen in seine eigenen Kräfte würde er sich wahrscheinlich scheuen, gegen eine derartige Schwierigkeit anzugehen. Doch ermutigt ihn die Überlegung, daß schon die Frage selbst, im Sinne des beigefügten Programms betrachtet, unterstellt, daß auch die Akademie der moralischen und politischen Wissenschaften ihrerseits der Meinung ist, das System dieser Autoren sei einer Vervollkommnung fähig.*

In der Tat, die Geschichte aller Wissenschaften beweist uns, daß es dem Fortschritt der Menschheit kaum dienlich wäre, wollte man den großen Reformern eine derartige Autorität beimessen, daß ihre Nachfolger von vornherein als unfähig betrachtet werden müßten, auch nur die Lücken zu schließen, die diese großen Männer im Bau der Wissenschaft offen gelassen hätten. Der Gang der Zeit und der allgemeinen Intelligenz der Menschheit genügt, um es den Nachfolgern großer Männer zu erlauben, deren Werk zu vervollständigen und zu vervollkommnen.[1]

Übrigens genießt der Verfasser einige Vorteile, die seine geistige Unterlegenheit aufwiegen könnten. Er ist

* List bezieht sich hier auf das von Charles Dupin im Namen der Sektion Politische Ökonomie und Statistik in der öffentlichen Jahressitzung der Akademie am 28. Dezember 1836 begründete Programm bezüglich des auf dem Gebiet der Politischen Ökonomie zu vergebenden Preises für das Jahr 1838. (Dabei handelte es sich um die Wiederholung und ausführliche Neubegründung der bereits 1833 und 1835 von der Akademie gestellten Preisfrage, auf die lediglich vier Manuskripte eingegangen waren, von denen jedoch keines als preiswürdig befunden worden war.) Die hier von List angenommene Auffassung wurde im Programm Dupins in der Tat zum Ausdruck gebracht.

[1] Sieht man, wie bis heute eine Schule die andere und ein Meister den anderen behandelt hat, so fühlt man sich ein wenig ermutigt, an der Unfehlbarkeit im Bereich der Politischen Ökonomie zu zweifeln. Man erlaubt sich dann selbst über die größten Meister dieser Wissenschaft ein Urteil. So bezeichnet Say die Enzyklopädisten als Träumer — und sie sind es in der Tat. Er tadelt ihren Prophetenstil, ihren Sektengeist sowie ihre dogmatische und abstrakte Sprache (in der „Vorrede" zu seiner „Abhandlung über die Politische Ökonomie".*

Theoretiker und Praktiker zugleich. Nachdem er Jahre hindurch alle Systeme studiert hatte, widmete er sich in gleicher Weise dem Studium des Zustandes und der Natur

Die herrschende Schule ist daher weniger als jede andere berechtigt, darüber Klage zu führen, wenn man ihre Grundprinzipien einer freimütigen Kritik unterziehen will. Say selbst hat Smith nicht viel sanfter behandelt. Zwar hat er dem großen Begründer der herrschenden Schule im allgemeinen jene Achtung und Ehrerbietung erwiesen, die ihm gebühren, doch im besonderen hat er ihn dann nicht mit gar zuviel Schonung behandelt. Ihm zufolge hätte Smith dem Boden nur wenig, den vom Kapital geleisteten Diensten sogar überhaupt keine Bedeutung beigemessen. Die Bedeutung der Teilung der Arbeit, jenes von ihm selbst entdeckten Prinzips, hätte Smith übertrieben (Vorrede). Die Arbeit hätte er als Hauptursache des Reichtums hingestellt, während er — Say — nachgewiesen habe, daß diese Auffassung zu beschränkt sei, daß Smith *Arbeitsfleiß(industrie)* statt *Arbeit* hätte sagen müssen. Smith vermittle auch nichts Vollständiges über die Art der Verteilung des Reichtums — dieser Teil der Politischen Ökonomie sei überhaupt ein erst noch urbar zu machendes Feld (ebenda) —, kurz: Smith's Grundprinzipien seien kaum fest begründet (ebenda); es fehle [ihm] an Klarheit (ebenda). Zu Beginn dieser „*Vorrede*" heißt es, das Werk von Smith enthalte zwar „die vernünftigsten Grundsätze der Politischen Ökonomie", dennoch sei es wirr, ein Riesenchaos von richtigen Gedanken, die im bunten Mischmasch mit positiven Erkenntnissen vermengt seien. Der Nichteingeweihte, der Say[s Ansichten über Smith] liest, weiß zum Schluß nicht, was er von einem solchen großen Mann denken soll.

Überhaupt scheinen die Systeme der Politökonomen keine Anerkennung bei jenen Männern gefunden zu haben, deren Meinung in Frankreich von Bedeutung ist. Zu dieser Auffassung kann man kommen, wenn man beispielsweise im Werk des Barons Charles Dupin liest, „daß er kein Systeme-Schmied sei, daß er keine Theorie vortrage, die ihm selbst gehöre, daß er nicht so sinnlos größenwahnsinnig sei, um zu erwarten, er werde sein Land eines Tages nach den Trugbildern seiner vagabundierenden Gedanken gelenkt sehen".**

* Jean-Baptiste Say, Abhandlung über die Politische Ökonomie. (Traité d'économie politique), 3 Bände, Paris 1826, 5. Auflage.)

** Ch. Dupin, Die produktiven und kommerziellen Kräfte Frankreichs, Paris 1827, Band I, Einleitung, Seite II.

der Dinge. Er hat die aufgeklärtesten Länder der Erde gesehen und dort Handel, Industrie, Finanzen, Ackerbau studiert.

Der Punkt in der Politischen Ökonomie, über den die Auffassungen der Theoretiker und Praktiker am weitesten auseinandergehen, ist die Freiheit des Handels.

Quesnay und die Physiokraten, seine Schüler, sprachen als erste von Handelsfreiheit. Sie stützten dieses im wesentlichen kosmopolitische Prinzip auf die offenkundig falsche und nicht vertretbare Behauptung, daß allein der Ackerbau produktiv sei und es deshalb auch unnütz wäre, die Manufakturen zu beschützen, weil der Ackerbau nur bei Freiheit des Handels gedeihen könne.

Obwohl Adam Smith von anderen Gesichtspunkten ausging, kam er dennoch zu den gleichen Schlußfolgerungen. Er behauptete, [1.] daß sowohl in der Produktion wie auch im Handel das Privatinteresse die stärkste und scharfsinnigste Triebkraft sei; [2.] daß die Gesetzgebung Industrie und Kapital nur in Kanäle leiten könne, die für die Produktion wenig vorteilhaft seien; [3.] daß der Staat, um den Reichtum der Nation zu mehren, nichts weiter zu tun habe, als die Produktion im Innern von staatlichen Fesseln zu befreien und sie nach außen frei wirken zu lassen; [4.] daß es zur Erreichung des höchsten Grades nationaler Wohlfahrt nur der Sicherheit, des Friedens und der Freiheit von Verkehr und Handel bedürfe; [5.] daß jede Nation besondere Vorteile besitze, deren ganzen und vollen Genuß ihr allein die Handelsfreiheit zwischen allen Nationen sichern könne; [6.] daß der Export immer einen gleichwertigen Import zur Folge habe, denn zwischen dem Export und Import von Edelmetallen und von anderen Werten bestehe kein Unterschied; [7.] daß England keineswegs mit Hilfe seines Zollsystems, sondern trotz dieses Systems zu seinem großen Wohlstand gelangt sei; [8.] daß die Einfuhrzölle ein Privileg und Monopol zugunsten einer einzigen Klasse von Bürgern und zum Nachteil der Konsumenten und des

Allgemeinwohls begründen; [9.] daß es schädlich sei, Gegenmaßnahmen gegen die [handelspolitischen] Beschränkungsmaßnahmen anderer Nationen in Anwendung zu bringen, weil die Nation, die auf diese Weise einer anderen Nation Gleiches mit Gleichem vergelte, sich am Ende doch nur selber schade.

Im Ergebnis dieser Auffassungen verurteilen Adam Smith und seine Schüler und Nachfolger jedes Einfuhrverbot, jede [handelspolitische] Beschränkung und alle hohen Zölle, die zum Schutz der Industrie auf Import und Export gelegt werden. Sie räumen zwar ein, daß man unter den gegenwärtigen Umständen nicht zur vollständigen Abschaffung dieser Auflagen kommen könne; doch sei es zu wünschen, so sagen sie, daß man sich diesem Ziele nach und nach nähere. Die Kaufleute, die stets nur ihre eigenen Privatinteressen sehen, sind mit den Theoretikern in Fragen der Handelsfreiheit einig, ohne sich wegen der Genauigkeit oder Ungenauigkeit der Überlegungen zu beunruhigen, mit denen man sie verteidigt. Da sie nur durch den Austausch von Werten gewinnen und daher alle Auflagen, alle Beschränkungen nur als Behinderung ihrer Geschäfte ansehen, sind die Kaufleute die Erfinder und Verfechter der Parole: *Machen lassen und geschehen lassen, laissez faire et laissez passer*; allerdings mit Ausnahme der Reeder, die Prämien und Privilegien zugunsten von Schiffahrt und Fischerei als absolut notwendig ansehen, weil sie ihrer Meinung nach die Handelsmarine, die Basis der Kriegsmarine, fördern.

Genau das gleiche gilt für alle diejenigen, die von ihrem Lohn oder von ihren Renten leben; denn der Grundsatz, von denen zu kaufen, die billiger verkaufen, steht mit ihren Interessen im Einklang.

Völlig anders wieder verstehen die Fabrikanten und Landwirte die Freiheit des Handels. Die Fabrikanten gestehen zu, daß sie bezüglich des Handels mit Lebensmitteln, Brennmaterialien und Rohstoffen nützlich ist, weil diese Artikel billig sein müssen, um die Fabriken in den Stand zu versetzen, die Konkurrenz der ausländischen Fabrikanten auf dem inneren und äußeren Markt auszuhalten. Aber die Schwierigkeit, sie zufriedenzustellen, liegt in dem Problem, zu wissen, was man unter *Rohstoff* zu verstehen hat; gerade darüber herrschen aber noch große Meinungsverschiedenheiten.

Im Gegensatz hierzu empfinden die Landwirte jede Auflage und jedes Verbot, die die Einfuhr von Manufakturwaren beschränken und deren Preise erhöhen, als lästig, schädlich und nachteilig für das Allgemeinwohl. Gleichzeitig aber behaupten sie, daß man Deiche gegen die Invasion ausländischer Nahrungsmittel errichten muß. Daß dies notwendig ist, versuchen sie mit allen möglichen Gründen zu beweisen, beispielsweise durch den Hinweis, daß sie ihrerseits höhere Löhne und größere Steuern zahlen.

Die [leitenden] Staatsbeamten der Nation, die durch den Konflikt dieser im Widerspruch zueinander stehenden Interessen und Ansprüche bedrängt werden, empfinden wohl einerseits den Wunsch, zu einer größeren Freiheit zu gelangen. Sie fühlen aber andererseits die Notwendigkeit, die bestehenden Interessen zu wahren und zu schützen sowie alle großen Erschütterungen zu vermeiden, die die Finanzen, den Kredit und die Ruhe des Staates gefährden könnten.

Bei aller Bewunderung für die tiefe Weisheit der Theorie fühlen sie, daß es leichter ist, das Ziel zu zeigen, welches erreicht werden soll, als sich quer durch die bestehenden Hindernisse hindurch einen Weg zu ihm zu bahnen. Sie haben weder Muße noch Lust zu studieren und die Theorie gründlich zu prüfen, sondern werden statt dessen durch die Forderungen der Privatinteressen, durch die Lage und Politik des Landes auf ihrem Weg vorangestoßen. In einer so schwierigen, so verwirrenden Stellung ist es ganz natürlich, daß sie jeweils immer nur so handeln, wie sie gerade können, und daß deshalb auch ein so großer Unterschied zwischen ihren Worten und ihren Taten besteht.

In England, wo die Theorie zur Welt kam, die sich heute so großer Beliebtheit erfreut, wollte man übrigens kürzlich dem Leitsatz das Beispiel folgen lassen. Doch eine sorgfältige Prüfung ließ bald auf dieses Experiment verzichten. Sie vermittelte nämlich die Überzeugung, daß die von den Theoretikern erhobenen Forderungen auf schwachen Füßen stehen.

Selbst Männer, die man als die größten Koryphäen unter den Anhängern der Handelsfreiheit betrachtet, die Canning und Huskisson*, was haben sie getan, um in praktischer Anwendung die von der Theorie verkündeten Prinzipien zu verwirklichen?

Sie haben einige nutzlose und längst außer Gebrauch gekommene Gesetze aufheben lassen. Sie haben auch einige Sätze des Einfuhrtarifs gesenkt, doch immer waren sie darauf bedacht, diese noch genügend hoch zu halten, um nach wie vor den heimischen Fabrikanten den Binnenmarkt zu sichern. Die Deiche, die höher als notwendig waren, haben sie also niedriger gemacht. Doch dabei haben sie mit Bedacht ihr Niveau so gehalten, daß es sie auch weiterhin gegen die Flut von außen wirksam schützte. Sie haben zwar die Verbote abgeschafft, aber sie haben sie nur durch Tarife ersetzt, die Verboten gleichkommen. Sie haben das sogar im Hinblick auf die Getreidegesetze getan, obwohl deren Beseitigung vom größten Vorteil für ihr Land wäre. Doch [— so fragen wir —] haben sie den Handel mit Frankreich, mit der Schweiz, mit Deutschland in den Artikeln erleichtert, in denen diese Länder auf englischen Märkten konkurrieren könnten? Nein.

Ihre Beteuerung, einen großen Schritt hin zur Handelsfreiheit getan zu haben, kann demnach nur als eine

* Canning (1770—1827) und Huskisson (1770—1830) waren als leitende Männer in der englischen Regierung maßgeblich an der Durchsetzung freihändlerischer Prinzipien beteiligt.

Heuchelei erscheinen, hinter der sie die Absicht verbargen, die anderen Völker zu verführen, ihrerseits die englischen Einfuhren zu begünstigen.

Selbst dem jüngsten Land der Welt, das seinen einzigartigen Wohlstand der Einführung und Anwendung aller Prinzipien, aller Erfindungen unserer Zeit verdankt, ist es dennoch nicht gelungen, die Handelsfreiheit einzuführen.

Während England die Freiheit des Handels predigt, handelt es immer so, daß ein aufgeklärter und unparteiischer Mann sagen kann: es versteht unter Handelsfreiheit nichts anderes, als selbst frei zu sein, seine Manufakturerzeugnisse und Kolonialprodukte allen Nationen zu verkaufen, aber von seinen eigenen Märkten alle ausländischen Produkte zurückzuweisen, die dort mit seinen eigenen vorteilhaft konkurrieren könnten.

Allerdings wird dieser Vorwurf durch die Beobachtung gemildert, daß alle anderen Nationen, während England die ganze Welt auf diese Weise behandelt, ganz genauso gegenüber jenen schwächeren Nationen handeln, deren Gegenmaßnahmen sie ihrerseits nicht zu befürchten haben.

Daher ist zu befürchten, daß die stärksten Nationen das Schlagwort *Handelsfreiheit* lediglich als ein Mittel benutzen, um Handel und Industrie der schwächeren Nationen mit um so größerer Sicherheit in den Zustand der Sklaverei zu versetzen.[1]

Allenthalben diente dieses Wort von der Handelsfreiheit denen zu vielfacher Irreführung und Täuschung, die es als patriotischen Mantel benutzten, um dahinter ihre Privatinteressen zu verbergen.

[1] Im „Geist der Gesetze“ (Teil II, Seite 199) sagt Montesquieu: „Die Freiheit des Handels ist nicht ein Recht, das den Händlern gewährt wird, damit sie tun und lassen können, was sie wollen; dies wäre wohl eher die Knechtung des Handels. Was dem Händler lästig ist, ist deshalb noch nicht dem Handel lästig. Gerade in den Ländern der Freiheit stößt der Händler auf

Die einfachen Menschen, die Masse des Volkes, die nicht in der Lage ist, den Fragen der hohen Politik auf den Grund zu sehen, ist sehr leicht geneigt, die Freiheit des Handels mit der bürgerlichen und politischen Freiheit zu verwechseln. Dabei steht diese doch nur zur Freiheit der Produktion und des Verkehrs im Innern in Beziehung, während die Handelsfreiheit im Falle des Außenhandels sehr wohl mit Handelssklaverei verglichen werden kann. In der Tat, wenn die Handelsfreiheit nur von der einen Seite eingeführt wird, wenn es den ausländischen Fabrikanten gestattet ist, mit ihrer Konkurrenz auf unsere Märkte zu gelangen und unsere nationalen Fabriken zu ruinieren, ohne daß diese ebenfalls das Recht [und die Möglichkeit] hätten, den ausländischen Manufakturen auf dem Außenmarkt Konkurrenz zu machen, worauf liefe denn eine derartige Freiheit hinaus, wenn nicht darauf, uns der Barmherzigkeit der Ausländer auszuliefern, das Schicksal unserer Industrie und unseres Handels von den Maßnahmen und Gesetzen anderer Nationen abhängig zu machen?!

Soll also die vom Institut gestellte Frage auf befriedigende Art beantwortet werden, dann ist es notwendig, sowohl die Wissenschaft als auch die Praxis zu reformieren.

zahlreiche Widerstände; und *er wird nirgendwo weniger durch Gesetze behindert als in den Ländern der Knechtschaft.*" — Ebenda, Seite 200: „England bedrückt den Händler, aber dies geschieht zugunsten des Handels." * — (Vergleiche das neunzehnte und zwanzigste Kapitel dieser Abhandlung!)

* Montesquieu, Der Geist der Gesetze. (L'Esprit des Lois), Neue Ausgabe in acht Bänden, Paris 1819, Band II, Seite 199ff.

KAPITEL I

INDIVIDUAL- UND SOZIALÖKONOMIE ODER KOSMOPOLITISCHE ÖKONOMIE

Der Mensch ist gezwungen, durch geistige und körperliche Arbeit der Natur das abzuringen, was er braucht, um seine Bedürfnisse zu befriedigen. Je mehr Intelligenz, Sittlichkeit und Tatkraft er besitzt, um so mehr ist er befähigt, dieses Ziel zu erreichen.

Doch allein auf sich gestellt, vermag er nicht viel; seine Kräfte wie der Raum zur Entfaltung seiner individuellen Tätigkeit sind eng begrenzt. Er braucht die Unterstützung von seinesgleichen, um die Begrenztheit seiner Fähigkeiten und Hilfsmittel zu überwinden.

Je mehr Intelligenz, Sittlichkeit und Tatkraft sich bei denen findet, die ihm sein Ziel verfolgen helfen, und je größer ihre Zahl ist, desto leichter wird auch dieses Ziel zu erreichen sein.

Ein gegenseitiger Austausch bietet jedem Individuum die Möglichkeit, sich ausschließlich *der* Beschäftigung zuzuwenden, für die es auf Grund seiner geistigen oder körperlichen Fähigkeiten, seiner Erziehung, seiner Erfahrung wie der natürlichen Hilfsmittel, die ihm zur Verfügung stehen, am besten geeignet ist. Auf Grund dessen *produziert* jeder mehr, als es ihm sonst möglich wäre, und jeder kann gegen den Überschuß seiner individuellen Produktion die größtmögliche Menge Produkte anderer eintauschen (Teilung der Arbeit).

Je größer die produktive Kraft und ihr Betätigungsfeld, je ansehnlicher die Zahl der Produzenten, um so größer ist die Mannigfaltigkeit und Vielgestaltigkeit der Produkte, mit denen jedes Individuum verbunden ist, um so mehr auch kann jeder selbst produzieren und an fremden Produkten eintauschen, um so blühender ist schließlich sein Wohlstand.

Die Freiheit, soviel wie möglich zu produzieren und auszutauschen, ist die erste und grundlegende Bedingung dieses Wohlstandes.

Ebenso wie die verschiedenen Einwohner der gleichen Stadt oder mehrerer Städte oder mehrerer Provinzen durch die Freiheit des Austausches einen größeren Wohlstand erlangen als durch gegenseitige Absonderung und Ausschließung, ebenso müssen verschiedene Nationen den höchsten Grad des Wohlstandes durch eine *Freiheit des Handels* erreichen, *die sich möglichst weit über die gesamte Ausdehnung des Erdballs erstreckt.*

Da die Freiheit, sich jedem beliebigen Produktionszweig zu widmen und dieser Produktion den vollen Umfang zu geben, dessen sie fähig ist, sowie den [Waren-] Austausch auf eine Weise zu betreiben, die man bevorzugt und als die vorteilhafteste ansieht, da diese Freiheit jedem Individuum gegeben ist, kann sie gelegentlich das Gleichgewicht zwischen verschiedenen Produzenten und Produkten, zwischen Produktion und Konsumtion stören, weil ja nicht jedes Individuum berechnen kann, ob sich zuviel oder zuwenig Personen der gleichen Produktionsart zuwenden oder ob man mehr oder weniger konsumiert als produziert. Dieses so gestörte Gleichgewicht kann aber nicht besser wiederhergestellt werden als durch die größte Freiheit des Handels zwischen allen Nationen.

Die Freiheit des Austausches wird Manufakturen an *den* Orten entstehen lassen, wo die Natur, das landwirtschaftliche Gewerbe, die Wissenschaften sowie die sozialen und politischen Verhältnisse ihre Entwicklung am stärksten begünstigen. Besonders aber fördert es die Vervollkommnung der Fabriken, wenn die verschiedenen Branchen in einer solchen Weise miteinander verbunden sind, daß sie möglichst unmittelbar aufeinander aufbauen können, Dieses *Zusammenwirken* (Kooperation) entspricht dem Prinzip der Arbeitsteilung. Es ist genauso unerläßlich wie dieses für ein zwar allmähliches, doch stetiges Wachstum der Produktion.[1]

Die Erfahrung lehrt uns, daß ein hoher Grad der Zivilisation sowie mehrere aufeinanderfolgende Generationen notwendig sind, um die Manufakturkraft eines Landes auf eine hohe Stufe zu heben. Sie lehrt uns, daß zur Erreichung dieses Zieles nichts unerläßlicher ist als ein ständiges, wenn auch allmähliches Wachstum der Produktion und des Absatzes und nichts wichtiger als die Vermeidung jedes Rückschritts.

Wenn daher gewisse Länder, sei es durch besondere Eignung, sei es durch industrielle Vervollkommnungen oder durch natürliche Vorteile, kurz gesagt, durch ein natürliches und historisches Vorrecht, in den Besitz einer überragenden Manufakturkraft gelangt sind und diesen behaupten, dann wird ihre ständige Entwicklung kaum unterbrochen noch gestört werden. Im Gegenteil, sie werden in der Lage sein, die Welt mit den vollkommensten Manufakturwaren zu niedrigsten Preisen zu versorgen. Die industrielle Kraft des ganzen Erdballs wird dadurch schnell und zum Wohle der gesamten Menschheit eine heute noch unbekannte Höhe erreichen.

Die Agrarländer werden dadurch auf die zuträglichste und natürlichste Weise auf dem Wege zu eigenem Wohlstand und eigener Zivilisation voranschreiten. Ihr Wohlstand wird durch den vorteilhaften Absatz ihrer Rohstoffe und landwirtschaftlichen Produkte in den Manufakturländern ebenso steigen wie durch den vorteilhaften Bezug von Manufakturprodukten, Werkzeugen und möglichst vollkommenen Maschinen. Diese Ausdehnung ihres Reichtums und ihrer Verbindungen mit den Industrienationen wird ihre politischen und sozialen Einrichtungen vervollkommnen, und es wird die Zeit für sie

[1] Siehe Anmerkung auf Blatt 56.*

* Auf Blatt 56 des List-Manuskriptes (Schluß des dreizehnten Kapitels) befindet sich keine Anmerkung.

kommen, da sie auch ihrerseits zu Manufakturländern werden. Dies ist um so eher der Fall, da [heute] der in den Manufakturländern unerwartet entstandene Überfluß an Kapitalien und Arbeitern notwendigerweise die Ausdehnung des Fabrikwesens auf hierfür geeignete landwirtschaftliche Gebiete begünstigen wird.

Auf diese Weise wird nach und nach jedes Land seinerseits dazu kommen, sich in ein Manufakturland zu verwandeln. Dies wird in dem Maße geschehen, wie es dazu auf Grund der Fortschritte seines Reichtums und seiner Zivilisation die Fähigkeit erwirbt.

Für die Verwirklichung dieses Wohlstandes jeder Nation im einzelnen und des ganzen Menschengeschlechts im allgemeinen bedarf es nur des *ewigen Friedens*, der *Einstellung aller Feindseligkeiten*, wie sie von Nation zu Nation mit Hilfe von Gesetzen oder mit der Waffe in der Hand ausgetragen werden, bedarf es einer *Vereinigung der Völker* unter einer allgemeinen, für die gesamte Menschheit gültigen Gesetzgebung, bedarf es nichts weiter als einer *Weltrepublik*, wie sie J. B. Say fordert.

KAPITEL II

NATIONALÖKONOMIE ODER POLITISCHE ÖKONOMIE

Im vorangegangenen Kapitel haben wir die Hauptgedanken der auf der Tagesordnung stehenden Lehre dargelegt. Daraus geht hervor, daß diese Lehre ausschließlich die Individuen und die Vereinigung aller Glieder der Menschheitsfamilie im Auge gehabt hat, gewissermaßen also eine *Weltrepublik*. Aber es zeigt sich, daß sie ein Zwischenglied weggelassen oder doch zumindest nicht genügend berücksichtigt hat: die *Nation und [die Zugehörigkeit der Menschen zu einer Nation,] die Nationalität.*

Die Menschheit gliedert sich heutzutage in verschiedene gesonderte Nationen, und jeder Mensch — Industrieller, Landwirt oder Kaufmann, Gelehrter oder Rentenempfänger — ist Glied einer Nation, dank deren Hilfe und Schutz er befähigt ist, das Ziel zu erreichen, dem er persönlich zustrebt.

Es ist die Nation, der die einzelnen Menschen ihre Kultur verdanken, ihre Sprache, die Sicherheit des Eigentums, ihrer Arbeit und vor allem ihrer Beziehungen zu anderen Nationen. Sie nehmen teil an ihrem Ruhm wie an ihrer Schmach, an ihren historischen Überlieferungen wie an ihrer Zukunft, an ihrer Armut wie an ihrem Reichtum, an den Vorzügen ihrer Zivilisation, ihrer Aufklärung, ihrer Vervollkommnungen, ihrer Erfindungen und ihrer Fortschritte in den Wissenschaften, Künsten sowie gesellschaftlichen und politischen Einrichtungen, wie an dem Fluch, der ihren Niedergang und ihren endgültigen Fall begleitet.

Nichts ist deshalb auch natürlicher und gerechter, als die Interessen der Individuen entsprechend den Interessen der Nation, zu der sie gehören, näher zu bestimmen.

Noch bilden die Nationen keine Weltrepublik. Was man Völkerrecht nennt, ist vorerst nur der Keim eines künftigen Rechtszustandes.

Obwohl nicht allein die Vernunft den Völkern befiehlt, sondern ihnen auch — wie aus dem vorigen Kapitel hervorgeht — ihr Interesse rät, von ihren üblichen Eifersüchteleien abzulassen, obwohl die eine ihnen sagt, daß der Krieg zwischen den Völkern genauso dumm und genauso grausam ist wie ein Duell zwischen Individuen, und obwohl das andere sie lehrt, daß der ewige Frieden und die Freiheit des Handels alle Völker auf die höchste Stufe von Wohlstand und Glück erheben würden, so sind doch die Zeiten noch nicht gekommen, wo sich das Lamm in Sicherheit an der Seite des Löwen niederlegen könnte.

Selbst in den aufgeklärtesten Nationen gibt es bis heute nur wenige Menschen, die die Notwendigkeit und Nützlichkeit eines solchen Zustandes begriffen hätten. Selbst bei den aufgeklärtesten Nationen sind die politischen und gesellschaftlichen Verhältnisse für eine solche Wandlung noch nicht ausreichend vorbereitet. Übrigens könnten auch die zivilisierten und kultivierten Nationen nicht auf den Schutz der Waffen und den Krieg verzichten, solange es noch Mächte gibt, deren ehrgeiziges Streben sich statt auf das Glück des menschlichen Geschlechts auf die Eroberung und Versklavung anderer Nationen richtet.

Es scheint, daß erst neue, [heute] noch unbekannte materielle Erfindungen gemacht werden müssen, um die Errichtung einer internationalen Gesetzgebung notwendig und möglich zu machen, genau wie einst die Erfindung des Schießpulvers den Friedenszustand der Städte und für sich lebender Rassen auf ganze Nationen ausdehnte.

Im Hinblick auf ihre gegenwärtigen Beziehungen zeigen sich uns die Nationen nun aber in einer doppelten Eigenschaft, unter einem doppelten Aspekt:

zunächst als souveräne politische Einheiten, deren Bestimmung und Pflicht es ist, mit ihren eigenen Kräften ihre Unabhängigkeit und dadurch ihren Wohlstand, ihre Zivilisation, ihren Nationalcharakter, ihre Sprache, ihre Freiheit, kurz, alle ihre gesellschaftlichen und politischen Verhältnisse zu bewahren und zu erhalten sowie diese mehr und mehr zu entfalten;

ferner als Glieder der menschlichen Gesellschaft, der sie als solche, soweit es ihnen ihre besonderen Interessen gestatten, bei der Förderung des allgemeinen Wohlstandes helfen müssen, indem sie ihre Anstrengungen mit denen anderer Nationen vereinen.

Unter dem ersten Gesichtspunkt gibt es deshalb eine Politische Ökonomie, unter dem zweiten eine soziale oder kosmopolitische Ökonomie, genau wie es auch ein besonderes nationales Recht und ein Völkerrecht gibt.

Wie das Völkerrecht, so ist auch die Sozialökonomie oder die vollständige Handelsfreiheit zwischen allen Nationen der Erde nur erst ein Embryo. Die Nationen können sich diesem Zustand nur allmählich in dem Maße nähern, wie ihre nationalen Interessen dadurch nicht geschädigt, sondern im Gegenteil gefördert werden.

Wie eine Nation nicht durch die Zerstörung ihrer Festungen und Verteidigungsmittel für sich allein zum Glück des ewigen Friedens kommen würde — so sehr a ch die Moral den Nationen wie den Menschen befiehlt, sich zu lieben und gegenseitig zu helfen und sich nicht zu vernichten —, ebensowenig würde sich eine Nation durch separate Aufhebung ihrer Zollgrenzen der Wohltaten der Handelsfreiheit erfreuen.

Die Politische Ökonomie gebietet vielmehr jeder Nation, die zur höchsten Stufe der Unabhängigkeit, Zivilisation und Prosperität strebt, die notwendigen Maßnahmen zu ergreifen, um ihre wirtschaftliche Verfassung gegen jeden äußeren Angriff — ob auf gesetzgeberischem oder bewaffnetem Wege vorgetragen — zu sichern, um mehr und mehr zur vollkommenen Entwicklung ihrer Wirtschaftsverfassung beizutragen.

Zur Erreichung dieses Zieles ist es in erster Linie unerläßlich, eine Manufakturkraft zu begründen und zu fördern, und zwar in dem Maße, wie die Nation hierbei durch ihre geistigen und materiellen Hilfsquellen unterstützt wird.

Ohne Manufakturmacht wird die Grundlage der nationalen Unabhängigkeit immer äußerst unvollkommen bleiben. Eine Nation, die ausschließlich aus Ackerbauern besteht, wird niemals eine so große militärische Stärke noch so viele geistige und materielle Verteidigungsmittel aufbringen wie eine Nation, die über eine in sich vollkommene Industrie verfügt. Dies ist ihr um so weniger möglich, als diese Mittel ja genau in dem Zeitpunkt notwendig werden, wo ein ausgesprochener Agrarstaat eine doppelte Schwierigkeit zu überwinden hat: [1.] den Absatzmarkt für seine Agrarprodukte entbehren zu müssen und [2.] der Mittel beraubt zu sein, sich die notwendigen Manufakturprodukte verschaffen zu können.

Die Kaufleute, die vom Außenhandel leben und auf diese Weise zur Hälfte zum Ausland gehören, werden im Kriegsfalle niemals so gute Patrioten sein wie die Fabrikanten und Landwirte, deren ganze Existenz eng mit der Unabhängigkeit der Nation verknüpft ist.

Ein Krieg, der in einem Lande, das bis dahin im Austausch gegen seine eigenen Erzeugnisse Fabrikerzeugnisse vom Ausland bezog, die Errichtung von Fabriken erzwingt, ruft in dieser Hinsicht die gleiche Wirkung wie ein Prohibitivsystem hervor. Die Nation sieht sich [jetzt] gezwungen, mit großen Opfern auf seiten der Konsumenten eine Manufakturhilfsquelle zu erschließen. Das tritt gerade in einem Zeitpunkt ein, wo sie sowieso die wenigsten Mittel zur Verfügung hat und die größten Opfer notwendig sind. Doch falls sie dann nach dem Krieg die mit so harten Anstrengungen gegründeten Fabriken der Gnade der freien Konkurrenz ausliefert, verliert sie nicht nur alle Kapitalien, die Erfahrungen und die Arbeit, die sie während des Krieges darauf verwandt hat. Sie fällt dann sogar wieder in ihren ursprünglichen Zustand der Abhängigkeit und Machtlosigkeit zurück.

So wird durch einen Krieg oder wegen der Möglichkeit eines Krieges die Entwicklung einer Manufakturkraft zur unbedingten Notwendigkeit für eine Nation erster Ordnung. Aber sie wird es in gleicher Weise für diese Nation auch durch die Notwendigkeit, ihren Wohlstand und ihre Zivilisation zu erhalten und ständig zu entfalten.

Im vorhergehenden Kapitel haben wir gesehen, wie dank der Handelsfreiheit *Arbeitsteilung und Kooperation* der produktiven Kräfte sich von selbst herausbilden würden. Aber für den Fall, daß von anderen Staaten ergriffene politische Maßnahmen den natürlichen Gang der Dinge stören sollten, wäre es Torheit, noch weiterhin die gleichen Hoffnungen auf die Wirksamkeit der Natur zu setzen. In einer solchen Lage kann eine Nation auf die Wohltaten einer Manufakturkraft nur insoweit rechnen, als sie in der Lage ist, sich diese durch eigene politische Maßnahmen zu sichern. Die Nation, die durch ein gutes Zollsystem die Begründung und ständige Entwicklung der Manufakturkräfte garantiert und sichert, läßt nicht allein im Innern des Landes die erste, größte und nützlichste *Arbeitsteilung* entstehen — jene zwischen *Landwirtschaft und Industrie*. Sie bereitet damit auch für die Zukunft ein *progressives Wachstum* dieser beiden Zweige der Produktion vor, da diese sich gegenseitig fördern. Sie bietet ihnen damit die *solideste Garantie gegen jede Rückwärtsentwicklung*.

Unter diesem Gesichtspunkt betrachtet, behindert die Einführung von Zöllen in nichts den Gang der Natur. Im Gegenteil, sie führt die Natur in ihre Rechte zurück, sofern diese in ihrem Wirken durch willkürliche Maßnahmen fremder Nationen oder durch Waffengewalt behindert worden ist.

Sie ersetzt die Freiheit des Welthandels durch die Freiheit des Binnenhandels, um im Rahmen der Nation jene Arbeitsteilung und Vereinigung der produktiven Kräfte zu erreichen, die sich dank der allgemeinen Handelsfreiheit von selbst unter den verschiedenen Nationen der Erde durchgesetzt hätte, jedoch durch die besonderen Interessen und Anstrengungen der voneinander isolierten Nationen gestört wurde.

Unter diesen Umständen hieße es das Wesen der Beziehungen zwischen den Nationen und den Individuen verkennen, wenn man behaupten wollte, daß ein Handelssystem, mit dem eine Nation den Außenhandel regeln und bestimmen zu müssen glaubt, den Rechten und Interessen der ihr angehörenden Individuen nachteilig sei. Wir haben bereits bemerkt, daß das Glück oder Unglück der Individuen von der Sicherung der Unabhängigkeit und Prosperität der ganzen Nation und von ihren Fortschritten abhängt. Wir haben auch gesehen, daß ein besonderes, mit Hilfe von Zöllen gesichertes Handelssystem dem Land seine Fortschritte garantiert. Es entspricht deshalb auch der Natur der Dinge, daß sich die Individuen einer Nation den Beschränkungen zu unterwerfen haben, die durch das allgemeine Interesse geboten sind; genauso übrigens, wie es in der Natur der Dinge liegt, daß die Freiheit des einzelnen durch die Freiheit aller begrenzt wird. Die Nation fordert in diesem Falle nicht mehr als der Staat, wenn er von den einzelnen [Bürgern] einen Teil ihres Vermögens verlangt, um damit die Kosten und Bedürfnisse der öffentlichen Verwaltung zu bestreiten, oder wenn er sie zur Verteidigung der nationalen Unabhängigkeit unter Einsatz ihres Lebens aufruft.

KAPITEL III

DIE THEORIE DER PRODUKTIVEN KRÄFTE

Um erkennen zu können, welche Prinzipien der Politischen Ökonomie im Hinblick auf Handelssystem und Zollgesetzgebung als Richtschnur dienen sollen, ist es notwendig, daß wir einen Blick auf die Privatökonomie werfen.

Dort können wir zwei Gegenstände erkennen, die sich wesentlich voneinander unterscheiden: die *Kräfte oder Fähigkeiten*, die wirksam sind und produzieren, und die *Dinge* selbst, die produziert werden und als Tauschobjekte einen *Wert* haben. Hierauf gründen sich zwei verschiedene Lehren, von denen jede auf einer besonderen Grundlage beruht, wenn auch beide zahlreiche Berührungspunkte miteinander haben.[1]

[1] Say ahnte sehr wohl die Existenz einer speziellen Theorie der produktiven Kräfte, doch gewann er niemals eine klare Vorstellung vom Unterschied dieser beiden Lehren. In seinem ersten Werk (Neues Prinzip der Politischen Ökonomie, Kapitel II)* unterscheidet er zwischen *hoher Politik* und *Politischer Ökonomie*. „Die erste", sagt er, „hat die [Vor-]sorge für die geistigen

Einige Beispiele sollen diesen Unterschied besser hervortreten lassen:

Bedürfnisse zum Gegenstand, die zweite die [Vor-]sorge für die materiellen Bedürfnisse." Erst in seinem zweiten Werk („Abhandlung über die Politische Ökonomie") läßt er die geistige Produktion in sein System eingehen, und zwar dort, wo er von immateriellen Gütern und vom immateriellen Arbeitsfleiß spricht. Doch letztere waren für ihn niemals produktive Kräfte, sondern lediglich Mittel zur Erlangung materieller Güter. Noch in seinem letzten Werk („Praktische Politische Ökonomie", Band I, Seite 211)** sagt er: „Die Dienste, die man leistet, sind ein immaterielles Produkt, das seinen Preis hat und zum *Gegenstand eines Austauschs* wird. Es handelt sich immer um eine Anwendung der Kenntnisse des Menschen für seine Bedürfnisse." [Say beachtet die Kenntnisse des Menschen] also nicht, weil sie produktive Kräfte produzieren, sondern weil man sich mit ihrer Hilfe materielle Güter beschaffen kann.

Baron Charles Dupin hat in seinem berühmten Werk „*Die produktiven Kräfte Frankreichs*" als erster die produktiven Kräfte in ihrem ganzen Umfang und in ihrer wirklich praktischen Bedeutung gezeigt. Droz hat in einem Anhang zu seinem Werk über die Politische Ökonomie allgemeine Grundsätze für diese Kräfte aufgestellt. In dieser Schrift sagt Droz (Buch IV, Kapitel IV)***: „Ich habe mit Bedauern mehrere Schriftsteller Ausdrücke verwenden sehen, die alle unsere Interessen zu materialisieren scheinen." Diese Materialisierung ging so weit, daß ein berühmter Nationalökonom Amerikas — Thomas Cooper — die Menschen nach dem Kapital einschätzte, das ihre Erziehung gekostet hat. Ein Rechtsgelehrter ist ihm beispielsweise 3000 oder 4000 Dollar wert. Droz selbst war es, der jenes weiter unten von uns zitierte Beispiel anführte, — wonach ein Vater im Interesse der Erziehung seines Sohnes Werte opfert, um Kräfte zu gewinnen —, um nachzuweisen, daß ein Zusammenhang zwischen den produktiven Kräften und der Theorie der Werte besteht.

* Ein Werk von J. B. Say, das diesen Titel führt, ist nicht bekannt.

**J. B. Say, Vollständiger Lehrgang der praktischen Politischen Ökonomie ... (Cours complet d'économie politique pratique ...), Acht Bände, Paris 1828—1833, Band I, Seite 211.

*** Joseph Droz, Politische Ökonomie oder Prinzipien der Wissenschaft vom Reichtum. (Économie politique ou principes de la science des richesses), Paris 1829, Seite 282. — List bezeichnet hier das vierte Kapitel dieses Werkes als „Anhang".

Ein Vater, der sein Vermögen opfert, um seinen Kindern eine ausgezeichnete Erziehung zu geben, opfert Werte, aber er vermehrt beträchtlich die produktiven Kräfte der kommenden Generation. Ein Vater dagegen, der sein Vermögen unter Vernachlässigung der Erziehung seiner Kinder aufspart, vermehrt seine Tauschwerte um die anfallenden Zinsen, jedoch auf Kosten der produktiven Kräfte der Nation.

Ein Vater oder ein Lehrer, der dem Staat Bürger heranbildet, ist nach der Theorie der produktiven Kräfte Produzent, doch Konsument nach der Theorie der Werte.

Ein Pflanzer, der Sklaven gebraucht, vermehrt die Werte der Nation und ist in diesem Sinne produktiv, aber er schwächt die produktiven Kräfte des Staates.

Es gibt eine Menge Dinge, deren Produktion die Tauschwerte der Nation vermehrt, deren Gebrauch aber die produktiven Kräfte schwächt, zum Beispiel die gebrannten Wasser.

Genauso wie man oft produktive Kräfte opfert, um Werte zu produzieren, ebenso opfert man auch Werte, um die produktiven Kräfte zu vermehren. Diese letzte Wirkung ist nicht immer unmittelbar zu spüren. Sie wird oft erst sichtbar durch das Ansteigen der Produktion in der folgenden Generation oder gar noch später.

Ein Gutsbesitzer, der seinen Sohn — statt ihn bei der Vergrößerung der Produktion seiner Güter in seinem Dienst zu verwenden — ins Ausland auf Reisen schickt, damit er dort neue Landbaumethoden erlerne und ihm von dort neue Pflanzen, neue Samen, wertvolleres Vieh mitbringe, dieser Mann kann — obwohl er erhebliche Werte geopfert hat — die gesamte produktive Kraft seiner Nation beeinflussen. Doch wird sich das vielleicht erst nach Ablauf einer Generation auswirken.

Watt und Arkwright vernichteten Werte, während sie nachdachten und ihre großartigen Erfindungen vervollkommneten; doch sie vermehrten in einem unvorstellbaren Verhältnis die produktiven Kräfte ihrer Nation und der gesamten Menschheit.

Die meisten Erfinder und Reformer opfern ihr Vermögen, aber die Nation gewinnt [durch sie] gewaltige Kräfte.

Die Nationen, die wie die Vereinigten Staaten Hunderte von Millionen an Werten geopfert haben, um ihre politische Unabhängigkeit zu erringen, haben durch dieses Opfer ihren Wohlstand und ihre produktiven Kräfte unermeßlich vermehrt.

Eine Nation, die nur eine vom Ausland abhängige Landwirtschaft besitzt, die aber durch ihre moralischen Qualitäten oder durch die natürliche Beschaffenheit ihres Landes befähigt ist, mit Hilfe von Zöllen und Abgaben eine Manufakturproduktivkraft zu begründen und zu mehren, opfert vielleicht für den Augenblick viel Werte, weil sie Industrien aufbaut, die zunächst nur teure und unvollkommene Produkte liefern. Doch allein auf diese Weise erwirbt sie für die Zukunft eine beachtliche Menge produktiver Kräfte, weil sie ja nunmehr zwischen ihren Angehörigen die Arbeitsteilung im Großen eingeführt und sich für immer die aktive Wechselwirkung zwischen Landwirtschaft und Industrie gesichert hat. Das aber bedeutet ein ständiges progressives Wachstum des allgemeinen Wohlstandes.

So steht es um das Hauptargument, das wir der herrschenden Theorie entgegenstellen werden, um das Schutzsystem zu rechtfertigen. Wir werden in der Folge noch zeigen, daß die Theoretiker die Zweckmäßigkeit und Notwendigkeit der Schutzzölle nur deshalb in Mißkredit bringen konnten, weil sie diese beiden so ganz verschiedenen Lehren durcheinanderwarfen.

Die Theorie der produktiven Kräfte, die dem Schutzsystem als Grundlage dient und dessen Zweckmäßigkeit begründet, muß uns auch die Linie angeben, die bei seiner Anwendung zu befolgen ist.

Einfuhrzölle werden nicht etwa eingeführt werden, um Geld in die Staatskasse zu bringen, denn das könnte für die produktiven Kräfte der Nation äußerst schädlich sein. Dies ist lediglich ihr sekundäres Ziel.

Auch werden sie nicht mehr nur eingeführt werden, um etwa Geld ins Land zu bringen oder es darin festzuhalten, wie man es dem Merkantilsystem vorgeworfen hat. Ein derartiges Vorgehen könnte die produktiven Kräfte sowohl schwächen wie stärken.

Sie werden hauptsächlich eingeführt werden, um die produktiven Kräfte der Nation zu schützen und stufenweise zu entwickeln.

Verliert man dieses Ziel nicht aus dem Auge, so wird man finden, daß jedes Handelssystem der Situation und den Bedingungen jeder einzelnen Nation angepaßt werden muß. Wir werden das noch mehr im einzelnen im [fünften] Kapitel beweisen.

KAPITEL IV

DIE THEORIE DER WERTE[1]

„Theorie der Werte" — das ist der Name, mit dem der berühmteste der heutigen englischen Theoretiker, McCulloch, die von Adam Smith und J. B. Say begründete Lehre sehr zutreffend gekennzeichnet hat.

[1] Die Stahlfedern, die zum Schreiben des Entwurfs und [zur Anfertigung] der Reinschrift dieser Abhandlung gedient haben, und das glatte Papier, auf dem sie geschrieben sind, geben uns ein ausgezeichnetes Beispiel, um den Unterschied zwischen den beiden Theorien deutlich und schlagend auszudrücken. Früher betrachtete ich es als eine Vergeudung, auch die Entwürfe auf glattem Papier zu schreiben. Doch als ich bemerkt hatte, daß die Stahlfedern viel besser auf dem glatteren Papier als auf dem weniger ebenen Papier schrieben und daß der Lärm der Feder, der mir unangenehm ist und mich deshalb durcheinander bringt, dort längst nicht so stark ist, begann ich zu rechnen: Um in

Say selbst drückt diesen Sachverhalt bei der Definition der von ihm *Politische Ökonomie* genannten Lehre so aus, daß er von ihr sagt, sie sei die Lehre, die darüber unterrichte, wie die Reichtümer produziert, verteilt und konsumiert werden.

meiner Lage von dem mit meiner Feder Geschriebenen leben zu können, muß ich täglich vierzig Franken verdienen. Die vorliegende Arbeit kostet mich vierzig Tage und verursacht mir folglich eine Ausgabe von 1600 Franken. Wenn ich — durch das Zuschneiden der Federn, durch das unangenehme Gekratze oder auf Grund der zu langsamen Bewegung meiner Feder aufgehalten und unterbrochen — siebzig Tage dazu gebraucht hätte, dann hätte mich meine Abhandlung 2800 Franken gekostet. Selbst im günstigsten Falle hätte ich also nichts an Tauschwerten gewonnen. Doch der Aufwand, der für mich [auch] beim Gebrauch vollkommenerer Werkzeuge nötig ist, beläuft sich immerhin auf 1600 Franken. Da ich für meine besseren Federn und für mein glatteres Papier höchstens vierzig Franken bezahle, spare ich also netto 1560 Franken ein. So sieht die Rechnung aus, die man nach der Theorie der Werte aufstellen würde. Vom Standpunkt der Theorie der produktiven Kräfte aus geht man nun jedoch viel weiter. Die Auswirkungen, die die Vervollkommnung des Schreibzeugs hat, sind [ja in der Tat auch] viel bedeutender. Angenommen, die Ideen, die ich in jedem Jahre hervorbringe, üben einigen Einfluß auf die produktiven Kräfte von meinesgleichen aus — was sie wahrscheinlich nicht tun —, dann könnte ich [auf Grund des verbesserten Schreibzeugs] meinen Einfluß auf die Öffentlichkeit gegenüber früher verdoppeln. Gott allein weiß, wieviel dies im Laufe der Jahrhunderte — in Geld gemessen — ausmachen würde. Falls nun aber insbesondere die vorliegende Arbeit irgendeinen geistigen Wert haben sollte, so ginge das allein auf das Eilzugtempo des Verfassers. Wenn ich auch schon seit mehr als zwanzig Jahren Beobachtungen anstelle und über den Gegenstand nachdenke, den ich in dieser Schrift behandelt habe, so standen mir trotzdem nur vierzig Tage zur Verfügung, um meine Gedanken zu sammeln, zu ordnen und aufs Papier zu bringen, um die notwendigsten Bücher zu lesen, um dort die Stellen, die ich zitiere, zu suchen und herauszuziehen, um diese Auszüge zu ordnen, der notwendigen Kritik zu unterwerfen und dann am geeigneten Ort einzufügen. Außerdem hatte ich [auch noch] eine Abschrift zu überwachen. Wollte ich erreichen, daß diese [termingerecht] fertig wurde, so konnte ich nicht warten, bis das Ganze im Ent-

Es ergibt sich daraus, daß er weder lehrte noch lehren wollte, wie sich die produktiven Kräfte bilden und entwickeln und wie sie zugrunde gehen.

Keineswegs wollen wir bestreiten, daß *Smith* und *Say* die Bedeutung der produktiven Kräfte für die Produktion

wurf vollendet war, obwohl dies doch für ein Werk von diesem Umfang und Stoffreichtum [dringend] nötig ist. Ich war gezwungen, dem Abschreiber meine Gedanken so zu übergeben, wie ich sie [gerade] zu Papier gebracht hatte. Gleichzeitig mußte ich ständig fürchten, daß ich bei verschiedenen Fragen entweder zu weit ausgeholt hätte oder aber zu kurz darauf eingegangen wäre. Im ersten Falle lief ich Gefahr, nur eine halbfertige Arbeit zustande zu bringen; im zweiten Falle ging ich das Risiko ein, meine Gutachter — die ja selbst gewohnt sind, bemerkenswerte Werke zu schaffen und die deshalb [auch] von anderen ein Gleiches erwarten — nicht genügend überzeugen zu können. Im einen wie im andern Falle mußte ich fürchten, mein höchstes Ziel zu verfehlen, nämlich Beifall und Zustimmung einer gelehrten Körperschaft zu finden, die auf dem Gebiet, dem sie ihre Bemühungen und Anstrengungen widmet, an erster Stelle in der Welt steht und daher [auch] nach Belieben literarischen Wert und literarisches Ansehen verleihen oder entziehen kann.

Wäre allerdings meine Arbeit so unvollkommen und unvollständig gewesen, daß ich mir selbst mein Verdammungsurteil hätte aussprechen müssen, dann hätte ich sie nie vorgelegt. Wahrscheinlich hätte ich dann — mißtrauisch wie ich nun einmal gegen meine eigenen Werke bin, sobald schon meine ersten Bemühungen ohne eigentlichen Erfolg bleiben — diese Arbeit unvollendet liegengelassen und mich von ihr wie von einer Mißgeburt abgewandt. Sollte es mir aber trotz aller dieser ungünstigen Bedingungen gelungen sein, etwas Annehmbares zu produzieren, so verdanke ich das allein dem Zuwachs meiner produktiven Kräfte, der [wiederum] auf die besseren Federn und das feinere Papier zurückzuführen ist. Das ist ein Bekenntnis, mit dem ich gleichzeitig einen schlagenden Beweis für die schädlichen Auswirkungen eines strengen Prohibitionssystems liefere, denn der eine wie der andere [der genannten] Artikel — das Papier und die Federn — ist englischer Herkunft.

Um zu erklären, weshalb ich für diese Arbeit nur sowenig Zeit zur Verfügung hatte, bleibt mir noch zu sagen, daß ich — ich weiß nicht, durch welches Mißgeschick — glaubte, der für diese Frage [von der Akademie] ausgesetzte Preis sei längst vergeben. Erst vor zwei Monaten erfuhr ich [dann] das Gegenteil. Aber erkannt haben. Wir glauben aber nachweisen zu können, daß sie den wesentlichen Unterschied dieser beiden Theorien genauso wie den Unterschied zwischen der kosmopolitischen Ökonomie und der Politischen Ökonomie verkannten und daß sie, beide Theorien durcheinanderbringend, mit den Gedankengängen der einen gegen die Prinzipien der anderen stritten, je nachdem, wie es ihnen gerade geeignet erschien, um die Zweckmäßigkeit der allgemeinen Handelsfreiheit zu beweisen.

Adam Smith ist im übrigen konsequenter als J. B. Say, wenn er diejenigen, die keine Tauschwerte produzieren, in die Klasse der unproduktiven Leute einreiht, wie bei-

selbst dann noch gestatteten es mir [andere] gebieterische Verpflichtungen fünfzehn Tage lang nicht, diese Arbeit in Angriff zu nehmen. Ich hätte gewiß Bedenken gehabt, von dieser besonderen Lage zu sprechen (in die ich übrigens nur durch die Natur des Gegenstandes hineingeriet), wenn ich nicht wüßte, daß die [genannten] Umstände die Unterrichtung meiner Gutachter notwendig machen, damit ich auf deren Nachsicht hoffen darf. Da ich nicht einmal die Zeit zum Durchlesen meiner Entwürfe fand, geschweige denn zur Durchsicht der Abschrift, ist es natürlich, daß sowohl der Stil wie auch die Schrift noch zahlreiche Spuren dieser Übereilung tragen. Dies ist um so mehr der Fall, als die Abschrift von zwei verschiedenen Personen angefertigt wurde, von denen mir noch dazu die eine, was ihre Eignung hierfür anbetrifft, völlig unbekannt ist. Selbst in dem Augenblick, in dem ich diese Anmerkung schreibe (es ist der letzte Tag des bewilligten Aufschubs), weiß ich noch nicht, ob ich die Zeit finden werde, um alle Lücken zu füllen, die ich für erläuternde Anmerkungen und Literaturhinweise offengelassen habe. Ich weiß nicht einmal, ob es mir möglich sein wird, die Kapitel und Anmerkungen zu nummerieren sowie die Stellen zu ergänzen, an denen der Abschreiber Wörter ausgelassen hat, weil er den in solcher Hast geschriebenen Entwurf nicht leserlich genug fand.

Wenn einem Bewerber um den Akademie-Preis die Annahme gestattet ist, daß er der glückliche Sieger sein könnte, der den ausgesetzten Preis erhält, so wird dem Verfasser auch die Bemerkung erlaubt sein, daß er sich für den Fall, daß sein Werk trotz seiner Mängel dank glücklicher Umstände den Preis erhalten sollte, fähig fühlt, es so zu vervollständigen und zu vervollkommnen, wie er es seiner Meinung nach hätte tun müssen, um die Entscheidung des Instituts zu rechtfertigen.

spielsweise die Professoren, die Richter, die Gelehrten, die Künstler, die Schauspieler usw. Faßt man nur die Theorie der Werte ins Auge, so ist dies vollkommen folgerichtig. Betrachtet man aber das Ergebnis der Tätigkeit dieser Glieder der Nation vom Gesichtspunkt der produktiven Kräfte, so kann niemand übersehen, daß sie sogar noch produktiver sind als die Produzenten materieller Werte: die Lehrer, indem sie die heranreifende Generation zur Produktion befähigen; die Richter, indem sie für die Aufrechterhaltung der Sicherheit des Eigentums und der Person sorgen; die Gelehrten, indem sie weitere Fortschritte der Zivilisation und des nützlichen Wissens vorbereiten; die Künstler, indem sie den Geist der Nation pflegen und bilden.

Im vagen Gefühl dieser großen Lücke in seiner Lehre reihte Say diese Produzenten produktiver Kräfte in die Klasse der Produzenten von immateriellen Werten ein. Da aber seine Lehre nur eine rein materielle Grundlage hat — den Wert der Güter —, war er zur Rechtfertigung seiner Betrachtungsweise gezwungen, die Ergebnisse ihrer Tätigkeit ebenfalls materiell aufzufassen. Er nannte sie daher Produzenten von immateriellen Werten, die schon im Augenblick ihrer Produktion konsumiert werden. Wäre das aber wirklich so, dann würde es sich hierbei um eine sonderbar inhaltslose und zweifelhafte, nicht einmal der Erwähnung werte Produktion handeln. Sein anderes Argument, wonach die Produzenten geistiger Werte ebenfalls Tauschwerte für ihre Produktion empfangen, ist in Anbetracht dessen, daß hierdurch dem Nationalreichtum ja doch nichts hinzugefügt würde, nicht weniger haltlos.

An die Spitze seiner Lehre stellt Say die Idee vom realen Wert. Hierauf gründet er sein ganzes System. Gerade deshalb hat er auch nur die Theorie der Werte geschrieben und für die produktiven Kräfte nur insoweit Interesse gezeigt, wie sie in unmittelbarer Beziehung zu seiner Lehre standen.

Hätte er im Gegensatz hierzu seiner Lehre von den Werten die Theorie der Kräfte vorausgehen lassen und die Werte nur insoweit betrachtet, wie sich der materielle Reichtum in materiellen Vorräten oder Dingen niederschlägt, hätte er gleichzeitig auch die kosmopolitische Ökonomie klar von der Politischen Ökonomie unterschieden, dann wäre sein Urteil über den Außenhandel und die Einfuhrzölle sicher ganz anders ausgefallen.

Was die Nützlichkeit von Einfuhrzöllen zwecks Förderung der Industrie angeht, so bekämpft er sie nur mit Argumenten, die allein gegenüber dem Merkantilsystem Gültigkeit haben. Oder er benutzt Argumente, die ausschließlich der Theorie der Werte entlehnt sind.

Er meinte, jede Nation solle dort kaufen, wo sie die Waren am billigsten findet, und es sei für eine Nation genauso unsinnig wie für ein Individuum, die Waren, die man auf dem Tauschwege billiger erlangen könne, selbst herzustellen. Offensichtlich ist das eine Überlegung, die nur dem Kaufmann gestattet ist, der ja durch den Austausch von Waren und Werten gewinnen will und dabei die Prinzipien der Kräfte-Theorie vergißt oder völlig übersieht. Dieser Einwand ist selbst in der Privatökonomie der Individuen nicht aufrechtzuerhalten, da diese ja ständig auf die Erhaltung und Vergrößerung ihrer produktiven Fähigkeiten bedacht sein müssen.

Vor allem muß als erstes gesagt werden, daß Say nur die unmittelbaren Opfer ins Auge faßte, die das Schutzsystem den Konsumenten abverlangt, während er für die Vorteile der Zukunft keinen Blick hatte. Nach seiner Begründung wäre es eine Dummheit, wollte man lieber Birnbäume pflanzen als Birnen kaufen, denn das Pflanzen eines Birnbaumes kostet so viel, daß jede einzelne in den ersten Jahren geerntete Birne genauso teuer kommt wie ein ganzer auf dem Markt gekaufter Korb voll Birnen. Ein Agronom, dem ein Theoretiker ein ähnliches Argument vortragen sollte, würde darauf entgegnen, daß er den Baum ja nicht für die ersten Jahre, sondern für ein Jahrhundert gepflanzt hat, daß man die Kosten der Pflanzung folglich auch nur mit dem Ertrag der Zukunft vergleichen dürfe. Nun schafft sich aber eine Nation eine Manufakturkraft nicht nur für ein Jahrhundert, sondern für die ganze Dauer ihres Bestehens. Sie darf deshalb nicht allein den unmittelbaren Vorteil daraus berechnen. Sie muß die Manufakturkraft auch hinsichtlich der Vorteile betrachten, die sie der Landwirtschaft verschafft. Sie darf darin schließlich nicht nur ein rein ökonomisches Ziel sehen, sondern auch ein bedeutendes Werk für ihre nationale Unabhängigkeit und ihre ganze Zivilisation.

Zweitens ist das Argument deshalb irrig, weil Say unterstellt, daß eine Nation, die für ein oder mehrere Jahre die Mittel zum Bezahlen besitzt und während eines oder mehrerer Jahre billiger einkauft, als sie selbst produzieren könnte, nun auch für immer die Mittel zum Bezahlen und zum billigeren Einkauf der von ihr selbst nicht hergestellten Waren besitzen wird.

Ein dritter Irrtum Says, den wir im folgenden noch näher erläutern werden, besteht darin, daß er behauptet, durch die Einfuhrzölle bewillige man den Fabrikanten ein Monopol auf Kosten der Landwirte und der Konsumenten überhaupt. Indes ist es sehr offenkundig, daß hier nicht dem Individuum gegen das Individuum, sondern der ganzen Nation gegen fremde Nationen ein Monopol eingeräumt wird. Durch die Freiheit der Berufswahl und des Berufswechsels, durch die allgemein herrschende Kultur, durch den Besitz ausreichender Kapitalien seitens der Nation, die sich auf diese Weise selbst ein Monopol erringt, wird eine innere Konkurrenz entstehen, die die einheimischen Fabriken zwingen wird, später sogar zu Preisen zu verkaufen, die noch vorteilhafter sein werden als die der ausländischen Fabrikanten. Die Entwicklung einer Manufakturkraft im Schoß der Nation wird aus den genannten Gründen sowie auf Grund der beachtlichen, regelmäßigen und unaufhaltsam steigenden Nachfrage nach Lebensmitteln und Rohstoffen den Landwirten solche Vorteile bieten, daß diese die zunächst höheren Preise, die sie für ihre Manufakturwaren zahlen müssen, damit gar nicht vergleichen können.

Durch unsere bisherigen Ausführungen glauben wir klar genug gezeigt zu haben, in welche Irrtümer Smith und Say bei der Beurteilung der Einfuhrzölle infolge der Verwechslung beider Theorien hineingeraten sind. Später werden wir noch Gelegenheit haben, weitere Beweise dafür zu liefern.

Von der ersten Seite seines Buches an beweist Say, wie sehr er die Prinzipien der Kräfte-Theorie mißversteht. Er behauptet nämlich, daß die Völker unter allen Formen der gesellschaftlichen Verfassung reich werden können. Doch die Geschichte aller Zeiten und aller Nationen zeigt gerade, wie Industrie und Wohlstand der Völker grundsätzlich durch ihre politische Ordnung bestimmt sind.[1]

[1] Say sagt (in der Vorrede zu seiner „Abhandlung über die Politische Ökonomie", 1824): „Man hat die Politik — einfach gesagt, die Wissenschaft von der Organisation der Gesellschaft — lange Zeit mit der *Politischen Ökonomie* verwechselt, welche lehrt, wie die Reichtümer, die die Bedürfnisse der Gesellschaft befriedigen, gebildet, verteilt und konsumiert werden. Indes sind die Reichtümer ihrem Wesen nach von der politischen Organisation [der Gesellschaft] unabhängig. Ein Staat kann unter allen Regierungsformen zu Wohlstand kommen, wenn er nur gut verwaltet wird. Man hat Nationen unter absoluten Monarchen reich werden sehen, und man hat sie bei Vorhandensein von Volksvertretungen zugrunde gehen sehen. Wenn schon die politische Freiheit für die Entwicklung des Reichtums günstiger ist, dann ist sie es auf indirekte Weise, genauso wie sie auch für die Erziehung günstiger ist."

Diese Behauptung wird offensichtlich von der gesamten Geschichte widerlegt. Entgegen dieser Behauptung gab es niemals ein Volk mit industriellem Reichtum, das nicht gleichzeitig auch einen hohen Grad der Freiheit besaß; und es gab niemals ein despotisch unterdrücktes Volk, das eine entwickelte Industrie und allgemeinen Reichtum besessen hätte. Man hat zwar freie Völker in Elend und Machtlosigkeit versinken sehen, doch [das geschah] immer erst dann, nachdem sie ihre Freiheit verloren

Noch überraschender ist die Tatsache — die sogar zum Namen seiner Lehre im Widerspruch steht —, daß er darauf besteht, die Politik solle sich auf keinen Fall in das wirtschaftliche Leben der Nation einmischen. Dabei ist es gewiß, daß es eine ***Politische*** *Ökonomie* gibt, die — will man, daß sie diesen Namen verdient — zumindest aus genausoviel *Politik* wie *Ökonomie* zusammengesetzt sein muß. Dieses vollkommene Ausschließen der Politik durch die Systeme von Smith und Say ist der sichtbarste Beweis dafür, daß beide Schriftsteller nicht die Theorie der Politischen Ökonomie, sondern die Theorie der kosmopolitischen Ökonomie sowie die Theorie der Werte behandelt haben.

Das hervorragende Verdienst von Smith und Say als Begründer dieser Lehren bleibt deshalb nicht weniger unbestritten. Es schmälert ihren Ruhm um nichts, daß die Lücken, die sich in ihrer Lehre finden, nicht ausgefüllt wurden, noch daß die Irrtümer, die sie durch Vermengung zweier vollständig verschiedener Theorien begangen

hatten. Gewiß haben auch Despotien gelegentlich eine gewisse Stufe des Wohlstandes erreicht, falls sie das Glück hatten, eine Reihe guter Herrscher zu bekommen. Doch nach einem Wort von Kaiser Alexander ist das nur ein glücklicher Zufall. Da sich die gleichen Zufälle in der Regel nicht häufen, sind diese Länder dann nach einiger Zeit auch immer wieder in ihren alten Zustand zurückgefallen. *Demokratie* und *Industrie* sind sinnverwandte Wörter (Synonyme). Sie sind nicht voneinander zu trennen. Deshalb kann auch nur ein starkes demokratisches Element der Monarchie und Aristokratie großen Reichtum verschaffen. Der Adel von Venedig beging Selbstmord, als er das demokratische Element vernichtete. Die Industrie erfordert eine volksverbundene Regierung, deren Politik durch die Jahrhunderte hindurch auf das gleiche Ziel gerichtet ist. Außer der Geschichte haben wir als Stütze für unsere Auffassung die große Autorität von Montesquieu. In seinem „Geist der Gesetze" (Teil II, Seite 192) sagt er: „In einer Nation, die in Knechtschaft gehalten wird, arbeitet man mehr zur Erhaltung denn zur weiteren Entwicklung; in einer freien Nation arbeitet man mehr zur Entwicklung denn zur Erhaltung."

haben, [von ihren Anhängern] immer noch weiter mitgeschleppt werden, noch daß Theorie und Praxis [in ihrem System] ewig in Widerspruch bleiben.

Ihnen gebührt das Verdienst, durch Aufdeckung der wahren Prinzipien von Individual- und Sozialökonomie das Ziel gezeigt zu haben, auf das die Nationen zustreben müssen; — wenn uns auch die Erfahrung davon überzeugt hat, daß sie uns nicht den richtigen Weg gewiesen haben, auf dem wir das große und edle Ziel der allgemeinen Handelsfreiheit erreichen können. Ihnen kommt auch das nicht weniger große Verdienst zu, die Prinzipien der Werte-Theorie in einer Vollkommenheit auseinandergesetzt zu haben, die wohl kaum noch etwas zu wünschen übrigläßt, wenn man auch sieht, daß sie die Theorie der produktiven Kräfte verkannten und sich dazu verleiten ließen, die Handelssysteme der Nationen mit irrigen und in ihrer Grundlage fehlerhaften Überlegungen anzugreifen.

Unter der Theorie der Werte verstehen wir alle jene unveränderlichen und bei allen Völkern wie zu allen Zeiten gleichartigen Prinzipien, die sich auf das Wesen und die Bildung der Preise, der Renten, der Gewinne und Löhne, des Angebots und der Nachfrage, der Kapitalien und Zinsen, des Geldes usw. beziehen.

Da jedoch die Darlegung dieser Lehre nicht in das Gebiet der von uns behandelten Frage gehört, stellen wir nur fest, daß wir im weiteren Verlauf unserer Arbeit die Werte-Theorie nur insoweit berühren werden, wie sie mit jenem Teil der Politischen Ökonomie oder Nationalökonomie verbunden ist, der zur Lösung unserer Frage beitragen soll.

KAPITEL V

ÜBER DEN UNTERSCHIED ZWISCHEN DEN NATIONEN UND DEN SYSTEMEN DER POLITISCHEN ÖKONOMIE

Die kosmopolitische Ökonomie hat es nicht nötig, sich viel mit der Lage der Nationen und mit den Mitteln zu ihrer Verbesserung zu beschäftigen.

Sie hat kein anderes Ziel, als nachzuweisen, daß die Freiheit des Handels die Weltrepublik auf die höchste Stufe des Wohlstandes heben würde und daß die Regierungen deshalb nichts weiter zu tun haben, als die Zollschranken aufzuheben und die Individuen in voller Freiheit schalten und walten zu lassen.

Von dem Standpunkt aus gesehen, auf den wir unsererseits gestellt sind, ist aber die Sache für uns nicht ganz so einfach: Wir sind gezwungen, unser System mit der Lage der Nationen in Übereinstimmung zu bringen. Und sobald wir unsere Aufmerksamkeit auf diesen Gegenstand richten, sehen wir, daß es zwischen den Völkern große Unterschiede gibt, daß unter ihnen zivilisierte, weniger zivilisierte, halbzivilisierte, unwissende und unkultivierte, Riesen und Zwerge, Gesunde und Kranke, aufgeklärte wie solche voller Aberglauben, Fleißige und Faule, solche, die gierig auf Neuerungen sind, und solche, die mit Zähigkeit an alten Gewohnheiten festhalten, Junge und Starke sind. Und wir sehen freie und halbfreie Nationen, unmündige, unter Vormundschaft stehende und versklavte, befähigte Nationen und unbefähigte Nationen. Wir sehen ferner solche, die die Natur mit ungeheurem Reichtum an Hilfsquellen ausgestattet, und wieder andere, die sie sehr stiefmütterlich behandelt hat. Es finden sich darunter solche, die sich ausschließlich der Bebauung des Grund und Bodens hingeben, andere, die sich der Manufakturproduktion und dem Handel zuwenden, und schließlich wieder andere, die alle Zweige der Industrie in den schönsten Proportionen entwickelt haben. Würde es da der Natur und der Vernunft entsprechen, sie alle auf das Prokrustesbett spannen zu wollen?

Wir gehören nicht zu denen, die glauben, daß die Menschen schneller das Stadium ihrer Vollkommenheit erreichen, wenn man sie sich selbst überläßt. Die Geschichte selbst lehrt uns das Gegenteil. Sucht man nach dem Ursprung verschiedener Zweige der Industrie, so findet man freilich, daß viele Industrien ihre Entstehung dem Zufall verdanken, welcher Menschen an diesen oder jenen Ort führte und deren Eingreifen dann eine in ihren Anfängen noch schwache und kümmerliche Industrie erheblich vergrößerte. Genauso wirkt auch der Wind, der Samenkörner mit sich hin und her trägt, aus denen dann mit der Zeit gigantische Bäume heranwachsen. Doch für ein solches Wachstum waren Jahrhunderte notwendig. Wie sollte man da allein dem blinden Zufall überlassen, was die Nation mit Sicherheit durch gemeinsame Anstrengungen, durch Gesetze und Institutionen unfehlbar und schnell herbeiführen kann? Genauso wie Eduard III. in England die Wollmanufakturen schuf, Elisabeth die Handelsmarine und den Außenhandel ins Leben rief und Colbert in Frankreich alles tat, was für eine große Nation unerläßlich ist, genauso muß jede wohlgesinnte Regierung ständig danach trachten, die Hindernisse zu beseitigen, die den Vormarsch der Zivilisation behindern, muß sie die Kräfte entwickeln, deren Keime im Schoß der Nation schlummern.

Durch Gesetze, Institutionen und eine gute Verwaltung muß man der Schwärmerei, dem Aberglauben, der Trägheit, der Unwissenheit und der Verschwendungssucht ein Ende machen, muß man Vorrechte und gesellschaftsschädliche Organisationen beseitigen und vernichten, muß man die Erziehung, die Wissenschaften, die Sittlichkeit, die Entwicklung der Freiheit begünstigen, muß man ausländische Talente und Kapitalien ins Land ziehen, muß man immer neue Hilfsquellen für die Nation erschließen. Doch ohne Unterstützung durch die Gesellschaft vermag der einzelne in dieser Hinsicht nur wenig oder gar nichts.

Auf diese Weise kann und muß die Staatsmacht entsprechend der jeweiligen Kulturstufe, die ein Volk erreicht hat, und entsprechend seinen natürlichen Hilfsquellen in tausend verschiedenen Formen auf die Entwicklung der produktiven Kräfte hinwirken.

So wäre es beispielsweise eine Torheit, wollte ein winziger Staat, dessen innere Hilfsquellen nicht ergiebig genug sind und nicht genügend Mannigfaltigkeit aufweisen und dessen innerer Markt ebenfalls zu unbedeutend ist, ein eigenes Zollsystem errichten. Doch was ein kleiner Staat nicht für sich allein unternehmen sollte, das kann er in Verbindung mit mehreren anderen bewerkstelligen, so wie es uns kürzlich die Staaten zeigten, die den Deutschen Zollverein gebildet haben. Preußen — obwohl es zu den Staaten erster Ordnung gehört — konnte auf Grund des Fehlens genügend abgerundeter und in sich geschlossener Provinzen erst dann ein gutes Handelssystem verwirklichen, als es sich zu diesem Zweck mit den kleinen Staaten vereinigt hatte.

Die Schweiz wird niemals daran denken können, aus einem eigenen Schutzsystem Vorteile zu ziehen. Doch durch die Verbreitung technischer Kenntnisse, durch die Vervollkommnung der Transportmittel im Innern, durch den Abschluß von Handelsverträgen mit anderen Ländern, durch die Entwicklung und Förderung von Handelsgesellschaften zwecks Ausweitung des Außenhandels können die Kantone ihre produktiven Kräfte beträchtlich vermehren.

Die Königreiche Neapel, Spanien und Portugal können in ihrer gegenwärtigen Lage ihre produktiven Kräfte weit besser als durch die Einführung von hohen Einfuhrzöllen dadurch entwickeln, daß sie Bildung und Unterricht verbreiten, für die Sicherheit von Personen und

Eigentum sorgen, ihren Ackerbau und Bergbau vervollkommnen, ihre Bewohner an Arbeit gewöhnen, ihre politischen Einrichtungen verbessern, Kapital, Talente und Arbeitskräfte aus dem Ausland heranziehen und ihre Urprodukte gegen ausländische Manufakturerzeugnisse austauschen.

In gleicher Lage befinden sich die Staaten Südamerikas. Die Zollsysteme, die man dort eingeführt hat, haben ganz die entgegengesetzte Wirkung hervorgebracht, als sie bei Völkern gehabt hätten, die in ihrer Zivilisation fortgeschritten, arbeitsam, erfinderisch und unternehmungslustig sind und bei denen sich schon, wie beispielsweise in den Staaten Nordamerikas, die gesellschaftlichen und politischen Verhältnisse in einem recht vollkommenen Zustand befinden. In den süd[amerikanischen] Staaten konnten die Schutz-Auflagen nicht von heute auf morgen aus einem ungebildeten Volk ein gebildetes, unternehmerisches, erfinderisches und arbeitsames Volk machen. Dort werden daher nur wenige und armselige Fabriken entstehen, die nur unvollkommene und teure Produkte liefern können. Es wird sich im Innern auch keine Konkurrenz entfalten können, die stark genug ist, um die Vervollkommnung der Produktionsverfahren und das Herabdrücken der Preise zu bewirken. Eine noch zuwenig fortgeschrittene Zivilisation und eine zu zweifelhafte Sicherheit für Personen und Eigentum wird die Ausländer davon abhalten, mit ihren Talenten und Kapitalien in solche Länder überzusiedeln. Sollte es aber zufälligerweise doch einigen Ausländern ausnahmsweise einmal einfallen, so wird das immer nur in der Absicht geschehen, dort so schnell wie möglich ein Vermögen zusammenzuraffen, um dann mit dem Ertrag ihrer Arbeit wieder in ihr eigenes Vaterland zurückzukehren. In solchen Ländern werden die Manufakturkräfte auch für die Landwirtschaft eher Schaden stiften als heilsam sein, da sie an diese nur schlechte Erzeugnisse zu hohen Preisen liefern und von ihr nur wenig Rohstoffe und Nahrungsmittel beziehen können. Begünstigt man dagegen die Einfuhr von wohlfeilen Fabrikerzeugnissen und im Austausch dafür die Ausfuhr von Rohstoffen und Urprodukten, so läßt man in einem solchen Volk als Folge davon neue Bedürfnisse, neue Genüsse entstehen, während man ihm gleichzeitig die Mittel zu ihrer Befriedigung verschafft. Auf diese Weise wird das Volk dazu angeregt und daran interessiert, seinem reichen heimatlichen Boden soviel Produkte wie möglich abzugewinnen, um sich die durch den Außenhandel gebotenen Genüsse soviel wie möglich zu verschaffen. Es wird Arbeits- und Wirtschaftsgewohnheiten annehmen, in deren Gefolge Sittlichkeit und Bildung gleichermaßen ihren Einzug halten werden. Alle gesellschaftlichen und politischen Einrichtungen werden sich dann vervollkommnen. Und indem diese bisher unentwickelten Völker diesen Weg beschreiten, werden sie sich auf die Stufe von zivilisierten Nationen erheben.

Die Vereinigten Staaten von Nordamerika — von einer schon sehr entwickelten Landwirtschaft, durch reiche natürliche Hilfsquellen, durch einen riesigen Binnenmarkt, durch die Bildung, das unternehmerische und erfinderische Genie, den Verbesserungstrieb und die technischen Kenntnisse ihrer Bürger, durch sehr vollkommene politische Einrichtungen unterstützt — haben im Gefolge des Schutzsystems eine ansehnliche Manufakturkraft entstehen lassen, in der jedoch die Maschinenkraft vorherrscht und die sich auf die Rohstoffproduktion im eigenen Land stützt. In allen anderen Produktionszweigen, in denen die Handarbeit überwiegt — wie beispielsweise in der Seidenweberei — werden sie unendlich weniger erreichen, solange die Handarbeit bei ihnen noch teurer ist als bei anderen Nationen. Sie beschleunigen die Entwicklung ihrer produktiven Kräfte daher am besten dadurch, daß sie solche Artikel einführen und mit Produkten ihres Bodens bezahlen.

In Rußland ist die Entwicklung einer Manufakturkraft mit Hilfe eines Schutzsystems durch den Rückstand in der Zivilisation und der nationalen Freiheit sowie durch das Fehlen eines dritten Standes gehemmt. Bevor in diesem Land ein solches System seine wohltuende Wirkung ausüben kann, muß dort zu allererst einmal die Leibeigenschaft aufgehoben und durch bürgerliche Freiheiten ein dritter Stand geschaffen werden.

Frankreich und Belgien befinden sich in einer ganz anderen Lage. Sie verfügen über alle Voraussetzungen, alle Mittel und alle Kräfte, die erforderlich sind, um auf die höchste Stufe industrieller Vollkommenheit zu gelangen. Die Hindernisse, die sich einer solchen Entwicklung in den Weg stellten, sind bei diesen Nationen nahezu überwunden. Im Fabrikwesen schon weit vorangekommen, haben sie jetzt nur noch das, was sie besitzen, zu bewahren und durch weitere Entwicklungen die letzte Hand an ihr Werk zu legen, um die höchste industrielle Vollkommenheit zu erreichen. Doch — verglichen mit England — sind sie im Augenblick nur erst Manufakturmächte zweiter Ordnung.

Die deutsche Nation hat die Fähigkeit und auch die Hilfsquellen, um eine Manufakturmacht zu werden. Doch viele Hindernisse, die ihrer Entwicklung entgegenstehen, sind noch nicht überwunden und beseitigt. Und da sie außerdem die Möglichkeit zur Errichtung eines gemeinsamen und allgemeinen Zollsystems erst vor kurzem durch Bildung des Deutschen Zollvereins erlangt hat, ist sie in der industriellen Entwicklung erstaunlich weit hinter Frankreich und Belgien zurückgeblieben. Man könnte Deutschland in seinem jetzigen Zustand als Manufakturmacht dritter Ordnung bezeichnen, als eine Nation, die beabsichtigt und [auch] befähigt ist, eine solche zweiter Ordnung zu werden.

Aus unseren bisherigen Darlegungen ergibt sich ganz natürlich, daß die verschiedenen Entwicklungsstufen, auf denen sich die Manufakturmächte befinden, auch wesentliche Wandlungen in ihren Schutzsystemen verursachen müssen.

KAPITEL VI

ÜBER DIE VORHERRSCHENDE NATION

Die gegenwärtige Lage Englands ist offensichtlich von der aller anderen Nationen verschieden. Im Hinblick auf Landwirtschaft und Industrie, auf Flotte und Kolonien, auf den inneren Reichtum und die Bedeutung seines Ausfuhr- und Einfuhrhandels, auf die Vollkommenheit der Maschinen und Transportmittel steht England unvergleichlich höher als jede andere Nation. Vielleicht könnte es eine Befriedigung der Eigenliebe sein, wollte man diese Überlegenheit in Zweifel ziehen. Doch sicher wäre eine solche Eigenliebe für weniger fortgeschrittene Nationen nicht vorteilhaft und nützlich. Sie würde ihnen nämlich hinderlich sein — sowohl bei der Einschätzung ihrer eigenen tatsächlichen Lage gegenüber England wie auch bei der Abwehr von Unzuträglichkeiten, die ihnen aus der englischen Manufaktur- und Handelsüberlegenheit entstehen.

In England hat sich die bürgerliche Freiheit früher als in anderen Ländern entwickelt. Die Interessen der Monarchie, der Aristokratie und der Demokratie sind dort früher als anderswo miteinander verschmolzen und haben sich vereinigt, um — als gemeinsames Ziel — die produktiven Kräfte im Innern der Nation zu vermehren und den Handel mit den Bewohnern aller Erdteile auszuweiten.

Dort sehen wir die Agrikultur-, Manufaktur- und Handelskräfte vollendet und im schönsten Gleichgewicht.

Dort sehen wir die praktische Anwendung der Zollgesetze, machtvoll unterstützt durch die Insellage [des Landes].

Dort sehen wir, wie seit Jahrhunderten — eine kurze Zwischenzeit ausgenommen — Entwicklung und Fortschritt der produktiven Kräfte stetig vorangegangen sind und wie sie ohne Unterbrechung die Zerstörungen der Bürgerkriege überwunden haben.

Dort sehen wir in der inneren Industrie ewigen Frieden herrschen, während die Seemacht so überlegen ist, daß sie Sicherheit gegen jede Rückentwicklung des Außenhandels bietet; und wir sehen, wie bis heute noch jeder Kampf, [den England führte,] allein der weiteren Vergrößerung des englischen Handels gedient hat.

In allen Teilen der Welt besitzt England die reichsten Kolonien. Seine Flagge herrscht auf allen Meeren. Seine Handelsgesellschaften und seine Fischfangflotten werden von einer überlegenen Kriegsflotte geschützt, während diese wiederum fest auf der Bedeutung und Größe der Handels- und Fischfangflotte gegründet ist.

Sein Außenhandel — ebenso überlegen — beruht nicht auf einem gelegentlichen und ungewissen Transit- oder Transporthandel*, sondern auf der festen Grundlage einer starken inneren Industrie.

Diese innere Industrie wiederum wird getragen von den vollkommensten politischen und gesellschaftlichen Einrichtungen, von einem gewaltigen Maschinenpotential, von riesigen Kapitalien, von einer allen anderen Nationen weit überlegenen Kohleproduktion und nicht zuletzt von den weitreichendsten Binnenverkehrsmitteln.

* Beim Transithandel werden weder Produkte des eigenen Landes ausgeführt noch Produkte des Auslands eingeführt, sondern lediglich ausländische Produkte durch das eigene Land hindurchgeführt (Durchfuhrhandel) bzw. beim Transporthandel lediglich mit Transportmitteln des eigenen Landes befördert (wobei das Territorium des eigenen Landes nicht einmal berührt zu werden braucht). Träger dieses hier von List erwähnten Transit- und Transporthandels sind inländische Kaufleute, die auf Grund ihrer geschäftlichen Transaktionen keine direkte Beziehung zur Produktion des eigenen Landes haben, wohl aber zur Produktion anderer Länder.

Im Besitz größter Kapitalien und gewaltiger Kräfte, die Werte produzieren, deren Austausch alle notwendigen Mengen edler Metalle aus anderen Ländern herbeischaffen kann, erscheint uns die englische Nation als der Bankier aller Nationen dieses Erdballs. Sie hat es nicht nötig, wegen ihrer Handelsbilanz beunruhigt zu sein. Um Tauschmittel ist sie niemals verlegen. Ihr geht es wie dem reichsten Kapitalherren eines Landes, der es sich ersparen kann, darauf zu achten, ständig eine gewisse Bargeldmenge für den Notfall in Reserve zu halten. In jedem beliebigen Augenblick kann er einen Teil der Effekten und Werte, die er in Händen hält, zu Geld machen.

Dank ihrer unangetasteten Herrschaft über den inneren Markt ist den englischen Fabriken ständig ein großer Absatz gesichert. Im Zusammenwirken mit ihrer großen Ausfuhr versetzt sie das in die Lage, allen ihren Manufakturunternehmungen eine gewaltige Ausdehnung zu geben. Durch diese Großproduktion können sie sehr billige Waren herstellen, zumal sie dabei durch die fortgeschrittenste Entwicklung der mechanischen Kraft, durch die ergiebigsten Brennstoff- und Rohstoffquellen sowie durch das vollkommenste Transportsystem unterstützt werden.

Eine Nation jedoch, die billiger als alle anderen Nationen produziert, die über unvergleichlich mehr Kapitalien verfügt und daher einen längeren und beachtlicheren Kredit gewähren kann, eine solche Nation wird sich in den weniger entwickelten und weniger reichen, der freien Konkurrenz offenstehenden Ländern immer den größten Teil des dortigen Marktes erobern.

Wenn sich England den Verlockungen des Nationalegoismus oder den Leidenschaften und nationalen Vorurteilen überläßt, statt die Richtlinien einer höheren Moral und edlerer Interessen zu befolgen — was man zweifellos nicht zu allen Zeiten und unter allen Umständen von ihm erwarten kann —, so ist es auf Grund seiner Manufaktur- und Handelsmacht in der Lage, den weniger mächtigen Nationen willkürlich große Nachteile oder große Verluste zu verursachen; und zwar je nachdem, ob es die Einfuhr ihrer Urprodukte und Rohstoffe begünstigt oder hemmt.

Alle anderen Nationen haben daher das gemeinsame Interesse, sich gegen willkürliche Nachteile und Schäden zu sichern, die die Überlegenheit Englands ihrer Industrie zufügen könnte.

Andererseits kann aber auch England vom Gipfel seiner höheren Stellung aus weit mehr als jede andere Nation dazu beitragen, dem Welthandel allmählich immer größere Freiheit zu verschaffen.

Doch wird es diese Freiheit nicht herbeiführen, wenn es von den Manufakturmächten zweiter und dritter Ordnung erwartet, daß sie ihre Binnenmärkte der Konkurrenz englischer Fabriken preisgeben.

In diesem Falle erscheint das „große Interesse der Menschheit" ganz einfach nur als ein Mantel, hinter dem sich der englische Nationalegoismus verbirgt. Eine freie Konkurrenz zwischen den weitaus vollkommeneren Fabriken Englands und den wenig vollkommenen Fabriken anderer Manufakturmächte, die auf den Märkten dieser Mächte ausgetragen wird, käme schließlich — wie wir gezeigt haben — der Vernichtung ihrer Manufakturkraft gleich. Infolgedessen würde das nicht nur einen Verzicht auf ihre weiteren Fortschritte bedeuten. Es würde auch noch die Preisgabe der von ihnen bereits auf dem Wege der Zivilisation errungenen Fortschritte einschließen.

Vernünftigerweise sollte man deshalb von keiner Nation verlangen, daß sie, um die künftige Zivilisation des Menschengeschlechts zu beschleunigen, selbst von der Höhe jener Zivilisation und nationalen Unabhängigkeit heruntersteigt, die sie bereits erreicht hat — und das um so weniger, als die nächste und unmittelbarste Wirkung einer solchen Verzichterklärung ganz und gar nicht zum Nutzen der Menschheit, sondern nur der vorherrschenden Nation ausschlagen würde.

Man kann von den Manufakturmächten zweiter und dritter Ordnung nur erwarten, daß sie — um eine Ausweitung der Handelsfreiheit herbeizuführen — nur dann eine Verbindung mit der vorherrschenden Nation eingehen, wenn dabei ihre eigenen Interessen gleichberechtigt berücksichtigt werden.

KAPITEL VII

ÜBER DIE GEMEINSAMEN INTERESSEN ALLER MANUFAKTURNATIONEN HINSICHTLICH DER HANDELSFREIHEIT

Wir werden im folgenden Kapitel zeigen, daß selbst bei den Manufakturnationen die Produktion von Rohstoffen und Lebensmitteln nicht des Schutzes nationaler Zollgrenzen bedarf oder daß sie ihn doch nur sehr selten bzw. nur in außerordentlichen Fällen braucht.

Außerdem haben wir auch schon zum Teil bewiesen, daß viele Nationen besser daran täten, sich im Augenblick ausschließlich mit dem Ackerbau zu beschäftigen. Natürlich setzt das voraus, daß sie die Möglichkeit haben, ihre Agrarprodukte frei und ungehindert nach Manufakturstaaten zu exportieren, und daß sie ihrerseits nicht der Einfuhr von Manufakturprodukten durch die Einführung hoher Zölle Hindernisse in den Weg legen.

Schließlich leuchtet es auch ein, daß alle noch in Barbarei oder Halbbarbarei steckenden Länder — sei es in Asien, Afrika oder Südamerika — am schnellsten zur Zivilisation kommen werden, wenn sich alle Manufakturmächte dafür einsetzen, [1.] daß in diesen Ländern reguläre und stabile Regierungen errichtet werden, [2.] daß dort Personen und Eigentum geschützt werden, [3.] daß alle Nationen die Möglichkeit zum freien Handel mit ihnen bekommen. Gerade durch das [letztgenannte] Mittel erhalten diese Länder die Möglichkeit, sich auf dem günstigsten Wege alles das zu beschaffen, was sie an Manufakturprodukten benötigen, und zugleich können sie dabei ihre eigene Produktion auf möglichst vorteilhafte Weise verwerten.

Hier eröffnet sich ein weites Feld zur Verwirklichung der kosmopolitischen Grundsätze, und zwar auf eine Weise, die von keiner Nation Rückschritte fordert, sondern im Gegenteil die besonderen Interessen einer jeden mit größter Wirksamkeit unterstützt.

Zunächst könnte es scheinen, daß es von England zuviel verlangt sei, wenn man ihm anrät, es solle seine Kolonien dem freien Handel erschließen und auf den Vorteil verzichten, besondere Handelsverträge mit weniger mächtigen und weiter entfernten Nationen — wie beispielsweise mit denen von Südamerika — zu schließen, mit Mächten also, die es durch seine Seemacht einschüchtern kann, um auf diese Weise auf ihren Märkten Privilegien zu erlangen.

Faßt man aber diesen Tatbestand — der sowohl für den Wohlstand der zivilisierten Nationen als auch für die Zivilisation der noch weniger entwickelten oder der sich gar noch im Urzustand befindenden Nationen so bedeutsam ist — von einem höheren Gesichtspunkt aus als dem des monopolistischen Händlers ins Auge, so erkennt man in der Tat, daß durch die Einführung größtmöglicher Handelsfreiheit in diesen Gebieten die Manufakturmächte zweiter und dritter Ordnung zwar gewiß viel gewinnen würden, daß aber England dadurch selbst notwendigerweise noch weit mehr als alle anderen zusammen gewinnen könnte.

Das Beispiel der Vereinigten Staaten von Amerika beweist, welche großen Vorteile allen Nationen daraus entstehen, wenn Länder, die bis dahin für den Welthandel und für die Menschheit gleich Null waren, anfangen, ihre Zivilisation und Landwirtschaft zu entwickeln. Das gleiche Beispiel lehrt auch, daß die Manufakturstaaten für ihre Flotte, ihren Handel und ihre

Industrie viel größere Vorteile erhalten, wenn sie den Handel ihrer Kolonien frei lassen, statt ihn zu monopolisieren.

Für die fortgeschrittensten Nationen Europas und Nordamerikas gibt es kein größeres Interesse als die Zivilisation und Kolonisation aller Länder von Südamerika, Afrika, Asien und Australien. Hierdurch werden sie alle ihre Ausfuhr von Fabrikwaren, ihre Einfuhr von ausländischen Erzeugnissen sowie auch ihren Transport- und Transithandel ins Unermeßliche steigern können.

Doch nichts ist der Zivilisation und dem Fortschritt dieser Länder hinderlicher als die eifersüchtige und neidische Politik, mit der sich die verschiedenen Nationen in den verschiedenen Teilen der Welt gegenseitig behindern und hemmen. Wenn man im Gegensatz hierzu — statt also auf ausschließlichen Kolonialbesitz, auf alleinigen Einfluß auf die Regierungen, auf ausschließende Handelsverträge auszugehen — auf den Märkten der Staaten von Südamerika, Asien und Afrika, in Portugal, Spanien und in den beiden Sizilien die Handelsfreiheit und Rechtsgleichheit zum Grundsatz erhöbe, so wäre diese ganze Eifersucht in ihrer Wurzel vernichtet. Zweifellos würden dann alle Manufakturnationen mit Vergnügen sehen, wie sich jede bliebige Nation um die Zivilisierung der barbarischen Völker bemüht.

England könnte beispielsweise nur gewinnen, wenn Frankreich die Oberhoheit über ganz Nordafrika übernähme und wenn Deutschland sich bemühte, die Zivilisation der Türkei und der Levante voranzutreiben.

Auf Grund ihrer einheitlichen Interessen wären dann alle Nationen gleichermaßen daran interessiert, den Überschuß ihrer Bevölkerung und Talente in diese [unterentwickelten] Länder zu lenken.

England würde dadurch unendlich mehr gewinnen als verlieren, da ja die vereinigten Kräfte aller Manufakturmächte bestimmt viel wirksamer wären als seine eigene isolierte und von der Eifersucht der anderen behinderte

Manufakturkraft. Es hätte nicht zuletzt auch deshalb Vorteile davon, weil ihm seine eigenen vollkommeneren Manufakturen in jedem Falle den größten Anteil an den Geschäften auf allen freien Märkten sichern würden.

In den Vereinigten Staaten entwickelt sich offensichtlich eine Seemacht, die in einer nicht gar zu fernen Zukunft unvermeidlich sehr viel größer sein wird als die Seemacht der Engländer. Dies gilt um so mehr, als man mit Gewißheit voraussehen kann, daß Kanada seine Interessen mit denen der Vereinigten Staaten vereinigen wird. Für England wäre es deshalb ein Gebot der Klugheit, nach und nach seine Vorherrschaft, die sowieso nicht mehr lange aufrechterhalten werden könnte, aufzugeben (die übrigens — von einer anderen Nation ausgeübt — für England genauso beschwerlich und unbequem sein würde, wie sie es bis heute für die anderen Völker war). Statt dessen sollte es danach trachten, seine Vorherrschaft durch eine Hegemonie zu ersetzen, die nicht nur die größten Vorteile bietet, sondern auch länger aufrechterhalten werden kann. Es kommt noch hinzu, daß die neuen Erfindungen — etwa die Verkehrsmittel und Kriegsmaschinen — den Schutz, den England bis heute auf Grund seiner Insellage genossen hat, anscheinend fast völlig aufheben und auch sein Übergewicht zur See über die anderen Nationen erheblich vermindern (vor allem dann, wenn diese sich vereinigen, um einen gemeinsamen Kampf gegen England zu organisieren). Das sind zwei gewichtige Gründe für England, sich seinerseits mit den Manufakturstaaten zweiter und dritter Ordnung zu vereinen, um das oben dargelegte Ziel zu erreichen.

KAPITEL VIII

ÜBER DIE OPPOSITION DER NATIONEN GEGEN DIE IN INDUSTRIE, HANDEL UND SEEMACHT VORHERRSCHENDE NATION

So wie zu allen Zeiten die weniger mächtigen Nationen Europas versucht haben, ihre Existenz gegen Angriffe der jeweils vorherrschenden Nation durch Bündnisse zu sichern – man hat es das europäische Gleichgewicht genannt –, genauso hat sich im Hinblick auf Industrie und Handel eine Opposition gegen England gebildet, seitdem dieses ein solches Übermaß von Macht erlangt hat, daß es nach Belieben durch seine Handelsmaßnahmen über Unglück und Glück anderer, auf sich allein gestellter Nationen entscheiden kann.

Offensichtlich ist es dieses Übermaß an Macht gewesen, sowie der Mißbrauch, der damit getrieben werden konnte, was die Idee des Kontinentalsystems entstehen ließ. Immerhin ist das eine Maßnahme, die früher oder später von den Manufakturmächten zweiter oder dritter Ordnung wieder aufgegriffen werden wird, sofern sich England mit der Absicht tragen sollte, seine Überlegenheit zur See dazu auszunutzen, um in diesen Ländern die Entwicklung von Handel und Industrie zu schädigen.

Solchen Entwicklungen, die das Wohlergehen aller Nationen – auch das Wohlergehen Englands – gefährden würden, kann nur – wie wir im vorhergehenden Kapitel gezeigt haben – durch Aufrichtung des kosmopolitischen Prinzips entgegengewirkt werden.

Da man aber kaum annehmen kann, daß sich England freiwillig zu Konzessionen und zu dieser großartigen Einigung bereit findet, ist es anscheinend notwendig, daß das Interesse der Manufakturmächte zweiter und dritter

Ordnung diese selbst erst einmal dazu bringt, sich zunächst untereinander zu einigen, um dann wirkungsvoll und Seite an Seite auf dieses allen Nationen gemeinsame Ziel loszusteuern.

Unter diesen Mächten stehen Frankreich und die Vereinigten Staaten von Nordamerika an erster Stelle. *Innig verbunden* durch ihre gegenseitigen Handelsbeziehungen sowie durch die energische Unterstützung, die sie sich wechselseitig bei der Aufrechterhaltung der Freiheit der Meere leisten können, scheinen diese beiden Nationen durch ihre Lage sowie auf Grund ihrer in jeder Hinsicht übereinstimmenden Interessen von Natur aus dazu berufen zu sein, in dieser großen und wichtigen Sache aller Völker die Initiative zu ergreifen.

KAPITEL IX

ÜBER DIE PRODUKTIVEN KRÄFTE DER LANDWIRTSCHAFT

— Die erste Periode ihrer Entwicklung —

Vom Jäger- und Hirtenstand gehen die Nationen zu dem der Ackerbauer über.

Ohne Außenhandel ist der Zustand der Ackerbau treibenden Länder noch halbwild. Das ist die Epoche der Sklaverei, der Aristokratie, der Theokratie, des Despotismus.

Bei diesem Stand der Dinge gibt es nur für die Grundeigentümer Freiheit. Der vermögendste von ihnen besitzt die größte Macht. Der Bauer ist durch tyrannische Gesetze an den Boden gekettet, der nicht sein Eigentum ist. Er ist mit Frondiensten und Arbeiten überhäuft, die nur zur Befriedigung der Bedürfnisse seines Herren, nicht aber zur Befriedigung seiner eigenen Bedürfnisse dienen.

Eine ausschließlich ackerbautreibende Bevölkerung, isoliert lebend und weit über die Oberfläche des Landes verstreut, ohne Möglichkeit, zusammenzukommen oder in großen Gemeinschaften zu leben, ohne Gelegenheit, sich durch häufigen Kontakt mit anderen Menschen oder durch Gespräche untereinander zu bilden, ohne den Beistand von Wissenschaften und Künsten, ohne persönliche Unabhängigkeit — eine solche Bevölkerung kann nicht hoffen, ihre moralische und politische Lage zu verbessern, solange ihr Außenhandel und Fabriken vorenthalten sind. Ihr fehlt das Lebenselement aller menschlichen Tätigkeit, eine der wichtigsten Ursachen des allgemeinen Wohlstandes.

Der isoliert betriebene Ackerbau ist und bleibt ein elender Zustand. Ohne vollkommene Werkzeuge und genügend Kapitalien, ohne Erziehung, Aufklärung und Wetteifer sowie ohne den Anreiz neuer Bedürfnisse verrichtet der Bauer seine Arbeit für sich allein und einförmig, von Generation zu Generation immer der gleichen Routine folgend, schon glücklich, wenn er nur die auf dem Boden lastenden Abgaben leisten und sein Leben elend und mühsam von der Wiege bis zum Grabe dahinschleppen kann. Seine besten Kräfte verkümmern. Nicht einmal seine physische Kraft entwickelt sich weiter.

Er kennt den Wert der Zeit so wenig wie den Wert des Bodens, den er bebaut. Da sein Reineinkommen nach Abzug seiner Lebensnotwendigkeiten fast gleich Null ist, stellt er sich die für seine Kleidung notwendigen Stoffe zum großen Teil selbst her. Mit großen Anstrengungen erzielt er dabei kümmerliche Ergebnisse. Seine größte Kunst ist die Enthaltsamkeit.

Da der Bewohner eines ausschließlich ackerbautreibenden Landes selbst produziert, was er für seine Bedürfnisse braucht, und da er nur wenig davon erübrigen kann, hat er auch nichts zu tauschen noch zu transportieren. In einer rein ackerbautreibenden Gegend besteht daher auch keine Veranlassung, die Verbindungswege und Transportmittel, diese mächtigen Triebkräfte bei der Zivilisierung der Völker, zu verbessern.

Fehlt innerhalb der Bevölkerung die Arbeitsteilung zwischen Landwirten und Manufakturisten, so hat das außerdem noch den großen Nachteil, daß daraus eine äußerst schädliche Zersplitterung des Grundeigentums entspringt. In der Tat, der zuwachsende Teil der Bevölkerung, der nicht in eine Manufakturindustrie abwandern kann, ist gezwungen, seine Existenz durch Aufteilung des Bodens im Ackerbau zu suchen.

Doch viele Kleinbauern konsumieren wiederum selbst den größten Teil ihrer Erzeugnisse. Sie erzielen daher auch kaum einen Überschuß, um sich einen Vorrat anlegen zu können.

Diese Tatsache und das Fehlen vollkommener Transportmittel rufen in jedem Mangeljahr Hunger und Seuchen hervor. Die in kleinem Maßstab betriebene Landwirtschaft kann auch nicht wissenschaftlich betrieben werden. Für Handel und Fabriken läßt sie nichts übrig. Manufakturprodukte kann der Kleinbauer nicht konsumieren, zumindest nur wenige. Für die Erziehung seiner Kinder kann er nichts aufwenden und noch weniger für physische Genüsse oder geistige Vervollkommnung.

Gute Ernten und Bevölkerungswachstum haben unter diesen Umständen die unangenehme Folge, daß sie den despotischen Beherrschern dieser Länder die Mittel zur Führung sinnloser Kriege liefern, Kriege, durch die der schon an und für sich geringe Wohlstand des Volkes schließlich auf ein völliges Nichts herabgesetzt wird.

Die geistigen Kräfte eines solchen Volkes werden nur wenig angeregt und betätigt. Die Talente entwickeln sich nicht und finden keine Gelegenheit, sich nützlich zu machen. Allein die physischen Anstrengungen werden belohnt; und auch dies nur recht kümmerlich, weil die Grundherren die Arbeiter in ihren Gütern monopolisieren.

Bei einem solchen Volk, das weder unter sich noch mit anderen Völkern Verkehr pflegt, wo der Wirkungsbereich jedes einzelnen durch die Grenzen einer dörflichen Gemeinde beschränkt wird, setzen sich primitive Arbeitsmethoden, Vorurteile, schlechte Gewohnheiten und Laster durch Jahrhunderte hindurch fort.

Überall überwiegt die rohe Gewalt; nirgends kann sich die moralische Kraft Bahn brechen und zu Erfolgen kommen.

KAPITEL X

LANDWIRTSCHAFT

(Fortsetzung)

— *Die zweite Periode ihrer Entwicklung* —

In der Lage der Landwirtschaft tritt eine völlige Veränderung ein, sobald der Außenhandel Manufakturprodukte ins Land bringt und im Austausch dafür Erzeugnisse des Bodens ausführt.

Er versorgt den Landwirt mit vollkommeneren Maschinen und zweckmäßigeren Werkzeugen. Infolgedessen kommen neue Arbeitsverfahren ins Land, desgleichen Vervollkommnungen aller Art, neue Gewächse sowie besseres und nützlicheres Vieh. Er bringt eine Menge Kenntnisse und viele neue Einsichten, zieht Kapitalien ins Land, gibt dem Landwirt Vorschüsse und befähigt ihn damit zur selbständigen Durchführung von Bodenverbesserungen. Da er neue Bedürfnisse weckt und neue Genüsse bietet, weckt und beschleunigt er die Entfaltung der schöpferischen Aktivität und des Unternehmungsgeistes. So aktiviert und fördert er auf tausendfache Weise die produktiven Kräfte der Landwirtschaft.

Da der Außenhandel eine große Nachfrage nach bestimmten Exportwaren hervorruft — zum Beispiel nach Wolle, Hanf, Wein, Getreide —, bewirkt er unter den Landwirten selbst eine Teilung der Arbeit und der Kulturen. Diejenigen von ihnen, die auf Grund der besonderen Bodenqualitäten ihrer Ländereien den Anbau dadurch einträglicher gestalten können, daß sie sich vorzugsweise der Produktion der vom Außenhandel gefragten

Nahrungsmittel widmen, kaufen ihrerseits dann andere Arten landwirtschaftlicher Erzeugnisse aus Gegenden, wo diese wiederum billiger als bei ihnen erzeugt werden können. Dank dieses Austausches und dieser Arbeitsteilung im Innern sowie durch die auswärtige Nachfrage nach Landesprodukten vergrößert sich das Reineinkommen aller Landwirte, und der Binnenhandel des Landes entfaltet sich mehr und mehr.

Von nun an werden die Produkte der Landwirtschaft ihrerseits zu Waren. Diejenigen, die über Kapitalien verfügen, finden es vorteilhaft, Produkte aufzukaufen, die billig angeboten werden, um sie für eine Zeit aufzubewahren, wo eine weniger gute Ernte oder eine Steigerung der auswärtigen Nachfrage die Preise in die Höhe treibt. Dank der so gesicherten Stabilität der Preise und der Steigerung des Reinertrages der Landwirtschaft festigt sich das allgemeine Wohlergehen und werden Hungersnöte unmöglich.

Die Einkommensvergrößerung erhöht den Preis der Arbeit, die Grundrenten, den Wert des Bodens, den Profit der Pächter, den allgemeinen Kredit.

Grundeigentümer und Pächter, die ein gleiches Interesse daran haben, aus dem Boden die größtmögliche Menge von Produkten herauszuholen, kommen überein, in der Landwirtschaft Bodenverbesserungen durchzuführen und Kapital anzulegen.

Nun beginnt man alle Unzuträglichkeiten der Feudalrechte sowie alle Fesseln zu empfinden, durch die Produktion und Binnenhandel behindert werden. Man spürt jetzt die Notwendigkeit guter Gesetze und Einrichtungen, die die Freiheit der Person, die Sicherheit des Eigentums und der Arbeit, die Fortschritte der Erziehung und der Zivilisation garantieren.

Die Entfaltung des Binnen- und Außenhandels läßt auch den Vorteil vervollkommneter Transportmittel spürbar werden und ruft das Verlangen nach ihnen hervor.

Das ist der Zeitpunkt, an dem sich alle Bewohner des Landes — Landwirte, Manufakturisten und Kaufleute — hinsichtlich der Handelsfreiheit einig sind. Das ist das goldene Zeitalter der Devise:

> „Machen lassen und geschehen lassen! — Laissez faire et laissez passer!"

In dieser Periode beginnt sich die Manufakturkraft der Nation zu entwickeln. Der steigende Wohlstand verursacht eine starke Nachfrage nach Manufakturerzeugnissen, die man im Ausland entweder nicht beschaffen kann oder die — dank der besonderen Naturbeschaffenheit des Landes, eines niedrigen Preises der Handarbeit oder durch sonstige Umstände begünstigt — von der heimischen Industrie billiger als durch den Außenhandel geliefert werden können. Bei ihrer Entstehung wird diese heimische Industrie zunächst noch durch den Handel mit dem Ausland gefördert. Sie ist dann auch noch mit der Landwirtschaft — was die Vorteile der Handelsfreiheit angeht — einer Meinung. Doch je weiter sich diese Industrie entwickelt, um so stärker fühlt sie sich durch die Einfuhr von Manufakturerzeugnissen in ihren eigenen Fortschritten behindert und begrenzt.

Die Landwirtschaft empfindet dann ihrerseits ebenfalls bald, daß der innere Markt für sie viel wichtiger, beständiger, sicherer und vorteilhafter ist als der äußere Markt.

Der Auslandsabsatz von Getreide und Rohstoffen ist nämlich starken Schwankungen ausgesetzt. Das führt zu Nachteilen, sofern hiervon die wirtschaftliche Blüte der Landwirtschaft eines ganzen Landes abhängt. Die Nachfrage der Industrieländer, die Manufakturerzeugnisse liefern und im Austausch dafür Agrarprodukte und Rohstoffe abnehmen, ist schließlich sehr veränderlich. Diese Länder kaufen einmal mehr und einmal weniger, je nachdem, ob ihre eigenen Ernten mehr oder weniger gut ausgefallen sind. Da sie übrigens dort kaufen, wo sie am billigsten kaufen können, finden sie es gelegentlich vorteilhafter, sich in anderen Agrarländern zu versorgen als gerade in dem Land, das fest damit gerechnet hatte, ihnen den Überschuß seiner Produkte verkaufen zu können.

Und dann tritt noch eine andere, nicht minder wichtige Erwägung hinzu. Das Manufakturland, welches das Agrarland beliefert, gibt diesem von einem Jahr zum anderen Vorschüsse. Daher hat das Agrarland den Wert seiner Ernten fast immer schon konsumiert, ehe sie überhaupt eingebracht sind. Falls nun aber eine Ernte nicht so reichlich ausfällt, wie man es sich erhoffte, oder falls die Nachfrage nach Agrarprodukten seitens des Industrielandes nicht groß genug ist, um die von ihm gegebenen Vorschüsse auszugleichen, entstehen im Handel Erschütterungen und Krisen, die sich auch auf die Landwirtschaft auswirken.

Diese Krisen und gefährlichen Auswirkungen der Schwankungen des Auslandsabsatzes lassen dann in der Landwirtschaft den Wunsch entstehen, im Innern des Landes selbst eine sichere und beständige Nachfrage nach ihren Erzeugnissen zu finden.

Doch die heimische Industrie, die auf Grund der ausländischen Konkurrenz noch zu schwach entwickelt ist, kann dem Landwirt, so wie sie ist, diese Nachfrage noch nicht garantieren. Ehe sie dazu in der Lage wäre, könnten Jahrhunderte vergehen, es sei denn, sie wird durch Kriege oder durch Fehler der Industrienationen selbst gefördert.

Durch einen Krieg zwischen den Nationen werden die Bande zerrissen, die den Landwirt des einen Landes mit dem Manufakturisten des anderen verknüpften. Der Landwirt kann dann nicht mehr seine Nahrungsmittel und Rohstoffe an den Manufakturisten des jetzt feindlichen Landes verkaufen. Dieser kann nun auch nicht mehr die Produkte seiner Fabriken an den ausländischen Landwirt heranbringen.

Nun tritt der Fall ein, daß die Nationen zur Befriedigung ihrer Bedürfnisse auf ihre eigenen Kräfte angewiesen sind. Das ist der Augenblick, in dem der Manufakturist des Agrarlandes, der bis jetzt durch die ausländische Konkurrenz noch am Boden gehalten wurde, den Kopf zu heben beginnt.

Es trifft zu, daß er zunächst nicht in der Lage ist, dem Landwirt seines Landes Manufakturerzeugnisse zu liefern, die genauso billig und vollkommen sind wie diejenigen des ausländischen Fabrikanten. Doch dank der ständigen Vervollkommnung seiner Produktionsverfahren gelingt ihm auch das mit der Zeit. Genauso stimmt es, daß der Landwirt durch die heimische Industrie nicht sofort für die Verluste entschädigt wird, die ihm die Unterbrechung des Außenhandels zugefügt hat. Er verkauft jetzt einerseits nicht mehr so viel, wie er bis dahin verkaufte. Er muß jetzt andererseits auch für minder vollkommene Industrieprodukte mehr bezahlen als früher. So verliert er [zunächst] auf beiden Seiten. Doch bald sieht er, wie die durch den Krieg bewirkte Kräftigung der heimischen Industriellen sowie die jetzt von ihnen realisierten Gewinne eine Konkurrenz unter ihnen hervorbringen. Er erkennt nun, daß ihm eine Manufakturkraft, die sich *an seiner Seite in unmittelbarer Nähe neben ihm* befindet, mit der Zeit viel größere Vorteile bieten kann als der Außenhandel; Vorteile, die ihm für alle Zeiten gegen schädliche und durch Kriege verursachte Störungen Sicherheit bieten können.

Hat der Krieg lange angedauert, dann kann die Industrie inzwischen schon derart beachtliche Fortschritte erzielt haben, daß die Landwirtschaft begreift, wie sehr es in ihrem eigenen Interesse liegt, die heimische Industrie [auch weiterhin] gegen die Konkurrenz der ausländischen Manufakturen zu schützen.

Nach Wiederherstellung des Friedens kann man allerdings sicher sein, von seiten der im Außenhandel tätigen Kaufleute — die ja damit rechnen, durch Neubelebung der Austauschbeziehungen zwischen den beiden Nationen Werte zu gewinnen — den Ruf zu hören: „Laissez faire et laissez passer!" — ein Ruf, der in einer anderen Periode, wie wir gezeigt haben, der Ruf der gesamten Bevölkerung des Agrarlandes gewesen ist.

Im Gegensatz hierzu fordern jedoch die Manufakturisten, daß das Privileg, das ihnen der Krieg dadurch verschaffte, daß er die ausländischen Fabrikanten vom inneren Markt ausschloß — so daß dieser dann einzig und allein nur noch von den nationalen Manufakturen versorgt wurde —, auch nach dem Krieg weiter gewährt werden solle. Sie führen an, daß durch die Wiedereinführung der Handelsfreiheit zwischen beiden Nationen im gleichen Umfang wie vor dem Kriege die noch nicht genügend gefestigten heimischen Fabriken unweigerlich auf den Zustand ihrer früheren Bedeutungslosigkeit zurückgeworfen würden. Dann aber wären nicht nur alle von den Landwirten und Kapitalisten während des Krieges gebrachten Opfer verloren, sondern die Nation darüber hinaus auch noch gezwungen, im Falle eines neuen Krieges die gleichen Opfer noch einmal zu bringen. Demgegenüber, so sagen sie, würde die Beibehaltung des Schutzes für die nationalen Manufakturen durch ein Prohibitivsystem, wie es ihnen der Krieg verschafft hatte, dazu führen, daß sie bald stark genug werden würden, um im Laufe der Zeit nicht mehr ängstlich die Konkurrenz ausländischer Fabriken fürchten zu müssen. Sie verweisen auf den Nutzen, den die Landwirtschaft durch ihre Beziehungen zu einer derart vervollkommneten heimischen Industrie in Zukunft haben würde, zu einer Industrie, die durch künftige Kriege nicht mehr beeinträchtigt werden könnte und sich deshalb auch mehr und mehr ausdehnen würde.

In der Mitte zwischen den voneinander abweichenden Interessen des Außenhandels und der heimischen Manufakturisten steht das Interesse der Landwirtschaft. Siegen wird die Partei, auf deren Seite sie sich stellt. Damit befindet sich die Landwirtschaft in einer Situation, wo sie zu wählen hat zwischen den scheinbaren Vorteilen der

Gegenwart und den wirklichen Vorteilen der Zukunft. Einerseits bietet ihr die sofortige Einführung der Handelsfreiheit den scheinbaren Vorteil höherer Preise beim Absatz ihrer Erzeugnisse sowie einen billigeren Bezug der Fabrikerzeugnisse. Andererseits bietet ihr die Zukunft unbestreitbar alle die von den Manufakturisten versprochenen Vorteile. Es ist daher auf seiten der Landwirte viel Klugheit und auch einiger Patriotismus notwendig, damit sie sich zugunsten einer Maßnahme entscheiden, die die Grundlagen für Prosperität und künftige Größe der Nation legt.

Sollten jedoch die ungesunden Vorstellungen der am Außenhandel interessierten Kaufleute — also die Ideen der [sofortigen] Handelsfreiheit — den Sieg davontragen, dann wird man die meisten während des Krieges entstandenen Manufakturen, die nun ohne Unterstützung sind, wieder zugrunde gehen sehen. Der Teil des Volkes, der durch sie Beschäftigung gefunden hatte, wird dann wieder in der Landwirtschaft nach Existenzmöglichkeiten suchen müssen.

Doch da der Ruin der nationalen Fabriken des Agrarlandes einerseits die Zahl der Konsumenten von Agrarprodukten erheblich verringert und andererseits die Zahl der [landwirtschaftlichen] Produzenten erhöht, so wird ein mächtiger Überfluß an landwirtschaftlichen Erzeugnissen und ein starkes Sinken ihrer Preise die Folge sein. Da im Lande selbst die Konsumenten fehlen, wird sich dieser Produktenüberschuß Absatzwege im Industrieland suchen. Das aber wird dann in diesem Lande ebenfalls zu einem erheblichen Sinken der Preise für Agrarprodukte führen.

Darauf erfolgt dann wiederum die Reaktion von seiten der Agrarinteressen des Industrielandes. So nämlich wie sich im Agrarland während des Krieges in forcierter Weise eine Manufakturindustrie entwickelt hatte, so hatte auch die Landwirtschaft im Manufakturland aus dem gleichen Grunde und auf genauso überstürzte Weise ihre Produktion ausgeweitet. Da die Einfuhr von landwirtschaftlichen Produkten aussetzte, mußten deren Preise während des Krieges erheblich ansteigen. Große Kapitalien mußten aufgewandt werden, um schon bebauten Boden noch ertragreicher und bis dahin unbebautes Land urbar zu machen. Die Preise der Agrarprodukte, die Grundrenten, die Profite, der Wert der Tagelöhne, die Zahl der Landwirte, der Umfang ihrer Produktion, kurz, alles mußte auf Grund der [vergrößerten] Nachfrage im Innern steigen. Wenn nun im folgenden Frieden die ausländischen Landwirte auf diesen derart übersteigerten Markt vordringen und dort große Mengen Getreide zu niedrigen Preisen anbieten, entsteht für die Landwirtschaft des Industrielandes die gleiche Krise, die sich vorher in der Manufakturindustrie des Agrarlandes gezeigt hat. Die Agrarinteressen des Industrielandes fordern dann ihrerseits ein Schutzsystem, das sie vor der Konkurrenz des Agrarlandes bewahrt.

Kommt man den Agrarinteressen des Industrielandes nicht entgegen, dann wird das Verhältnis beider Länder zueinander nach und nach wieder so werden, wie es vor dem Kriege war; bis ein neuer Krieg hereinbricht und wiederum alles umwälzt, so daß sich dann die gleichen Wirkungen und die gleichen Gegenwirkungen wiederholen müssen. Werden jedoch statt dessen die Agrarinteressen des Industrielandes gegen die Konkurrenz des Agrarlandes geschützt, dann wird es zwischen den beiden Nationen einen Krieg anderer Art geben, nämlich einen Zollkrieg.

In der Tat, wenn die Agrarprodukte des Agrarlandes von den Märkten des Industrielandes ausgeschlossen werden, müssen die Landwirte des Agrarlandes in die allergrößte Not geraten. Dann erkennen sie, daß die Billigkeit der Manufakturerzeugnisse, die ihnen das Industrieland liefert, kein Vorteil für sie sein kann, solange sie nicht in der Lage sind, diese niedrigen Preise im Austausch mit ihren eigenen Erzeugnissen zu bezahlen.

Sie erinnern sich dann wieder an die Vorteile, die ihnen die heimischen Manufakturen verschafften, als sie in Blüte standen. Nun begreifen sie, daß sie diese Fabriken unnützerweise preisgegeben haben, daß eine dauerhafte Prosperität der Landwirtschaft nur auf der Existenz einer nationalen Manufakturindustrie beruhen kann. Und jetzt sind sie in ihrer Erkenntnis so weit gekommen, auch ihrerseits die Einführung eines Schutzsystems zu fordern, das die Entstehung und Entwicklung einer Manufakturindustrie im Innern sichert und sie damit auch selbst vor jedem schädigenden Schlag von seiten des Auslandes bewahrt.

Wir werden im historischen Teil unserer Abhandlung zeigen, daß dies der Gang der Natur ist.

Hier bemerken wir nur noch, daß aus dem soeben Gesagten hervorgeht, daß die Protektions- und Prohibitivsysteme der Nationen nicht die Erfindung irgendwelcher spekulativer Köpfe sind, sondern die natürliche Folge der Kriege und Feindschaften zwischen den Nationen.

KAPITEL XI

LANDWIRTSCHAFT
(Fortsetzung)

— Die dritte Periode ihrer Entwicklung —

In den vorhergehenden Kapiteln haben wir gezeigt:

1. wie die Landwirtschaft eines Landes nur durch die Manufakturindustrie Bedeutung erlangen kann;
2. wie der Außenhandel, durch den die Landwirtschaft von der ersten auf die zweite Stufe ihrer Entwicklung gehoben wird, im Grunde genommen nur ein Bündnis der Landwirte des einen mit den Fabrikanten des anderen Landes ist;
3. wie indessen dieses Bündnis durch Kriege gestört oder unterbrochen wird;

4. wie diese Unterbrechungen und Störungen Anlaß geben:
   a) auf seiten der Agrarnation zu Anstrengungen, um in den Besitz einer eigenen Manufakturindustrie zu gelangen;
   b) auf seiten der Manufakturnation zu Anstrengungen, um in der eigenen Landwirtschaft die für sie notwendigen Agrarprodukte zu erzeugen;
5. wie diese jeweiligen Tendenzen das Protektions- bzw. Prohibitivsystem als zwangsläufige Folge der internationalen Kämpfe hervorgebracht haben.

In diesem Kapitel haben wir nun zu zeigen,

daß die Landwirtschaft eines Landes um so blühender und ihre Entwicklung für alle Zukunft um so fester gesichert ist, daß sie um so wirkungsvoller gegen jede Rückentwicklung und gegen jede Krise geschützt ist, je mehr sich Landwirt und Fabrikant in territorialer Hinsicht nahestehen, je weniger ihre gegenseitigen Beziehungen natürlich oder politisch verursachten Unterbrechungen unterworfen sind, je mehr die Manufakturindustrie in dieser Nation selbst entwickelt und in allen ihren Zweigen vervollkommnet ist, je besser sich schließlich Produktion und Konsumtion wie auch die Bevölkerung beider Klassen — Landwirte und Manufakturisten — das Gleichgewicht halten.

Die dritte Periode der landwirtschaftlichen Entwicklung beginnt, sobald die Manufakturkraft des Landes ihrerseits völlig oder wenigstens zum größten Teil den inneren Markt beherrscht, sei es aus eigener Kraft, sei es unter dem Schutz von Zollschranken.

Verglichen mit der vorhergehenden Periode, während der sich die heimische Landwirtschaft noch in Abhängigkeit von ausländischen Fabriken befand, entstehen nun für sie die folgenden Vorteile:

1. Nachdem die Manufakturkraft vollständig entwickelt ist, kann die Landwirtschaft im allgemeinen ihre Erzeugnisse teurer an die heimischen Fabriken ver-

kaufen und die Manufakturprodukte von ihnen billiger als im Austausch mit den entfernten Fabrikanten einer anderen Nation beziehen. Je näher nämlich Landwirt und Manufakturist in territorialer Hinsicht zueinander stehen, desto niedriger sind auch die Kosten für Transport, Transit, Lagerhaltung sowie die für die Durchführung des Austausches zwischen beiden Klassen notwendigen Zirkulationskosten, um so weniger Zeit und Kapital erfordert dieser Austausch, um so weniger wird dieser Austausch durch natürliche Hindernisse, Kriege oder Handelskrisen unterbrochen, um so mehr gewinnt er an Regelmäßigkeit, um so besser ist er gegen Schwankungen gesichert, um so vollkommener ist schließlich das Gleichgewicht zwischen Produktion und Konsumtion, um so seltener werden Handelskrisen auftreten.[1]

2. Tausenderlei Dinge, die im Besitz der Grundeigentümer sind, Dinge, die bis dahin keinen oder doch nur sehr geringen Wert hatten, erhalten jetzt einen ansehnlichen Wert, wie beispielsweise Wasserfälle, alle Arten von Baumaterialien, Sand, Steine, Kalk, Gips, alle Arten von Erden und Mineralien, das Gelände für den Bau von Wohnungen und Werkstätten und für die Anlage von Parks für die Fabrikanten.

3. Es tritt jetzt eine bedeutende Nachfrage nach vielen landwirtschaftlichen Erzeugnissen auf, die bisher kaum oder gar nicht gefragt waren, wie beispielsweise Mastvieh, Fleisch aller Art, Geflügel, Eier, Butter, Käse, Obst und Gemüse, Stroh, Heu, Hafer für die Pferde, die die Manufakturisten für ihre Werke oder zu ihrem Vergnügen halten, Pflanzen jeder Gattung, wie etwa öl- oder farben-

[1] Im Jahre 1819 schätzte Chaptal ([in seinem Werk] „Über die französische Industrie“, Teil II, Seite 203) den Gesamtwert der Manufakturprodukte Frankreichs auf 1820 Millionen. Hiervon sind nur 182 Millionen Fabrikantengewinne. Der ganze Rest sind Aufwendungen für Rohstoffe, Gehälter usw. Insgesamt bietet also die französische Industrie — die Konsumtion der Fabrikunternehmer nicht mitgerechnet — der französischen Landwirtschaft jährlich einen Absatz von 1638 Millionen.

haltige Pflanzen, Tabak usw. Durch alle diese Kulturen, von denen ein großer Teil auch von kleinen Grundbesitzern angebaut werden kann, bieten die Manufakturisten den Landwirten Gelegenheit und Ansporn zur Verbesserung ihrer Lage und zur Vergrößerung ihres Reichtums.

4. Nichts ist für die Fabriken wichtiger als billige Brennstoffe sowie ein leichter, schneller und regelmäßiger Transport zu niedrigem Preis für alle Produkte und Rohstoffe, die sie für ihre Produktion oder bei der Errichtung ihrer Gebäude benötigen, ebenso wie auch für ihre eigenen Manufakturerzeugnisse. Deshalb sind es die Manufakturen, die die Vervollkommnung der Binnenverkehrsmittel — der Straßen, Kanäle, Eisenbahnen und der Flußschiffahrt — nicht nur fördern, sondern daraus selbst auch noch einträgliche Unternehmungen machen. In Ländern, die Kohlengruben und Torfmoore besitzen, gestatten die vervollkommneten Transportmittel nun auch dem Landwirt den Bezug der von ihm benötigten Brennstoffe aus entfernten Gegenden. So kann er nun den Boden, den er ohne diese Möglichkeit durch Anlage eines Forstes zur Gewinnung von Brennholz hätte verwenden müssen, durch viel einträglichere Kulturen ausnutzen. Auch die jetzt im Bergbau beschäftigte Bevölkerung entfaltet eine größere Nachfrage nach landwirtschaftlichen Produkten.

5. Auf Grund der Nachfrage nach zahlreichen Agrarprodukten aller Art (siehe Punkt 3!) und dank der Vervollkommnung der Transportmittel (siehe Punkt 4!) fördern und begünstigen die Manufakturen außerdem auf eine sehr energische Weise die Teilung der [landwirtschaftlichen] Kulturen, die bereits im Laufe der zweiten Periode eingesetzt hatte. Die Gebirgsgegenden befassen sich vorwiegend mit Forstwirtschaft und Bergbau, mit Viehzucht, Schäferei usw. Ihre [Grund-]Nahrungsmittel beziehen sie aus solchen Gebieten, die wiederum besser für den Getreideanbau geeignet sind. Das flache Land

widmet sich besonders der Viehmast usw. Kurz gesagt, jede Gegend übt jetzt vorzugsweise diejenige Art der Landwirtschaft aus, für die sie von Natur aus am besten geeignet ist. Sie bezieht dann im Austausch mit anderen Gegenden alle die Dinge, die ihr selbst fehlen. Durch diese Teilung der Arbeit oder vielmehr der Kulturen erhöht sich das Reineinkommen der Landwirtschaft ganz außerordentlich.

6. Durch Manufakturen im Lande selbst zieht eine Nation ausländische Kapitalien heran und spart so die eigenen, die dann häufig — sofern sie nicht mehr bei der Verbesserung oder Ausweitung der Fabrikgeschäfte verwandt werden können — der Landwirtschaft zum Vorteil gereichen, indem man sie den Landwirten vorschießt, um ihnen auf diese Weise Mittel zur Verbesserung ihrer Böden zur Verfügung zu stellen, oder indem sie die Fabrikanten selbst zum Ankauf von Liegenschaften verwenden, um diese dann später einmal selbst zu nutzen. Hierdurch steigt der Preis des Bodens und vermehrt sich seine produktive Kraft zum größten Vorteil der allgemeinen Interessen der Landwirtschaft.

7. In dem Maße wie sich im Lande eine ansehnliche Manufakturkraft herausbildet, findet auch die schädliche Zersplitterung des Grundeigentums ihr Ende. Statt dessen setzt eine nutzbringendere [Boden-]Verteilung ein. Wir nennen jene Zersplitterung schädlich und nachteilig, die lediglich zur Fristung einer elenden Existenz dient, bei welcher der Landwirt sein eigener Fabrikant, sein eigener Produzent und Konsument, sein eigener Tagelöhner ist. Da die heimischen Manufakturen eine starke Nachfrage nach Agrarprodukten und Arbeitern hervorrufen, kann der Überschuß an landwirtschaftlichen Erzeugnissen jetzt nicht mehr auf dem Wege der Zersplitterung des Grundeigentums zur Vermehrung der ackerbautreibenden Bevölkerung verwandt werden, sondern muß nun zur Ernährung und Vergrößerung der Manufakturbevölkerung dienen. Hierfür aber sind vor

allem Großwirtschaften nötig, da nur diese einen Produktenüberschuß hervorbringen, der den Unterhalt der Manufakturisten* sichern kann. Statt der Bodenzersplitterung bildet sich deshalb jetzt auf Grund der von uns unter Ziffer 3 erwähnten Nachfrage eine viel vorteilhaftere Teilung des Grundeigentums heraus, nämlich die in Gartenbau, Milchwirtschaft, Obstzucht, Viehmast. Hinzu kommt noch jene Art von Gartenbau, der sich die Arbeiter gewissermaßen zu ihrer Erholung zuwenden.

8. Der Kleinbauer und der Arbeiter können — sobald sich in ihrer Nachbarschaft eine große Manufakturkraft niedergelassen hat — ihre Freizeit, die sie bisher oft und vor allem im Winter beschäftigungslos verbringen mußten, produktiv verwenden und verwerten, denn die Fabriken bieten ihnen immer Gelegenheit zu zusätzlicher Betätigung. Diese Wohltat betrifft vor allem solche Familienangehörigen, deren Kräfte für die Landwirtschaft nur von geringem Wert sind, die sich aber in den Manufakturen als sehr nützlich erweisen können, zum Beispiel Frauen, Greise, Kinder, Krüppel, Schwache und Kranke.

9. Die heimischen Manufakturen benötigen eine Menge geistiger Fähigkeiten und Kräfte. Sie bieten dem, der sie besitzt, die Möglichkeit, sich durch ihre Anwendung in verschiedenen Teilen der Industrie ein reiches Dasein oder doch wenigstens ein Leben in Wohlstand zu verschaffen. Die Landwirte erhalten dadurch die Möglichkeit, den-

* Lists Klassenbegriffe sind nicht nur an sich unpräzise, er verwendet sie außerdem auch noch mit jeweils verschiedenem Inhalt. Im vorliegenden Falle erfaßt er mit dem Begriff „Manufakturisten“ sämtliche mit der industriellen Produktion verbundenen Bevölkerungsteile, klassenmäßig also sowohl die industriellen Kapitalisten wie auch die Industriearbeiter. An anderen Stellen bezieht sich der gleiche Begriff ausschließlich auf die industriellen Kapitalisten. (Die gleiche Konfusion ist noch besonders beim Begriff „Landwirte“ — Agrikulturisten — zu beachten. In diesen Begriff schließt List gelegentlich Grundeigentümer, Bauern, kapitalistische Landpächter, Landarbeiter usw. ein.)

jenigen ihrer Kinder, die auf Grund ihrer geistigen Fähigkeiten Eignung hierfür zeigen, einen entsprechenden Beruf zu geben. Ohne dieses Vorsorgemittel wären sie gezwungen, entweder auszuwandern oder im Elend zu verkümmern.

10. Die Landwirtschaft nimmt auch ganz allgemein an allen Vorteilen teil, die nun von der Manufaktur bewirkt werden: im Hinblick auf die Entfaltung der Freiheit, der Wissenschaften und Künste, der Literatur, der Erziehung, der öffentlichen Einrichtungen, der nationalen Verteidigung, der Steuern. Es ist offensichtlich, daß sich zwei Menschen besser und mit mehr Hoffnung auf Erfolg verteidigen oder eine größere Last tragen können als ein einzelner. Aber das ist noch viel offensichtlicher der Fall, wenn derjenige, der nur über physische Kräfte und Subsistenzmittel verfügt, durch denjenigen unterstützt wird, der mit der Beherrschung der Wissenschaften und Künste auch noch die Kraft der Maschinen verbindet.

11. Wenn es erwiesen ist, daß unter günstigen Umständen eine Bauernfamilie eine Manufakturistenfamilie ernähren kann, so kann ein Manufakturist durch seine Arbeit genausogut auch einem Bauern die notwendigen Produkte und Werkzeuge liefern. Betrachtet man allein die innere Produktion und Konsumtion eines Landes, so herrscht unter den Bevölkerungsteilen, die sich dem einen oder dem anderen Produktionszweig zuwenden, immer dann Gleichgewicht, wenn im Lande genauso viele Menschen in der Industrie wie in der Landwirtschaft beschäftigt sind. Die Industrie Frankreichs wird also vollständig entwickelt sein, sobald die zwanzig Millionen Landwirte, die Frankreich zählt, zwanzig Millionen Manufakturisten ernähren und beschäftigen können. Diese letzteren werden — vorausgesetzt, es geht ihnen gut — pro Kopf eine jährliche Nachfrage nach Lebensmitteln und Rohstoffen [im Werte] von mindestens 150 bis 200 Franken bewirken. Die Manufakturen Frankreichs würden dann also der Landwirtschaft jährlich für drei bis vier

Milliarden Franken Erzeugnisse abnehmen. Das ist gewiß viel mehr, als Frankreich jemals hätte hoffen können, ins Ausland zu verkaufen, sofern es sich [in seiner Produktion] ausschließlich auf die Landwirtschaft beschränkt hätte. Hieraus geht hervor, daß der Landwirt, sobald die innere Industrie zu ihrer vollen Entfaltung gekommen ist, dem inneren Markt viel mehr Bedeutung und Wertschätzung beimessen muß als dem Markt der ganzen Welt — und wäre dieser auch noch so frei und unbegrenzt.

12. Zur Zeit der vollen Entfaltung der Manufakturkraft erstrecken sich diese Vorteile des inneren Marktes für die Landwirtschaft gleichfalls auch auf solche Kulturarten, für die das jeweilige Land besondere Eignung aufweist, in Frankreich beispielsweise auf den Weinbau. Vergleicht man die Weinproduktion mit der Weinausfuhr, so findet man, daß Frankreich zehnmal mehr Wein konsumiert als exportiert. Demnach ist es augenscheinlich, daß die freieste Ausfuhr der französischen Weine nach allen Ländern der Erde den französischen Weinbauern nicht den Verlust der nationalen Manfakturkraft ersetzen könnte.

13. Eine Nation, der es erst einmal gelungen ist, ihre eigenen Manufakturen wie auch ihre Landwirtschaft voll zu entwickeln und beide auf eine solche Weise ins Gleichgewicht zu bringen, daß der Verbrauch des einen der Produktion des anderen Wirtschaftszweiges entspricht, eine solche Nation hat sich für alle kommenden Jahrhunderte ihre Fortschritte in den produktiven Kräften und im Reichtum, in nationaler Macht, Wohlstand und Zivilisation gesichert; während eine Nation, die in bezug auf die Manufakturkraft vom Ausland abhängig ist, allen Störungen und allen Erschütterungen ausgesetzt ist, auf die wir im vorhergehenden Kapitel aufmerksam gemacht haben. Es ist gerade die aktive Wechselwirkung zwischen diesen beiden Zweigen der Produktion — der Manufaktur- und der Agrarproduktion —, aus der teilweise die Größe und Macht der produktiven Kräfte Eng-

lands erklärt werden muß; eine Wechselwirkung, die dort seit Jahrhunderten in ihren ständigen Fortschritten durch nichts gestört und durch nichts unterbrochen wurde.[1]

Alle oben aufgezählten Ursachen wirken gemeinsam auf die Höhe der Einkommen, auf Wert und Preis des gesamten Grundeigentums der Nation. Man kann den Grad des Wohlstandes, dessen sich eine Nation erfreut, nach keinem besseren Maßstab beurteilen als nach dem *Preis des Grundeigentums*. Jeder Fortschritt in der Manufaktur- oder Agrarproduktion schlägt sich in einem Ansteigen der Preise des städtischen und ländlichen Grundeigentums nieder; jeder Rückschritt ist durch ein Sinken dieser Preise gekennzeichnet. Wenn man alle Nationen Revue passieren läßt, wird man finden, daß der Preis von Grund und Boden hoch oder niedrig ist, je nachdem ob die produktiven Kräfte der Nation mehr oder weniger ent-

[1] Chaptal gibt ([in seinem Werk] „Über die französische Industrie", Teil I, Seite 177) den Wert der gesamten Wein- und Branntweinproduktion Frankreichs mit 718 Millionen Franken an. Er schätzt die Ausfuhr in der Zeit von 1786—1790 — als sie zweifellos ihren Höhepunkt erreicht hatte — auf 51 Millionen Franken. Folglich ist der Wert der im Inland konsumierten Weine 14mal größer als der Wert der [Wein]-Ausfuhr. Nach Chaptal wird im Inland durchschnittlich etwa für 22 Franken Wein pro Kopf [und pro Jahr] konsumiert. Also konsumieren 2200000 Franzosen genausoviel Wein, wie in der Zeit ausgeführt wurde, als der [Wein-]Ausfuhrhandel in höchster Blüte stand. Doch es ist erwiesen, daß die Fabrikanten durchschnittlich mehr Wein als die Landwirte konsumieren. Deshalb muß man die oben angegebene Zahl auf 1,5 Millionen reduzieren. Nun gibt es gegenwärtig [bereits] in Frankreich mehr als zehn Millionen Menschen, die von der Industrie leben. Man wird kaum bezweifeln, daß auf Grund der Entwicklung von Landwirtschaft und Industrie die Zahl der Industriellen der Zahl der Landwirte gleichkommen, das heißt auf zwanzig Millionen ansteigen kann. Diese werden dann ungefähr sechs- bis achtmal mehr Wein konsumieren, als Frankreich jemals ausgeführt hat. Daraus kann man erkennen, welche Bedeutung eine Manufakturkraft auch für die Weinbauern hat und wie wenig Grund diese haben, sich darüber zu beklagen, daß man sie durch die zugunsten der Fabriken getroffenen Maßnahmen zugrunde richte.

wickelt sind. Mehr noch: Man kann sogar beweisen — und der Verfasser der vorliegenden Abhandlung wird es nicht versäumen, diesen Beweis durch statistische Dokumente zu liefern —, daß bei einer Nation, die für die Errichtung von Fabriken ein Kapital von 100 Millionen aufwendet, die Preise der Liegenschaften um das Fünf- bis Zehnfache dieser Summe ansteigen. Dieser Umstand ist von größter Bedeutung, wenn es darum geht, herauszufinden, ob der Aufbau einer nationalen Manufakturindustrie mit Hilfe eines Zollschutzes tatsächlich nur auf Kosten der Konsumenten, das heißt der Landwirte, verwirklicht werden kann.[1]

In der Entwicklung der Landwirtschaft gibt es noch eine vierte Stufe; doch wir können sie erst abhandeln, nachdem wir die Natur der Manufakturindustrie untersucht haben.

KAPITEL XII

ÜBER DIE PRODUKTIVEN KRÄFTE IN MANUFAKTUR UND GEWERBE

Die Manufakturkraft ist zugleich Mutter und Tochter der Wissenschaft und der Künste, der Literatur, der Aufklärung, der öffentlichen Freiheit, der nützlichen Institutionen, der Macht und Unabhängigkeit einer Nation.

[1] Chaptal schätzt ([in seinem Werk] „Über die französische Industrie", Teil I, Seite 225) den Gesamtwert des Grundeigentums und der in der Landwirtschaft angelegten Kapitalien auf 37522 Millionen. Es ist nun aber erwiesen, daß es die Manufakturkraft ist, die diesen Wert zum großen Teil hervorbringt. Darum ist auch der Wert des Grundeigentums in England zehnmal größer als in Polen. Nehmen wir nun an, daß die [heute] erst halb entwickelte Manufakturkraft Frankreichs den Wert des französischen Grundeigentums [bisher] nur verfünffacht hat, so macht bereits diese Steigerung des Reichtums, die ausschließlich den Grundeigentümern zugute kommt, 30000 Millionen aus. Eine gleich große Steigerung des Reichtums kann

Um sich den Manufakturen und dem Fabrikwesen mit Erfolg hingeben zu können, muß derjenige, der sich damit beschäftigt, mehr oder weniger Mathematik und Naturwissenschaften betreiben und diese verstehen.

Diese Notwendigkeit zieht wiederum die Notwendigkeit von Schulen und Büchern nach sich, auf denen und durch die sich die Industriellen unterrrichten und bilden können und die denen, die sich auf Grund ihrer Erziehung oder ihrer natürlichen Anlagen zur Pflege der Wissenschaften berufen fühlen, Möglichkeiten bieten, sich ihnen ausschließlich zu widmen.

Je weiter die Manufakturkraft einer Nation entwickelt ist, desto spürbarer wird das Bedürfnis nach solchen Personen. Diese können von nun an auch auf beachtlichere Vergütung rechnen. Damit wird es ihnen leichter, sich einem Spezialzweig der Wissenschaft zuzuwenden, sofern sie hierzu durch Natur und Erziehung besonders befähigt sind. Auch in den Wissenschaften wird jetzt die Arbeitsteilung umfassender. Die Fortschritte der Wissenschaft im allgemeinen und ihr Einfluß auf Manufaktur und Gewerbe im besonderen treten immer deutlicher hervor.

Je weiter sich die Wissenschaft entwickelt, um so mehr neue Erfindungen werden gemacht, die Arbeit und Material einsparen und neue Produkte hervorbringen. Je mehr Kenntnisse und Wissen unter den Industriellen verbreitet sind, um so schneller und um so erfolgreicher kommt es zur praktischen Anwendung von Erfindungen und wissenschaftlichen Fortschritten.

Der Industrielle, dessen ganze Existenz vom Studium der Wissenschaften abhängt, von der Anwendung ihrer Erkenntnisse sowie von den Erfindungen, die aus ihrem

man noch von der vollen Entwicklung der Manufakturkraft erwarten. Dieser Vermögenszuwachs ist etwa 170mal größer als die jährlichen Profite der Fabrikunternehmer. Das ist ein Beweis dafür, daß sich diese nicht auf Kosten der Landwirte bereichern, sondern daß die einen wie die anderen durch gegenseitiges Ergänzen reich werden.

Studium erwachsen, muß notwendigerweise — sofern er es nicht schon ist — ein Mann mit einem großen Denkvermögen werden. Seine Intelligenz und sein Geist bilden sich aber nicht nur auf Schulen und durch Bücher, sondern auch durch Reisen sowie durch Handelsbeziehungen mit Leuten, die zum gleichen Ziel wie er selbst streben. Das letztere beschränkt sich nicht nur auf die eigentlichen Geschäfte, sondern bezieht sich auch auf alle anderen praktischen Gegenstände des menschlichen Wissens und auf die öffentlichen Angelegenheiten. Ein auf diese Weise gebildeter Mann wird bald erkennen, daß er möglichst weitgehende Freiheit und möglichst solide Garantien braucht, um mit Erfolg arbeiten und sich die Früchte seiner Arbeit sichern zu können. Sowohl seine Kenntnisse als auch sein Interesse rufen dann in ihm den Wunsch nach Beseitigung der Hindernisse hervor, die Freiheit und Wohlstand einengen, nach Schaffung öffentlicher Einrichtungen, die das eine wie das andere festigen und vergrößern können.

Während man in den seit eh und je ackerbautreibenden Ländern in der Landwirtschaft nur selten von der Armut zu Wohlstand und vom Wohlstand zu Reichtum und Unabhängigkeit kommen kann, erschließen die Manufakturen auch der Arbeit und den Talenten derjenigen, die sich auf der untersten Stufe befinden, einen Weg, auf dem sie bis in die höchsten Klasssen aufsteigen können. Dies spornt die Energie der gesamten Bevölkerung an.

Während man unter rein agrarischen Verhältnissen allein die physische Kraft — und vor allem die von der robustesten Art — hochschätzt und bezahlt und während unter diesen Verhältnissen ein großer Teil selbst der physischen Kräfte und fast alle moralischen Kräfte brachliegen und als wertlos angesehen werden, rufen die Manufakturen die physischen und geistigen Kräfte jeder Art und jeder Entwicklungsstufe wach und vervollkommnen sie.[1]

[1] Siehe Charles Dupin, Die produktiven Kräfte . . ., a. a. O., Seite 92.

In unserem vorigen Kapitel haben wir gezeigt, wie der Unternehmungs- und Neuerungsgeist, der durch die Manufakturkraft hervorgerufen und angespornt wird, auch in der Landwirtschaft den Willen zur Vervollkommnung weckt; wie die Manufakturen einer Masse von Naturreichtümern Wert verleihen, die ohne sie keinen Wert hätten; wie sie in der Landwirtschaft die Arbeitsteilung, die Nachfrage nach neuen Produkten und die Verbesserung der Verbindungs- und Verkehrswege herbeiführen; wie sie die schädliche Zersplitterung des Grundeigentums verhindern und doch gleichzeitig dessen nützliche Untergliederung begünstigen; wie sie Kräften und Fähigkeiten aller Art Gelegenheit zu vorteilhafter Betätigung bieten; wie sie die Einkünfte und den Wert des Bodens steigern; wie die Landwirtschaft ganz allgemein nur in dem Maße zu Wohlstand kommen kann, in dem sich [auch] die Manufakturkraft entwickelt und vervollkommnet.

Die Landwirtschaft hat wenig Möglichkeiten, nützliche, arbeitsparende Maschinen anwenden zu können. Die Fabriken dagegen verzehnfachen und verhundertfachen ihre produktiven Kräfte gerade durch die Anwendung von Maschinen. Eine Manufakturnation wird deshalb aus ihren neuen Erfindungen und aus den Fortschritten der Wissenschaft unvergleichlich mehr Nutzen ziehen als eine reine Agrarnation.

Die produktiven Kräfte der Landwirtschaft sind über die ganze Oberfläche des Landes verstreut. In den Manufakturen dagegen konzentrieren und vereinigen sie sich, ballen sie sich auf einer kleinen Fläche zusammen. *Durch diesen Zusammenschluß und dieses Zusammenwirken ergibt sich eine Steigerung der produktiven Kräfte, die eher in geometrischer als in arithmetrischer Proportion zunimmt.*[1] Je mehr Manufakturen verschiedener Art entweder am

[1] Siehe Anmerkung auf Seite 21.*

* List bezieht sich nicht auf diese Anmerkung, sondern auf den Text auf Seite 20 f.

gleichen Ort vereinigt oder aber durch bequeme und schnelle Verkehrswege und Transportmittel eng miteinander verbunden sind, um so größere Bedeutung gewinnt die produktive Kraft jeder dieser Manufakturen.

Dies erklärt uns auch, warum wir die Manufakturbevölkerung immer zusammengeballt leben sehen. Diese Zusammenballungen entwickeln sich zu großen Gemeinden, großen Städten, die in ihrem Schoß die größten Fähigkeiten aller Art sowie die größten Mittel ansammeln. Das vereinte Zusammenwirken dieser Fähigkeiten und Mittel dient den Wissenschaften, den Künsten und der Literatur; es fördert sie mehr und mehr durch öffentliche Einrichtungen sowie durch Vereinigungen mit wissenschaftlicher oder gemeinnütziger, industrieller oder kommerzieller Zielsetzung. Nur in solchen Gemeinwesen kann sich eine öffentliche Meinung herausbilden, die stark genug ist, um der physischen Gewalt zu widerstehen, um die Freiheit für alle zu erkämpfen und zu erhalten und um den Machthabern die Richtung vorzuschreiben, die sie im Interesse der Herbeiführung und Sicherung des allgemeinen Wohlstandes der Nation zu befolgen haben.

Wie die Städte von den über das ganze Land verstreut lebenden Landwirten ihre Lebensmittel beziehen, so beziehen die letzteren ihrerseits von den Städten die Mittel zur Erhöhung ihres Wohlstandes, zur Bildung ihres Geistes und zum Streben nach Vervollkommnung aller ihrer gesellschaftlichen und politischen Verhältnisse.

Außerdem sind die Manufakturen die Grundlage eines umfangreichen und einträglichen Handels mit allen Völkern der Erde – ganz gleich, welche Entwicklungsstufe der Zivilisation diese erreicht haben oder welchen Teil des Erdballs sie bewohnen –; denn sie verwandeln Stoffe von großem Gewicht und geringem Wert – die als solche nicht Gegenstand eines weiten Versands sein können – in Produkte von hohem Wert und geringem Gewicht, die sowohl dem allgemeinen Gebrauch dienen wie von allgemeiner Nützlichkeit sind.

Für die landwirtschaftlichen Produkte ist der Markt aber nicht nur durch ihr Gewicht begrenzt — durch ihren im Verhältnis zum Gewicht geringen Wert —, auch nicht nur durch ihre mehr oder weniger schlechte Transportierbarkeit, sondern auch dadurch, daß die unentwickelten oder halbzivilisierten Nationen im allgemeinen selbst alles in Überfluß hervorbringen, was sie als Nahrungsmittel oder Rohstoffe benötigen, während ihnen lediglich die Industrieprodukte fehlen. Darum sind die reinen Agrarnationen in doppelter Hinsicht außerstande, mit diesen sich in der Mehrheit befindenden Nationen Handel zu treiben: einmal, weil sie ihnen nichts anbieten können, was diese nicht selbst besitzen, und zum anderen, weil letztere selbst alles das besitzen, was diese Völker ihnen anzubieten haben.

Da sich im Gegensatz hierzu die Manufakturen den Bedürfnissen, Gewohnheiten und Zahlungsmitteln aller Länder anpassen können, in denen sie sich Absatz verschaffen wollen, und da sie auch die Transportkosten um so weniger in Rechnung zu stellen brauchen, je mehr Arbeit in ihren Fabrikerzeugnissen steckt, steht ihnen die ganze Welt mit allen Völkern — gleich welcher Entwicklungsstufe — als Markt zur Verfügung.

Deshalb hat auch allein eine Manufakturnation die Möglichkeit, sich in den Besitz derjenigen Mengen von edlen Metallen zu setzen, die sie für die ständige Ausweitung ihres Handels sowie zur Verhinderung von Preisschwankungen benötigt. Deshalb ist es ebenfalls nur einer Manufakturnation möglich, Kolonien zu gründen und diese zu behaupten bzw. durch einen gegenseitigen und einträglichen Handel an sich zu ketten.

Wenn wir gezeigt haben, daß die Fabriken die Grundlage eines umfangreichen und dauerhaften Außenhandels sind, so folgt daraus gleichfalls, daß sich [auch] die Schiffahrt auf ihre Stärke gründet. Ein einfacher Transithandel kann der Schiffahrt keine solide Grundlage bieten, wie es uns das Beispiel der Hansestädte noch beweisen wird ([Neunundzwanzigstes] Kapitel).

Wenn sich infolge der Eroberung des inneren Marktes durch die Manufakturkraft die Bevölkerung und die Produktion eines Landes — so wie wir es im letzten Kapitel bewiesen haben — verdoppeln und verdreifachen, dann ist auch klar, daß die finanziellen Hilfsquellen sowie die militärischen Kräfte des Landes dadurch im gleichen Verhältnis wachsen.

Wir glauben, daß wir durch das Vorhergehende in ausreichendem Maße gezeigt haben, warum eine Nation keineswegs freiwillig auf eine vollkommene und entwickelte Manufakturkraft verzichten kann, wenn sie eine hohe Stufe des Wohlstandes, des Reichtums und der Macht erreichen und der Bewahrung ihrer nationalen Unabhängigkeit gewiß sein will.

KAPITEL XIII

MANUFAKTUR

(Fortsetzung)

Die kosmopolitischen Theoretiker ziehen die Bedeutung der Fabriken für eine Nation keineswegs in Zweifel. Aber sie meinen, daß jede Nation durch die Handelsfreiheit und kraft der individuellen und persönlichen Interessen ganz von selbst in den Besitz einer ihrer jeweiligen Lage angemessenen Manufakturkraft kommen wird. Maßnahmen also, die darauf abzielen, die Entwicklung einer Manufakturkraft [künstlich] zu beschleunigen, würden daher für die Nationen, die sie anwenden, eher schädlich als nützlich sein.

Doch schon aus dem [ersten] Kapitel haben wir entnehmen können, wie sich der Stand der Dinge unter den Bedingungen eines ewigen Friedens — den ja die herrschende Lehre unterstellt — völlig von jenem Stand der Dinge unterscheidet, der sich unter dem Einfluß von Kriegen und gegenseitigen Feindseligkeiten zwischen den Nationen herausbildet. Wir haben gezeigt (siehe im [zweiten] Kapitel), wie dieser zuletzt genannte Stand der Dinge die fortgeschrittensten Nationen zwingt, eine eigene Manufakturkraft hervorzubringen und aufrechtzuerhalten — wäre es auch nur, um die Landwirtschaft blühen und gedeihen zu lassen. Und im letzten Kapitel glauben wir dafür Beweise geliefert zu haben, daß die Fortschritte eines Volkes in der Zivilisation, in der Sicherung seines Wohlstandes sowie in der Stärkung seiner Finanzen und seiner Verteidigungsmittel eine vervollkommnete und entwickelte Manufakturkraft zur Bedingung haben. In diesem Kapitel stellen wir uns nun die Aufgabe, zu zeigen, daß es auch die Natur der Manufakturen selbst ist, die für die Manufakturmächte zweiter und dritter Ordnung unbedingt den Zollschutz gegen das Übergewicht der vorherrschenden Manufakturmacht erfordert.

Eine in allen ihren Zweigen hochentwickelte nationale Manufakturkraft ist eine Pflanze mit einem sehr langsamen Wachstum.

Es vergehen Generationen, bis ein Volk in seiner Manufakturentwicklung eine höhere Stufe erreicht hat, vor allem dann, wenn gesellschaftliche oder politische Hindernisse ihren Fortschritt hemmen. Die nationale Industrie kann nur so weit und nur in dem Maße vorankommen, wie sich Wissenschaften, Unterricht und Aufklärung ausdehnen und die Nation durchdringen, wie sich die allgemeine Freiheit ausbreitet, wie die aus fehlerhaften Einrichtungen oder Gesetzen herrührenden Hindernisse aus dem Wege geräumt werden, wie ihr Rohstoffe, Lebensmittel und Absatz durch den Aufschwung der Landwirtschaft gesichert sind.

Und selbst dann, wenn alle diese Bedingungen erfüllt sind, bedarf es noch eines beachtlichen Zeitraums für die Heranbildung von zivilen Ingenieuren, praktischen Chemikern, Mechanikern und Fabrikdirektoren.

Noch viel mehr Zeit aber ist erforderlich, um eine an landwirtschaftliche Arbeiten gewöhnte Bevölkerung in eifrige und geschickte Fabrikarbeiter zu verwandeln. Denn nur durch Vererbung von Generation zu Generation kann man diese Vorliebe für einen Spezialberuf erwerben; jene Liebe zum Beruf, die es fertigbringt, daß selbst der Bergarbeiter lieber sein Leben unter der Erde verbringt, als daß er dem Pfluge folgt.

Nur eine lange Praxis auf seiten der Direktoren wie der Arbeiter, nur Schritt für Schritt erreichte Vervollkommnungen in Werkzeugen, Maschinen und Arbeitsmethoden sowie eine lange Reihe von zahllosen Versuchen können den Fabrikanten schließlich in den Stand setzen, eine vollkommene Ware zu liefern.

Doch kommt es nicht nur darauf an, daß seine Ware gut ist. Sie muß auch preiswert sein. Aber die Preise seiner Produkte werden ihrerseits wiederum durch den Preis der Handarbeit, durch die Kapitalzinsen, durch den Rohstoff sowie durch den Umfang der Produktion bestimmt.

Nun ist aber die Arbeit des noch weniger erfahrenen Arbeiters nicht nur die schlechteste, sondern auch die teuerste. Um diejenigen, die nur Neigung und Eignung zur Landwirtschaft haben, zu veranlassen, sich zeitlebens einem neuen Produktionszweig zu widmen, ist der Fabrikant nämlich gezwungen, ihnen in Form höherer Arbeitslöhne eine Prämie zu bieten. Man weiß, daß sich der Preis der Tagelöhne nach dem Verhältnis von Angebot und Nachfrage richtet. Bei der Errichtung von neuen Fabriken ist also dieses Verhältnis für die Gründer ungünstig.

In den Agrarländern ist der Kapitalgeber gewohnt, die solidesten Garantien für sein Kapital zu fordern. Die Errichtung einer neuen Fabrik aber ist immer ein gewagtes Unternehmen. Sein Ausgang ist ungewiß. Der Kapitalist ist daher in der Regel wenig geneigt, für solche Unternehmen Kapitalvorschüsse zu geben. Bringt man ihn aber doch dazu, so fordert er vom Fabrikanten eine Prämie. Dieser bezahlt deshalb auch sein [Fremd-]Kapital recht teuer.

Die preisgünstige Beschaffung von Rohstoffen, beispielsweise von Brennstoffen, hängt auch noch — selbst wenn ein Land durchaus in der Lage ist, ausreichende Mengen davon zu liefern — von der Vollkommenheit der Transportmittel ab. Diese sind aber in einem Agrarland in der Regel in einem sehr schlechten Zustand. Dort wie überall bewegt man sich zunächst in einem fehlerhaften Kreis: Vervollkommnete Straßen, Kanäle usw. bringen so lange nichts ein und ihre Notwendigkeit und Nützlichkeit wird [daher auch] in ihrem ganzen Umfang so lange nicht empfunden, wie es keine beachtliche Manufakturkraft gibt, und die Manufakturkraft wiederum kann ihrerseits so lange nicht aufblühen, wie die Transportmittel unvollkommen bleiben.

Die vorteilhafteste und günstigste Art der Rohstoffbeschaffung wie auch des Absatzes beruht auf einer Folge von Bemühungen und Erfahrungen, die für die Fabrikanten erst nach einem Zeitraum von mehreren Jahren fruchtbar werden können. Im Anfang ist der Absatz nur gering oder doch zumindest ungewiß. Aber je begrenzter und unsicherer der Absatz ist, desto höher sind auch die Preise der Manufakturprodukte.

So steht es um die Schwierigkeiten, denen neue Manufakturen und Fabriken ausgesetzt sind, sofern man sie nur einzeln und jede für sich betrachtet.

Darüber hinaus ist es aber auch klar, daß die verschiedenen Zweige des Fabrikwesens voneinander abhängen, so daß der Erfolg des einen auf dem Erfolg des anderen beruht. Beispielsweise kann die Roheisenproduktion nicht vorankommen, wenn man ihr nicht — auf der einen Seite — das Brennmaterial zu mäßigen Preisen liefern kann (weil vielleicht die Ausbeutung der Bergwerke noch unvollkommen ist) oder wenn ihr nicht — auf der anderen Seite — zahlreiche Gießereien, Stahlwerke, Maschinenfabriken einen beachtlichen Absatz sichern.

Jede Fabrik bedarf also der Mitwirkung von hundert anderen Fabriken, sei es bei der Rohstoffbeschaffung, sei es beim Bau und bei der Unterhaltung ihrer Maschinen, sei es für die Unterbringung ihrer Produkte. Sie kann daher die höchste Stufe der Vollkommenheit nicht erreichen, wenn sich nicht auch alle diese Unternehmen — jedes auf seine Weise — vervollkommnen.

Hiermit glauben wir eine Vorstellung von den Schwierigkeiten gegeben zu haben, gegen die alle neuen Fabrikunternehmen anzukämpfen haben; eine Vorstellung von dem Ineinandergreifen aller Fabriken, von der Unmöglichkeit, daß irgendeine von ihnen zum Erfolg kommt, ohne daß die anderen erfolgreich sind, und schließlich von der Länge der Zeit, die ihre vollkommene Entwicklung erfordert.

Wir müssen nun noch die Aufgabe lösen, die Manufakturkraft einer Industrienation zweiter und dritter Ordnung mit der Manufakturkraft der vorherrschenden Industrienation zu vergleichen und ihr gegenüberzustellen, also diejenige, die sich zunächst nur erst auf dem Wege zur Vollkommenheit befindet, mit derjenigen, die ihre volle Entwicklung bereits erreicht hat.

Für die letztere gilt das Gegenteil von all dem, was wir weiter oben angeführt haben. Die Ingenieure, Mechaniker, Chemiker und Leiter von Fabriken haben sich hier dank Wissenschaft und Praxis schon in großer Zahl herangebildet. Die besten Arbeiter finden sich in jeder gewünschten Menge und zu geringen Löhnen. Maschinen, Werkzeuge und Baulichkeiten sind auf die vollkommenste Weise ausgestattet bzw. eingerichtet. Die Kosten für die Gründung sind längst gedeckt. Das Vertrauen der Kapitalgeber zu solchen Unternehmungen hat sich gefestigt; den Fabrikunternehmern stehen daher alle von ihnen gewünschten Summen zu annehmbaren Zinssätzen zur Verfügung. Die Transportmittel sind im besten Zustand. Alle Industriezweige haben sich in wohlproportionierter Abstimmung aufeinander entwickelt. Sowohl die Versorgung mit Rohmaterialien wie auch der Absatz im großen sind gesichert. Das Ergebnis all dessen ist die denkbar vollkommenste Produktion zum denkbar niedrigsten Preis.

Bei derart ungleichen Kräften auf beiden Seiten kann der Ausgang eines durch freie Konkurrenz entfesselten Kampfes zwischen beiden nicht zweifelhaft sein. Er bestünde im industriellen Ruin des weniger fortgeschrittenen Landes. Doch was wären die Folgen dieses Ruins?

Diejenigen, die über die notwendigen Kenntnisse zur Leitung von Manufakturen verfügen, werden sich in anderen Ländern Existenzmöglichkeiten suchen.

Die Arbeiter sind gezwungen, sich entweder anderen Beschäftigungen zuzuwenden — die sie allerdings zunächst erst einmal erlernen müßten — oder auszuwandern oder ein elendes Leben zu fristen.

Das Vertrauen der [Leih-]Kapitalisten zu industriellen Unternehmungen ist für immer oder doch zumindest für lange Zeit zerstört.

Die Fluß- und Kanalschiffahrt wie auch die Landstraßen geraten zum großen Teil wieder in Verfall. Die Arbeiten im Bergbau werden abgebrochen. Von weiteren Fortschritten in allen diesen Bereichen darf man nicht einmal mehr träumen.

Die Bevölkerung, die öffentlichen Einnahmen, die nationale Macht, die Renten der Grundeigentümer, die Verkaufspreise des Grundeigentums, überhaupt alles gerät mehr und mehr in Verfall, bis die Nation schließlich ganz und gar wieder in die Barbarei zurückfällt. Man muß daher begreifen, daß es ihr einzig und allein nur durch den [handelspolitischen] Schutz für die Manufakturen möglich sein kann, sich wieder aufzurichten und ihren alten Rang unter den zivilisierten und unabhängigen Nationen zurückzuerlangen.

In einer Zeit, die so reich an Erfindungen ist wie die unsere, ist es unmöglich, zu berechnen, welchen Einfluß neue Erfindungen — die etwa den Zustand eines ganzen Industriezweiges oder gar aller Manufakturkräfte vollkommen verändern sollten — auf die Manufakturmächte zweiter und dritter Ordnung ausüben können. In der Tat, die Fabrikanten der vorherrschenden Nation, die sich auf einen gewaltigen Absatz in allen Teilen der Welt stützen können, werden angeregt werden, sich gegenüber den weniger entwickelten Fabriken so schnell wie möglich der neuen Erfindung zu bemächtigen, da sie hierdurch — durch eine noch billigere Produktion — einen [zusätzlichen] Gewinn zu erzielen hoffen sowie eine weitere Ausdehnung ihres Marktes erwarten. Die Kosten ihrer bisherigen [Betriebs-]Organisation waren bereits reichlich durch ihre Gewinne gedeckt. Ihre Kapitalien und ihr Kredit gestatten es ihnen daher jetzt, die für die neue Organisation [ihrer Betriebe] notwendigen Opfer selbst zu bringen. Demgegenüber haben die weniger fortgeschrittenen Fabrikanten noch die Kosten ihrer alten Organisation zu decken. Sie sind daher außerstande, sich entweder durch ihre eigenen Hilfsquellen oder durch fremde Hilfe — die sie sowieso nicht finden — Mittel zur Deckung jener Kosten zu beschaffen, wie sie eine allgemeine [Produktions-]Umstellung notwendig machen würde.

Auf diese Weise kann es geschehen, daß eine weniger fortgeschrittene Nation den größten Teil ihrer Manufakturkräfte allein nur deswegen zugrunde gehen sieht, weil ihr eine weiterentwickelte Nation in der Anwendung einer neuen Erfindung um einige Jahre zuvorkam.

Darüber hinaus muß man auch daran denken, daß Störungen im Gleichgewicht zwischen Produktion und Konsumtion alle fünf bis zehn Jahre zu großen Handelskrisen führen und daß in solchen Krisenzeiten die Handelsfreiheit zwischen den Fabriken verschiedener Länder einen Krieg auf Leben und Tod hervorrufen müßte, der zwangsläufig zum Zusammenbruch jener Fabrikanten führt, die weniger Kapitalien in ihren Händen haben, die folglich auch weniger auf Kredit verkaufen können, die am wenigsten auf die Zinsen ihres Kapitals verzichten können, die am wenigsten in der Lage sind, den Eingang von Gewinnen zwecks Deckung ihrer laufenden Ausgaben hinauszuschieben, die am wenigsten mit einem zeitweiligen Verlust arbeiten können, um zumindest ihre Einrichtung zu erhalten und dabei hoffen zu können, in künftigen besseren Zeiten für ihre Verluste entschädigt zu werden.

Wenn man schließlich noch die Bedeutung einer Manufakturkraft für den Kriegsfall in Erwägung zieht — eine Bedeutung, die wir schon in den vorhergehenden Kapiteln gezeigt haben —, dann kann man für die Manufakturmächte zweiter und dritter Ordnung kaum noch die Notwendigkeit und Nützlichkeit eines Schutzzollsystems in Zweifel ziehen.

Der Schutz aber, den eine Nation ihren Manufakturen mittels eines Zollsystems gewährt, ist um so wirkungsvoller und zweckentsprechender:

1. je besser dieses System den natürlichen und geistigen Hilfsquellen in der gegebenen gesellschaftlichen und politischen Lage der Nation entspricht;

2. je besser es mit den Interessen der Landwirtschaft und des Bergbaus übereinstimmt;

3. je eher es sich dazu eignet, den Fabriken in ihrer Entwicklung einen ständigen Aufschwung zu garantieren;

4. je besser es die Landwirtschaft und die Fabriken gegen jeden Rückschritt und jede Schwankung schützt;

5. je mehr es bei den heimischen Fabrikanten dadurch Wetteifer hervorruft, daß es die ausländische Konkurrenz zwar zuläßt, dabei aber nicht aufhört, die Existenz und den Fortschritt der nationalen Manufakturen so zu beschützen, daß diese zugelassene [Auslands-]Konkurrenz nicht ernsthaft gefürchtet werden muß;

6. je besser es darauf berechnet und abgestellt ist, von auswärts Kapitalien, Talente und Fähigkeiten ins Land zu ziehen;

7. je einheitlicher und kontinuierlicher der von ihm gewährte Schutz ist und je weniger er durch widersprechende Maßnahmen oder durch Änderungen in der Gesetzgebung gestört und unterbrochen wird.

KAPITEL XIV

ENTZIEHT DIE ENTWICKLUNG EINER MANUFAKTURKRAFT DER LANDWIRTSCHAFT KAPITALIEN?

Die kosmopolitischen Theoretiker leugnen nicht, daß man mit Hilfe von Einfuhrzöllen und Einfuhrverboten — sozusagen künstlich — eine Manufakturkraft schaffen kann. Sie bestreiten nur, daß dies für die Nation vorteilhaft ist. Sie behaupten, daß man durch eine solche [künstliche] Manufakturgründung nichts weiter erreicht, als Kapitalien von Wegen abzulenken, auf denen sie den nationalen Wohlstand auf eine ganz natürliche Weise (etwa in der Landwirtschaft) und daher besser befruchtet hätten als durch eine [künstliche, also mit politischen Mitteln] erzwungene Entwicklung von Industriezweigen.

In allen abstrakten Wissenschaften treibt man argen Mißbrauch mit technischen Begriffen, die nicht streng genug definiert werden. In der Politischen Ökonomie geschieht das vor allem mit dem Wort *Kapital*.[1] Mit diesem

[1] Wenn man die sechs vorangehenden und die sechs folgenden Kapitel gelesen hat, kann man auch die folgende Erwägung Adam Smith's entsprechend beurteilen. [Es heißt dort] (Smith, Band II, Seite 179:

„Daß dieses Monopol auf dem Binnenmarkt jenen besonderen Industriezweigen oft einen starken Auftrieb gibt, die sich desselben erfreuen, und daß sich ihnen dann häufig ein größerer Teil sowohl der Arbeit wie des Kapitals der Gesellschaft zuwendet, als sonst dorthin geströmt wäre, kann nicht bezweifelt werden. Ob dies aber dazu führt, die gesamte Industrie der Gesellschaft zu vergrößern oder ihr die vorteilhafteste Richtung zu geben, das läßt sich kaum so eindeutig sagen.

Die gesamte Industrie der Gesellschaft kann niemals größer sein als das Kapital, das der Gesellschaft hierfür zur Verfügung steht. So wie die Zahl der Arbeiter, die von irgendeiner einzelnen

Wort drücken die Theoretiker sehr verschiedene Inhalte aus. Einmal bezeichnet es Vorräte von Werkzeugen, ein anderes Mal Geld, bald bezieht es sich auf die Arbeit oder auf die Bevölkerung, ein anderes Mal wieder auf die in einer Nation vorhandenen geistigen Fähigkeiten; und oft meint man damit auch die Naturschätze, die in einem Lande der Ausbeutung durch den Menschen zur Verfügung stehen. Um nun aber die Richtigkeit der von den Theoretikern angestellten Überlegungen überprüfen zu können, ist es unbedingt notwendig, daß man jedesmal den Sinn kennt, den sie in dieses Wort jeweils hineinlegen.

Da wir uns vorgenommen haben, den oben von uns wiedergegebenen Einwand [der kosmopolitischen Theoretiker gegen das Schutzzollsystem] zu widerlegen, sind wir notwendigerweise verpflichtet, zunächst erst einmal zu prüfen, was denn die Theorie der Werte im vorliegenden Fall mit dem Wort *Kapital* meint.

Person beschäftigt werden können, in einem bestimmten Verhältnis zu deren Kapital stehen muß, so muß auch die Zahl derjenigen, die ständig von allen Kapitalisten einer großen Gesellschaft beschäftigt werden können, in einem bestimmten Verhältnis zum Gesamtkapital dieser Gesellschaft stehen. Sie kann dieses Verhältnis niemals überschreiten. Keine Regulierung des Handels kann den Umfang der Industrie in irgendeiner Gesellschaft über das [Maß] hinaus steigern, was ihr Kapital unterhalten kann. Sie kann nur einen Teil desselben in eine Richtung ablenken, die es sonst nicht eingeschlagen hätte. Es ist aber auf keinen Fall sicher, daß diese künstlich erzwungene Richtung für die Gesellschaft unbedingt vorteilhafter ist als jene, die es aus eigenem Antrieb eingeschlagen hätte.

Jeder Mensch ist stets von sich aus bemüht, die vorteilhafteste Verwendung für das von ihm beherrschte Kapital ausfindig zu machen. Es ist in der Tat nur sein eigener Vorteil und nicht der Vorteil der Gesellschaft, den er im Auge hat. Doch die Verfolgung seines eigenen Vorteils bringt ihn natürlicher- oder, besser gesagt, notwendigerweise dazu, daß er jener [Kapital]anwendung den Vorzug gibt, die auch für die Gesellschaft am vorteilhaftesten ist.*

* Das Smith-Zitat stammt aus dem „Reichtum der Nationen" (4. Buch, 2. Kapitel).

Was braucht man nun eigentlich, um im Rahmen einer Agrarnation Fabriken zu errichten?

Man braucht dafür zunächst Baugelände für Wohnungen und Werkstätten. Fast immer braucht man dazu auch eine Wasserkraft. Diese Dinge gibt es in einem reinen Agrarland in Hülle und Fülle. Der Gründer von Fabriken kauft sie vom Grundeigentümer und zahlt ihm dafür einen Preis, der zweifellos über jenen hinausgeht, zu dem dieser seine Güter vorher geschätzt hätte.

Des weiteren braucht der Fabrikant, um seine Baulichkeiten, Werkstätten, Fabriken errichten zu können, Steine, Sand, Kalk und Holz. Auch das sind alles Dinge, die in einem reinen Agrarland nicht viel oder doch nur geringen Wert haben, deren Wert aber von nun an zum Vorteil der Landwirtschaft und des Grundeigentümers [ebenfalls] steigt.

Die Bauarbeiter und die Fabrikarbeiter konsumieren Lebensmittel, die Maschinen Brennstoffe. Auch das sind wiederum Dinge, die ein Agrarland in der Regel in Überfluß produziert und deren nun erheblich steigender Absatz die Landwirtschaft belebt.

Der Fabrikant verarbeitet Wolle, Hanf, Leinen, Öl, Farbkräuter usw. Von alledem produziert das Agrarland im allgemeinen weit mehr, als es selbst konsumiert. Auch braucht man jetzt, sobald diese Artikel im Inland selbst verarbeitet werden, viel weniger Vorräte davon zu halten, als es der Fall wäre, wenn man sie ins Ausland schickte, damit sie dann von dort in Gestalt von Manufakturwaren wieder importiert werden.

Eine Nation beispielsweise, die Getreide anbaut und selbst aus diesem Getreide Mehl und aus diesem Mehl Brot macht, ist weniger darauf angewiesen, [große Mengen von] Getreide auf Vorrat und im Umlauf zu haben, als es der Fall wäre, wenn es nach England geschickt würde, damit es dort in Mehl und Brot verwandelt wird und dann in dieser vervollkommneten Form erst wieder importiert werden müßte.

Man sieht also, daß die neuen Fabriken der Landwirtschaft weder natürliche Vorräte noch Vorräte an Getreide oder an sonstigen Materialien entziehen.

Was entzieht man ihr dann aber?

Etwa geistiges Kapital? Nun, sofern ein solches in einem Agrarland überhaupt existiert, so erhebt [an und für sich] die Landwirtschaft nur recht wenig Anspruch darauf. In keinem Falle aber beraubt man sie dieses Kapitals. Anfangs muß sogar die Mehrzahl der industriellen Begabungen noch aus dem Ausland kommen.

Oder Arbeiter? Doch auch sie sind ja in Agrarländern im Überfluß vorhanden; allerdings sind sie dort kaum ausgebildet. Außerdem bieten die Fabriken für eine große Menge von arbeitsfähigen Menschen, die in der reinen Landwirtschaft keine Anwendung finden können und [deren Arbeitsfähigkeit] daher vollkommen verlorengehen würde, Arbeitsmöglichkeiten; z. B. für Frauen, Kinder, Greise usw.

Befürchtet man aber vielleicht, daß die Fabriken eine größere Nachfrage nach Arbeitern und infolgedessen ein Ansteigen der Tagelöhne verursachen, so wird diese Vergrößerung der Ausgaben für den Landwirt wieder vollkommen durch die vorteilhaften Preise ausgeglichen, die er jetzt auf Grund der [größeren und ständig anwachsenden] Konsumtion der Fabriken für seine Erzeugnisse gezahlt bekommt.

Übrigens wird der besser entlohnte und besser ernährte [einstige] Landarbeiter jetzt auch mehr produzieren als früher. Das Produktionsergebnis der Fabrikarbeiter muß deshalb als ein reiner Gewinn angesehen werden.

Ebenso wie unsere vorangegangenen Feststellungen wird die Bedeutung dieser letzten Überlegung für jedermann verständlich werden, wenn man sich die ganze Staatsgesellschaft in einem Agrarland einmal als eine einzige Familie vorstellt, die alle produktiven Funktionen gemeinsam ausübt.[1]

[1] Der Verfasser glaubt, sich hier ausdrücklich gegen jeden Ver-

Dann wäre es doch gewiß eine Torheit, wenn die Nation ihre Wasserläufe ungenutzt dahinfließen und ihre Erze nutzlos in der Erde schlummern lassen wollte; wenn sie ihre Rohstoffe und Nahrungsmittel lieber exportieren wollte, um sie gegen Manufakturprodukte von einem Zehntel ihres Wertes auszutauschen; wenn sie es vorzöge, den größten Teil ihrer physischen Kräfte und nahezu alle ihre Anlagen und Talente von höherem Rang zur Untätigkeit zu verurteilen.

Dann wird es auch einleuchten, daß die Nation nur einer angemessenen Zahl von Individuen, die sie in der Landwirtschaft leicht entbehren kann, die erforderliche technische Ausbildung und die für die Manufakturarbeit notwendigen körperlichen Fertigkeiten zu vermitteln braucht, um in den Besitz einer eigenen Manufakturkraft zu kommen.

Aus all dem geht also klar hervor, daß der Landwirtschaft keine einzige Art [der vorn angeführten] Kapitalien entzogen wird, mit Ausnahme allein derjenigen, die für die Beschaffung von Maschinen aus dem Ausland vorgesehen und notwendig sind. Im Gegensatz zu allen Behauptungen [der kosmopolitischen Theoretiker] wird klar, daß die Einführung von Manufakturen eine Masse Naturreichtümer in [zusätzliches, bisher gar nicht vorhanden gewesenes] Kapital verwandelt.

dacht des Saint-Simonismus usw. verwahren zu müssen. Er ist weit davon entfernt, an die Möglichkeit einer Verwirklichung der Gütergemeinschaft in großen Gesellschaften zu glauben; zumindest hält er das bei der gegenwärtigen Lage des Menschengeschlechts nicht für möglich. Die oben angeführte Regel bleibt deshalb aber nicht weniger wahr. Oft kann man die schwierigsten Fragen der Politischen Ökonomie außerordentlich vereinfachen, wenn man sich die gesamte Staatsgesellschaft als eine einheitliche und nicht durch ihre Privatinteressen zerrissene Familie vorstellt. Was bei dieser Annahme dann für die Gesellschaft vorteilhaft und nützlich oder nachteilig und schädlich ist, gilt in gleicher Weise für [eine Gesellschaft, in der private] Sonderinteressen [bestehen].

Man muß staunen, daß es der Theorie der Werte gelingen konnte, eine so eindeutige Sache für so lange Zeit zu verdunkeln.

Noch überraschender aber ist die Tatsache, wie die kosmopolitischen Theoretiker einen der grundlegenden Vorzüge der Zölle mit völligem Stillschweigen übergehen konnten, obwohl diese doch machtvoll genug zur Hebung des Wohlstandes jener Nationen beitragen, deren innere Industrie sie beschützen. Wir meinen den Anreiz, den dieser Schutz auf die Kapitalien, die geistigen Kräfte und die geschickten Arbeiter des fortgeschrittensten Landes (England) ausübt. Diese fühlen sich nämlich angeregt, in das Land auszuwandern, das den Schutz eines Zollsystems genießt, um dort aus den Vorteilen, die ein solches System bietet, für sich Nutzen zu ziehen. Diese Zuwanderung von ausländischen Kapitalien — materiellen und geistigen — ist nun doch gewiß nicht ein Gewinn, den die Nation auf Kosten der Landwirtschaft erzielt.

Allerdings kann man nicht leugnen und übersehen, daß nur die zivilisierten Länder auf eine Steigerung ihrer Manufakturkraft durch Heranziehung englischer Kapitalien und Talente rechnen können; nur Länder also, in denen die Freiheit der Person und die Sicherheit des Eigentums dem zugewanderten Engländer eine Entschädigung für das Verlassen seines Vaterlandes bieten.

Die Gedanken, die wir soeben dargelegt haben, sind keine abstrakten Behauptungen. Unsere Argumente stützen sich auf das, was wirklich existiert und geschieht.

Betrachten wir alle Länder, die sich bei im übrigen günstigen Bedingungen unter dem Schutz eines Zollsystems eine Manufakturkraft geschaffen haben, dann werden wir finden, daß dort die Landwirtschaft allein schon durch den Akt der Gründung, des Baues und der Einrichtung von Fabriken in einer ganz erstaunlichen Weise [Vorteile] gewonnen hat, genauso übrigens, wie es in einem Lande der Fall ist, in dem Kanäle und Eisenbahnen gebaut werden und wo ja dann ebenfalls die Landwirtschaft von Anfang an den offensichtlichsten Gewinn dadurch erzielt, daß der größte Teil der Baukosten dieser Anlagen in ihre Taschen fließt.[1]

[1] Im Buch [IV], Kapitel [IX], sagt Adam Smith: „Die vorteilhafteste Methode, durch die eine ackerbautreibende Nation aus eigener Kraft Handwerker, Manufakturisten und Kaufleute hervorbringen kann, besteht darin, daß sie den Handwerkern, Manufakturisten und Kaufleuten aller anderen Nationen die vollkommenste Handelsfreiheit einräumt. Dadurch erhöht sie den Wert des Mehrproduktes ihres eigenen Bodens. Dessen ständiges Anwachsen bildet dann allmählich einen Fonds, der ihr im Laufe der Zeit notwendigerweise auch alle Handwerker, Manufakturisten und Kaufleute verschafft, die sie braucht.

Wenn dagegen eine ackerbautreibende Nation den Handel fremder Nationen durch hohe Zölle oder Verbote unterdrückt, dann verletzt sie notwendigerweise ihr eigenes Interesse in zweifacher Hinsicht: Erstens senkt sie durch die Preissteigerung für alle ausländischen Güter und für alle Arten von Manufakturwaren notwendigerweise den Realwert des Mehrproduktes ihres eigenen Bodens, mit dem sie oder — was auf dasselbe hinausläuft — mit dessen Preis sie jene ausländischen Güter und Manufakturwaren kauft. Zweitens aber steigert sie dadurch, daß sie ihren eigenen Kaufleuten, Handwerkern und Manufakturisten eine Art von Monopol auf dem Binnenmarkt einräumt, die Rate des Handels- und Manufakturprofits gegenüber dem landwirtschaftlichen Profit. Folglich entzieht sie der Landwirtschaft einen Teil des Kapitals, das bis dahin dort angelegt war, oder aber sie hindert einen Teil jenes Kapitals, der sonst in die Landwirtschaft geströmt wäre, daran, dorthin zu gehen. Diese Politik schwächt also die Landwirtschaft auf zweifache Weise: erstens durch die Senkung des Realwertes ihres Produkts und die damit verbundene Herabsetzung ihrer Profitrate, zweitens durch die Erhöhung der Profitrate in allen anderen Beschäftigungszweigen. Während also die Landwirtschaft weniger profitabel wird, werden Handel und Manufakturen profitabler, als sie es sonst wären. Jedermann wird nun durch sein eigenes Interesse gehalten sein, sowohl sein Kapital wie auch seinen Arbeitsfleiß soviel wie möglich aus der ersten Beschäftigung herauszuziehen und sie der zweiten zuzuwenden.

Wenn auch eine ackerbautreibende Nation durch eine solche Unterdrückungspolitik durchaus in der Lage wäre, etwas früher zu eigenen Handwerkern, Manufakturisten und Kaufleuten zu kommen, als es unter den Bedingungen der Handelsfreiheit der Fall wäre — eine Tatsache freilich, die nicht im geringsten zu

KAPITEL XV

SCHAFFT DER SCHUTZ, DER DEN MANUFAKTUREN DURCH EIN ZOLLSYSTEM GEWÄHRT WIRD, EIN MONOPOL ZUM VORTEIL DER MANUFAKTURISTEN UND ZUM NACHTEIL DER KONSUMENTEN VON MANUFAKTURPRODUKTEN?

Monopol! — ein durch Despotismus und Finanzkniffe — dieses öffentliche Unglück vergangener Jahrhunderte — verrufenes und gebrandmarktes Wort.

Die Kaufleute, deren Gewinn nicht aus der Produktion neuer Werte entspringt, sondern aus dem Austausch von Werten gegen Werte, für die daher auch alles, was diesen Austausch behindert, ein Gegenstand der Abneigung ist, sie haben dieses Wort benutzt, um den Schutz des inneren Marktes zugunsten der inländischen Fabriken in Verruf zu bringen.

Doch kann man das durch Übereinkunft geschaffene Vorrecht, das zwanzig Millionen unserer Fabrikanten zur Versorgung unserer zwanzig Millionen Agrarier mit Manufakturwaren eingeräumt wird, ein Monopol nennen, während doch gleichzeitig diese letzteren das natürliche Monopol haben, unsere zwanzig Millionen Fabrikanten mit Lebensmitteln zu beliefern?

Da ja die Nation allen Fabrikanten die gleichen Rechte auf ihrem inneren Markt einräumt, handelt es sich hierbei nicht um das Vorrecht des einen Bürgers gegenüber einem anderen, sondern um das Vorrecht der gesamten Nation gegenüber einer anderen Nation.

bezweifeln ist —, so würde sie diese doch vorzeitig, ehe sie eigentlich reif dafür wäre, hervorbringen. Durch die zu übereilte Schaffung des einen Industriezweiges würde sie nur einen anderen, viel wertvolleren unterdrücken."

Nun gibt es allerdings nützliche und gerechte Monopole, genauso wie es schädliche und ungerechte Monopole gibt. Zu den nützlichen und gerechten Monopolen gehört beispielsweise jenes, das einem Erfinder das Recht zugesteht, den Gewinn aus seiner Erfindung für eine bestimmte Zeit ausschließlich selbst zu ziehen. Das Motiv für dieses Monopol läßt sich mit Händen greifen und bedarf daher keiner näheren Erläuterung.

Ein genauso [berechtigtes] Motiv liegt nun auch jenem Monopol zugrunde, das die Nation ihren eigenen Fabrikanten auf dem inneren Markt einräumt.

Dieses Monopol kann nicht als ein Monopol angesehen werden, das zugunsten des Individuums gegen die [Interessen der] Gesellschaft wirkt, weil ja die gesamte Manufakturklasse die Vorteile und Vorrechte dieses Schutzes genießt, weil ja die Ausbeutung der Fabriken frei und jedem Staatsbürger gestattet ist und weil sich schließlich der Schutz, den die Fabriken erhalten, auch zum Vorteil derjenigen auswirkt, in deren Namen man sich darüber beklagt, also zum Vorteil der Landwirte selbst.

Die Landwirte sind ihrerseits ebenfalls im Besitz eines nicht minder wichtigen und genauso notwendigen und nützlichen Monopols: sie haben das Monopol der ausschließlichen Verfügung über die produktiven Kräfte des Bodens.

Die Nützlichkeit des zugunsten der Manufakturisten eingeräumten Vorrechtes könnte allerdings mit einiger Berechtigung bestritten werden, und zwar dann, wenn die Maßnahmen, die ergriffen werden, um den heimischen Manufakturen den inneren Markt zu sichern, darauf hinauslaufen, daß sich die heimischen Manufakturerzeugnisse für immer und alle Zeiten teurer stellen als jene des Auslands.

Doch sobald die Nation weit genug entwickelt ist, um mit Hilfe eines [ihren Bedingungen genau angepaßten] Zollsystems eine beachtliche Konkurrenz im Inland entstehen zu lassen, wird es notwendigerweise dahin kommen — wie wir schon im [elften] Kapitel gezeigt haben —, daß die heimischen Manufakturwaren billiger verkauft werden als die ausländischen, eben auf Grund der Wirkung der [inneren und auch maßvoll dosiert zugelassenen äußeren] Konkurrenz und infolge des den nationalen Fabriken eingeräumten Schutzes.

Die Länder allerdings, deren gesellschaftliche und politische Verhältnisse noch so wenig entwickelt sind, daß man dort auch noch nicht mit einer starken inneren Konkurrenz rechnen kann, diese Länder sind die einzigen, wo das den eigenen Fabriken eingeräumte Vorrecht nur einigen Reichen und Mächtigen dazu dienen könnte, die Allgemeinheit auszubeuten und zu plündern, indem sie sehr hohe Preise festsetzen und diese ständig hoch halten. Und nur dort muß dieses Privileg als ein schädliches Monopol angesehen werden, als ein Monopol, welches die Entwicklung der produktiven Kräfte der Nation hemmt und verlangsamt.

KAPITEL XVI

WIRD DER INNERE MARKT DEN MANUFAKTUREN AUF KOSTEN DER KONSUMENTEN EINGERÄUMT?

Im [dreizehnten] Kapitel haben wir die Gründe angeführt, warum die Fabrikerzeugnisse einer Manufakturmacht zweiter oder dritter Ordnung, solange die Manufakturkraft dieses Landes noch nicht voll entwickelt ist, notwendigerweise unvollkommener und teurer sein müssen als die Fabrikate, die eine Manufakturmacht erster Ordnung anbieten kann. Aus diesem Umstand hat man den Schluß gezogen, daß sich der den Manufakturen zugestandene Schutz zum Nachteil der Konsumenten auswirkt und daß man folglich durch dieses Zugeständnis an die [jungen] Manufakturen ein Unrecht gegenüber allen Konsumenten von Manufakturwaren begeht.

Um den Wahrheitsgehalt dieses Einwandes gegen das Schutzzollsystem zu beurteilen, müssen wir zuvor erst einmal feststellen, wer eigentlich diejenigen sind, deren Interessen tatsächlich geschädigt werden.

Die Manufakturprodukte werden konsumiert:

1. von den Fabrikanten selbst — der eine ist der Konsument des anderen —,
2. von den Landwirten,
3. von der Händlerklasse,
4. von den Rentenempfängern und Kapitalisten,
5. von den Gelehrten und Künstlern,
6. von den Beamten und Angestellten des Staates.

Daß die [anfangs] höheren Preise den Fabrikanten keinen Schaden verursachen, da der eine der Konsument des anderen ist, haben wir im [zwölften] Kapitel gezeigt. Dort stellten wir klar, daß der Erfolg jedes Industriezweiges den Erfolg aller anderen zur Bedingung hat.

Die Landwirte stellen die größte Zahl jener Konsumenten, die in erster Linie in diese Betrachtung einbezogen werden könnten.

Daß gerade sie gezwungen sind, infolge des Zollschutzes für alle von ihnen benötigten Fabrikartikel höhere Preise zu zahlen, solange die innere Konkurrenz noch nicht zu ihrer vollen Entfaltung gekommen ist, das ist eine völlig unbestreitbare Tatsache. Doch geht es denn in der Ökonomie einzig und allein darum, daß man weiß, was ein Mensch [auf der einen Seite als Konsument] für seine Bedarfsgüter zu bezahlen hat? Muß man nicht auch das berechnen, was er [auf der anderen Seite als Produzent] für seine eigenen Erzeugnisse bezahlt bekommt? Hängt nicht das Wohlergehen jedes Produzenten davon ab, daß die Erlöse aus seiner Produktion die Kosten seiner Konsumtion übersteigen oder sich doch wenigstens mit diesen decken? Ist der Eigentümer von einem Stück Land in der

Nachbarschaft von Paris — weil er das, was er benötigt, dort teurer bezahlen muß — etwa in einer unglücklicheren Lage als der Eigentümer eines genauso großen, nur fern von jeder Stadt und jeder nennenswerten Manufaktur gelegenen Geländes? Es genügt, unser [zehntes Kapitel] durchzugehen, um zu begreifen, welchen Wechselfiebern jene Landwirtschaft ausgesetzt ist, die sich überwiegend auf den Außenhandel stützt. Man erhält dann einen Überblick über die unermeßlichen Vorteile, die durch die Gründung einer nationalen Manufakturkraft gerade für die Landwirtschaft entstehen. Und man versteht dann auch, daß [handelspolitische] Schutzmaßnahmen zugunsten der [heimischen] Fabriken — weit entfernt, die Landwirtschaft zu schädigen — für diese selbst im Endergebnis die wohltuendsten Folgen haben.

Aber nehmen wir ruhig einmal an, daß die innere Manufakturkraft — solange sie sich noch in der Entwicklung befindet — die Landwirtschaft einige Opfer kostet. Können dann diese Opfer mit den zerstörenden und unheilvollen Wirkungen von Krisen und Revolutionen verglichen werden, die auf Grund von Kriegen und feindseligen Zollmaßnahmen des Auslands in der Landwirtschaft so lange ausschlaggebend sind, wie sich die Nation noch in Abhängigkeit vom Außenhandel befindet? Beweist nicht der blühende Zustand der Landwirtschaft in allen Ländern, in denen sich unter dem Schutz der Nation eine Manufakturkraft entwickelt, daß diese Opfer — sofern es überhaupt Opfer gibt — unbedeutend oder doch zumindest kaum spürbar sind?

Aber angenommen, daß diese Opfer tatsächlich so lange gebracht werden müssen, wie sich die eigene Manufakturkraft noch in der Entwicklung befindet. Wird dann nicht die Landwirtschaft — sobald erst einmal der Höhepunkt in der Manufakturentwicklung erreicht ist — für alle Mühen, Opfer und Sorgen, die sie mit dieser Pflanze gehabt hat, durch hundertfache und in künftigen Zeiten sich noch ununterbrochen vermehrende Früchte reichlich entschädigt? Wird die Konkurrenz die heimischen Fabriken später nicht dazu zwingen, daß sie der Landwirtschaft billigere Manufakturartikel liefern als die ausländischen Fabriken? Wird es nicht im Zuge der fortschreitenden Festigung der heimischen Manufakturen und der gleichzeitigen Zunahme der Bevölkerung zu einer immer größeren Nachfrage nach landwirtschaftlichen Erzeugnissen und damit auch zu einer entsprechenden Erhöhung ihrer Preise kommen? Hat der Landwirt nicht selbst den schlagendsten Beweis dafür, daß man gegenwärtige Mühen und Opfer nicht scheuen darf, wenn es sich um die Grundlegung und Vorbereitung des Wohlstandes künftiger Generationen handelt? Sieht er diesen schlagendsten Beweis dafür nicht auch in jenen Obstbäumen, deren Früchte er heute erntet, während doch seine Vorfahren nur Mühe damit hatten? Keinesfalls also kann sich der Landwirt über die [zunächst noch] mangelhafte Qualität und die [vorerst noch] hohen Preise der Produkte einer durch Zölle geschützten [nationalen] Manufakturkraft beklagen. Er hat dazu keinen Grund.

Genausowenig Grund haben dazu auch die Rentenempfänger und Kapitalisten, die Gelehrten und Künstler. Wieviel gerade diese Klassen gewinnen, sobald Manufakturen und Landwirtschaft im Lande selbst voll in Blüte stehen, ist eine so offenkundige Tatsache, daß es unnütz wäre, sie erst noch besonders nachweisen zu wollen.

Auch die Händlerklasse verliert schließlich durch die Preiserhöhung für Manufaktur- und Agrarerzeugnisse im ganzen gesehen gar nichts. Da ja Produktion und Konsumtion der einen wie der anderen gleichermaßen erweitert werden, vergrößern sich damit gleichzeitig auch die ökonomischen Möglichkeiten derjenigen, die als Vermittler zwischen Produzenten und Konsumenten auftreten.

Es steht außer Zweifel, daß der Binnenhandel einer Nation, deren eigene produktive Kräfte schon eine hohe Entwicklungsstufe erreicht haben, viel reger und bedeutsamer ist als der Binnenhandel einer reinen Agrarnation. Genausowenig kann auch bestritten werden, daß eine Nation, die über eine starke Manufakturkraft verfügt, weit mehr Materialien vom Ausland benötigt und viel mehr heimische Werte ins Ausland liefert als eine reine Agrarnation.

Die einzigen, deren Geschäfte tatsächlich gestört werden, sind die Kommissionäre der ausländischen Fabrikanten sowie auch diejenigen, die im Inland landwirtschaftliche Erzeugnisse aufkaufen, um sie ins Ausland zu befördern. Allerdings verlieren auch sie nur eine gewisse Art von Geschäften, solche, an die sie bisher gewöhnt waren und die man ihnen bisher aufgetragen hatte. Da es aber auch ihnen – angesichts der mit dem Zollschutz einsetzenden Erweiterung der ökonomischen Möglichkeiten für die Händlerklasse – leichtfallen wird, ihren bisherigen Handel durch einen anderen zu ersetzen, kann man auch von ihnen keineswegs behaupten, daß sie in ihren Interessen durch die [zunächst] höheren Preise für heimische Manufakturprodukte geschädigt werden.

Wirklich die einzigen, die tatsächlich Verluste erleiden, sind die Staatsangestellten, die Beamten, sowie überhaupt alle die, deren Gehälter und Einkommen nicht durch das Verhältnis von Angebot und Nachfrage bestimmt sind. Diese erleiden Verluste, weil ihre Bezüge auf der Grundlage niedrigerer Preise festgelegt und berechnet wurden. Da jedoch das Wachstum der produktiven Kräfte der Nation gleicherweise auch ihre Steuerkräfte steigert, wäre es für die Steuerpflichtigen kein Schaden, wenn die Beamtengehälter entsprechend den sich neu herausbildenden Preisen erhöht würden.

KAPITEL XVII

HABEN LANDWIRTSCHAFTLICHE PRODUKTE FÜR SICH SELBST ZOLLSCHUTZ NÖTIG UND IN WELCHER HINSICHT HABEN SIE IHN NÖTIG?

In allen Ländern, die mit Hilfe von Zöllen eine Manufakturkraft entwickelt oder zu entwickeln versucht haben, sind auch die Agrarinteressen ihrerseits mit Ansprüchen auf unmittelbaren [Zoll-]Schutz für ihre Erzeugnisse aufgetreten. Mehr oder weniger wurde auch diesen Forderungen entsprochen. In diesem Kapitel wollen wir nun prüfen, aus welchen Motiven und mit welcher Begründung ein solcher Schutz gefordert und gewährt wird.

Es ist ein von den politischen Ökonomen entdecktes Prinzip — ein unbestreitbares und durch die Erfahrung bestätigtes Prinzip —, daß die Bevölkerung eines Landes sich vermehrt oder vermindert, je nachdem, ob die ihr zur Verfügung stehende Menge an Unterhaltsmitteln zunimmt oder abnimmt. Ob diese Unterhaltsmittel aus der Landesproduktion oder aus der Einfuhr stammen, ist hinsichtlich der Wirkung ein gleichgültiger Umstand. Wird nun aber die Einfuhr der Unterhaltsmittel für die Bevölkerung des Landes gehemmt oder verhindert, so ist es klar, daß um so weniger Menschen im Staat existieren können, je stärker die Einfuhr abnimmt. Auf die Dauer bewirkt also eine solche Maßnahme nicht etwa eine Steigerung der Nachfrage nach landwirtschaftlichen Produkten, sondern eine Begrenzung und Herabsetzung der Bevölkerungszahl.

In einem Lande, in dem die Manufakturindustrie geschützt ist und sich daher entwickelt oder gar schon in sehr hoher Blüte steht, würden die landwirtschaftlichen Produkte, die man ohne einfuhrbeschränkende Zollmaßnahmen importiert hätte, vor allem [dem Wachstum] der Manufakturbevölkerung und -produktion gedient haben. Das Land hätte dann einer größeren Anzahl von Manufakturisten Existenzmöglichkeiten bieten können. Diese größere Anzahl von Manufakturisten hätte wiederum eine größere Menge von Rohmaterialien verarbeiten können, und die Einfuhr von Werten in Form von Rohstoffen oder Lebensmitteln hätte schließlich auch die Ausfuhr einer gleichen Wertmenge in Form von Manufaktur- und Agrarprodukten nach sich gezogen. Doch dieses Wachstum der Manufakturbevölkerung und der Ausfuhr geht der Nation auf Grund der Schwierigkeiten verloren, die der Einfuhr von Naturprodukten in den Weg gelegt werden.

Da nun aber die einheimische Landwirtschaft – wie wir es in den vorhergehenden Kapiteln erklärt haben – nur im Anschluß an die Entwicklung einer [nationalen] Manufakturindustrie aufblühen kann, ist es offensichtlich, daß sie durch die Erschwerung der Einfuhr von Lebensmitteln und Rohstoffen sich nur selber schädigt, statt sich ihren Markt zu sichern, wie es ihre Absicht war.

Zwar hat es im Augenblick der Einführung einer Zollmaßnahme zum unmittelbaren Schutz irgendeines Zweiges der Landwirtschaft den Anschein, als würde dieser Zweig hieraus Vorteile gewinnen. Das Verbot oder die erschwerende Belastung der Fleischeinfuhren sichert [beispielsweise] den Viehzüchtern des Landes einige Augenblicksvorteile. Doch sehr bald stellt sich heraus, daß einerseits die Manufakturbevölkerung durch den nun erhöhten Fleischpreis geschädigt und andererseits auch unsere eigene Ausfuhr von Natur- und Manufakturprodukten unterbrochen wird; denn diejenigen, die vorher unsere Weine und Fabrikate im Austausch gegen ihr Vieh nahmen, belassen sie uns jetzt im Lager. Diese Erfahrung hat Frankreich nicht nur beim Fleisch gemacht, sondern auch bei mehreren anderen Artikeln.[1] England aber büßte und

[1] Charles Dupin sagt ([in seinem Werk] „Die produktiven Kräfte . . .“, Teil I, Seite 116): „Es wäre viel besser, dem Flei-

wird künftig noch härter büßen, weil es die Gesetze der Natur bezüglich des Austausches von Naturprodukten völlig mißverstanden hat [Kornzölle].

Folglich muß man jetzt erkennen, daß der Charakter der landwirtschaftlichen Produktion, was [die Auswir-

schergewerbe vollständige Freiheit zu geben und auf den schädlichen Gedanken zu verzichten, Schlendrian, Dummheit und Faulheit des französischen Landwirts gegen Betriebsamkeit, Fleiß und Sparsamkeit der jenseits unserer Grenzen wohnenden Landwirte zu schützen. Auf diese Weise könnten wir unserer eigenen Landwirtschaft und Industrie harte Gegenmaßnahmen ersparen."

Nach Chaptal („Über die französische Industrie", Teil I, Seite 196) ist dies der Stand der Viehzucht in Frankreich:

Stiere	214131
[Ochsen]	1701740
[Kühe]	3909959
	5825830

Vor Einführung der hohen Zölle, durch die man die Vieheinfuhr erschwerte, führte man ein:

Ochsen	16000
Kühe	20000
	36000

Die Einfuhr machte also nur etwa den 160. Teil des französischen Viehbestandes aus. Es ist klar, daß die Verhinderung dieser geringfügigen Einfuhr den allgemeinen Wohlstand der Landwirtschaft in Frankreich nicht erhöhen konnte. Was dadurch lediglich vergrößert wurde, war das Elend in einigen Departements des Westens und der Hauptstadt — und [dort betraf dieses Elend] ausgerechnet die Arbeiterklasse, die eine gute Ernährung am nötigsten braucht und deren Schwächung die arbeitsfähigen Kräfte der Nation verringert. Auf dem Markt von Poissy stieg der durchschnittliche Fleischpreis von 42 auf 50 Cents. Dies veranlaßt uns, auf einen weiteren sehr wichtigen Unterschied zwischen der landwirtschaftlichen und industriellen Produktion aufmerksam zu machen. Es handelt sich hierbei um einen Unterschied, den wir zu erwähnen vergaßen. Er besteht darin, daß sich hohe Zölle auf Lebensmittel ungleichmäßig auf die verschiedenen Gegenden und auf die verschiedenen Klassen auswirken, während sich hohe Zölle auf Fabrikartikeln auf alle Gegenden und auf alle Klassen nahezu gleichmäßig auswirken.

kungen] der Handelsfreiheit betrifft, völlig anders ist als der Charakter der Manufakturproduktion. So wie man nicht verkennen kann, daß die meisten Länder von Natur aus zur Gründung und Unterhaltung aller Arten von Manufakturen befähigt sind — wenn sie nur die notwendige Zivilisationsstufe erreicht haben —, so kann man auch nicht länger leugnen, daß diese künstlichen [politischen] Förderungsmaßnahmen in der Landwirtschaft nur schwach auf die Natur einwirken können, weil sich diese selbst nicht zwingen läßt. Man muß begreifen, daß die verschiedenen Länder von der Natur für verschiedene Kulturen besonders begünstigt sind, das eine für den Weinbau und das andere für die Viehzucht, ein drittes für die Getreidewirtschaft, ein viertes für Forstwirtschaft und Schafzucht, ein fünftes für Tabak und Baumwolle. Es würde daher auch kaum der Vernunft entsprechen, wollte man ein Gebiet, das durch Klima, Bodenqualität, Erfahrung und Gewohnheit besondere Vorzüge für diese oder jene Kulturart aufweist, zur Übernahme einer anderen Kulturart zwingen.

Nur mit Erstaunen kann man also erkennen, daß die Erwägungen der kosmopolitischen Theoretiker zu einem großen Teil [gerade] im Bereich der Agrarproduktion praktisch angewandt werden. Man erkennt daraus, daß sich diese Theoretiker vor allem dadurch versündigt haben, daß sie die Manufakturproduktion — die, wie wir gesehen haben, von ganz anderen Gesetzen beherrscht wird — mit der Agrarproduktion in ein und denselben Topf warfen.

Der Nachweis dieses Unterschieds ist für uns wichtig, damit man uns nicht als einen voreingenommenen Verteidiger der Fabriken verdächtigt.

Es liegt in der Natur der Dinge, daß die Landwirtschaft nahezu vollständig das Monopol des inneren Marktes genießt. Anders steht es in dieser Hinsicht mit den Fabriken.

Auf dem inneren Markt hat die Landwirtschaft die Konkurrenz fremder Nationen um so weniger zu fürchten, je weiter diese in Zivilisation und Industrie fortgeschritten sind. Bei den Fabriken ist das Gegenteil der Fall.

Der Landwirt ist zum großen Teil — vor allem bei Eigentumszersplitterung — sein eigener Konsument. Der Fabrikant hängt vollkommen vom Markt ab.

Eine auswärtige Konkurrenz vernichtet niemals vollständig die Existenz des Landwirts, denn diese sichert er weitgehend durch seine eigene Produktion. Wenn er für seinen Produktenüberschuß, den er zur Ausfuhr oder zum Verkauf auf dem inneren Markt vorgesehen hatte, keinen vorteilhaften Absatz finden kann, dann verwendet er ihn zur Vermehrung seines Viehs oder zur Düngung seiner Felder. Für ihn ist es deshalb sehr viel leichter, günstige Umstände abzuwarten, als für den Fabrikanten, denn diesen ruiniert eine zerstörende und anhaltende Konkurrenz unfehlbar mit allen seinen Arbeitern, seinen Maschinen, seinen Baulichkeiten und mitsamt seiner ganzen Organisation.

Erziehung zur und Gewöhnung an landwirtschaftliche Arbeit kosten wenig. Sie fordern von der Mehrzahl derjenigen, die sich der Landwirtschaft widmen, nur sehr wenig Geschicklichkeit, sondern hauptsächlich eine robuste körperliche Verfassung. Das alles ist in den Manufakturen anders.

Falls die Konkurrenz in der Landwirtschaft den Landwirt einmal dazu nötigen sollte, seine Erzeugnisse in seinen Speichern zu stapeln, dann kann das sogar noch zur Folge haben, daß die Landarbeiter für eine gewisse Zeit besser ernährt werden als in Zeiten eines beachtlichen Absatzes und hoher [Verkaufs-]Preise. Im Gegensatz hierzu führt die Konkurrenz bei den Fabriken im gleichen Falle zum Stillstand der Geschäfte, zu Arbeitsmangel und überhaupt zu einer allgemeinen und verderbenbringenden Not.

Besitzt der Landwirt nicht genügend Geldmittel, um vervollkommnete Fabrikartikel zu bezahlen, so kann er sich durch Eigenproduktion aus der Affäre ziehen. Zwar ist ihm die Entbehrung unangenehm und unbequem, doch bedroht sie nicht seine Existenz. Im Gegensatz hierzu bedroht der Mangel an Lebensmitteln den Fabrikarbeiter in seiner Gesundheit und oft genug sogar in seiner ganzen Existenz.

Schutzzollmaßnahmen zugunsten der nationalen Fabriken können ausländische Unternehmer, Talente, Arbeiter, Maschinen und Kapitalien ins Land ziehen. Für die Landwirtschaft gilt nicht das gleiche, zumindest ist diese Anziehungskraft dort stark eingeschränkt.

Die Produktion des Fabrikanten ist einer erstaunlichen Ausweitung fähig. Die Produktion des Landwirts ist dagegen durch die Größe seines Eigentums sowie durch die Bedingungen von Klima und Boden begrenzt.

Durch den Zollschutz zugunsten der Fabriken wird auch die Landwirtschaft mittelbar gehoben und begünstigt. Durch den Zollschutz zugunsten der Landwirtschaft werden die Fabriken unmittelbar bedrückt und geschädigt.

Bei ständigem Zollschutz zugunsten der Fabriken wird die innere Konkurrenz mehr und mehr auf die Preise der Manufakturartikel drücken und diese zum Sinken bringen; umgekehrt werden sich die Preise der landwirtschaftlichen Produkte um so mehr erhöhen, je länger dieser Schutz den Fabriken zugestanden wird.

Der Zollschutz zugunsten der Fabriken bewirkt notwendigerweise die Erhöhung des Lohnes für die Fabrikarbeiter. Doch ein Zollschutz zugunsten der Landwirtschaft erhöht weder die Profite der Pächter noch die Löhne der Landarbeiter, sondern einzig und allein die Renten der Grundeigentümer. Er gleicht in dieser Hinsicht einem Monopol zugunsten der Landaristokratie gegen die gequälteste, ärmste, zahlreichste und nützlichste Klasse der Nation: gegen die gesamte Arbeiterklasse einschließlich der Landarbeiter.

Der Zollschutz verschafft dem Fabrikanten Kredit beim [Leih-]Kapitalisten. Folglich kann nur dieser Schutz den Gründern neuer Fabriken die für ihre Unternehmen notwendigen Mittel sichern. Der Kredit des Pächters oder Grundeigentümers aber ist ständig durch den inneren und dauerhaften Wert seiner Liegenschaften garantiert.

Eine künstliche Preiserhöhung für Lebensmittel, die mit Hilfe von [Agrar-]Zöllen herbeigeführt wird, spricht dem obersten Gesetz der Nation Hohn. Es verschafft denen, die sowieso schon das Eigentumsmonopol am nationalen Boden haben, noch ein zweites Monopol, indem es ihnen gestattet, den Preis der Erzeugnisse ihres Bodens durch ein künstliches und dem Allgemeinwohl schädliches Mittel zu erhöhen. Der Zollschutz für Fabriken [dagegen] verschafft der Arbeiterklasse Arbeit und Brot und befähigt sie [damit], den Folgen einer Preiserhöhung für Manufakturprodukte zu entgehen.

Durch den Schutz der Fabriken mit Hilfe von Zöllen sichert sich die Nation die Mittel, um sich im Falle ungenügender Ernten von auswärts versorgen zu können. Sofern nämlich die Nation eine regelmäßige Einfuhr von landwirtschaftlichen Produkten begünstigt oder doch wenigstens für die weitere Entwicklung die Möglichkeit einer solchen Einfuhr[begünstigung] erkennen läßt, ermutigt sie andere Länder zur Produktion eines Überschusses und zur Bildung von Vorräten, die sie dann nach Bedarf von ihnen beziehen kann. Sofern sie aber ihre Grenzen für die Einfuhr von Rohstoffen und Lebensmitteln sperrt, beraubt sie sich selbst dieser Hilfsquellen für den Notfall und entmutigt die Agrarproduktion anderer Länder.

Durch die Zulassung einer freien Einfuhr von Naturprodukten und Rohstoffen sichert die Manufakturnation auch ihren Manufakturerzeugnissen den äußeren Markt. Durch das Verbot solcher Einfuhren dagegen zwingt sie die Agrarnationen dazu, nun auch auf dem Gebiet der Manufakturproduktion selbst die Konkurrenz mit ihr aufzunehmen.

Durch die [Zulassung einer] freie[n] Einfuhr von Rohstoffen und Rohmaterialien erhält die Nation die Möglichkeit, Kolonien zu gründen, die sie gerade durch die so gegebene Erleichterung eines wechselseitigen und einträglichen Handels auf eine für beide Seiten höchst vorteilhafte Weise an sich bindet.

Verhindert sie diese Einfuhr aber, so raubt sie sich selbst ein so wichtiges Mittel zur eigenen Bereicherung und für den Unterhalt von Menschen, die sonst ohne Arbeit wären.

Eine Zollgesetzgebung zugunsten der Fabriken ist — wie wir weiter oben gezeigt haben — unerläßlich für die Aufrechterhaltung und Entwicklung der Zivilisation, der Macht, der Unabhängigkeit und des Wohlstandes der Nation. Sie ist auch das einzige Mittel, um die Landwirtschaft zur höchstmöglichen Blüte zu bringen. Der [unmittelbare] Zollschutz für die Landwirtschaft selbst aber wird kein anderes Ergebnis haben als die Bereicherung einiger Grundeigentümer auf Kosten anderer.

Aus allen diesen Gründen ist die vollständige, unbegrenzte Handelsfreiheit zwischen allen Nationen bei Rohstoffen und landwirtschaftlichen Erzeugnissen nicht nur möglich, sie ist äußerst nützlich, vorteilhaft und gewinnbringend für alle Nationen im allgemeinen und für jede einzelne von ihnen im besonderen. Die gleiche Handelsfreiheit jedoch, auf Manufakturprodukte angewandt, würde einigen Nationen Zivilisation, Wohlstand, Macht und Unabhängigkeit wieder rauben, die sie bereits errungen hatten.

Man würde vielleicht in bezug auf [die Auswirkungen] des Zollschutzes noch weitere Unterschiede zwischen Landwirtschaft und Manufakturindustrie herausfinden; doch wir hoffen, daß für unseren Zweck schon die soeben von uns untersuchten Unterschiede genügen. —

Wenn es aber nun so um die Dinge steht, warum hat dann die Landwirtschaft in fast allen Staaten so bedeutende Schutzmaßnahmen gegen die ausländische Konkurrenz durchsetzen können?

Weil die Manufakturindustrie erkannt hat, daß sie die Landwirtschaft zum Freund haben muß, wenn sie gegen den Widerstand der Außenhandelsinteressen und gegen die Theoretiker ein allgemeines nationales Schutzsystem durchsetzen will.

Weil die Landwirte noch nicht einsichtig genug sind, um schon selbst zu erkennen, daß sie diesen Schutz ganz entgegen ihren eigenen Vorteilen fordern.

Weil diejenigen, die an der Augenblickssteigerung der Bodeneinkommen interessiert sind und deshalb einen unmittelbaren Gegenwartsgewinn den dauerhaften Zukunftsvorteilen vorziehen, in den meisten gesetzgebenden Körperschaften einen überwiegenden oder doch zumindest beachtlichen Einfluß ausgeübt haben oder noch ausüben.

KAPITEL XVIII

DIE VIERTE ENTWICKLUNGSPERIODE DER LANDWIRTSCHAFT UND DER MANUFAKTUREN

In den vorigen Kapiteln haben wir bereits drei Entwicklungsperioden der Landwirtschaft erläutert, nämlich:

1. diejenige, in der die Landwirtschaft — ohne durch den Außenhandel beeinflußt zu sein — noch isoliert besteht;
2. diejenige, in der die Landwirtschaft dem Einfluß des Außenhandels ausgesetzt ist;
3. diejenige, in der sich innere Manufakturkraft und Landwirtschaft das Gleichgewicht halten und wo die Erzeugnisse beider — zumindest ihr größter Teil — im Lande selbst konsumiert werden.

Diesen drei Entwicklungsperioden der Landwirtschaft entsprechen drei Entwicklungsperioden der Manufaktur, nämlich:

1. diejenige, in der sich die Landwirte und Grundeigentümer den größten Teil der von ihnen gebrauchten Manufakturartikel selbst anfertigen und wo es nur einfaches Handwerk gibt;

2. diejenige, in der sich — im Zusammenwirken mit dem Außenhandel oder gefördert durch den Handel — beachtlichere Manufakturen herausbilden, und zwar in dem Maße, wie es ihnen möglich wird, der Konkurrenz der ausländischen Fabriken zu begegnen, sei es auf Grund niedrigerer Löhne, sei es infolge sonstiger für sie vorteilhafter lokaler und besonderer Bedingungen;

3. diejenige, in der die inneren Fabriken den inneren Markt versorgen, wenn nicht vollkommen, so doch immerhin fast vollkommen.

Aber sowohl für den einen wie auch für den anderen Zweig der Produktion gibt es noch eine vierte Entwicklungsperiode, nämlich diejenige,

in der die Rohstoffe oder ein Teil der Rohstoffe sowie die Lebensmittel aus fremden Ländern eingeführt und im Austausch dafür heimische Manufakturprodukte in diese Länder ausgeführt werden.

Auf den ersten Blick könnte es als ein Widerspruch erscheinen, wenn man hört, daß die Einfuhr von ausländischen Rohstoffen und Nahrungsmitteln die eigene Landwirtschaft auf eine Entwicklungsstufe heben soll, die noch höher ist als jene, auf der die Agrarproduzenten den nationalen Markt monopolistisch beherrschten. Doch wenn man die vorangegangenen Kapitel mit etwas Aufmerksamkeit gelesen hat, so kann die Richtigkeit dieser Behauptung mit einigen wenigen Worten bewiesen werden.

Eine solche Einfuhr versetzt die Manufakturen des Landes in die Lage, eine sehr viel größere Menge von Produkten herzustellen, als sie im Inland selbst unterbringen können. Darüber hinaus werden ihre Produktionskosten sehr viel niedriger sein, als wenn die Einfuhr von Rohmaterialien und Rohstoffen durch Verbote und Beschränkungsmaßnahmen gestoppt wäre und infolgedessen die Preise der landeseigenen Agrarerzeugnisse durch eine künstliche Verknappung in die Höhe getrieben wären.

Dank der [freien] Einfuhr ausländischer Rohstoffe und Nahrungsmittel wird es dem Lande möglich sein, eine sehr viel größere Zahl von Fabrikarbeitern, Manufakturisten, Kaufleuten usw. zu beschäftigen, als die Landwirtschaft jemals allein ernähren und beschäftigen könnte. Um alleinstehende Häuser herum gruppieren sich viele andere; es bilden sich Dörfer, aus diesen entstehen Marktflecken und aus Marktflecken werden kleine Städte, aus kleinen Städten große; und in den großen Städten sieht man die Zahl der Häuser und Einwohner sich verdoppeln und verdreifachen.

Die Nachfrage nach Baustoffen, Brennmaterialien und Konsumtionsmitteln aller Art weckt das Bedürfnis nach mehr und besseren Kanälen und Landstraßen. Gibt es irgendwo Steinbrüche, Ziegeleien, Kohlengruben, Torfmoore, dann entstehen dort neue Dörfer und neue Städte. Diese wieder vergrößern die Nachfrage nach Agrarprodukten noch mehr. Sie liefern umgekehrt dem Landwirt seinen eigenen Brennstoffbedarf, den er bis dahin nur auf eine wenig vorteilhafte Weise auf seinem eigenen Boden erzeugte.

Die [industriellen] Werke aller Art sowie der Bau von Kanälen und Straßen beschäftigen eine Menge Arbeiter, die ihrerseits wieder die Nachfrage nach Agrarprodukten entsprechend vergrößern.

Die Gärten verwandeln sich in Lagerplätze und Baustellen, die Felder und Wiesen in Gemüse- und Obstgärten, die Wälder und Weiden in Wiesen und Äcker, denn es entwickelt sich eine immer größere Nachfrage nach solchen Agrarprodukten, die entweder gar nicht oder doch nur in solchen Mengen aus dem Ausland eingeführt werden können, die im Vergleich zur Vergrößerung der Bedürfnisse und der inländischen Konsumtion viel zu geringfügig sind: so etwa nach Milch, Eiern, frischer Butter, Küchenkräutern, Gemüse, Kartoffeln, Obst, Hafer und Stroh für die Arbeits- und Luxuspferde, vor allem aber nach Fleisch aller Art, ölhaltigen Pflanzen oder solchen zum Färben usw.

Wenn nun der einheimische Landwirt gegenüber dem ausländischen Landwirt bei Getreide und Mühlenprodukten sowieso schon im Vorteil ist — auf Grund der Transport-, Transit-, Lagerhaltungs- und Versicherungskosten, mit denen die ausländische Konkurrenz [bei diesen Waren] notwendigerweise [besonders stark] belastet ist —, wenn ihn dann auch noch vervollkommnete Transportmittel in allerengste [räumliche] Verbindung mit dem inländischen Konsumenten bringen, so ist ihm in den oben aufgeführten Erzeugnissen ein noch viel größerer Absatz sicher; in Erzeugnissen also, die Ertrag und Reineinkommen des Bodens erheblich steigern und viel mehr Arbeitskräfte beanspruchen und beschäftigen als die gewöhnliche Landwirtschaft und die bloße Aufzucht von Arbeitsvieh.

Je mehr nun aber die Einfuhr von Rohstoffen und Getreide aus dem Ausland begrenzt und verhindert wird, um so weniger ist [einerseits] die Landwirtschaft in der Lage, auf diese höhere Entwicklungsstufe zu gelangen, um so weniger ist es [andererseits] den heimischen Fabrikanten möglich, auf äußeren Märkten im Konkurrenzkampf zu bestehen.

Man sagt nun, daß es doch gefährlich wäre, die Manufakturindustrie bis zu einem Punkt zu entwickeln und zu vergrößern, wo ausländische Einfuhren von Lebensmitteln und Rohstoffen sowie äußere Absatzmärkte für ihre Manufakturartikel notwendig würden, weil diese Absatzmärkte und diese Einfuhren Schwankungen aller Art und unter anderem auch den Zollmaßnahmen anderer Nationen unterworfen wären. Doch darüber kann man ganz beruhigt sein. Einer Nation, die ihre Agrar- und Manufakturproduktion bis zu einer solchen Stufe entwickelt hat, werden weder die Macht noch die Mittel fehlen, um derartige Unannehmlichkeiten abzuwehren. Das wäre ja gerade so, als fürchtete man, sich seiner Füße zum Gehen zu bedienen, nur aus Angst, sie dabei abzunutzen.

KAPITEL XIX

ÜBER DIE PRODUKTIVEN KRÄFTE DES HANDELS

Der Handel — sowohl der Außenhandel wie der Binnenhandel — ist der Agent, durch dessen Vermittlung die Austauschbeziehungen zwischen Landwirten und Manufakturisten hergestellt werden. Er erspart nicht nur den einen wie den anderen die Mühe, sich selbst mit ihrem Absatz zu befassen, Konsumenten zu suchen, für den Transport der Waren nach den Orten zu sorgen, wo Bedarf nach ihnen besteht, und die Zahlung des [Gegen-] Wertes zu bewirken. Er gibt ihnen darüber hinaus auch Vorschüsse, sammelt Vorräte von Waren an, die zeitweilig nicht gefragt sind, erleichtert dadurch die Produktion und trägt zur Aufrechterhaltung des Gleichgewichts zwischen Produktion und Konsumtion, [zum Ausgleich] zwischen guten und schlechten Ernten bei.

Von anderen wurde der Handel auch als Mittler zwischen Produktion und Konsumtion definiert, und zwar insofern, als er die Funktionen, die wir ihm soeben zwischen den verschiedenen Zweigen der Landwirtschaft und der Manufakturen zugeschrieben haben, in gleicher Weise auch zwischen denen verwirklicht, die [auf der einen

Seite] materielle Werte produzieren, und denen, die [auf der anderen Seite] lediglich konsumieren (z. B. Rentenempfänger, Beamte, Künstler usw.)

Um jedoch das produktive Wirken des Handels ins rechte Licht zu rücken, müssen wir unsere Aufmerksamkeit auf seinen Grundcharakter richten, eben auf seine Rolle als Vermittler zwischen den beiden Hauptzweigen der Produktion.

Aus dieser Eigenschaft [des Handels] ziehen wir folgende Schlüsse:

1. Der Handel ist — strenggenommen — nicht selbst Produzent; er unterstützt lediglich die Produktion und Konsumtion der Landwirtschaft und der Manufakturen.

2. Der Handel blüht oder leidet je nach Wohlstand oder Notstand von Landwirtschaft und Industrie.

3. Wenn auf Grund der Sicherheit des inneren Marktes die Prosperität von Landwirtschaft und Industrie gestiegen ist, dann gewinnt der Handel dadurch in der Regel im gleichen Verhältnis. Es ist erwiesen, daß bei einer Nation, deren Agrar- und Manufakturproduktion auf einer hohen Entwicklungsstufe angelangt ist, der Binnenhandel fünf- bis zehnmal größer ist als der Außenhandel.

4. Der Außenhandel kann nur in dem Umfang als nützlich gelten und auch nur insoweit Freiheit beanspruchen, wie er für die Manufakturen und die Landwirtschaft des Landes selbst vorteilhaft ist.

5. Es ist jedoch erwiesen, daß ihnen der Außenhandel in gewissen Fällen schadet. Er handelt [dann] seinem eigenen Grundinteresse zuwider, wenn er sich nicht selbst die notwendigen Beschränkungen auferlegt oder wenn er versucht, sich ihrer zu entledigen; denn

6. der Binnenhandel ist bei einer industriell voll entwickelten Nation nicht nur viel bedeutender als der Außenhandel, sondern dieser selbst wächst oder schrumpft in unmittelbarer Abhängigkeit vom Wachsen oder Schrumpfen der nationalen Industrie. Es entspricht der

Natur der Dinge — wie wir es in unseren vorangehenden Kapiteln bewiesen haben und wie es auch die Erfahrung aller Länder bestätigt —, daß eine Nation um so mehr ausländische [Natur-]Produkte konsumiert, um so mehr vom Ausland bezogenes Rohmaterial verarbeitet und um so mehr [eigene] Manufakturerzeugnisse in andere Länder liefert, je stärker ihre heimische Industrie entwickelt ist. Die Einfuhren und Ausfuhren einer reinen Agrarnation — und hätte sie auch die vollständigste Handelsfreiheit verwirklicht — halten in ihrem geringen Gesamtwert keinerlei Vergleich mit den Ein- und Ausfuhren einer Manufakturnation aus; ganz gleich, mit welchen Einschränkungsmaßnahmen diese Nation ihrerseits auch immer den Außenhandel hinsichtlich der Einfuhr von Manufakturprodukten behindern sollte.

7. Sobald eine Nation durch die Ausdehnung und Entwicklung ihrer eigenen Industrie an Unabhängigkeit, Macht und Wohlstand gewinnt, ist es besonders der Außenhandel, der dabei profitiert. Schließlich hängt seine ganze Existenz von dem Schutz ab, den ihm die Nation gegen andere Nationen bieten kann, während ihn nationale Ohnmacht in seiner Wurzel träfe.

8. Der Außenhandel ohne heimische Industrie und ohne nationalen Schutz ist — wie auch die anderen Wirtschaftszweige — allen gesetzlichen oder willkürlichen Maßnahmen des Auslandes ausgeliefert. Gegen sie hat er weder Verteidigung noch Linderung zu erwarten. In dieser Situation ist er in Friedenszeiten wahrhaftig nur Untertan des fremden Staates.

9. In Kriegszeiten aber wird er vollkommen erschüttert und vernichtet. Seine Schiffe vermodern dann in den Häfen. Die Matrosen suchen sich anderswo Beschäftigung. Seine Kapitäne werden Bauern. Seine Kapitalien liegen tot und ungenutzt herum oder aber wandern gar ab. Steckt der Kaufmann seine Kapitalien dann aber in die [heimischen] Fabriken, deren Entwicklung der Krieg begünstigt, so muß er bald in Widerspruch mit

sich selbst geraten. Er, der vor dem Kriege ständig ein Loblied auf die Handelsfreiheit sang, wird, sobald einmal der Frieden geschlossen ist, gezwungen sein, nun selbst den [Zoll-]Schutz für jene Kapitalien zu fordern, die er während des Krieges in industrielle Unternehmen gesteckt hat.

Ganz anders ist jedoch die Lage für den Außenhandel eines industrialisierten und mächtigen Staates. Unter dem Schutz einer ausreichenden Kriegsflotte wird er sich andere Absatzmärkte suchen, um jene zu ersetzen, die ihm zeitweilig verschlossen sind. Sollten aber seine Kapitalien [im Bereich des Außenhandels] dennoch ruhen müssen, so bietet ihm der blühende Zustand der nationalen Industrie [seines eigenen Landes] tausend Gelegenheiten, um sie auf sichere und vorteilhafte Weise anzulegen.

10. Der einfache Transit- und internationale Transporthandel steht sogar mit beiden Beinen in fremden Ländern. Er kommt daher für unsere Betrachtung nur in Frage, sofern er gleichzeitig auch die eigene nationale Industrie fördert, sofern die Konsumtion und die Abgaben derjenigen, die sich mit diesem Handel beschäftigen, zum Vorteil der Nation und des Staates ausschlagen und sofern man hoffen kann, daß die von ihm akkumulierten Kapitalien eines Tages zum Nutzen der nationalen Industrie verwendet werden.

Auf jeden Fall muß der Außenhandel gegenüber der heimischen Industrie als ein Ausländer angesehen werden, der einen recht sonderbaren Anspruch geltend machen würde, wollte er von ihr verlangen, daß sie sich nicht nur seinen Gesichtspunkten und Wünschen anpassen, sondern sich selbst auch noch gleich für diese aufopfern solle.

Nach dem Gesagten ist es offenkundig, daß sich das wohlverstandene Interesse des Handels grundsätzlich in Nichts vom Interesse des Landwirts und Fabrikanten unterscheidet, daß der Handel selbst [grundsätzlich] keine einzige Forderung stellen kann, die die Interessen dieser beiden produzierenden Klassen verletzen könnte oder ihnen entgegengesetzt wäre, und daß es also eine der Vernunft zuwiderlaufende Sache ist, von Handelsfreiheit zu sprechen, als sei sie eine persönliche Angelegenheit des Händlers und als wäre der Handel eine unabhängige Kraft, nicht aber der einfache Agent, der bloße Vermittler oder Makler der produktiven Kräfte.

Wir können [die Richtigkeit] unsere[r] Überlegungen keiner besseren Prüfung unterwerfen als dadurch, daß wir uns die ganze Nation — wie schon einmal im [vierzehnten] Kapitel — als eine Gesellschaft vorstellen, deren Glieder durch Gütergemeinschaft miteinander verbunden sind. In welchem Maße würden dann diejenigen „produzieren", die mit der Erfassung, Aufbewahrung, Versendung, mit dem Transport und der Verteilung der Güter beschäftigt und beauftragt sind? Wären sie nicht um so mehr beschäftigt, je mehr die Landwirte und Fabrikanten dieser Gesellschaft produzieren und konsumieren? Würden sie es nicht selbst als eine Torheit der Gesellschaft ansehen, wenn diese ihre Wolle ins Ausland schickte, um dafür Tuche zu bekommen, die nicht einmal ein Viertel jener Wolle enthielten, die sie dafür in Zahlung gegeben hatte? Würde ihnen dies nicht als genauso unsinnig und genauso nachteilig erscheinen, als wollte die Gesellschaft das von ihr produzierte Getreide ins Ausland schicken, um im Austausch dafür Mehl und Brot einzuführen? Würde ihnen dies nicht um so unsinniger erscheinen, je mehr müßige Hände und [ungenutzte] geistige Kräfte es in der Gesellschaft gäbe, mit deren Hilfe man die eigene Tuchfabrikation in Gang bringen könnte, und je größer der von der Gesellschaft produzierte Lebensmittelüberschuß wäre, mit dem sie ihre in dieser Fabrikation beschäftigten Mitglieder ernähren könnte? Oder könnten etwa diejenigen, die bis dahin damit beschäftigt waren, die Wolle zu versenden und das Tuch zu beschaffen, auch nur mit einem Deut von Vernunft behaupten, daß sich die Gesellschaft durch diese Maßnahme selbst schädige und gleichzeitig auch noch ihren [Außenhandels-]Geschäften Abbruch tue? Würde man ihnen dann nicht folgendes antworten: Da die Gesellschaft [nunmehr] durch ihre eigene Industrie selbst in der Lage ist, viermal mehr Tuch zu produzieren, als [sie] durch den bisher praktizierten Austausch [erhielt], ergibt sich folgendes: Erstens werden die Lager-, Versand- und Verteilungsaufgaben im Inland selbst sehr viel umfangreicher werden, weil ja von jetzt an jedes Mitglied der Gesellschaft zweimal soviel Tuch verbrauchen kann wie früher; zweitens wird auch noch die Hälfte der fabrizierten Tuche für die Ausfuhr ins Ausland übrig sein. Da aber diese Hälfte einen Wert hat, der doppelt so groß ist wie der Wert der früher ausgeführten Wolle, so wird die Gesellschaft jetzt das Doppelte nicht nur durch die Ausfuhr, sondern ebenfalls auch noch durch die Einfuhr gewinnen; kann man doch nun im Austausch gegen diese Tuche ausländische Waren zu einem zweimal so großen Wert einführen wie ehemals im Austausch gegen Wolle. Daraus ergibt sich also, daß diejenigen, die bisher im Außenhandel tätig waren, nicht nur nicht zu nutzlosen Mitgliedern der Gesellschaft werden, sondern daß sich im Gegenteil ihre Nützlichkeit und auch ihre Geschäfte um das Doppelte vergrößern.

Es gibt nur einen einzigen Fall, in dem die im Außenhandel beschäftigten Mitglieder der Gesellschaft eine solche Maßnahme mit Recht als nachteilig empfinden könnten, nämlich wenn die Gesellschaft noch nicht über genügend Muskelkraft verfügt, um den Boden ausreichend zu bearbeiten, oder wenn sie noch nicht genügend Geisteskräfte besitzt, um die Tuchherstellung mit dem gleichen Erfolg zu erlernen wie die Nation, von der man das Tuch bisher bezogen hatte. Dann allerdings könnte man der Gesellschaft nachweisen, daß sie besser gekleidet gehen und einen größeren Export haben könnte, wenn sie vorerst noch fortführe, Wolle zu produzieren und diese gegen Tuch [aus dem Ausland] einzutauschen.

Die ganze Sache ist so klar, daß man eigentlich darüber erstaunt sein müßte, wie solche offenkundigen Wahrheiten von den Kaufleuten verkannt werden können. Doch wird die Haltung der Kaufleute verständlich, wenn man weiß, daß sich das allgemeine Interesse des Handels sehr häufig vom besonderen Interesse des Händlers unterscheidet. Im folgenden Kapitel werden wir diesen Unterschied und seine Folgen erläutern. Hier wollen wir uns nur noch gegen jeden Verdacht der Voreingenommenheit verteidigen, indem wir die Bedeutung des Handels für die Entwicklung der produktiven Kräfte und der Zivilisation der Völker wie der gesamten Menschheit ausdrücklich anerkennen.

Indem der Handel neue Genüsse bietet, die neue Bedürfnisse wecken, führt er den Wilden an die Arbeit heran und macht sie ihm zur Gewohnheit. Durch die Arbeit bilden sich Sittlichkeit, Religion und Recht. Es ist nicht der Missionar, sondern der Kaufmann, der unter den wilden oder in Barbarei zurückgefallenen Völkern die Zivilisation ausbreitet.

Indem der Handel die Landwirtschaft anregt, die so lange im Elend dahinsiecht, wie sie sich selbst überlassen bleibt, bereitet er die Nationen auf den Eintritt in eine neue Phase ihrer Existenz vor. Er vernichtet die tiefsten Grundlagen des Aberglaubens und den Fanatismus, die geistige und körperliche Trägheit der Völker, die schädlichen Privilegien der Aristokratie und die Willkürherrschaft des Despotismus. Er bereitet die Bevölkerung auf bessere Verhältnisse vor und befähigt sie, diese zu schaffen, indem er in ihr das Bedürfnis nach einer Manufakturkraft hervorruft und ihr zugleich auch die Mittel liefert, mit denen sie diese hervorbringen und entwickeln kann.

Nur während des Übergangs von der zweiten zur dritten Periode der landwirtschaftlichen Entwicklung stehen die Interessen eines Teils des Handels im Gegensatz zum Interesse der Nation, doch in der vierten Periode marschieren beide wieder gemeinsam.

So wie der Handel die produktiven Kräfte der Völker unterstützt, sie wachsen läßt und einander näher bringt, so wird es ihm mit der Zeit auch gelingen, sie [völlig] zu vereinigen.

Die Freiheit des Handels ist kein leerer Traum. Sie ist ein Gesetz der Vernunft, und unter ihrer Herrschaft werden alle Völker der Erde den höchsten Grad des physischen Wohlbefindens und der Zivilisation erreichen; doch erst dann, wenn sich alle Nationen auf die gleiche ökonomische, moralische, soziale und politische Entwicklungsstufe erhoben haben werden.

Es scheint allerdings, daß die Erziehung der Völker zu dieser allumfassenden [Menschheits-]Vereinigung schneller und einheitlicher auf der Grundlage ihrer Gliederung in große nationale Gesellschaften vorankommen wird.

KAPITEL XX

ÜBER DIE PRODUKTIVEN KRÄFTE DES HANDELS

(Fortsetzung)

Worin unterscheiden sich das Interesse des Handels und das Interesse des Händlers?

Die Landwirte und Manufakturisten können nur durch die Schaffung neuer Werte gewinnen. Ihre Produktion ist daher notwendigerweise für die Allgemeinheit immer nützlich, obwohl ein Produktenüberschuß gelegentlich die Interessen gewisser Produzenten beeinträchtigt, denn wenn eine bestimmte Güterart in einer größeren Menge produziert als konsumiert wird, so ruft das eine zeitweilige Stockung hervor.

Nicht so ist es beim Händler. Der Händler schafft keine neuen Konsumtionsmittel. Er verwertet nur die, die schon vorhanden sind. Ihm geht es lediglich um den

Gewinn von Werten durch den Austausch von Gütern. Wenn durch diesen Austausch für die Nation oder für die Menschheit Kräfte verloren gehen, so ist ihm das gleichgültig.

Doch diese Gleichgültigkeit sollte ihm nicht vorgeworfen werden. Sie ergibt sich aus der Natur seines Geschäfts. Seine Devise ist und muß sein: Dort einkaufen, wo man billig einkaufen kann; und dort verkaufen, wo man teuer verkaufen kann! Wenn alle Landwirte alle ihre Obstbäume absägten oder entwurzelten, um sie ins Ausland zu schicken, so würde sich der Kaufmann persönlich und als Geschäftsmann keinen Skrupel daraus machen, ihnen hierbei noch behilflich zu sein, vorausgesetzt, daß er dabei einen ausreichenden Gewinn erzielen könnte. Am liebsten würde er noch in diesem Fall, wenn es nur möglich wäre, die Felder selbst oder zumindest den Mutterboden, der sie deckt, ins Ausland verfrachten. Wenn dann auf diese Weise alles vorhandene Land einschließlich des Bodens, auf dem seine Füße stehen, fortgeschleppt wäre, würde er sein Schiff besteigen und selbst in ein anderes Land überwechseln.

Er macht sich auch weiter keinen Skrupel daraus, die heimischen Fabriken zu verkaufen. Getreu seinem Prinzip, dort zu kaufen, wo man billig kaufen kann, nimmt er — sobald es zu einer Manufakturkrise kommt — das [Geld-]Kapital des [eigenen] Landes, kauft damit im Ausland die dort notgedrungen [billig] verkauften Waren auf, überschwemmt damit den Markt seines Landes, ruiniert dessen Fabriken und liefert Tausende von Arbeitern dem Hunger aus. Dies sind die Folgen seines Vorgehens, über die er jedoch nicht im geringsten beunruhigt ist und über die er auch gar nicht beunruhigt sein kann. Da er ja auf Grund der Natur der Dinge Anhänger der Theorie der Werte ist, besteht eben sein ganzes Handwerk nur darin, ständig seine eigene Jahresbilanz im Auge zu behalten. Zur Rechtfertigung dieses Handelns bedient er sich dann solcher Gemeinplätze und Redensarten, wonach es eben die Umstände sind, die das ganze Unheil angerichtet haben.

Kann er nicht am Wohlstand des Landes verdienen, so spekuliert er eben auf dessen wirtschaftliche Schwierigkeiten. Hunger, Krieg, der Verkauf des für die Landwirtschaft notwendigen Viehbestandes und selbst des Düngers, der Verkauf der Materialbestände zusammengebrochener Fabrikunternehmen und ihrer nutzlos gewordenen Maschinen, die Auswanderung der ruinierten Fabrikanten, Arbeiter und Bauern, selbst die Versorgung des Feindes mit Munition — alles das wird für ihn zum Gegenstand der Spekulation und des Gewinns. Mit seinem gebrannten Wasser vergiftet er ganze Nationen und edelste Rassen, ohne dabei müde zu werden, immer wieder zu rufen: „Gehen lassen und geschehen lassen! — Laissez faire et laissez passer!“

Man erzählt eine wahre Geschichte von einem frommen Anhänger einer religiösen Sekte, der sich durch Sittlichkeit und Religiosität auszeichnete. Dieser wurde einmal mit seinem Schiff gefangen, welches gerade mit für den Feind bestimmter Munition beladen war. Der Kapitän, der ihn aufgebracht hatte, wirft ihm daraufhin seinen Mangel an Patriotismus vor. Darauf antwortet der Quäker im höchsten Zorn: „Herr, was erzählen Sie mir da? Ich bin Kaufmann, Herr, und um Handel treiben zu können, werde ich sogar in die Hölle gehen!“ Jawohl, das ist die Natur des Händlers. Weder Frömmigkeit noch Moral werden jemals seinen Charakter wandeln können.

Wenn es sich aber mit dem Händler so verhält, dann ist es auch ganz natürlich, daß er die Verteidigung der absolut unbegrenzten Handelsfreiheit übernimmt; sogar gegen das [wahre] Interesse des Handels selbst. Der in die gesetzgebende Versammlung berufene Fuchs wäre natürlich auch immer der Meinung, daß man der Freiheit einen widernatürlichen Zwang auferlegte, wollte man das Fressen von Hühnern und Tauben verbieten.

Verschanzt hinter diesem natürlichen Gesetz der Freiheit, brandmarkt der Händler mit Hilfe dieses Gesetzes alles, was ihn auf seinem Wege behindert. Das Gewerbe des Schleichhändlers und Schmugglers hält er für vollkommen vereinbar mit dem Charakter eines ehrbaren Menschen. Mehr noch: Indem er die Verteidigung des Schleichhändlers und Schmugglers übernimmt, schmeichelt er sich noch, die von der Gesellschaft begangenen Verstöße gegen dieses Naturgesetz [der Handelsfreiheit] wiedergutzumachen.

Die Ausschweifungen der Gewinnsucht steigern sich bei den Händlern so weit, daß sich nicht einzelne, sondern ganze Klassen (Schiffsbauer, Reeder, Versicherer) zusammentun, um dadurch zu Geld zu kommen, daß sie Jahr für Jahr Tausende von Menschen und Millionenwerte auf den Grund des Meeres versenken, daß sie Mord und Raub also im großen betreiben.

Gibt es einen Widerspruch zwischen den Interessen der Gesellschaft, der Nation oder der Menschheit [einerseits] und den Händlerinteressen [andererseits], so bedarf es schon der Stärke eines ganz hervorragenden Charakters [beim Händler], sollen nicht die ersten den zweiten geopfert werden.

Überall konnte man bemerken, daß der am Außenhandel interessierte Kaufmann stets die Partei des Feindes ergreift, sobald sich seine Interessen auf dessen Seite befinden.

Der Händler ist also keineswegs in der gleichen Weise Weltbürger wie der Philosoph. Haben Schande, Armut, Sklaverei und Elend sein Land heimgesucht, dann schifft sich der Händler mit seiner Habe ein und richtet sich im feindlichen Lande ein. So haben die Händler Venedig, die Hansestädte und Portugal im Stich gelassen, sobald sie sahen, daß deren Stern zu sinken begann. Adam Smith stellte ihnen hinsichtlich ihres Charakters ein gleiches Zeugnis aus (siehe Buch [III], Kapitel [IV]!). Man darf ihnen deshalb aber noch nicht einmal einen Vorwurf machen; denn in der Tat, was sollten sie auch bei einer Nation tun, wo es nichts mehr zu handeln gibt?

Für den Handel im allgemeinen ist nichts vorteilhafter als öffentliche Kontrollen, die das Ansehen der [heimischen] Waren im Ausland sichern und erhalten. Doch dem einzelnen Händler ist nichts verhaßter als dies. Mit seiner Devise „Machen lassen und geschehen lassen! — Laissez faire et laissez passer!" legt er lauten Protest gegen jegliche Beschränkung ein.

Für den Handel im allgemeinen ist nichts vorteilhafter als Kanäle und Eisenbahnen; selbst der einzelne Händler fordert sie mit allem Nachdruck. Doch ist er erst einmal Aktionär [bei einer Kanal- oder Eisenbahnbaugesellschaft] geworden, dann kümmert er sich ganz und gar nicht mehr um die Sache selbst. Seine einzige Sorge ist es dann nur noch, rechtzeitig zu erfahren, ob die Aktien steigen oder fallen und welche Werte er dabei gewinnen kann.

Hieraus geht hervor, wie oft das persönliche Interesse des Händlers vom allgemeinen Interesse des Handels völlig abweicht. Den Nutzen oder den Schaden, den der Handel im allgemeinen für die Nation stiftet, darf man daher auch nicht nach den Verlusten oder Gewinnen des einzelnen Händlers beurteilen. Im Gegenteil, trotz riesiger Gewinne, die von den interessierten Außenhändlern gemacht werden, kann der Handel in seiner Wurzel getroffen und verletzt sein. Der Handel einer Nation blüht eben grundsätzlich [nur dann], wenn die produktiven Kräfte des Landes wachsen. Der einzelne Händler dagegen gedeiht, wenn er Werte gewinnt; und wie wir gesehen haben, kann er sie sogar durch den Ruin der Nation gewinnen.

Nur die Verwechslung der Theorie der produktiven Kräfte mit der Theorie der Werte [seitens der Theoretiker] kann verständlich machen, wieso die Theoretiker die Händlerdevise übernehmen konnten. In vielen Fällen aber muß — wie wir im [neunzehnten] Kapitel gezeigt haben — diese Devise geradezu ins Gegenteil verkehrt werden: Je billiger die ausländischen Fabrikate während der Handelskrisen sind, um so verderbenbringender ist ihr Ankauf, um so sicherer vernichten sie unsere Fabriken, um so größere Berechtigung besteht, sie [dem inneren Markt] durch Zollmaßnahmen fernzuhalten. Der Händler aber ist grundsätzlich Verteidiger jeglicher Freiheit: sowohl der gesetzlichen und nützlichen wie auch der ungesetzlichen und schädlichen Freiheit.

Doch für die Entfaltung der Freiheit und der Wissenschaften selbst leistet der Händler und kann er auch bestimmt nur viel weniger leisten als der Fabrikant.

Der Fabrikant — schon durch die Natur seiner Tätigkeit viel stärker dazu angehalten, den Dingen auf den Grund zu gehen — ist gezwungen, seinen Geist zu bilden und die Natur zu studieren. Er ist daher unmittelbar am Fortschritt der Wissenschaften, Künste, Erfindungen interessiert. Der Händler hält sich indes viel mehr an die Arithmetik, an die doppelte Buchführung, an den Waren- und Wechselkurs, an Dinge also, die kaum geeignet sind, Herz und Verstand zu bilden.

Sämtliche Interessen der Landwirte und Fabrikanten sind Interessen der Nation, denn ihre Existenz ist mit der Existenz der Nation identisch. Der Händler aber ist um so stärker zugunsten des Auslandes eingestellt, je näher er der Grenze wohnt.

Man kann mit gutem Grund behaupten, daß der Händler nur dadurch zum Staatsbürger wird, daß er im Lande selbst Liegenschaften erwirbt, sich an Fabriken beteiligt oder Anteile von Gesellschaftsunternehmen übernimmt.

Einer der wichtigsten Gründe aber, der die Händler veranlaßt, jeder Einführung von Zöllen entgegenzuwirken, ergibt sich aus der Tatsache, daß sie es als unbequem empfinden, auf ihre gewohnten Geschäfte — deren Praxis ihnen vertraut ist — zu verzichten und sich auf andere zu werfen, die sie noch nicht kennen.

Wie schwierig und unbequem ihnen selbst auch immer ein solcher Tätigkeitswechsel erscheinen mag, so fällt es ihnen gleichzeitig doch gar nicht schwer, etwa dem arbeitslos gewordenen [Fabrik-]Arbeiter nahezulegen, er solle doch Landwirt werden. Immerhin ist schließlich das letztere ein Wechsel, der ganz gewiß sehr viel schwieriger zu bewerkstelligen ist als jener, auf den sich der Händler beschränken könnte, indem er lediglich seine bisher im Außenhandel angelegten Kapitalien auf den Binnenhandel und die heimischen Fabriken überträgt.

Der bemerkenswerteste Charakterzug jenes Händlers, der grundsätzlich an einem Handel interessiert ist, welcher die produktiven Kräfte der Nation gefährdet, besteht darin, daß er — der geschworene Feind, der Todfeind jedes Monopols, jedes Vorrechts, jeder Beschränkung, der Feind jedes nationalen Schutzes zugunsten dessen, was er private Industrie nennt —, daß er selbst der eifrigste und erpichteste Bewerber um diese Vorrechte, Monopole, Beschränkungen und Schutzmaßnahmen ist, wenn diese nur mit seinen eigenen privaten Interessen übereinstimmen.

So kommt es, daß er Prämien und Schutzmaßnahmen für den von ihm ausgebeuteten Fischfang fordert, daß er mit lauter Stimme Schiffahrtsakte und -gesetze verlangt, sobald nur die fremde Konkurrenz [seine eigenen] Reedereien bedroht. Er fordert, daß die Regierung auf allen Meeren Kriegsschiffe als Schildwache postiert, damit seine eigenen Schiffe in gebührender Weise von den anderen Seemächten respektiert und gegen die Respektlosigkeit von Piraten geschützt werden. Er verlangt, daß sein Land Botschafter in allen Hauptstädten und Konsuln in allen Hafenstädten unterhält, damit es überall jemanden gibt, der ihn schützt.

Er, der nicht bestreiten kann, daß es eine Schiffahrtsakte war, die die kleinste der Seemächte zur größten und furchtbarsten gemacht hat — denn gerade auf diese beruft er sich ja, wenn er ähnliche Gesetze für sich beanspruchte —, er errötet nicht einmal, wenn er dann bei der Frage, ob die heimischen Fabriken mit Hilfe von Schutzzöllen zur Blüte gebracht werden sollen, behauptet, eine solche Maßnahme sei ungesetzlich und unwirksam.

Er, der von der Nation verlangt daß sie den größten Teil ihrer Haushaltsmittel zu seinen Gunsten für die Kriegsflotte hergibt, empfindet es als schrecklich und untragbar, daß man so viel Geld für die Errichtung von Zollgrenzen ausgibt, die — so sagt er — völlig sinnlos und nachteilig für das öffenliche Wohl sind.

Er, der Schleichhändler selbst, wagt den Schmuggel als einen der wichtigsten Beweise anzuführen, um zu zeigen, wie unvernünftig und unnütz doch der ganze Zollschutz ist.

Aus diesem Holze also ist der Mann geschnitzt, der — Weltbürger nur aus Gründen des privaten Interesses — dem philosophischen Weltbürger die Hand reicht und sich mit ihm gegen die Inlandsindustrie der Nationen verbündet.

Niemals gab es ein unpassenderes und seltsameres Bündnis als dieses!

Wir verwahren uns hier nochmals gegen jeden Verdacht, eine Karikatur zeichnen zu wollen. Nein, wir wollten der Natur und der Wahrheit treu bleiben. Wir wollten den Händler so zeigen, wie er ist, oder vielmehr, wie er sein kann, oder noch genauer, wie er notwendigerweise sein muß, wenn die Nation dieser Gier nach Erwerb von Werten nicht Maß und Grenze zu setzen weiß.

Die Händler sind die echten Repräsentanten der Werte-Theorie, die Erfinder der Parolen: „Laßt gehen und laßt geschehen!“ — „Kauft dort, wo ihr am billigsten kaufen könnt!“

In den Händlern besitzen die kosmopolitischen Theoretiker das dankbarste Publikum, das ihre Lehren bewundert und verbreitet.

Deshalb muß auch das System von Smith und Say als das eigentliche Handelssystem angesehen werden, das heißt als das System, in dem die Interessen der am Handel mit ausländischen Fabrikerzeugnissen interessierten Händler und nicht die grundlegenden allgemeinen Interessen des Handels über alle anderen Interessen gestellt sind; als das System, in dem das Materielle und sein Wert alles sind und die produktiven Kräfte nichts; als das System, in dem die gegenwärtige und zukünftige Macht, Größe und Zivilisation der Nationen hingeopfert werden, um einer Devise, die dem niederträchtigsten Egoismus entspringt, einen Schein von Wahrheit zu geben.

Eigenartig! Die Schule, die mit größter Leidenschaft das bekämpft, was sie Merkantilsystem zu nennen pflegt, macht sich in Wirklichkeit selbst das wahre Merkantilsystem zu eigen, nämlich das System der Hausierer mit ausländischen Fabrikaten — gerade so, als müßte der Schmuggel nun auch noch im Bereich der Wissenschaft selbst betrieben werden.

KAPITEL XXI

ÜBER DEN ZOLLSCHUTZ IM ALLGEMEINEN[1]

Würde es irgendein Mittel geben,

um den Unternehmungsgeist im Lande zu wecken,

um die Jugend zu ermuntern, sich technischen Studien zu widmen und Auslandsreisen zu unternehmen, um sich in den Wissenschaften zu vervollkommnen,

[1] ([In seiner] „Abhandlung“, Teil I, Seite 251) sagt Say über die Zölle: „Das ist gerade so, als wollte sich jeder Privatmann selbst seine Schuhe und Kleider machen. Was würde man dazu sagen, wenn man an der Tür jedes Hauses einen Eingangszoll auf Schuhe und Kleider erhöbe, um damit den Hauseigentümer in die „glückliche“ Notwendigkeit zu versetzen, sich diese selbst herzustellen? Das wäre genau das gleiche System, nur etwas weiter vorangetrieben.“ — Wir haben dazu nur zu bemerken, daß eine Nation kein Schuhmacher ist.

um die Arbeiter zu veranlassen, ihre gewohnten Beschäftigungen aufzugeben und sich für den Rest ihres Lebens neuen Tätigkeiten zuzuwenden, für die sie sich erst noch die notwendige Geschicklichkeit aneignen müssen und deren Erfolg noch dazu ungewiß ist,

um dem Kapitalisten das Gelingen neuer Unternehmen zu garantieren, von denen er bisher noch keine Vorstellung hat und deren Erfolg auf jeden Fall auch zweifelhaft ist,

um [ausländische] Kapitalisten, Unternehmer und Spezialisten zu bewegen, sich mit ihren Kapitalien, Kenntnissen und Arbeitern bei uns einzurichten;

würde es ein Mittel geben,

um den neuen Fabriken und ihren Erzeugnissen sofort den gleichen Grad der Vollkommenheit zu geben, wie ihn die alten bereits aufweisen, und um ihnen einen Absatz und eine genauso beachtliche Kundschaft zu sichern, wie es bei den alten Fabriken des Auslands bereits der Fall ist;

würde es ein Mittel geben,

das alle die eben genannten Aufgaben lösen könnte und uns auch gleichzeitig noch von der Notwendigkeit entbinden würde,

unsere Grenze mit Tausenden von Wächtern zu besetzen,

die Freiheit der Handelsbeziehungen einzuschränken,

alle Bürger den Ärgernissen von Durchsuchungen und Kontrollen zu unterwerfen,

uns mitten im Frieden von befreundeten Völkern abzusondern, gerade so, als gelte es, die Pest von uns fernzuhalten und nicht nur ihre Industrieprodukte zurückzuweisen,

eine gewisse Prämie für die Übertretung der Gesetze auszusetzen,

die Moral der Grenzbevölkerung zu untergraben;

wenn es — so sagen wir — ein solches Mittel geben würde — und wäre es sogar noch weniger wirksam als die Zölle —, dann würden wir uns sofort mit dem größten Eifer gegen die Zölle und für die Anwendung dieses Mittels aussprechen.

Unglücklicherweise gibt es ein solches Mittel nicht. Technische Schulen, Unterstützungen für Männer der Wissenschaft, um ihnen [Studien-]Reisen zu ermöglichen, die Verbreitung von Kenntnissen über Fortschritte, Erfindungen und ausländische Fabriken, öffentliche Ausstellungen von Industrieerzeugnissen, Gründung von Gesellschaften zwecks Entwicklung der nationalen Industrie und des Binnenhandels mit Hilfe von Straßen, Kanälen, Eisenbahnen, Dampfbooten und Flußregulierungen, öffentliche Auszeichnung derjenigen, die sich um die Industrie und um die mit ihr verbundenen Wissenschaften besonders verdient gemacht haben, die öffentliche Ausstellung der jeweils vollkommensten [technischen] Modelle, die Zuerkennung ansehnlicher Belohnungen für neue Erfindungen, Entdeckungen, Vervollkommnungen und neue Kulturen sowie für die Errichtung großer moderner Fabriken, unmittelbare Unterstützung für die Fabrikanten durch staatliche Kapitalvorschüsse — alle diese [Förderungs-]Mittel sind nur von geringer Wirkung, wenn sie nicht durch einen Zollschutz ergänzt werden. —

Man nenne uns nicht die Schweiz als Gegenbeispiel! Schon seit Jahrhunderten wirken dort die größte Sicherheit für Personen und Eigentum sowie ein hoher Grad von bürgerlicher Freiheit zugunsten der Industrie dieses Landes. Mag diese Freiheit auch im Vergleich zur heutigen Entwicklung der politischen Freiheit etwas veraltet erscheinen, so bot sie der Schweiz doch immerhin für vier bis fünf Jahrhunderte den Genuß von Vorteilen, über die ihre Nachbarn zu ihrem Unglück nicht verfügen konnten.

In enger Verbindung hiermit steht auch die religiöse Reformation. Sie begünstigte dort ebenfalls die Erziehung, die Industrie, die Sittlichkeit, die haushälterische Sparsamkeit sowie alle anderen Fortschritte. Die politische und religiöse Freiheit zog die Talente und Kapitalien derjenigen in die Schweiz, die in Deutschland, Frankreich oder Italien aus politischen oder religiösen Gründen verfolgt wurden.

Alle geistigen und materiellen Kapitalien, die das Land einmal erworben hatte, vervielfachten sich im Laufe von Jahrhunderten. Sie wurden nicht durch Kriege, Fanatismus, Despotismus oder drückende Steuern verschlungen.

Unternehmungsgeist und Wettbewerb sowie die Erziehung durch Familie, Schule und Gesellschaft — begünstigt und gefördert durch die bürgerliche und religiöse Freiheit — führten den Schweizer, sobald er seine Kräfte im Lande selbst nicht verwerten konnte, in die Fremde. Sie ermöglichten es ihm, in allen Ländern und in allen Arten von Unternehmen zu Erfolgen zu kommen. Später kehrte er dann reich an Vermögen und mit vielen im Ausland erworbenen Kenntnissen in die Freiheit seiner Berge zurück. Auf diese Weise vermehrte er durch die Früchte seiner Arbeit den Wohlstand und die Industrie seines Vaterlandes.

Sogar noch die Kargheit, mit der die Natur die Schweiz — soweit es die Landwirtschaft betrifft — bedacht hatte, [förderte die industrielle Entwicklung. Sie] trug einerseits viel dazu bei, [heimische] Talente und Arbeiter auf Arbeitssuche ins Ausland zu treiben. Sie zwang andererseits einen großen Teil der Einwohner, sich den Manufakturen zuzuwenden. Die niedrigen Löhne, der Überfluß an Wasserkräften, die nur wenig drückenden Steuerauflagen, der Zustrom von im Ausland erworbenen Kapitalien sowie der Zustrom von Talenten und Kenntnissen aus allen Himmelsrichtungen — das alles ermutigte ebenfalls die inländischen [Industrie]unternehmen.

Diese industriellen Unternehmen wurden [weiterhin] unterstützt und gefördert [1.] durch den vorteilhaften Austausch von Fabrikerzeugnissen des Landes gegen Naturprodukte der Nachbarländer, bei denen Handelsfreiheit herrschte, [2.] durch die Leichtigkeit eines regen Schleichhandels mit solchen Ländern, die die Einfuhr von Fabrikerzeugnissen aus der Schweiz verboten hatten.

Die meisten Industrien sowie die wichtigsten Bereiche der Konsumtion dieses Landes waren [übrigens] gegen die ausländische Konkurrenz geschützt, nämlich durch die Organisation der Handwerkerzünfte und Innungen, durch die Schlichtheit und Beständigkeit der Sitten und Gewohnheiten des Volkes, das ja — dem demoralisierenden Einfluß von Luxus, Aristokratie und [Fürsten-]Höfen entzogen — bei seiner überkommenen Sparsamkeit, bei seinem jahrhundertealten Brauchtum und bei seiner gewohnten Lebensweise verharrte.

In seinen industriellen Fähigkeiten wurde es im Ausland wie im Inland gleicherweise durch die Kenntnis der Sprachen aller jener Nachbarvölker unterstützt, die sich in der Schweiz selbst vermischen. Durch die Kenntnis dieser Sprachen erhielt es Gelegenheit, nicht nur alle Fortschritte in seinen Nachbarländern unmittelbar zu erfahren, sondern auch seine eigenen produktiven Fähigkeiten in diesen Ländern selbst allseitig zu verwerten.

Schließlich vergrößerte auch der Zustrom von Reisenden aus allen Nationen den Wohlstand des Landes noch in einer sehr bemerkenswerten Weise. Deren Aufenthalt im Lande brachte der Agrarklasse beachtliche Summen ein. —

Welche unangenehmen Wirkungen die Zölle auch immer haben mögen, so müssen sie dennoch als das kleinere von zwei Übeln angesehen werden. Das ist genauso, wie auch die Unterhaltung eines stehenden Heeres, der Bau von Festungen und im Notfalle sogar der Krieg immer noch kleinere Übel sind als der Verlust der Unabhängigkeit und der gesamten nationalen Existenz des Volkes.

Übrigens — wir bemerkten es bereits weiter oben im [zehnten] Kapitel — darf man den Zollschutz nicht als eine Erfindung spekulativer Köpfe oder der [Staats-] Verwaltung betrachten, sondern als eine natürliche und unvermeidbare Folge der internationalen Kämpfe und Feindseligkeiten.

Die Despoten, die keinen anderen Gedanken, kein andres Ziel haben als die Vergrößerung ihrer Macht und die Zunahme ihrer Finanzen, als die Ausweitung ihrer absoluten Gewalt im Innern und die Ausdehnung ihres Besitztums nach außen — wobei es sie nicht im geringsten beunruhigt, ob es den industriellen Klassen unter ihrer Herrschaft gut oder schlecht geht —, diese Despoten waren genauso gezwungen, ein Zollsystem einzuführen, wie jene Nationen, deren Regierung nichts anderes darstellt als einen von Landwirten und Manufakturisten gewählten Ausschuß, der ausschließlich — wie beispielsweise in den Vereinigten Staaten — in ihrem Auftrage und in ihrem Interesse handelt.

Nationen, deren Markt seit Jahrhunderten der ausländischen Konkurrenz offenstand und deren Theoretiker fast ausnahmslos glühende Anhänger und Verteidiger der kosmopolitischen Prinzipien sind — wie beispielsweise die deutsche Nation —, haben [ebenfalls] begriffen, daß sie ohne ein Zollsystem keinen Schritt vorankommen können. Ihre Theoretiker sehen sich daher gezwungen, ihre Theorien zu modifizieren. Sie geraten dabei allerdings in unentwirrbare Widersprüche.

Sogar die vorherrschende Nation [— England —], die ja schließlich noch am meisten durch die Herstellung der allumfassenden Konkurrenz[freiheit] gewinnen würde, fühlt sich durch die kosmopolitischen Betrachtungen [ihrer Theoretiker] keineswegs genügend ermutigt, um allein deshalb schon auf den Zollschutz zu verzichten. Zwar behauptet sie gegenüber dem Ausland, daß sie die Einfuhrzölle allein deshalb beibehalte, um mit ihrer Hilfe einen Teil ihrer notwendigen [Staats-]Einnahmen zu erlangen. Doch ihre parlamentarischen Debatten lassen klar erkennen, daß alle von ihr praktizierten Zollmaßnahmen und -veränderungen [in erster Linie] durch Motive des nationalen Schutzes für die innere Industrie bestimmt sind.

Andere Nationen, die sich eine Zeitlang durch dieses System [und durch die englische Argumentation] täuschen ließen, haben nach sehr reiflichen Überlegungen herausgefunden, daß das von England angeführte Motiv ein höchst lächerliches Motiv ist und daß es ihnen im übrigen auch — was die Wirkung anbetrifft — völlig gleichgültig sein kann, ob nun England den Umfang ihrer Einfuhren [nach England] deshalb drosselt, weil es auf diese Weise große Einnahmen erzielen und seine Handelsbilanz für sich günstig gestalten will oder weil es aus sonst irgendeinem anderen Grund ihrer Industrie Schaden zufügen will.

Unter den heutigen politischen Bedingungen der Nationen soll der Zollschutz — entgegen allen anderen Behauptungen — dazu dienen, die [allseitige] Handelsfreiheit herbeizuführen. So völlig paradox dies auch klingen mag, so ist es dennoch nicht weniger wahr!

Schließlich hat die Erfahrung bewiesen, daß die mächtigsten und fortgeschrittensten Nationen immer — oder doch zumindest sehr oft — ihr Übergewicht und ihre Überlegenheit gegenüber den weniger fortgeschrittenen Nationen mißbrauchen — und wäre es auch nur, um überhaupt von ihrer Macht Gebrauch zu machen. Solange aber nun die weniger fortgeschrittenen Nationen alles mit sich machen lassen, was den mächtigeren gerade paßt, kennt deren anmaßendes Verhalten keine Grenzen. Erst wenn sich die Schwächeren zu verteidigen beginnen, fangen auch die Stärkeren an, ihr Ohr den Tönen der Gerechtigkeit zu öffnen. Das ist hier gerade so wie im Alltagsleben. Auch dort kann den Angriffen des einen Individuums auf das andere nichts nützlicher und wirksamer vorbeugen als die von vornherein feststehende Gewißheit, daß man für jede ausgeteilte Ohrfeige in gleicher Münze zurückgezahlt bekommt.

In diesem Sinne versetzen die Zollgesetze — außer, daß sie die innere Industrie beschützen — die Nation auch noch in die Lage, sich gegen jede willkürliche, übertriebene oder unnütze [Handels-]Beschränkung seitens fremder Nationen zu verwahren; sei es dadurch, daß man diese durch die Androhung von Repressalien von vornherein daran hindert, sie zu schädigen; sei es dadurch, daß man sie durch das Ergreifen solcher Repressalien selbst an den Gerechtigkeitssinn erinnert; sei es dadurch, daß man mit ihnen Handelsverträge schließt, die die gegenseitigen Handelsbeziehungen auf eine für beide Seiten gleichermaßen vorteilhafte Weise regeln.

KAPITEL XXII

(ZÖLLE)

Über Einfuhr- und Ausfuhrverbote und -zölle

Es gibt zwei Möglichkeiten des [handelspolitischen] Schutzes für die nationale Industrie. Entweder man verbietet die Einfuhr ausländischer Natur- oder Manufakturprodukte sowie die Ausfuhr einheimischer [Natur-] Produkte vollkommen, oder man erschwert sie wenigstens so sehr, daß dadurch für die einheimischen Fabrikanten ein angemessener Vorteil gegenüber den ausländischen Fabrikanten entsteht.

Die erste Art des Schutzes hat den Vorteil einer wirksameren Kontrolle, vorausgesetzt allerdings, daß sich diese Kontrolle auch auf solche Artikel erstreckt, die bereits die Grenze überschritten haben und schon in den Warenumlauf des [Binnen-]Handels eingegangen sind. Doch da diese Art des Schutzes mit Überprüfungen und Haussuchungen verbunden ist, bringt sie die große Unzuträglichkeit einer Beeinträchtigung der inneren Freiheit mit sich. Darüber hinaus wirft man ihr vor, daß sie den nationalen Wettbewerb erstickt und die Trägheit der heimischen Fabrikanten fördert.

Die zweite Art des Schutzes — die Anwendung von Einfuhrzöllen — hat dagegen den Vorteil, daß sie die ausländische Konkurrenz in dem Maße zuläßt, wie diese von allgemeinem Nutzen ist oder aber zur Anregung des Wettbewerbs der Fabriken des Inlandes dienen kann. Darüber hinaus stört diese Art des Schutzes weder die Freiheit des Handels und der inneren Beziehungen, noch bricht sie den Hausfrieden der Staatsbürger durch fiskalische Schnüffeleien und Haussuchungen.

Die erste dieser beiden Schutzarten wird gewöhnlich *Prohibitivsystem* [*Verbots- bzw. Sperrsystem*] genannt, die zweite *Protektionssystem* [*Schutzsystem*].

Wirft man nun die Frage auf, welches der beiden Systeme dem anderen vorzuziehen ist, das Prohibitivsystem oder das Protektionssystem, so kann die Antwort — betrachtet man die Sache vom abstrakten Gesichtspunkt — nicht dem geringsten Zweifel unterliegen. Das Prohibitivsystem ist für den Staat, der es anwendet, auf die Dauer sehr viel weniger nützlich. Auch schließt es die kosmopolitischen Beziehungen zu anderen Nationen aus. Das aber sind Beziehungen, die ein Volk niemals ungestraft abbrechen kann, denn das wäre ein Verhalten, das der Vernunft und der Pflicht genauso widerspricht, als wollte sich ein einzelner Mensch isolieren und sich von jeglicher Beziehung zu seinesgleichen fernhalten.

Doch in der Praxis sieht das ganz anders aus. Wir haben weiter oben schon erläutert, daß die Prohibitivsysteme im allgemeinen nicht das Ergebnis spekulativer Klügeleien sind, sondern die Folge von Kriegen, die Fortführung des Zustandes, den der Krieg zwischen zwei Nationen herbeigeführt hat. Hat nun die lange Dauer des Krieges bewirkt, daß eine Masse Kapital und Arbeit in die Fabriken gesteckt wurde, haben Millionen Staatsbürger ihr Vermögen, ihre Fähigkeiten sowie ihre ganze Zukunft den verschiedenen Industriezweigen hingegeben und befindet sich schließlich die gesamte nationale Manufakturkraft — begünstigt durch die vom Krieg erzwungenen Absperrungen — in ihrer schönsten Entwicklung, und dann tritt plötzlich der Frieden ein und zugleich mit ihm auch die Konkurrenz einer viel weiter fortgeschrittenen Manufakturkraft (die sich auch noch weitaus stärker auf riesige Kapitalien stützen kann), dann ist es ganz offenkundig, daß die weniger entwickelte Nation ihre gesamte Manufakturkraft um so ernster bedroht sehen wird, je aktiver und je rücksichtsloser diese [ausländische] Konkurrenz kurz nach Wiederherstellung des Friedens auftritt.

Unter solchen Umständen ist es ganz natürlich, daß die [so bedrohte] Nation lieber zum Stand der Dinge zurückkehren wird, wie er während des Krieges gegeben war, daß sie sich gegen die konkurrierende Nation lieber abschließt, statt das Wohlergehen einiger Millionen ihrer Bürger [irgendwelchen zweifelhaften] Experimenten [mit der Handelsfreiheit] auszuliefern. Geradeso war die Lage Frankreichs nach dem Sturz des Kaiserreichs zu Beginn der Restauration. Zwar versuchte es zunächst einmal, die Handelsfreiheit soweit als möglich einzuführen. Doch, erschreckt von den unmittelbaren und zerstörenden Auswirkungen dieser Freiheit, beeilte es sich, zum Schutz durch Prohibitionen Zuflucht zu nehmen.

Wie heftig der Theoretiker das Prohibitivsystem auch immer vom abstrakten Gesichtspunkt aus verurteilen mag, so kann er sich doch nicht — sofern er die Natur der Industrie kennt und Anspruch auf staatsmännische Weisheit erheben will — der Erkenntnis verschließen, daß die Theorie der produktiven Kräfte beim gegebenen Stand der Dinge die Anwendung eines Prohibitivsystems mit vollem Recht anerkennt.

Nach Wiederherstellung des Friedens bestand die erste Pflicht der Regierung zunächst in der Erhaltung des Bestehenden. Da die einzelnen Industriezweige zu diesem Zeitpunkt noch gar nicht genügend herausgebildet waren, hätte man zunächst auch noch gar nicht endgültig darüber urteilen können, ob sie überhaupt die Kraft besaßen, sich am Leben zu erhalten und dann weiterhin allein mit Hilfe von Schutzzöllen in ihrer Entwicklung voranzukommen. So wie der Krieg *alles* beschützt hatte, so mußte nun im Frieden zunächst auch erst einmal *alles* beschützt werden, und zwar so lange, bis alle Industriezweige genügend gestärkt wären und bis die Erfahrung hätte sichtbar werden lassen, bis zu welchem Punkt jeder einzelne Industriezweig auf die Dauer noch erfolgreich vorankommen könnte und welchen Grad des Schutzes dann dementsprechend jeder Industriezweig für den weiteren Handel hätte beanspruchen können.

Fürs erste jedoch war es — schon aus ökonomischen Gründen — einzig und allein notwendig, jeder Industrie die Möglichkeit zur Erprobung ihrer Kräfte zu bieten. Dazu war man auch aus Gründen der öffentlichen Moral verpflichtet. Schließlich war es doch die Nation, die durch ihre Kriege und durch die von ihr eingeleiteten Förderungsmaßnahmen alle diese Industrien ins Leben gerufen und ihre Bürger veranlaßt hatte, ihnen ihre Kapitalien und Talente, ihre Arbeit und ihre Zukunft zu widmen. Auch hatte die Nation durch diese Unternehmen während des Krieges ganz gewiß recht erhebliche Vorteile gehabt. Diese Unternehmen hatten auch nicht nur die Bedürfnisse der Nation [schlechthin] befriedigt. Sie hatten auch den landwirtschaftlichen Erzeugnissen der Nation — als diesen der Außenmarkt fehlte — einen neuen Markt verschafft. Auch hatten sie ihrerseits einen Teil der Staatslasten getragen und die Hilfsquellen und Verteidigungskräfte der Nation vermehrt. Es wäre daher schnödeste Undankbarkeit gewesen, hätte man sie im Augenblick des Friedensschlusses geopfert. Mehr noch sogar: Es wäre auch ein sehr unpolitischer und unkluger Akt gewesen. Denn eine Nation, die das Vertrauen ihrer Bürger in einem solchen Grade enttäuschen würde, könnte — sollte der gleiche Fall noch einmal eintreten — nicht mehr auf Unterstützung durch den Unternehmungsgeist so arg hintergangener Menschen rechnen. Sie hätte das Vertrauen und die Aktivität ihrer Bürger getötet, obwohl es sowohl ihre Pflicht wie auch ihr Vorteil gewesen wäre, beides zu pflegen und zu fördern.

Sogar jene Industriezweige, die sich [auf die Dauer] nicht halten könnten, deren ständiger Schutz sich daher auch nicht zum Vorteil der Nation auswirken könnte, dürften die Nation mit gutem Grund der Ungerechtigkeit anklagen, falls sie ihren sofortigen und vollständigen Ruin durch die unvermittelte Wiedereinführung der freien Konkurrenz zugelassen hätte. Selbst gegenüber solchen Industrien ist schließlich die Nation zur größtmöglichen Schonung verpflichtet. Wenn sie schon die Absicht gehabt haben sollte, diese Industrien einmal aufzugeben, so durfte das jedoch nicht schlagartig erfolgen, sondern nur Schritt für Schritt und so, daß die Individuen, deren Existenz hierbei auf dem Spiele stand, die geringstmöglichen Verluste und Nachteile zu erleiden hatten und sich leicht einer anderen Industrie zuwenden konnten. Da aber nun die Regierung unmittelbar nach Wiederherstellung des Friedens überhaupt noch nicht beurteilen konnte, welche Industrien es eigentlich sind, die man im Lande niemals auf die Dauer mit Vorteil würde entwickeln können, so konnte sie auch noch nicht den ganzen Umfang des Schadens abschätzen, der durch die [sofortige Einführung der] Handelsfreiheit entstehen mußte. Auch wäre sie zu diesem Zeitpunkt noch gar nicht in der Lage gewesen, die geeigneten Mittel zur Wiedergutmachung dieses Schadens aufzubringen und anzuwenden.

Hiermit verbinden sich noch andere, sogar noch wichtigere Überlegungen. Während des Krieges hatte die Nation den größten Teil ihrer materiellen und geistigen Kräfte auf militärische Unternehmen und Hilfsquellen konzentriert. Für die technische Bildung, für die Verbesserung der Verkehrsmittel (Straßen, Kanäle, Flußschiffahrt) und überhaupt für alle Einrichtungen, die den industriellen Fortschritt der Nationen begünstigen und unterstützen, hatte sie während des Krieges nur sehr wenig tun können. Es bedurfte erst der Wiederherstellung des Friedens, damit sie sich voll und ganz der Entwicklung der Industrie widmen konnte. Dann erst gab es jene Talente und Kräfte in Hülle und Fülle, die bis dahin durch den Krieg in Anspruch genommen waren oder die sich [während des Krieges], da sie nicht hoffen konnten, in die Armee eintreten zu können, auf die Industrie vorbereitet hatten. Nun zogen Landwirtschaft und Industrie in erster Linie aus jenen Kapitalien Nutzen, die bis dahin durch den Krieg gebunden waren. Überall bildeten sich jetzt Gesellschaften und Einrichtungen, die dem Fortschritt der Industrie dienten. Man begann nun auch mit der Vervollkommnung der Transportmittel. Bergwerksarbeiten (und hier vor allem die Kohle- und Eisenproduktion) nahmen jetzt einen kraftvollen Aufschwung. Die Vertreter von Landwirtschaft und Industrie erhielten jetzt auch Sitz und Stimme in der gesetzgebenden Versammlung.

Auch hatte der Krieg jeden Waren- und Personenverkehr mit dem Ausland unterbrochen. Erst nach der Wiederherstellung des Friedens konnte sich die Einfuhr von Rohstoffen und Manufakturprodukten, nach denen Bedarf bestand, sowie die Ausfuhr von Fabrikerzeugnissen, in deren Produktion sich Frankreich auszeichnete, normalisieren. Wer aber konnte gleich die Änderungen voraussehen oder festlegen, die durch diese Normalisierung in der inneren Fabrikation herbeigeführt worden wären?

Als der Krieg beendet war, konnten die Franzosen nach England reisen. Sie konnten sich jetzt mit eigenen Augen von den Fortschritten überzeugen, die man dort im Laufe der verflossenen zwanzig Jahre gemacht hatte. Sie konnten auch die Mittel studieren, mit deren Hilfe man diese Fortschritte dort bewirkt hatte. Danach aber konnte dann der Wettbewerb einsetzen. Man konnte nun auch in Frankreich neue Arbeitsverfahren, neue Maschinen einführen und neue Erkenntnisse gewinnen.

Erst jetzt konnte Frankreich auch hoffen, durch die Vorteile, die sein Prohibitibsystem zu bieten hatte, ausländische Kapitalien und Talente ins Land zu ziehen.

Welcher weise und vernünftige Staatsmann hätte in dieser Situation auf ein System verzichten können, das in einem Zeitraum von zwanzig Jahren und unter den ungünstigsten Umständen Industrien aller Arten hervorzubringen geholfen hatte? Und wer hätte noch dazu gerade in dem Moment darauf verzichten können, wo diesem System der allergrößte Erfolg beschieden sein müßte? Was wäre wohl aus Frankreich geworden, wenn es damals durch die Einführung der freien Konkurrenz seine eigene Industrie preisgegeben und aufgeopfert hätte? Und was stellt Frankreich heute dar?

Nur Leute, die über keinerlei praktische Erfahrung verfügten, konnten in dieser Situation die Einführung des Prohibitivsystems als eine verderbliche Maßnahme hinstellen.

Gewiß, einem J. B. Say hätte nichts Ärgeres zustoßen können, als wenn ihn Ludwig XVIII. an dem Tage, da er wieder in die Tuilerien einzog, zum Minister gemacht hätte.

Doch aus der Feststellung, daß das Prohibitivsystem in der damaligen Situation für Frankreich notwendig und nützlich war, folgt keineswegs, daß dieses System nun auch noch für die weitere Entwicklung Frankreichs nützlich und notwendig sein muß.

Wurde das Prohibitivsystem durch die Macht der Verhältnisse erzwungen, so dürfen es die Nationen dennoch nur als ein Mittel betrachten, mit dem sie den schnellen Übergang zum Schutzsystem bewerkstelligen können; genauso wie das Schutzsystem seinerseits dann auch nur in dem Maße nützlich und vernünftig ist, wie es die Einführung der internationalen Handelsfreiheit im weitestmöglichen Umfang fördern und vorbereiten kann.

KAPITEL XXIII

ZÖLLE

(Fortsetzung)

Über das Schutzsystem

So wie das Prohibitivsystem eine natürliche Folge von längeren Kriegen ist — wo also für lange Zeit alle Beziehungen zwischen zwei großen Nationen unterbrochen sind —, so ist das Schutzsystem die Folge von kürzeren Kriegen oder auch nur von feindlichen und Schaden stiftenden Zollmaßnahmen seitens einer Industrienation gegen eine Agrarnation (zwischen Nationen also, die früher einen regen Handel miteinander trieben).

Zwischen den verschiedenen Arten aber, mit Hilfe eines Zollschutzes eine Manufakturkraft zu pflanzen und zu entwickeln, gibt es nun ebenso viele Unterschiede wie zwischen den geistigen und materiellen Hilfsquellen der Nationen und zwischen ihren ökonomischen Bedingungen selbst. Das [handelspolitische] Vorgehen in einem Land, in dem bis dahin ein Prohibitivsystem angewandt wurde, wird daher anders sein als in einem Land, in dem es um die [erstmalige] Einrichtung eines Zollsystems geht. In einem reinen Agrarland wird es wieder anders sein als in einem Land, dessen Industrie in bestimmten Zweigen schon bis zu einem gewissen Grade entwickelt ist.

Um uns die [differenzierte] Anwendung [bestimmter handelspolitischer Schutz- und Förderungsmaßnahmen] klarer verständlich zu machen, stellen wir uns eine Nation vor, die in Überfluß Wolle, Baumwolle, Lebensmittel und Rohstoffe aller Art besitzt oder sich verschaffen kann und deren moralische, gesellschaftliche und politische Verfassung die Entwicklung einer Manufakturkraft begünstigt. Auf Grund [handelspolitischer] Beschränkungsmaßnahmen seitens der Industrienation, deren Manufakturprodukte sie gegen ihr Getreide und ihre Wolle eintauscht, sieht sich diese Nation gezwungen, zu Maßnahmen der gleichen Art Zuflucht zu nehmen. Bei einer solchen Nation wird es zunächst einmal darum gehen, daß man feststellt, ob die Löhne [der Landarbeiter?] niedrig oder hoch sind. Daraus ergibt sich dann, ob es notwendig sein wird, den Arbeitern höhere Löhne zu bieten, um sie zur Arbeitsaufnahme in den Manufakturen zu veranlassen, obgleich dann noch viel Boden urbar zu machen bleibt. In diesem Falle wird die Nation jene Industriezweige vorrangig begünstigen müssen, für die es vor allem darauf ankommt, billig mit Wasserkraft, Brennmaterial und Rohstoffen versorgt zu werden, bei deren Entwicklung die Nation also gut durch mechanische und natürliche Kräfte unterstützt wird. Im entgegengesetzten Falle, wenn man also außer den Lebensmitteln und dem Rohstoff auch noch die Arbeiter billig bekommen kann, wird die Nation ihren Schutz besonders solchen Industriezweigen zuwenden müssen, in denen die meisten Hände beschäftigt werden können.

Diese Nation wird auch nicht alle Industriezweige gleichermaßen fördern, sondern zunächst nur die, für die sie aus den eben angeführten Gründen die besten Bedingungen aufweist oder denen der Binnenmarkt gleich von Anfang an eine ansehnliche Nachfrage garantiert.

Doch auch selbst diese [vorrangig zu fördernden] Industrien wird die Nation nicht von Anfang an durch hohe Einfuhrzölle unterstützen. Das würde heißen, daß sie den Konsumenten ohne Notwendigkeit und auch ohne jeden Nutzen für die Staatskasse belasten und ausplündern würde. Statt dessen wird sie mit niedrigen Zöllen beginnen und diese dann nach einer im voraus festgelegten Skala jeweils so weit heraufsetzen, wie es notwendig ist, um am Ende dieser Entwicklung der nationalen Industrie den gesamten Binnenmarkt zu sichern. In der gleichen Zeit und auch in dem Maße, wie die Einfuhrzölle steigen, entwickelt sich die innere Konkurrenz. Diese drückt die Preise derart herunter, daß die [Zoll-]Belastung für den Konsumenten um so weniger ins Gewicht fällt, als ja sein eigener Wohlstand — wie wir es im [sechzehnten] Kapitel gezeigt haben — auf Grund des Wachstums der Manufakturkraft ebenfalls steigt.

Ist aber der Binnenmarkt den nationalen Manufakturen erst einmal vollständig gesichert, dann kann man die Einfuhrzölle wieder nach einer ebenfalls vorher festgelegten Skala stufenweise heruntersetzen und auf diese Weise auch wieder nach und nach die Konkurrenz der ausländischen Fabriken zulassen.

Diese Konkurrenz darf man allerdings nur so weit zulassen, wie sie für die Anregung des Wettbewerbs der nationalen Manufakturen nützlich ist. Man darf sie nur zulassen, *damit sich die ausländischen Fabrikanten mit den heimischen Fabrikanten in den Gewinn teilen, der durch das jährliche Ansteigen der Nachfrage entsteht.*

Denn bei jeder Nation, wo sich Landwirtschaft und Manufakturen das Gleichgewicht halten, kommt es zu einem jährlichen Produktions- und Bevölkerungszuwachs, was auch von Jahr zu Jahr eine Erhöhung der Nachfrage nach Fabrikwaren zur Folge hat.

Sobald aber nun die ausländische Konkurrenz mehr als nur *teilnimmt* an dieser steigenden Nachfrage, sobald sie den *gesamten* Zuwachs für sich in Anspruch nimmt oder gar die nationalen Fabriken in ihrem erreichten Leistungsstand bedroht — sei es, weil die ausländischen Fabriken aus irgendeinem Grunde eine zeitweilige Überlegenheit über die heimischen Fabriken erlangen; sei es, weil sie durch Handelskrisen gezwungen sind, ihre Waren um jeden Preis abzustoßen — kurz, sobald es so um die Dinge steht, muß die in den Tarifen vorgesehene Herabsetzung der Zollsätze bis zur Wiederherstellung des Gleichgewichts gestoppt werden. Die Minister sollten zu diesem Zweck mit einer Vollmacht ausgestattet werden, damit sie in der Lage sind, noch vor der nächsten Sitzung oder vor der Entscheidung der gesetzgebenden Körperschaft nach eigenem Ermessen handeln zu können.

Diese Grundsätze gelten hauptsächlich für die [End-] Fabrikation von Baumwolle, Wolle, Hanf und Flachs, da diese Artikel [Fertigwaren] von der breiten Masse des Volkes konsumiert werden. In einem sehr volkreichen Land beschäftigen diese Fabrikationsarten — lediglich zur Befriedigung der inneren Nachfrage — den fünfzehnten Teil der Bevölkerung, unter Umständen sogar bis auf den zehnten Teil. Durch ihre Nachfrage sowohl nach Lebensmitteln wie nach Rohstoffen beleben sie aufs stärkste die Landwirtschaft.

Erschwert man aber die Einfuhr der Rohstoffe (Baumwolle, Wolle, Hanf usw.), so führt das nur — wie wir im [siebzehnten] Kapitel zeigten — zur Aufhebung jener Wirkung, die man eigentlich mit der Einführung der Schutzzölle bezweckt. Wie wir in unserem [fünfundzwanzigsten] Kapitel noch erklären werden, könnte der hierdurch entstehende Nachteil nur wieder durch Prämien ausgeglichen werden.

Eine Nation, die, wie beispielsweise die Vereinigten Staaten, für lange Zeit noch hohe Löhne zahlen wird, kann nicht die Fabrikation von solchen Artikeln — beispielsweise von Seidengewebe — schützen, die niedrige Löhne, erlesenen Geschmack in den Mustern und eine große Handfertigkeit bei der Anfertigung verlangen. Das sind Eigenschaften, die nur durch ständige Weitergabe von einer Generation zur anderen erworben werden können. Diese Nation sagen wir, wird solche Fabrikationsarten nicht schützen, solange sie deren Erzeugnisse noch viel vorteilhafter durch den Austausch erhalten kann. Auf solche Artikel wird sie daher lediglich Einfuhrzölle legen, die so berechnet sind, daß man sie eigentlich nur als eine vorweg erhobene Verbrauchssteuer zu Lasten der wohlhabenden Klassen ansehen kann. Sie sollen den größtmöglichen Konsum dieser Artikel selbst nicht verhindern, weil diese Konsumtion ihrerseits — weit davon entfernt, die produktiven Kräfte zu schädigen — die Produktion *der* Artikel anregen wird, die das Ausland im Austausch für seine Seidengewebe usw. abnimmt.

Zu den wichtigsten Einfuhrartikeln gehören Roheisen und Kohle.

Bei diesen beiden Artikeln muß man in erster Linie feststellen, inwieweit ihre Produktion durch die natürlichen Hilfsquellen der Nation begünstigt wird. Ist das nicht der Fall, dann dürfen Schutzzölle nicht einmal in Erwägung gezogen werden. In diesem Falle muß die Nation die Einfuhr dieser beiden Artikel möglichst erleichtern, weil sie als die unentbehrlichsten Rohstoffe anzusehen sind.

Begünstigen aber die natürlichen Hilfsquellen die Produktion von Roheisen und Kohle, so ist es trotzdem notwendig, die darauf erhobenen Einfuhrzölle nicht zu hoch festzusetzen. Keinesfalls dürfen sie zu einer Einschränkung des Verbrauchs von Roheisen und Kohle führen. Die weiseste und klügste Haltung, die der Staat in einem solchen Falle einnehmen könnte, bestünde in der Erleichterung des Binnenverkehrs, soweit es in seiner Macht steht, und zwar durch das Ausschachten von Kanälen, durch den Bau von Eisenbahnen usw. sowie durch die Erhebung von nur sehr niedrigen Verkehrssteuern. Außerdem wird der Staat — sofern es noch nicht genügend Kapital für den Bergbau gibt — gut daran tun, wenn er — um zu solchen Unternehmen anzuregen — selbst Aktiengesellschaften gründet, sich daran beteiligt und auf seinen eigenen Dividendenanteil verzichtet, solange die privaten Aktionäre dabei noch keinen vollen Ausgleich für die Zinsen ihres Kapitals finden können.

Was die Eisenwaren betrifft, so können wir den Grundsatz, den wir für Webwaren aufgestellt haben, umkehren und so formulieren: Je weniger die Eisenwaren bearbeitet sind, je näher sie also noch dem Rohzustand stehen, um so sunken sind, wo sie nur noch als ein [Kosten-]Bestandteil angesehen werden können, der dem ausländischen Produzenten vom Staat auferlegt wird und der lediglich den Steuern entspricht, die ja auch der inländische Produzent zu zahlen hat.

Im Hinblick auf die Manufakturprodukte kommt es jedoch zunächst erst einmal darauf an, sorgfältig zu prüfen, ob auch wirklich schon alles getan wurde, um aus dem Prohibitivsystem alle Vorteile herauszuholen, die es unter einer weisen und energischen Verwaltung zu bieten hat. Ist das noch nicht der Fall, dann sollte man allerdings schon im voraus festlegen, zu welchem Zeitpunkt der Übergang erfolgen soll. Die daran interessierten Parteien sind — wie es Weisheit und Gerechtigkeit gleichermaßen fordern — rechtzeitig vom Termin der Umstellung zu unterrichten. Sie haben dann Zeit, sich darauf entsprechend vorzubereiten. Dieser Termin darf jedoch nicht zu kurzfristig festgelegt werden. Ganz gleich aber, wie groß auch immer die bis zu diesem Termin verbleibende Zeitspanne sein mag, die Regierung muß alle ihre Kräfte und ihre ganze Tatkraft aufbieten, um bis dahin alle Hindernisse für die Entwicklung der Industrie soweit wie möglich aus dem Wege zu räumen, um Maßnahmen zu ergreifen, die die industrielle Entwicklung beschleunigen können.

Entsprechend den Grundsätzen, die wir in unserem letzten Kapitel darlegten, ist es weiterhin notwendig, schon im voraus eine [Tarif-]Skala festzulegen, die mit hohen Zöllen beginnt und dann von Jahr zu Jahr stufenweise so lange abwärts gleitet, bis sie auf einer Stufe angelangt ist, die so festgelegt und beibehalten werden muß, daß der nationalen Industrie ausreichender Schutz garantiert ist und die ausländische Industrie neben der inländischen nur zur Teilnahme an der Befriedigung des jährlichen Nachfragezuwachses zugelassen wird. Gleichzeitig sollte die Staatsverwaltung, wie wir es in unserem letzten Kapitel forderten, mit einer Verfügungsgewalt ausgestattet werden, von der sie nach eigenem Ermessen

Gebrauch machen kann, falls sich die nationale Industrie zeitweilig durch die ausländische Konkurrenz bedroht sehen sollte.

Die weiter oben erwähnten vorbereitenden Maßnahmen, die dem Übergang vom Prohibitivsystem zum Schutzsystem vorausgehen sollten, könnten bei einer Manufakturmacht etwa die folgenden sein:

1. Das Transportsystem der Nation — Kanäle, Eisenbahnen, Straßen, Dampfschiffahrt, Flußschiffahrt usw. — ist vollständig auszubauen. Die auf diesen Verkehrswegen erhobenen Steuern sollen vor allem nur so berechnet werden, daß sie die industrielle Entwicklung beschleunigen helfen. Sie sollen so beschaffen sein, daß sie erst später einen Reinertrag einbringen. Sie sollen nicht mit der Absicht verbunden sein, gleich unmittelbar die Zinsen der Baukosten zu decken.

2. Die Regierung unternimmt alles, um die technische Ausbildung im Lande populär zu machen. Nicht nur in der Hauptstadt, sondern auch in den Provinzen werden polytechnische und landwirtschaftliche Schulen gegründet. Diese Institute werden auf [Staats-]Kosten durch die Provinzverwaltungen errichtet, aber der uneingeschränkten und unmittelbaren Leitung der Handels-, Gewerbe- und Landwirtschaftskammern in den Provinzen unterstellt, damit sich zwischen ihnen ein wohltuender Wettbewerb entfalten kann. Das Ministerium hat hierbei nur eine allgemeine Kontrolle auszuüben.[1]

3. Die Einfuhr von Rohstoffen und Lebensmitteln muß schon [vorher] soweit wie möglich zollfrei sein.

4. In jedem Jahr beschafft sich die Regierung die jeweils vollkommensten ausländischen Erzeugnisse. Diese führt sie in den jährlichen [Industrie-]Ausstellungen neben den entsprechenden Landeserzeugnissen der Öffentlichkeit vor. Hierbei sind die Preise der einen wie der anderen anzugeben.

[1] Siehe Charles Dupin, Die produktiven Kräfte . . ., Seite 61—73.

5. Stellt die Regierung fest, daß die inländischen Fabrikate in Qualität und Preis nicht das Niveau der ausländischen Fabrikate erreichen, und zeigt sich, daß dies auf Verschulden der inländischen Fabrikanten zurückgeht, dann soll sie für alle inländischen Fabriken, deren Erzeugnisse in einem bestimmten Zeitraum der Vollkommenheit der ausländischen Erzeugnisse nahekommen und die diese verbesserte Produktion am längsten behaupten können, ansehnliche Preise aussetzen. Aushändigung und Annahme dieser Preise sollen den Fabrikanten gleichzeitig aber auch die Verpflichtung auferlegen, allen Fachleuten, die ihre technischen Kenntnisse bei ihnen vervollkommnen wollen, den freien Zutritt zu ihren Fabriken zu gewähren.

6. Stellt es sich heraus, daß die inländischen Fabriken nur deshalb zurückbleiben, weil ihnen geschickte, fleißige und ausdauernde Arbeiter fehlen, dann müssen auch für die tüchtigsten heimischen Arbeiter Preise ausgesetzt werden. Das gilt auch für Fabrikanten, die für eine bestimmte Zeit ausländische Arbeiter von wohlerprobter und erwiesener Geschicklichkeit ins Land ziehen.

7. Die Regierung läßt sich [ständig] die rückständigen Fabrikanten nennen. Sie führt über diese Frage jährlich eine Enquete durch und veröffentlicht ihr Ergebnis.

8. Die Regierung läßt ständig eine große Zahl von Männern, die sowohl in der Politischen Ökonomie wie auch in den verschiedenen Industriezweigen gut bewandert sind, in allen fremden Ländern und im Inland herumreisen. Entsprechend den Weisungen des Handelsministers haben sie dabei bestimmte Zweige der Industrie- und Agrarproduktion zu beobachten und ihm hierüber besondere Berichte zu erstatten. Darüber hinaus müssen sie auch alles das zur Kenntnis nehmen und in Erfahrung bringen, was ihnen für die Entwicklung der Industrie in ihren Ländern bedeutsam erscheinen sollte. Diese Berichte werden dann jährlich gedruckt, einmal zur Unterrichtung der Öffentlichkeit, zum anderen aber auch, um den Ehrgeiz der Berichterstatter selbst anzuspornen.

Diejenigen von ihnen, die sich durch ihr Wissen und ihre Tatkraft besonders hervortun, werden vor allem in den Konsulardienst, in die Finanzverwaltung sowie auf andere hohe Posten berufen.

9. Für jedes Land, das Wert darauf legt, Fabriken zu unterhalten und zu vervollkommnen, ist es wichtig, daß der Arbeiter einen guten Lohn erhält und gut genährt ist. Daher ist es notwendig, alle Steuern auf Gegenstände des täglichen Bedarfs soweit wie möglich herabzusetzen oder, sollte es sich machen lassen, völlig abzuschaffen. Die schädlichsten und ungerechtesten Steuern sind jene auf Salz, Grundnahrungsmitteln, Brennmaterial, Seife, Fleisch, auf einfachen Weinen und Bieren, sind die Verzehrsteuern überhaupt.[1] Man erwartet von einem Arbeiter vergeblich eine gute Arbeit, wenn er nicht gut ernährt ist. Roastbeef und Porterbier haben zur Größe Englands mehr beigetragen, als man denkt. Alle vom englischen Parlament durchgeführten Untersuchungen beweisen, daß der englische Arbeiter zwei- oder dreimal soviel leistet wie der Arbeiter in anderen Ländern. Der Einfluß der Arbeitslöhne auf die Preise der Manufakturprodukte darf nicht nach dem mehr oder weniger hohen Satz dieser Arbeitslöhne selbst beurteilt werden, sondern nur im Hinblick auf die Beziehungen, die zwischen dem Lohn des Arbeiters [einerseits] und der Menge seiner Arbeit [andererseits] bestehen. Eine schlechte Ernährung führt nur zu einer verkümmerten und entkräfteten Arbeitergeneration; sie vernichtet die produktiven Kräfte der folgenden Generationen. Im übrigen ist es auch ungerecht, wenn man den, dessen täglicher Verdienst nur auf die dringlichsten und unerläßlichsten Lebensnotwendigkeiten beschränkt ist, [steuerlich] genauso belastet wie den, der im Luxus lebt. Die schädlichste aller Steuern ist die Salzsteuer, weil sie direkt die produktiven Kräfte der Nation bedroht.

[1] Siehe Charles Dupin, Die produktiven Kräfte ..., Seite 117.

Mit dem hier unterbreiteten Vorschlag [zur Senkung bzw. Abschaffung der Verbrauchssteuern] könnten wir uns gewiß nur ein sehr zweifelhaftes Verdienst erwerben, würden wir nicht zugleich auch eine Möglichkeit angeben können, auf welche Weise sich das durch die Senkung oder Abschaffung dieser Steuern verursachte Defizit [im Staatshaushalt] decken läßt. Diese Möglichkeit bietet die *Besteuerung der Einkommen.* Bisher hat man noch keinen vernünftigen und stichhaltigen Einwand gegen die ökonomische Gesetzmäßigkeit und Nützlichkeit dieser Steuer vorgebracht. Man bekämpfte sie immer nur in der Weise, daß man einfach vorgab, ihrer Durchführung würden sich unüberwindliche Schwierigkeiten in den Weg stellen. Dies trifft zwar für einen despotischen, jedoch nicht für einen verfassungsmäßigen Staat zu. In dem letzteren wird die Staatsverwaltung durch Patriotismus und [demokratische] Einrichtungen getragen. Würde jeder Bürger einer [Vermögens- und Einkommens-]Schätzung unterzogen, die zunächst von ihm selbst und dann von drei verschiedenen Kommissionen vorgenommen würde, so könnte dieses Auskunftsmittel immerhin zu einem Ergebnis führen, das nicht allzuweit von der Wahrheit entfernt wäre und über das sich jedenfalls niemand zu beklagen hätte.

Dieses Verfahren ließe sich vor allem auf die Verbrauchssteuern anwenden. Die Aufhebung dieser Steuern könnte den größten Einfluß auf die Herabsetzung der Fabrikpreise sowie auf das Wohlergehen des Arbeiters haben.

10. Die Regierung muß alles tun, was in ihrer Macht steht, um die Menge der inländischen Zahlungsmittel im richtigen Verhältnis zur industriellen Entwicklung zu vergrößern und zu vermehren und um die öffentlichen Kreditanstalten zu fördern. Sie muß sich daher bemühen, das System der Banken und Banknoten über das ganze Land auszudehnen, und zwar in dem Maße, wie die Industrie das Bedürfnis nach einer solchen Ausdehnung empfindet. Dabei muß sie jedoch sorgfältig darüber wachen, daß die

für eine solide Kreditfähigkeit dieser Einrichtungen vorgeschriebenen Grenzen nicht überschritten werden.

Nationalbanken, deren Tätigkeit allein auf die Hauptstadt beschränkt bleibt und die auch nur Noten über große Beträge herausgeben können, werden dieses Ziel nur teilweise und sehr unvollkommen erreichen.

11. Die Regierung muß bemüht sein, die Entwicklung des [industriellen] Gesellschaftsgeistes, [u. a. die Gründung von Aktiengesellschaften], soweit wie möglich zu fördern, aber auch seinen Mißbrauch zu verhindern. Sie darf daher keine [anonymen] Inhaberaktien* zulassen und muß alle Unternehmen einer öffentlichen Kontrolle unterwerfen.

KAPITEL XXV

ÜBER DEN ÜBERGANG VOM SCHUTZSYSTEM ZUM SYSTEM DER MÖGLICHST VOLLENTFALTETEN HANDELSFREIHEIT

Auch wir sind Kosmopoliten; doch unser Kosmopolitismus ruht auf einer soliden Grundlage: auf der Nationalität. Auch wir erreichen einen Punkt, wo das System der Handelsfreiheit vorteilhafter ist als das System der Handelsbeschränkungen. Doch wir gelangen auf einem ganz anderen Weg dorthin als Smith und Say. Wir sind Staatsbürger, bevor wir Weltbürger sind. Unsere Anstrengungen

* Im Gegensatz zu Namensaktien, die an eine bestimmte, im Aktienbuch der Gesellschaft eingeschriebene Person gebunden sind und die nur mit Zustimmung des Aufsichtsrates der Gesellschaft an andere Personen übertragen werden dürfen, sind Inhaberaktien anonym. Sie können beliebig durch Kauf und Verkauf übertragen werden. Alle Rechte, die durch diese Aktienform begründet werden, können von ihrem jeweiligen Inhaber wahrgenommen werden.

und Kräfte sind der Zivilisation, dem Wohlstand, dem Ruhm, der Sicherheit unserer Nation geweiht. Auch für die Menschheit erstreben wir das gleiche Ziel; doch ihr Glück muß mit dem Glück der Nation vereinbar sein. Die Nation darf nicht leiden, damit das Glück der Menschheit schneller erreicht wird. Schließlich ist es in erster Linie die Nation, der wir unsere Bildung, unsere Sprache, unsere Lebensfähigkeit und unsere geistige Reife verdanken. Die Natur hat daher den Wunsch in unser Herz gepflanzt, auch unseren Nachkommen den Genuß der gleichen Wohltaten zu sichern.

In Übereinstimmung mit der Natur der Dinge sowie unter Beibehaltung jener Einfuhrzölle, die für den Staatshaushalt notwendig sind, um den Ausfall jener Steuern auszugleichen, die sonst von der inländischen Industrie gezahlt werden müßten, können vom Schutzsystem zum Freihandelssystem übergehen:

1. alle reinen Agrarstaaten, die aus den im [zehnten] Kapitel angeführten Gründen noch nicht fähig sind, mit Hilfe von Schutzzöllen schon eine Manufakturkraft erfolgreich zu entwickeln, und die also durch einen freien Handel mit Manufakturstaaten früher zur Reife kommen werden;
2. alle Kolonien, alle halbzivilisierten, wenig kultivierten oder gar noch wilden Völker;
3. die vorherrschende Nation, weil ihr die Vollkommenheit und Wohlfeilheit ihrer Produkte den inneren Markt sowie auch die Konkurrenzüberlegenheit im Ausland sichern;
4. solche Manufakturnationen zweiter und dritter Ordnung, die sich bereits stark genug fühlen, um mit Erfolg gegen die Konkurrenz der vorherrschenden Nation bestehen zu können;
5. alle Nationen der Erde, soweit es den Handel mit Rohstoffen und Lebensmitteln betrifft.

Wie bei anderen Übergängen, so darf man auch bei diesem Übergang nicht den Grundsatz aus dem Auge verlieren, daß er sich nur nach und nach und nur auf der

Grundlage einer im voraus berechneten und festgelegten Skala vollziehen kann und daß die Nation die Möglichkeit haben muß, zu jedem beliebigen Zeitpunkt zum Schutzsystem zurückzukehren, falls ihre Manufakturkraft durch eine zeitweilige Überlegenheit der ausländischen Konkurrenz in ihrer Existenz bedroht sein sollte.

Zu dieser Frage haben wir noch die folgenden Bemerkungen zu machen:

Einfuhrzölle, die ausschließlich das Ziel verfolgen, dem Staat bestimmte Einnahmen zu sichern, dürfen niemals so hoch festgelegt werden, daß sie eine spürbare Konsumtionseinschränkung hervorrufen können, ausgenommen [es geschieht] aus Gründen der inneren Ordnung [z. B. bei gebranntem Wasser].

Ausfuhrprämien sind elende Palliative. Sie können keineswegs die verhängnisvollen Folgen schädlicher Einfuhrzölle auf Rohstoffe aufheben. Sie lenken die Kapitalien und die Industrie einer Nation ins Ausland ab, obwohl man ihnen vielleicht im Inland eine viel nützlichere Beschäftigung hätte geben können. Sie begünstigen den Betrug und sind daher für den Staat auch in finanzieller Hinsicht nur schädlich. Schließlich aber zwingen sie die anderen Staaten ganz ohne jeden Nutzen und ohne Notwendigkeit zur Einleitung von Maßnahmen zwecks Entkräftung unseres Vorgehens; und diese wiederum tragen uns nur die Strafe der Wiedervergeltung ein.

Eine Beschränkung der Ausfuhr — sei es von Rohstoffen, sei es von Lebensmitteln, sei es von Fabrikerzeugnissen — kann, vom Kriegsfall abgesehen, weder durch logische Gründe noch durch irgendein ökonomisches Motiv gerechtfertigt werden.

Obwohl Gesellschaften für den Handel mit fremden Ländern für ihre Mitglieder gelegentlich sehr große Nachteile mit sich bringen, so können sie einer Nation doch auch echte und dauerhafte Vorteile verschaffen, falls diese — obwohl schon im Besitz einer hochentwickelten Industrie- und Agrarproduktion — noch kaum Fortschritte im

Außenhandel gemacht hat oder falls ihr diese auf Grund längerer Kriege wieder verlorengegangen sind. Diese Gesellschaften bahnen dann den einzelnen Kaufleuten den Weg nach fremden Ländern, fördern ihren Unternehmungsgeist und verschaffen ihnen die notwendigen Kenntnisse über die fremden Märkte.

Doch für Nationen, die in industrieller Hinsicht noch kaum vorangekommen sind, sowie auch für solche, deren Außenhandel schon einen großen Umfang angenommen hat, sind diese Gesellschaften eher schädlich als nützlich.

KAPITEL XXVI

ÜBER DIE GEEIGNETSTEN MITTEL ZUR FÖRDERUNG UND DURCHSETZUNG DER HANDELSFREIHEIT

J. B. Say hat den Theoretikern einen solchen Widerwillen gegen Handelsverträge eingeflößt, daß wir es gar nicht wagen würden, unsere Stimme für solche Verträge zu erheben, wären wir nicht in der Lage, den wahren Grund für diesen Widerwillen zu nennen, und würde uns dieser Grund selbst nicht als gar zu haltlos und lächerlich erscheinen. In der Tat hatte Say doch nur Verträge nach dem Muster des Methuen-Vertrages im Auge. Mit solchen Verträgen aber sind die Völker bis heute äußerst schlecht gefahren. Sie hatten immer genau das Gegenteil von dem zur Folge, was Say von der Handelsfreiheit prophezeite. Daher kann man sich leicht den Widerwillen erklären, den er gegen jede Art von Handelsverträgen bekommen hatte. Da eben alle bis dahin abgeschlossenen Handelsverträge in ihren Auswirkungen nicht mit seiner Theorie übereinstimmten, war in seinen Augen nun überhaupt kein Handelsvertrag mehr etwas wert. Die Theorie von Say taugt eben für alles, nur nicht für die praktische Anwendung.

Und dennoch gibt es zwei Möglichkeiten zur Herbeiführung der Handelsfreiheit: Entweder man gründet einen Weltstaat — ein europäisches Kaiserreich, wie es offensichtlich der Plan Napoleons war — oder man schließt Verträge. Allerdings kommt es dann einzig und allein darauf an, daß diese Verträge nicht nach der Art des Löwen geschlossen werden. Es darf nicht so sein, daß die einen die Austern essen, um den anderen nur die Schalen zu lassen. Auf die Wahrung gegenseitiger Vorteile gegründet, müssen diese Verträge für beide Seiten Bestand und Gedeihen der Industrie sichern und fördern.

Um zu beweisen, daß sich solche Verträge sehr wohl schließen lassen, führen wir das Beispiel Frankreichs und der Vereinigten Staaten an. Für Frankreich ist es äußerst wichtig, daß es sich für seine Seidenwaren den Markt von Nordamerika sichert. Wenn nämlich das Wachstum des Wohlstandes und der Bevölkerung dort die Nachfrage nach diesen Artikeln alle zehn Jahre, wenn nicht noch früher, verdoppelt, dann kann Frankreichs [Seidenwaren-] Absatz dort ganz gewaltig werden. Andererseits haben die Vereinigten Staaten — solange bei ihnen noch die Löhne so hoch sind — keine Veranlassung, eine Industrie aufzuziehen, deren Heranbildung sehr viel Zeit sowie niedrige Löhne erfordert und deren Erzeugnisse sie sich daher noch für lange Zeit viel vorteilhafter durch den Austausch als durch die eigene Produktion beschaffen können. Umgekehrt haben die Amerikaner, vor allem die in den Zentral-, Nord- und Weststaaten, das allergrößte Interesse daran, daß Frankreich für seine Seidenwaren nicht nur Baumwolle und Pottasche, sondern auch Agrarprodukte aller Art sowie Tabak in Zahlung nimmt. Leider aber wird die Einfuhr der beiden erstgenannten Artikel nach Frankreich ohne jeden Nutzen für die öffentlichen Angelegenheiten durch sehr hohe Zölle erschwert, während der Tabakverbrauch dort ebenfalls auf Grund des [staatlichen] Monopols sehr eingeschränkt ist. Wenn man nun einmal die auf Baumwolle und Pottasche lastenden Zölle so herabsetzte, wie es unsere Theorie fordert, und wenn man zum anderen das Tabakmonopol durch einen Einfuhrzoll ersetzte, der den Staat für seinen Verzicht auf dieses Monopol fast vollständig entschädigt, dann steht fest, daß beide Nationen davon einen großen Gewinn hätten. Vorerst kann diese Maßnahme aber kaum anders als durch einen Vertrag vorbereitet und verwirklicht werden. — Es wäre leicht für uns, noch eine Menge anderer Verträge anzuführen, die ebenfalls von großer und unzweifelhafter Nützlichkeit sein könnten.

Das beste Mittel, um solche wohltuenden Maßnahmen zwischen zwei oder mehreren daran interessierten Nationen vorzubereiten und herbeizuführen, wäre die Einberufung eines Welthandelskongresses, zu dem alle Nationen erfahrene, kompetente und sachkundige Männer entsenden müßten. Dieser Kongreß sollte keine andere Aufgabe und kein anderes Ziel haben, als zu beraten und nachzudenken über die gemeinsamen und wechselseitigen Interessen aller Nationen oder über die Interessen der Manufakturnationen gegenüber den Agrar- oder halbzivilisierten Nationen und Kolonien oder über die Interessen der Manufaktur- und Handelsmächte zweiter und dritter Ordnung gegenüber der vorherrschenden Nation oder auch nur über die wechselseitigen Interessen zweier Nationen. Die Aufklärung, die ein solcher Kongreß dank der Öffentlichkeit seiner Beratungen notwendigerweise unter allen Nationen verbreiten würde, könnte die Regierungen und gesetzgebenden Körperschaften nicht nur zum Ergreifen von Maßnahmen veranlassen, die dem Allgemeininteresse entsprechen und es fördern. Sie versetzte sie zugleich auch noch in die Lage, den Völkern viel besser die Notwendigkeit und Nützlichkeit solcher Maßnahmen begründen zu können. So wäre es beispielsweise für die englische Regierung sehr viel leichter möglich, die Aufhebung ihrer Getreidegesetze durchzusetzen, wenn sie sich bei dieser Maßnahme [auch noch] auf die Ratschläge dieses Kongresses berufen könnte.

Die Beratungen dieses Kongresses könnten und sollten sich auf alle Fragen erstrecken, für die wir im [siebzehnten] Kapitel nachgewiesen haben, daß sie das gemeinsame Interesse aller Nationen berühren. Eine solche Diskussion könnte folgende Fragen klären:

> die Vorteile einer allgemeinen Freiheit des Handels mit Rohstoffen und Agrarprodukten zwischen allen Nationen;
> die Vorteile gleicher Zölle für alle Manufakturnationen;
> die Unzuträglichkeiten jenes Vorrechtes, das sich gewisse Nationen auf bestimmten Märkten gesichert haben;
> die Vorteile allgemeiner und gemeinsamer Aktionen zur Aufrechterhaltung von Ruhe, öffentlicher Ordnung und Sicherheit sowie zivilisatorischer Propaganda in allen anderen Teilen der Welt.

Doch diese Diskussion könnte vor allem ein Beitrag zur Sicherung der Freiheit der Meere sein, sofern sie sich nämlich darum bemühen würde, alle noch weniger mächtigen seefahrenden Nationen über ihre wahren Interessen aufzuklären. Wir verweisen hier auf unser [siebentes] und [achtes] Kapitel, wo wir diese Interessen bereits besprochen haben. Dort haben wir auch die Meinung geäußert, daß Frankreich und die Vereinigten Staaten als erste dazu berufen sind, die Initiative zur Durchführung einer solchen Maßnahme zu ergreifen. Man darf sicher sein, daß ein von diesen beiden Nationen kommender Vorschlag dieser Art bei allen Kontinentalnationen Widerhall finden würde. Und wenn sich diese alle zu dem vorgeschlagenen Zweck zusammentäten, dann besteht kein Zweifel darüber, daß England kaum zögern würde, sich gleichfalls auf dem Handelskongreß vertreten zu lassen, wäre es auch nur, um über das, was auf diesem Kongreß vor sich geht, auf dem laufenden zu sein.

Schon im [siebenten] Kapitel haben wir die gewichtigen Gründe dargelegt, die England dazu bringen könnten, daß es ein liberales System der Handelspolitik einführt. Hier brauchen wir nur noch zu bemerken, wie sehr England heute auch schon selbst mit seinen Baumwollfabriken in Abhängigkeit von Nordamerika geraten ist.

Sollte die Idee eines Welthandelskongresses ein wenig zu kühn erscheinen, so möchte der Verfasser dieser Abhandlung zu seiner Rechtfertigung anführen, daß er hierzu durch den Inhalt des der Preisfrage beigefügten lichtvollen Programms angeregt wurde.

Nachdem der Verfasser allen in diesem Programm vorgetragenen Überlegungen Genüge getan hat — er hofft es wenigstens —, würde er es bedauern, wenn er die folgende so wichtige [im Akademie-Programm aufgeworfene] Frage mit Stillschweigen übergehen müßte:

> „*Wird es möglich sein*, die Freiheit des Handels zu begründen und sie in Krieg und Frieden aufrechtzuerhalten durch ein internationales Übereinkommen, das trotz seiner Unvollkommenheit und Begrenztheit einer der ganz großen Fortschritte der *Zivilisation* sein würde?“

Der wichtige Grundsatz

„*Frei Schiff — frei Gut*“

ist schon durch die Zarin Katharina von Rußland und durch Washington aufgestellt worden. Wenn auch bis heute nur mit zweifelhaftem Erfolg [verwirklicht], so wurde er doch seither immer wieder bei jeder Gelegenheit vertreten. Es liegt auf der Hand — und gewiß wäre es überflüssig, wollten wir es hier erst noch besonders beweisen —, daß die allgemeine Anerkennung und Einhaltung dieses Grundsatzes des internationalen Rechts den größten Teil allen Unheils verhindern würde, das durch den Krieg für alle Industriezweige heraufbeschworen wird. Der Verfasser sieht keine andere Möglichkeit als die allgemeine Durchsetzung dieses Grundsatzes.

Sollten sich aber die Seemächte zweiter und dritter Ordnung jemals die Aufgabe stellen, das überlegene England ebenfalls zur Anerkennung dieses Grundsatzes zu zwingen, dann könnten sie das nur durch die Vereinigung ihrer Anstrengungen erreichen. Was aber wäre wohl geeigneter, diese Vereinigung herbeizuführen und zu verwirklichen, als der von uns vorgeschlagene Welthandelskongreß? Er wäre sicher auch das einfachste und wirksamste Mittel, um den Kontinentalnationen die Einsicht in die Gemeinsamkeit ihrer Interessen zu vermitteln. Sollte aber unser Jahrhundert vorübergehen, ohne daß man sich zu dieser großartigen Maßnahme entschlossen hätte, dann wird das folgende Jahrhundert ganz gewiß nicht abrollen, ohne daß sie verwirklicht wird.

Dann aber wird es England sein, das von sich aus diesen Vorschlag machen wird; und man wird dann [bereits] die Frage aufwerfen, wie man der Willkürherrschaft der Vereinigten Staaten von Nordamerika Grenzen setzen kann.

KAPITEL XXVII

RÜCKBLICK AUF DIE GESCHICHTE DER POLITISCHEN ÖKONOMIE IN ENGLAND

Wenn es wahr wäre, wie es Adam Smith behauptet hat und wie es von seinen Schülern wiederholt wurde, daß England die hohe Stufe seines heutigen Wohlstandes nicht mit Hilfe, sondern *trotz* seiner Handelspolitik erreicht hätte, dann wären alle unsere Überlegungen nutzlos; denn die Erfahrung eines solchen Landes wie England muß schließlich entscheidend sein. Doch wir glauben das Gegenteil beweisen zu können. Wir werden zeigen, wie recht der Verfasser der Biographie des Adam Smith hat, wenn er diesem großen Denker eine übertriebene Neigung zum Aussprechen von Widersprüchen vorwirft. —

Vor dem 12. Jahrhundert war England noch ein sehr armes und halbwildes Agrarland. Um diese Zeit erlangte seine Schafhaltung — die Grundlage seines späteren nationalen Wohlstandes — durch den Handel der Hansestädte eine große Bedeutung. Die Kaufleute der Hanse führten genauso deutsche und belgische Manufakturprodukte nach England ein wie solche aus dem Orient und aus dem Süden. Im Austausch dagegen nahmen sie Butter, Blei, Zinn, ganz besonders aber Wolle, von der sie erstaunliche Mengen sowohl nach Deutschland wie auch nach Belgien ausführten. Dort verarbeitete man die Wolle zu Tuch, und in dieser Gestalt wurde sie dann teilweise wieder nach England eingeführt.

Im 13. Jahrhundert schätzte man diesen Handel, dem die englische Landwirtschaft ihre erste Entwicklung verdankt, schon auf 100 000 Ballen Wolle. Seit der Zeit Eduards III. merkte aber die englische Regierung, daß man etwas Besseres tun könne, als rohe Wolle zu verkaufen, um Tuch dafür einzukaufen. Dieser König ermutigte die flandrischen und brabantischen Tuchmacher — die auf Grund politischer Unruhen in diesen Ländern unzufrieden waren —, nach England zu kommen, um sich dort mit ihrem Gewerbe niederzulassen.[1] Gleichzeitig ordnete er für seine Untertanen an, nur die in nationalen Manufakturen hergestellte Wollkleidung zu tragen.[2]

Eduard IV., der den Spuren seiner Vorgäuger folgte, gab ein Gesetz heraus, das die ausländischen Kaufleute verpflichtete, genausoviel Werte in Tüchern auszuführen,

[1] Rymers, Foed., Seite 496*; De Witt, Seite 45.**

[2] II. [2. Regierungsjahr] Eduard III., Kapitel V.***

* Rymer, Foedera..., London 1703–1717, Bd. II, Teil II, S. 746.

** Pieter van de Hode (De la Court), Interest van Holland ofte Gronden van Hollands-Welvare aangewesen door. Amsterdam 1662. — Zwei Kapitel dieses Werkes stammen von Jan de Witt. Später erschien es in Paris in französischer Übersetzung als „Mémoire de Jan de Witt".

*** Im zweiten Regierungsjahr Eduards III. (1328) erschien eine Gesetzessammlung ("Statutes at large").

wie sie Werte in anderen Artikeln einführten. 1463 verbot er sogar die Einfuhr ausländischer Tuche sowie die mehrerer anderer Artikel vollständig.[1]

Zwar zwangen ihn die Hansestädte mit Waffengewalt zur Aufhebung dieser gesetzlichen Bestimmungen im Vertrag von Utrecht (1474). Doch die Tuchfabrikation hatte im Lande schon so festen Fuß gefaßt, daß Heinrich VII. ein halbes Jahrhundert später jenes alte Gesetz wieder in Kraft setzen konnte, wonach die ausländischen Kaufleute verpflichtet waren, im gleichen Wert, wie sie ausländische Waren einführten, englische Manufakturprodukte auszuführen.

Zur Zeit Heinrichs VIII. hatte die Vielzahl der ausländischen Manufakturisten und ihr Anhang eine erhebliche Preissteigerung für alle lebensnotwendigen Güter hervorgerufen. Statt in dieser Entwicklung eine wohltuende Auswirkung der Manufakturen zu sehen, warf der König den Fabrikanten vor, daß sie das Königreich den Gefahren einer Hungersnot aussetzten. Er ordnete die Austreibung von 15000 von ihnen an und begünstigte die Einfuhr der Hanseaten dadurch, daß er ihnen zum großen Schaden der englischen Industrie wieder ihre alten Vorrechte bestätigte. Doch Eduard VI. und noch mehr die Königin Elisabeth ließen die alte Politik wieder aufleben. Unter der Herrschaft Elisabeths versorgten die englischen Manufakturisten schon nicht mehr nur den englischen Binnenmarkt mit gewöhnlichen Tuchen. Sie exportierten jährlich auch noch 200 000 Stück Tuch nach Deutschland und nach den Niederlanden.

Unter Jacob I. wurde der Wert aller englischen Tuchausfuhren auf zwei Millionen Pfund Sterling geschätzt. Das waren damals *neun Zehntel* der Gesamtausfuhr Englands. Zu dieser Zeit versorgte England alle großen Märkte mit diesem lebensnotwendigen Artikel, der in

[1] Hume, Kapitel XVIII; Eduard IV., Kapitel IV.*

* David Hume, Die Geschichte Englands. (The History of England), Neue Ausgabe in zwölf Bänden, Basel 1789.

allen Ländern hochgeschätzt und willkommen war und für den England noch dazu das Rohmaterial selbst produzierte. Aus dieser Wollproduktion sowie aus der Menge der Arbeiter, die zur Weiterbearbeitung der Wolle in den Manufakturen beschäftigt werden mußten, ergab sich ein ansehnliches Steigen der Großgrundbesitzer-Einkommen. Dies wiederum verfehlte nicht, die englische Landaristokratie am Fortschritt und an der Prosperität der Manufakturen zu interessieren. Das alles geschah zu einer Zeit, in der die adligen Herrschaften in anderen Ländern den Einfluß der Industrie auf die Lage der Landwirtschaft noch gar nicht zu schätzen wußten. Unter Jacob I. waren die von England ausgeführten Tuche noch nicht appretiert, so daß sie erst noch in Belgien appretiert und gefärbt werden mußten. Durch Ermunterungen und Verbote aber verstand es dieser König, seinem Land auch noch die Fabrikation und den Markt der feinen Tuche zu verschaffen.

Nachdem England im wichtigsten Industriezweig jener Zeit auf allen Plätzen Europas die Vorherrschaft errungen hatte, eroberte es sich auch noch die Märkte der reichen Kolonien von Portugal. Dies geschah mit Hilfe des Vertrages von 1703, der unter dem Namen *„Methuen-Vertrag“* so berühmt geworden ist. Portugal besaß seit eh und je eine überlegene Rasse von Wollschafen. Schon Strabon führt die Tatsache an, daß bereits vor seiner Zeit edelrassige Mutterschafe zum Preis von einem Talent* je Stück nach Portugal eingeführt worden waren. Diese Tiere hatten sich so beachtlich vermehrt, daß das Land bald eine große Menge feiner Wolle produzierte, die es ins Ausland ausführte. Da entschloß sich die portugiesische Regierung unter dem Ministerium des Grafen d'Ereceira (1687), die Einwanderung von Fabrikanten und Arbeitern zu begünstigen, die [Einfuhr und Verwendung von] aus-

* Talent – ursprünglich ein altgriechisches Handelsgewicht; später eine römische Geldeinheit.

ländischen Tuche[n] zu verbieten und den Markt im Lande selbst wie auch in den Kolonien mit portugiesischen [Woll-]Produkten zu versorgen. Dies geschah dann auch mit großem Erfolg in der Zeit von 1687 bis 1703.

In diesem letzten Jahr — der Graf d'Ereceira war gerade gestorben — konnte der englische Gesandte in Lissabon, Methuen, dem König und den Granden einreden, daß es doch für Portugal viel vorteilhafter wäre, wenn es seine Wolle und seine Weine an die Engländer verkaufe und im Austausch dafür deren Tuche nehme. Das Ergebnis war: Man schloß einen Vertrag. Dieser legte fest, daß für die Einfuhr portugiesischer Weine nach England [nur] ein Zoll zu zahlen sei, der um ein Drittel niedriger sein sollte als der [englische] Einfuhrzoll für Weine aus jedem anderen Land. Dies sicherte den portugiesischen Weinen den englischen Markt. Andererseits legte der Vertrag fest, daß für die Einfuhr englischer Tuche nach Portugal ein 23prozentiger Einfuhrzoll zu zahlen sei.

Sogar die englischen Schriftsteller bestätigen uns, auf welche Weise sich die Hoffnungen erfüllten, die der König und die Granden von Portugal in diesen Vertrag gesetzt hatten. In kurzer Zeit schon waren die englischen Einfuhren nach Portugal um 1 Million Pfund Sterling höher als die portugiesischen Einfuhren nach England. In der Widmung seines Buches für Sir Paul Methuen, den Sohn des Gesandten, schreibt der Herausgeber des „*British Merchant*": „Wir erzielen mit Portugal eine günstigere Handelsbilanz als mit jedem anderen Lande. Seit diesem Vertrag haben sich unsere Ausfuhren in dieses Land um 300000 Pfund Sterling erhöht." Im gleichen Buch berichtet uns der Verfasser, daß die zugunsten Englands ausschlagende Handelsbilanz das portugiesische Geld auf den englischen Märkten bald so stark entwertete, daß der Wechselkurs um 15 Prozent zum Nachteil von Portugal fiel. Die englischen Kaufleute umgingen die Vertragsbestimmungen dadurch, daß sie ihre eigenen Waren nur auf die Hälfte ihres wirklichen Wertes taxieren ließen. Auf diese Weise konnte natürlich der 23prozentige Einfuhrzoll den portugiesischen Manufakturen keinen Schutz bieten; und bald waren sie dann auch zugrunde gerichtet.[1] In bemerkenswerter Offenheit schreibt der "British Merchant": „Durch diesen vorteilhaften Handel entführten wir den Portugiesen zunächst erst einmal so viel von ihrem Silber, daß ihnen kaum noch etwas zur Befriedigung ihres eigenen Bedarfs übrigblieb; und dann schleppten wir ihnen ihr Gold fort."[2]

Nachdem auch Anderson** diese Tatsache berichtet hat, fügt er mit geradezu entzückender Naivität hinzu: „Das sind die Folgen dieses gerechten und wohltuenden Vertrages, der seither zwischen beiden Nationen eine dauerhafte Freundschaft und Allianz gestiftet hat! Mögen sie ewig währen!" — Der Leser möge beachten, wie teuer in vergangenen Zeiten Allianz und Freundschaft mit England zu stehen kamen.

Später werden wir sehen, daß der große Adam Smith diesen Vertrag ganz anders als die englischen Politiker,

[1] British Merchant, Band III, Seite 91.*

[2] British Merchant, Band III, Seite 15.

* "The British Merchant or Commerce preserved" erschien ursprünglich 1713/14 als eine von Charles King geleitete Kampfzeitschrift. Sie verfocht die Interessen einer handelspolitischen Partei und forderte erhöhte Zölle gegenüber Frankreich. Die Polemik dieser Zeitschrift richtete sich gegen eine von Daniel Defoe anonym geleitete Zeitschrift "Mercator or Commerce retrieved". Letztere setzte sich für einen freieren Handel mit Frankreich ein. "The British Merchant" wurde 1721 in London mit staatlicher Unterstützung durch das Ministerium Walpoles von Charles King in drei Bänden herausgegeben. Das wirtschaftshistorisch aufschlußreiche Werk enthält eine Artikelauswahl aus der genannten gleichnamigen Zeitschrift. Ein Neudruck erschien im Jahre 1743. Der III. Band dieser Sammlung war Paul Methuen gewidmet, dem Sohn des englischen Ministers John Methuen, der 1703 den englisch-portugiesischen Handelsvertrag abgeschlossen hatte.

** Anderson, Der Ursprung des Handels. (Origin of Commerce), 6 Bände, Dublin 1790.

Kaufleute und Manufakturisten beurteilte. Er stellte ihn als nachteilig für England und als vorteilhaft für Portugal hin. Vielleicht wird uns die Prüfung seiner Argumente einige Proben seiner Vorliebe für Widersprüche liefern.

Durch die oben angeführten Tatsachen glauben wir klargestellt zu haben, daß die Wollmanufakturen die erste und wichtigste Industrie Englands waren und daß England diese Industrie seit dem 13. Jahrhundert dadurch geschaffen, vervollkommnet und aufrechterhalten hat, daß es den Fabrikanten des Landes den eigenen Binnenmarkt vorbehielt und ihnen durch vorteilhafte Handelsverträge Absatzmärkte im Ausland erschloß.

Im Hinblick auf den Handel mit Getreide jedoch ist die englische Politik nicht immer so weitsichtig gewesen.

Der Preis der Lebensmittel und der Arbeit wurde jahrhundertelang durch die Regierung festgesetzt. Die Getreideausfuhr war bis zu Elisabeths Zeiten verboten. Vor Heinrich IV. war sogar der Transport von Getreide aus der einen Grafschaft in die andere verboten.[1] Erst dieser König erteilte dann besondere Genehmigungen, die wenigstens diesen Binnentransport ermöglichten. Wiederholt gab es sogar Anweisungen, die die Zahl der Schafe festlegten, die jeder Grundbesitzer rechtmäßig nur ernähren durfte. Man befürchtete nämlich Getreidemangel, falls es zuviel Wollschafe geben sollte.

Im Gegensatz hierzu gestattete Elisabeth dann die Ausfuhr von Getreide; und Jacob I. fand diese dann schon so vorteilhaft, daß er sie noch durch Prämien förderte.

Auch Schiffahrt und Überseehandel Englands verdanken den einschränkenden Gesetzen nicht weniger als die englische Agrar- und Industrieproduktion.

Zur Zeit der Herrschaft Heinrichs VIII. war der König von England hinsichtlich der Flotte noch von der Hanse abhängig, die ihm die Schiffe lieh. Als aber die Wollfabriken und auch das Wachstum der Städte eine große

[1] Hume, Kapitel XVIII.

Nachfrage nach Steinkohle hervorgerufen hatten[1], da steigerten die Grubeneigentümer ihre Förderung derart, daß sie bald nicht nur den Binnenmarkt ausreichend versorgten, sondern darüber hinaus auch noch eine ansehnliche Menge dieses Brennmaterials für die Ausfuhr bereitstellen konnten. Dies bewirkte wiederum eine bemerkenswerte Entwicklung der Küsten- und Hochseeschiffahrt. In der Mitte des 17. Jahrhunderts zählte man allein im Hafen von Newcastle 900 Schiffe, von denen 600 den Holländern gehörten und die alle für den Kohlentransport eingesetzt waren. Nachdem die Engländer durch die Entwicklung der Schiffahrt große Erfahrungen im Schiffbau erworben und sich eine große Zahl von erfahrenen Matrosen und Seeleuten verschafft hatten[2], spürten sie, daß nun schließlich auch für sie die Zeit gekommen war, in diesem für Handel und Verteidigung einer Nation so bedeutsamen Industriezweig die Unabhängigkeit zu erringen.

Im Jahre 1651 verkündete daher das Rumpfparlament* die berühmte *Navigations-Akte*. Sie verbot, ausländische

[1] Wenn die Fischerei und die Erfindung von Peter Böckel, die Heringe zu salzen, die Hauptursache für die Seeüberlegenheit der Holländer waren, so muß man den Ursprung der Seeüberlegenheit der Engländer im Kohlenhandel und in einem neuen Gesetz suchen. Als im Jahre 1400 Bürger und Adlige von London Heinrich IV. eine Bittschrift vorlegten, um ihn zu veranlassen, er solle den Gebrauch eines so schädlichen und ungesunden Brennmaterials wie der *Sea-coal* verbieten (man nannte sie in London *Meereskohle*, weil man sie aus Minen bezog, die an den Meeresküsten gelegen waren), da ahnten sie wohl kaum, daß sie damit die Vernichtung der wichtigsten Grundlage ihrer künftigen Seemacht forderten. Seit langem blühte Newcastle am Tyne auf Grund des Kohlenhandels. Doch dies ergab sich weit mehr durch die Ausfuhr dieses Brennmaterials als durch dessen Verbrauch im Königreich selbst. Dort verzögerte die Voreingenommenheit noch lange die allgemeine Verwendung dieses Brennmaterials. In dem Maße jedoch, wie die Wollmanufakturen zum Wachstum der Bevölkerung führten, verschwand diese Voreingenommenheit.

[2] Anderson, Band II, Seite 511.

* Nach dem Ausschluß der nichtrepublikanischen Mitglieder

Manufaktur- oder Naturprodukte anders als auf englischen Schiffen nach England einzuführen. Die Kapitäne und auch drei Viertel der Mannschaft dieser Schiffe mußten in England geboren sein. Ausländischen Schiffen war es nur erlaubt, Erzeugnisse ihres eigenen Landes nach England zu bringen. Das gleiche Gesetz verbot auch, andere als von englischen Fischern gefangene Fische nach England oder Irland einzuführen, aus diesen beiden Ländern auszuführen oder von einem englischen Hafen zum anderen zu transportieren.

Nach dem Willen seiner Schöpfer sollte dieses Gesetz einen tödlichen Schlag gegen die Seeüberlegenheit und den Fischfang Hollands führen. Holland empfand diesen Schlag so, daß es seinem Rivalen unverzüglich den Krieg erklärte. Am 13. Februar 1653 endete eine Seeschlacht der Flotten beider Republiken mit der totalen Niederlage der Holländer. Das Ergebnis dieses Tages bestand darin, daß einerseits der Handel[sverkehr] der Holländer durch den Ärmelkanal unterbrochen wurde, andererseits ihr Handel [mit den Ländern] am Baltischen Meer durch englische Korsaren beunruhigt und nahezu völlig vernichtet wurde, daß ihr Fischfang völlig lahmgelegt wurde und daß schließlich den Engländern 1600 [holländische] Schiffe in die Hände fielen.[1] In seiner Rede über die öffentlichen Einnahmen bestätigte Davenant, daß sich die Handelsschiffahrt Englands nach dem holländischen Krieg im Laufe von 28 Jahren verdoppelt hatte.[2]

(Presbyterianer) aus dem 1640 zusammengetretenen revolutionären „Langen Parlament“ Englands — im Jahre 1648 — erhielt dieses den Namen „Rumpfparlament“. Es wurde 1653 von Oliver Cromwell aufgelöst.

[1] Hume, Band V, Seite 39.

[2] Anderson berichtet (Band II, Seite 552), daß es in England viele kluge Männer gab, die dieses Gesetz für ungerecht und undurchführbar hielten. Sie taten das wahrscheinlich aus genauso schwerwiegenden Gründen wie Say, der die Vergünstigungen, die dem Fischfang und der nationalen Schiffahrt bewilligt waren, mißbilligte und verwarf. Man ging so weit, vorauszusagen, diese

Adam Smith behauptete zu Unrecht, daß diese *Navigations-Akte* nur das Ergebnis einer nationalen Erbitterung gewesen sei. Dieses Gesetz war dem Seerecht der Hansestädte entliehen. Diese hatten ihrerseits die alten Gesetze und Verordnungen Venedigs übernommen.[1] England hatte also das Beispiel zweier See- und Handelsmächte sowie die [eigene] Erfahrung mehrerer Jahrhunderte vor Augen. Unfreiwillig oder mit Absicht hat Smith auch vergessen, von zwei Versuchen zur Einführung einer Schiffahrtsgesetzgebung zu sprechen, die bereits vor dem vom Langen Parlament erlassenen Gesetz unternommen wurden: der erste 1461 unter Heinrich IV., der aber den vom Parlament vorgelegten Entwurf ablehnte[2], und der zweite 1622 unter Jacob I, wo es dann das Parlaments war, das seinerseits den von der Regierung unterbreiteten [Gesetz-]Entwurf zurückwies.[3]

Solche Gesetze zur Regelung der Schiffahrt sind derart natürlich für Nationen, die ein Vorgefühl künftiger eige-

Beschränkungen, — die man als unsinnig bezeichnete — würden für England die schlimmsten Folgen nach sich ziehen, unter anderem Krieg, Hungersnot und Vernichtung des englischen Handels.

Was die Holländer betrifft, so lehrte sie ihr großes Mißgeschick, daß sie viel klüger gewesen wären, wenn sie die Engländer an ihrem Handel hätten teilnehmen lassen, statt sich für einen so hohen Preis ihre eigene Erniedrigung einzuhandeln. Sie schrieben ihr Unglück vor allem der Tatsache zu, daß die englischen Schiffe größer als die ihren waren. Das war ein Umstand, auf den man zwar mehrmals aufmerksam gemacht hatte, den man aber niemals als wichtig genug angesehen hatte. Diese Tatsache wird indes durch den Vergleich zwischen Engländern und Amerikanern noch interessanter: Niemals nämlich besuchte ein englischer Offizier die Vereinigten Staaten, ohne über die Größe der Kriegs- und Dampfschiffe dieser Nation erstaunt zu sein und ohne seinem eigenen Lande Unheil vorauszusagen, falls nicht die englische Regierung den Amerikanern in der Kunst des Schiffbaus nacheifere.

[1] Anderson, Geschichte des Handels, Band II, Seite 46.

[2] Hume, Kapitel XXI.

[3] Hume, Band IV, Seite 330.

ner Seegeltung haben, daß die Vereinigten Staaten von Amerika kaum ihre Unabhängigkeit errungen hatten, als auch der Kongreß schon Restriktionsgesetze beschloß, die geeignet waren, die [eigene] Schiffahrt zu fördern und den Überseehandel des Landes anzuregen. Das war eine Maßnahme, deren Erfolg sogar noch den Erfolg der Navigations-Akte von England übertraf.

Seit der Herrschaft der Königin Elisabeth hat England bis in unsere Tage hinein ein ganzes System von Verboten nach außen und von Förderungsmaßnahmen nach innen errichtet. Nachdem es den Hanseaten seine Häfen verschlossen hatte, begünstigte es durch alle möglichen Mittel die Einwanderung ausländischer Fabrikanten, die man in ihrem eigenen Vaterland verfolgte. Indem es allen Flüchtlingen, die Frankreich und die Niederlande verlassen hatten, ein Asyl bot, kam es zu vielen neuen Industrien. Es schloß Handelsverträge mit Rußland, der Türkei und der Hanse. Es räumte Handelsgesellschaften Privilegien zur Ausbeutung des Handels mit diesen Ländern und mit Ostindien ein.[1]

England verstand es, von jedem Land eine Industrie zu übernehmen: von den Niederlanden die Kunst, Tuche und

[1] Dr. Smith und David Hume tadeln die Königin, weil sie den Kaufmannsgesellschaften derartige Privilegien gewährt hatte. Sie berücksichtigen aber nicht, daß die Hanseaten damals noch reich und mächtig waren und daß Holland noch auf der Höhe seiner Entwicklung stand. Hätte Elisabeth nach den Lehren dieser beiden Gelehrten gehandelt, dann würden die Engländer diese beiden Nationen vielleicht niemals von ihren Märkten vertrieben haben. Dieses Ziel konnte nur durch eine von der Regierung unterstützte Vereinigung der eigenen Kräfte und durch Verträge erreicht werden.

Ein [einzelner] englischer Kaufmann wäre niemals in der Lage gewesen, allein auf sich gestellt und im Konkurrenzkampf mit den Hanseaten und Holländern Handelsbeziehungen mit dem Ausland zu unterhalten. Aber eine Gesellschaft, die durch Privilegien und Verträge unterstützt sowie durch eine Flotte geschützt war, stärkte das Vertrauen in die eigenen Kräfte und zog das Handelskapital der hanseatischen und holländischen

Scharlach zu färben; von Venedig die Kunst, Glas und Kristall herzustellen; von Deutschland die Eisen- und Stahlbearbeitung; von Frankreich und der Schweiz die Seidenweberei und die Uhrmacherei; von der Biscaya den Walfang.[1] Es schickte seine Leute sogar bis nach Persien, damit sie dort die Kunst des Webens und Färbens von Teppichen erlernten. Und alle diese neuen Gewerbe ermunterte England dadurch, daß es ihnen den Binnenmarkt sicherte.

Eine der Hauptaufgaben der englischen Gesetzgebung bestand darin, den Fischfang — diese hervorragende Schule für Seeleute — zur Blüte zu bringen. Um dies zu erreichen, wurden Prämien für [die Vergrößerung von] Tonnage und Fang ausgesetzt.

Städte an. Kaufleute wie die aus Hamburg und Lübeck, die weder für ihre Kapitalien noch für ihre Schiffe auf den Auslandsmärkten Verwendung fanden, gingen nach England, um in den Genuß der Privilegien der Engländer zu kommen. Erlitten diese Gesellschaften zunächst auch Verluste, so war dies jedoch kein öffentlicher Verlust, sondern lediglich ein Opfer, ohne das sich das Land niemals einen so ausgedehnten Handel hätte schaffen können. Wenn sich dann später — nachdem die Freibriefe für die privilegierten Handelsgesellschaften wieder aufgehoben worden waren — die Industrie des Landes entfaltete, so beweist diese Tatsache keineswegs, daß das Land ohne Bewilligung der Freibriefe genausogut zur Blüte gelangt wäre. Bei ihrer Aufhebung war schließlich der Handel längst fest gegründet. Die einzelnen Kaufleute hatten durch das gemeinsame Handeln im Rahmen großer Gesellschaften nun auch längst schon die [notwendigen] Mittel sowie Gesellschaftsgeist und Handelskenntnisse erworben. Es ist hier das gleiche wie fast in allen Industriezweigen: Erst kommen die Verluste und dann die Gewinne. Viele Individuen, die Millionen Menschen durch eine neue Erfindung reich gemacht haben, verbrauchten selbst während der Forschungen und Experimente ihr ganzes Vermögen. Die Freibriefe für privilegierte Gesellschaften sind mit den Patenten für neue Erfindungen zu vergleichen: Für eine bestimmte Zeit gegeben, sind sie nützlich; ist diese Zeit dann aber einmal verstrichen, so ist ihre Aufhebung eine öffentliche Wohltat.

[1] Anderson, Band I, Seite 127; Band II, Seite 350.

Kann man also [einerseits] nicht verkennen, daß die natürlichen Hilfsquellen des Landes, die Energie des englischen Charakters, die ständige Entfaltung der Freiheit – vor allem durch die Revolution – und schließlich auch die geographische Lage Englands viel dazu beigetragen haben, um es im Hinblick auf Handel, Industrie und Seemacht zur ersten unter den Nationen zu machen, so sollte man [andererseits] auch nicht leugnen, daß England ohne den ständigen Schutz, den es zunächst seinen Wollmanufakturen, dann der Binnenschiffahrt, dem Fischfang und allen Arten der Industrie gewährte, niemals zu dieser Überlegenheit gekommen wäre.

Die Geschichte lehrt uns, daß Nationen wie auch weise und glückliche Menschen den Fehlern, Dummheiten oder auch dem Unglück anderer ebensoviel und oft gar noch mehr verdanken als ihren eigenen Bemühungen. Wir haben schon gesehen und wir werden auch in den folgenden Kapiteln noch sehen, auf welche Weise es England verstanden hat, den Verfall der Hansestädte, Belgiens, Venedigs, Genuas, Spaniens, Portugals, Frankreichs und Deutschlands für sich auszunutzen, ganz gleich, ob dieser Verfall durch religiösen Fanatismus, durch Adelsprivilegien oder despotische Unterdrückung hervorgerufen wurde. Wir werden sehen, wie es England allein jahrhundertelang verstanden hat, fast alle Früchte der Reformation, der Entdeckung Amerikas und des Seeweges nach Ostindien, der Erfindung des Buchdrucks und des Schießpulvers zu ernten. Aber man muß auch zugeben, daß sich die englische Nation dieses schönen Erbes durchaus würdig erwies, indem sie es ihrerseits durch die bedeutendsten Erfindungen, Verbesserungen und Vervollkommnungen mehrte und zur Geltung brachte.

England hat der zivilisierten Welt das erste Beispiel eines umfassenden Straßen- und Kanalsystems gegeben. Es hat dadurch die wunderbaren Wirkungen eines vollkommenen Transportwesens auf die Entwicklung aller produktiven Kräfte ins rechte Licht gerückt. England hat die Nationen gelehrt, den unermeßlichen Wert der Steinkohle und der Eisenfabrikation zu schätzen. Es hat ihnen bis dahin unbekannte Antriebskräfte, neue Maschinen und Arbeitsverfahren gebracht, die geeignet waren, den Transport zu erleichtern und die Arbeitsproduktivität in einem riesigen Ausmaß zu steigern.

Dank dieser Steigerung der produktiven Kräfte war England imstande, allein auf sich gestellt, jahrelang der fürchterlichen Macht Napoleons zu widerstehen und ihn am Ende sogar zu besiegen. Der erbitterte und lange Kampf, den England gegen das französische Kaiserreich zu bestehen hatte, führte ihm, statt es zu schwächen, neue Kräfte zu, da er die meisten amerikanischen, afrikanischen und asiatischen Kolonien von ihrem jeweiligen Mutterland löste und dadurch neue Absatzmöglichkeiten für Englands Fabriken eröffnete sowie England Gelegenheit bot, die Zahl seiner eigenen Kolonien zu vergrößern. Schließlich versetzte der Sieg über Napoleon England in die Lage, die ganze Welt seinen industriellen Kräften zu unterwerfen, sein Territorium mit Lagern und Manufakturen zu übersäen und aus ganz England eine riesige Welthauptstadt zu machen, für die der gesamte Erdball nur noch die Rolle der Provinz spielte.

Nach dem allgemeinen Friedensschluß wurden die geistigen Kräfte der Nationen durch die Theoretiker darauf gelenkt — und die Regierungen zeigten sich damit auch einverstanden —, die Theorie von der Handelsfreiheit in die Praxis umzusetzen. Rußland, der gesamte Norden, Deutschland, Italien, die Pyrenäenhalbinsel und die Vereinigten Staaten waren bereit gewesen, von England Manufakturprodukte im Austausch gegen ihre eigenen [Agrar- oder Natur]produkte zu beziehen. Allein Frankreich blieb seinem System treu. Doch man hätte vielleicht auch Frankreich zu Konzessionen veranlassen können, wenn ihm in England die Einfuhr von Weinen, gebrannten Wassern und Seidenwaren gestattet worden wäre — von Waren also, deren Gesamtwert nicht mit dem Wert von Baumwolle, Wolle und Eisen verglichen werden kann.

Vielleicht wäre dann für England die Zeit gekommen, auf das Prohibitivsystem zu verzichten und im Hinblick auf die Navigations-Akte das wahr zu machen, was Dr. Joseph Priestley ihr seit langem schon vorausgesagt hatte: „Daß [nämlich] eine Zeit kommen könnte, wo es genauso klug sein würde, die Navigations-Akte aufzuheben, wie es einmal klug war, sie einzuführen."[1] Bei ständiger Einfuhr ausländischer [Natur- und Agrar]produkte im Austausch gegen ihre Fabrikprodukte hätten die Engländer eine kaum vorstellbare Stufe des Wohlstandes erreicht. Weder die europäischen Nationen — Frankreich vielleicht ausgenommen — noch die Vereinigten Staaten hätten jemals daran gedacht, mit Großbritannien zu rivalisieren. Der Produktionsüberschuß der riesigen Gebiete, die in Amerika bebaut werden oder doch später dort bebaut würden, wäre nach England gebracht worden. Alle die Millionen Menschen, die die Neue Welt bewohnen, und alle die Hunderte Millionen, die sie im kommenden Jahrhundert bewohnen werden, hätten sich mit Stoffen aus englischen Fabriken gekleidet. Alles hätte zum Wachstum seiner Macht und zur Vergrößerung seines einzigartigen Wohlstandes beigetragen. Unter solchen Umständen ist es nicht wahrscheinlich, daß sich jemals ein russisches oder amerikanisches Schutzsystem herausgebildet hätte — auch keine Handelsunion in Deutschland —; denn im Widerspruch zum Privatinteresse aller Bewohner von Agrarländern hätte es doch gestanden, einen gegenwärtigen und unmittelbaren Vorteil zugunsten von Zukunftshoffnungen zu opfern. Doch, wie ein großer Dichter einmal gesagt hat, ist dafür gesorgt, daß die Bäume nicht in den Himmel wachsen! Will die Vorsehung eine Nation er-

[1] Priestley, Vorlesungen über Geschichte und allgemeine Politik, Teil II, Seite 289.*

* Das Werk erschien 1826 in London.

niedrigen, dann gibt sie ihr schwachköpfige Herrscher. Auch die Bibel bestätigt das.

Lord Castlereagh war weder durch seine Innenpolitik noch durch seine Außenpolitik der Mann, der England die Früchte des Sieges sichern konnte. Er lieferte den inneren Wohlstand seines Landes der Landaristokratie aus, und die Landaristokratie tötete die Gans, die die goldnen Eier gelegt hatte. Hätte es die Aristokratie zugelassen, daß Großbritannien zur Manufaktur-Hauptstadt der Erde wurde, dann hätte sich der größte Teil ihrer Landbesitzungen in Parks, Gemüsegärten und Weideflächen verwandelt. Diese hätten solche Artikel hervorbringen helfen, die man aus dem Ausland nicht einführen kann. Die Großgrundbesitzer hätten dann aus ihren Gütern viel höhere Renten gezogen als durch einen gesteigerten Getreideanbau. Doch diese Zeit ist noch fern, und die Aristokratie ist wenig gewohnt, klar in die Zukunft zu sehen. Indem sie die Einfuhr ausländischer [Agrar-]Produkte durch Beschränkungsmaßnahmen bekämpfte, zog sie es vor, ihre Renten unmittelbar zu erhöhen. Durch dieses Vorgehen aber zwang sie die Nationen ihren Wohlstand auf einem anderen Wege zu erreichen als durch Befolgung der Theorie von der Handelsfreiheit.

Als Canning und Huskisson ins Ministerium einzogen, hatten die Großgrundbesitzer schon zuviel von der erbeuteten Frucht gekostet, um freiwillig auf ihren Genuß zu verzichten; selbst wenn diese beiden Männer allen Ernstes die Absicht gehabt hätten, ihnen diesen Genuß zu nehmen.

Hat übrigens ein Volk erst einmal ein Schutz- und Förderungssystem eingeführt, dann kann es dieses nicht plötzlich ändern, nur weil es erfährt, daß die Leitung der stärksten, wohlhabendsten, tüchtigsten Nationen in die Hände von Männern übergegangen ist, die sich zur Lehre von der Handelsfreiheit bekennen. Es wäre ein Beweis für gefährlichste Ignoranz und höchste Unklugkeit derjenigen, die an der Spitze der Geschäfte einer dieser

Nationen stehen, hätten sie England dazu bringen wollen, daß es im Vertrauen auf leere Phrasen und Versprechungen die von ihm eingenommene Vorrangstellung [freiwillig] preisgibt. Und das schon gar nicht, als diese Versprechungen ja unter Umständen abgegeben wurden, die beweisen, daß diejenigen, die sie gemacht haben, sie gar nicht halten können oder daß sie doch zumindest — sollten sie diese in der Gegenwart auch halten können — nicht in der Lage wären, irgendeine solide und echte Garantie dafür zu bieten, daß das System, dessen Einführung sie versprechen, auch noch nach ihrer Amtszeit beibehalten wird.

Auch als in Zeitungen und Parlamentsreden der erstaunten Welt mitgeteilt wurde, daß das englische Kabinett kosmopolitisch geworden sei und nunmehr ein System eingeführt hätte, das mit der Aufklärung und mit den Erfordernissen des Jahrhunderts besser harmoniere und das geeigneter wäre, die Freundschaftsbande zwischen den Nationen enger zu knüpfen — daß nun endlich die Grundsätze der wahren Politischen Ökonomie von der Regierung der größten See- und Handelsmacht anerkannt seien —, da brachte diesen Versicherungen niemand soviel Vertrauen entgegen wie die Theoretiker. Sie glaubten, jenes goldene Zeitalter [unmittelbar] vor sich zu sehen, das sie schon so lange vorausgesagt und auf das sie die Welt vorbereitet hatten. Deshalb wurde auch niemals ein Minister zur Zeit seines Lebens mehr gefeiert und nach seinem Tode mehr betrauert als Canning. Dabei dürfte es doch noch sehr zweifelhaft sein, ob dieser große Mann seine überragenden geistigen Fähigkeiten nun stärker zur Förderung der Wohlfahrt des Menschengeschlechts oder zur Vergrößerung der Handelsüberlegenheit Englands auf Kosten der restlichen Welt einsetzte.

Aufgeklärte Politiker zeigten sich in ihren Hoffnungen nicht so leidenschaftlich. Sie waren auch nicht bereit, die kosmopolitischen Phrasen des englischen Ministeriums als Grundsätze [für ihr eigenes Handeln] zu übernehmen. Sie überdachten zunächst einmal, was ihre Nation gewinnen könnte, wenn sie ihre Manufakturen der Gnade der Engländer auslieferte, um auf diese Weise in den Genuß der Wohltat zu gelangen, den Überschuß ihrer [eigenen Natur- und Agrar-]Produkte nach England verkaufen zu dürfen. Sie fragten sich, ob es wirklich in der Macht der englischen Minister stehe, diese Wohltat fremden Nationen zu gewähren, ob denn überhaupt die englische Landaristokratie die Öffnung der [englischen] Häfen für ausländische Agrarprodukte billigen würde. Sie erkannten, daß ein solcher Plan, sofern er als einzige Stütze nur die Talente und den Einfluß eines populären Ministers hatte, zugleich auch eine mächtige Opposition hervorrufen mußte. Sie bedachten, daß diese Opposition dann später ein entgegengesetztes System einführen könnte, daß der Minister sterben und durch einen Mann mit anderen Grundsätzen ersetzt werden könnte, daß sogar der Thron seinen Inhaber oder aber der, der ihn innehatte, seine politischen Grundsätze wechseln könnte. Sie überdachten dann die vernichtenden Auswirkungen eines solchen Wechsels für ihre Länder, die ja gezwungen wären, ihre Manufakturen preiszugeben, um sich dem Experiment der Handelsfreiheit zu unterwerfen. Vor allem in Frankreich erinnerte man sich besonders der unheilvollen Folgen des Vertrages von 1786. Aus alledem zogen diese Männer die Schlußfolgerung, daß es am klügsten wäre, jede Entscheidung erst einmal aufzuschieben und sich jeder Beteiligung so lange fernzuhalten, bis sich das neue System weiter entwickelt und mehr gefestigt hätte.

Ein geistreicher Politiker* bemerkte gelegentlich einmal, *„daß die Theorie der Handelsfreiheit von Huskisson nicht für den Konsum des Landes bestimmt war, das sie fabriziert hatte, sondern für den Export“*.

Dieses System entwickelte sich dann nachweislich so, daß die Einfuhr ausländischer [Agrar-]Produkte nach Eng-

* List nimmt hier Bezug auf eine Äußerung Baldwins, des späteren Oberrichters der Vereinigten Staaten.

land immer nur dann erlaubt wurde, wenn es darum ging, der Hungersnot zu entrinnen. Handelte es sich aber um die Einfuhr ausländischer Fabrikprodukte, dann nahm Huskisson in jedem einzelnen Fall zum Schutzprinzip seine Zuflucht, wie sehr er auch immer in seinen Reden mit kosmopolitischen Phrasen um sich warf. Zwar setzte er die [Einfuhr-]Tarifsätze für viele Waren herab. Er versäumte dabei aber nie, sicherzustellen, daß der angewandte [Zoll-]Satz die nationale Industrie noch ausreichend schützte. In dieser Hinsicht bewies er die gleiche Klugheit wie die holländischen Ingenieure: Dort, wo das Wasser sehr hoch steigt, errichten sie hohe Deiche; dort, wo das Wasser kaum steigt, geben sie ihren Deichen auch nur eine geringe Höhe. Ihr Ziel besteht ja schließlich auch nicht darin, eine möglichst große Höhe der Deiche zu erreichen, sondern gerade nur das Niveau, das nötig ist, um das Land zu schützen.

Auch einige alte und inzwischen nutzlos gewordene Gesetze hat man über Bord geworfen. Zusammen mit einigen Tarifänderungen waren das alle Ergebnisse der Umsetzung der englischen Freihandelstheorie in die Praxis.

KAPITEL XXVIII

RÜCKBLICK AUF DIE GESCHICHTE DER POLITISCHEN ÖKONOMIE VON FRANKREICH

Der große Erfolg Englands verfehlte nicht, den Wetteifer Frankreichs anzuregen. Zu der Zeit, als es in Deutschland und in den Niederlanden bereits viele Handels- und Manufakturstädte gab, war Frankreich in Handel und Manufakturen noch kaum vorangekommen.

Zu Beginn des 16. Jahrhunderts brachte Franz I. von Mailand den Maulbeerbaum und die Kunst der Seidenbearbeitung mit. Doch Seide war damals noch ein Gegenstand des Luxus. Ihr Preis war so hoch, daß keine großen Mengen davon konsumiert wurden. In ihrer Bedeutung konnte sie daher nicht mit den Tuchen und mit der Leinwand verglichen werden. Heinrich IV. förderte die Leinwand-, Woll- und Glasmanufakturen, indem er belgische Handwerker anregte, nach Frankreich zu kommen. Desgleichen war er bemüht, die Seidenfabriken zu fördern. Nachdem Kardinal Richelieu den Adel unterworfen hatte, empfand er es seinerseits als notwendig, Manufakturen und Handel zu fördern. Er unterstützte die Seiden-, Samt- und Wollmanufakturen von Rouen, richtete Gesellschaften ein, förderte den Fischfang und schuf eine beachtliche Flotte. Nach ihm begünstigte Kardinal Mazarin die Errichtung von Tuchfabriken in Sedan, indem er den Manufakturisten große Vorrechte einräumte und ihnen unter anderem auch Adelsbriefe gab. Doch wenn man es mit dem vergleicht, was später Colbert unter Ludwig XIV. erreichen konnte, dann hatten alle seine Bemühungen nur eine geringe Wirkung.

Als Colbert, dieser große Mann, zur Macht kam, war die französische Flotte ruiniert. Die Manufakturen wurden nicht mehr geschützt. Die Landwirtschaft war im Verfall. Frankreich war im Innern durch provinzielle Zollgrenzen gespalten. Seine Finanzen befanden sich in völliger Unordnung.

Colbert, der als Sohn eines Tuchkaufmanns über große Erfahrungen in Handel und Manufakturen verfügte und gleichzeitig ein großartiges Talent und hervorragende Charakterstärke besaß, leitete Maßnahmen ein, die geeignet waren, eine radikale Reform herbeizuführen: Die wichtigsten Manufakturen unterstützte er mit finanziellen Vorschüssen. Aus dem Ausland ließ er geschickte und erfahrene Handwerker kommen. Er kaufte ausländische Patente und Maschinenmuster. Die provinziellen Zollgrenzen versuchte er durch die Einführung eines nationalen Zollsystems zu überwinden. Die Einfuhr von Waren, welche Frankreich selbst herstellen konnte, belegte er mit hohen Zöllen.

Mit allen diesen Maßnahmen erreichte dieser große Staatsmann, daß sich die Industrie seines Landes derart entwickelte, daß man schon nach zehn Jahren seiner Amtstätigkeit in Frankreich mehr als 50000 Wollverarbeitungswerkstätten zählte und der französische Seidenhandel einen jährlichen Wert von 50 Millionen Franken erreichte. Colbert schuf eine Flotte von 198 Schiffen mit 166000 Mann und erhöhte die Einkünfte des Landes um 28 Millionen.

Trotz dieses großartigen Erfolges machten die französischen Theoretiker Colbert den Vorwurf, er habe die Manufakturen auf Kosten der Landwirtschaft gefördert. Die Landwirtschaft, so sagten sie, sei durch sein System unterdrückt worden. Einige gingen sogar so weit, daß sie behaupteten, dieser Minister hätte den Verlust einiger wichtiger Produktionszweige verschuldet, die Frankreich bis dahin besessen hätte und die dann nach England und den Niederlanden abgewandert wären. Wenn man jemals einem Mann seine Klugheit und Fähigkeit als Verbrechen vorgeworfen hat, dann geschah dies mit Colbert. Doch die Anschuldigungen, die seine Kritiker vorbringen, sind entweder sinnlos, oder sie stützen sich auf falsch dargestellte Tatsachen.[1]

[1] Wir führen hier das Urteil an, das Smith über Colbert abgegeben hat. Nach unserer Darlegung ist es unnütz, es [noch] einer besonderen Kritik zu unterziehen („Natur und Ursachen des Reichtums der Nationen"), Band III, Seite 2 [Viertes Buch, Neuntes Kapitel]: „Colbert, der berühmte Minister Ludwigs XIV., war ein rechtschaffener, äußerst tüchtiger und kenntnisreicher Mann. In der Prüfung von Steuerrechnungen war er sehr erfahren und scharfsichtig. Mit einem Wort, er war ganz dazu geschaffen, Methode und Ordnung in die Erhebung und Verausgabung der Staatseinkünfte hineinzubringen. Unglücklicherweise hatte dieser Minister alle Vorurteile des Merkantilsystems übernommen, eines Systems also, das seiner Natur und seinem Wesen nach ein System der Beschränkung und Regulierung ist. Als solches mußte es notwendigerweise einen so arbeitsamen

Will man Colbert die volle Gerechtigkeit widerfahren lassen, die ihm gebührt, dann muß man beachten, daß die französische Landwirtschaft zu der Zeit, als er seine großen Verbesserungen durchführte, durch tausend Fesseln gehemmt war. Die Bauern mußten für die Adligen Fronarbeit leisten und [der Kirche] den Zehnten zahlen. Es war ihnen verboten, von sich aus die Kulturen zu wechseln oder gar neue einzuführen. Von den Königen und ihren adligen Herren wurden sie mit Steuern überlastet; sogar die Steuern des Adels mußten sie aufbringen. Ihre Felder dienten den Adligen als Jagdgründe; ihnen selbst aber war es sogar dann verboten, Wild zu töten, wenn sie dieses bei der Verwüstung ihrer Ernten antrafen. Wollte aber der adlige Herr jagen, dann mußten ihm die Bauern dabei auch noch Hilfsdienste leisten. Condorcet führt — meines Wissens in seiner Turgot-Biographie — den Fall an, daß ein Bauer, der angeklagt war, einen Eber erschlagen zu haben, als dieser gerade sein Feld verwüstete, zu seiner Entschuldigung vorbrachte, er hätte geglaubt, daß es [doch nur] ein Mensch wäre. Das Fehlen von Freiheit und Bildung für die Klasse der Bauern und die Verachtung, mit der sie behandelt wurde, die Anmaßung und Dummheit der Aristokratie

und tief in Geschäften steckenden Mann fesseln, der gewohnt war, die verschiedenen Abteilungen des Staatsdienstes zu ordnen und die erforderliche Aufsicht und Kontrolle einzuführen, um jede derselben auf ihre besondere Aufgabe auszurichten. Er bemühte sich daher, Industrie und Handel eines großen Landes auf dieselbe Weise zu ordnen wie die Abteilungen des Staatsdienstes. Statt daß er jedermann sein eigenes Interesse auf seine eigene Art verfolgen ließ — nämlich nach den liberalen Prinzipien von Gleichheit, Freiheit und Gerechtigkeit —, gab er bestimmten Industriezweigen außerordentliche Privilegien, während er anderen wiederum außerordentliche Beschränkungen auferlegte. Er war nicht nur, wie andere europäische Minister, geneigt, die städtische Industrie stärker als die ländliche zu fördern. Um die städtische Industrie zu fördern, war er sogar willens, die ländliche Industrie zu unterdrücken und niederzuhalten."

und der Verwaltungsbürokratie, der Fanatismus des Klerus, die durch provinzielle Zollgrenzen hervorgerufene innere Zerrissenheit und ökonomische Uneinheitlichkeit des Landes, vor allem aber das Fehlen jeglicher Verkehrserleichterung — das waren die einzig wahren Ursachen für das Siechtum der [französischen] Landwirtschaft, und nicht die Woll- und Seidenmanufakturen oder Colberts nationales Zollsystem.

Der gesunde Menschenverstand kann doch nicht übersehen, daß die vielen Seidenfabriken, die Frankreich Colbert und seinen Zöllen verdankt, ihrerseits einen starken Einfluß auf die Entwicklung der Landwirtschaft und anderer Produktionszweige ausübten. Schließlich gilt es heute bereits als eine von aller Welt anerkannte Tatsache, daß nichts so sehr zur Entwicklung der Landwirtschaft beitragen kann wie die Errichtung von Manufakturen. Sogar Smith und Say geben zu, daß die Landwirtschaft nur durch ihre Beziehungen zu den Manufakturstädten erblühen kann. Wenn Colbert die Ausfuhr landwirtschaftlicher Erzeugnisse einschränkte, so ließ er [doch immerhin als Ausgleich hierfür] einen großen inneren Konsum entstehen. Wir denken nicht daran, die Verteidigung für die Beschränkungen der Ausfuhr von Erzeugnissen zu übernehmen, denn sie waren zweifellos schädlich.[1] Aber trotz Colberts Irrtum in dieser Sache ist

[1] In der Einleitung zu seinem Werk „Über die Industrie Frankreichs" weist Chaptal eindeutig nach, daß Colbert sehr klug handelte, als er die [jeweiligen] Verfahrensweisen vorschrieb, die zu seiner Zeit die besten waren, und daß einzig und allein seine Nachfolger dafür zu tadeln sind, wenn sie nicht mit der Zeit mitgegangen sind. Wenn man berücksichtigt, daß unsere Franzosen früher — durch eine lange Zeit des Despotismus eingeschläfert — Feinde jeder Neuerung waren, dann muß man Colbert für einen Mann halten, der klüger war als jene, die ihm diesen Vorwurf gemacht haben. Auf einer gewissen Stufe der Zivilisation sind despotische Maßnahmen heilsam für die Zivilisation der Völker im allgemeinen und für die Entwicklung der Industrie im besonderen. War nicht sogar die Sklaverei notwendig, um die Menschen an die Arbeit zu gewöhnen?

es offensichtlich, daß er die französische Landwirtschaft stark förderte.

Wenn nun dieser Produktionszweig wirklich nicht so blühte, wie es die Gegner des Ministers forderten, so haben wir oben mehr Gründe als nötig angeführt, um diese Tatsache zu erklären. Wenn aber die Industrie nach Colbert dann nicht mehr so gedieh, wie das unter seiner Verwaltung der Fall gewesen war, so fragen wir: Ist es denn etwa sein Verschulden, keine Colberts als Nachfolger gehabt zu haben? War es denn sein Fehler, wenn Frankreich nicht wie England eine solche Verfassung hatte, mit der sich ein dauerhaftes System hervorbringen ließ? Wenn dort alles von der guten Laune eines Königs abhing? Wenn der Reformgeist mit dem Tode des Reformators erlosch? Wenn die geistige Elite des Landes vom [königlichen] Hof mit Beschlag belegt wurde? Wenn die Industrie und die Industriellen gegen die Verachtung ankämpfen mußten? Wenn man jeden Menschen nur nach dem Maß seiner Faulheit und Nichtsnutzigkeit bewertete? — Fanatismus und Verschwendungssucht allein reichten hin, um alles das wieder zunichte zu machen, was zehn Colberts hätten schaffen können.[1]

[1] Mit jenem durchdringenden Scharfblick und jener Schlüssigkeit, die ihm eigen sind, äußert sich Mignet in folgender Weise über die Herrschaft Ludwigs XIV. („Geschichte der Französischen Revolution", Teil I, Kapitel I)*: „Die unermeßliche Macht Ludwigs XIV. richtete sich im Innern gegen die Ketzer. Sie wandte sich nach außen gegen Europa. Diese Unterdrückung fand Ehrgeizige, die sie befürworteten, und Streiter (dragons), die ihr zum Erfolg verhalfen und sie förderten. Die Gebrechen Frankreichs wurden mit Lorbeer überdeckt, und seine Seufzer erstickten in Siegesgesängen. Doch am Ende waren die genialen Menschen gestorben, die Siege hörten auf, *die Industrie wanderte aus, das Geld verschwand*, und so stellte sich heraus, daß die Tyrannei ihre Kräfte mit ihren Erfolgen erschöpft und ihre eigene Zukunft von Anfang an untergraben hatte."

* F. A. Mignet, Geschichte der Französischen Revolution von 1789 bis 1814, Brüssel 1839.

Hatten [in Frankreich] die religiösen Verfolgungen noch zu Lebzeiten des großen Ministers eingesetzt, wie konnte man da erwarten, daß sich noch weitere Kapitalien und Fähigkeiten aus dem Ausland heranziehen ließen oder daß sich das Vertrauen in die Beständigkeit der von Colbert eingeführten politischen Maßnahmen noch weiter festigen könnte?

Colbert starb 1683, und schon 1685 widerrief Ludwig [XIV.] das Edikt von Nantes.* Diese grausame Maßnahme traf vor allem die Manufakturen; denn es waren hauptsächlich die aufgeklärtesten Manufakturisten, die sich zum Protestantismus bekannt hatten. Man schätzt, daß in den ersten drei Jahren der Verfolgungen 500000 Personen über die Grenzen flohen. Wahrscheinlich gibt es kein einziges protestantisches Land auf der Welt, das nicht aus dieser Auswanderung der französischen Protestanten größte Vorteile gezogen hätte. Wohin wir unsere Blicke auch immer richten — in die Kantone der Schweiz, die Ufer des Rheins entlang, nach Sachsen, Preußen, Holland, Belgien, Dänemark, Schweden, Rußland, England und sogar bis nach Amerika —, überall finden wir die Nachkommen dieser Auswanderer als Besitzer der wichtigsten Industrien wieder, die sie von ihren vertriebenen Vätern geerbt haben. Jenseits des Rheins gibt es zahlreiche Städte, deren Tuch-, Seiden- und Schmuckfabriken erst seit dem Tage bestehen, an dem diese Städte jene nutzbringenden, aus ihrem Heimatland verjagten Bürger bei sich aufgenommen haben. Sogar am Kap der Guten Hoffnung kultivieren heute ihre Nachkommen jene Reben, die sie einst dort eingeführt haben.

Man macht sich einer unerhörten Ungerechtigkeit gegenüber Colbert schuldig, wenn man ihm die Fehler

* Durch das Edikt von Nantes (13. April 1598) sicherte Heinrich IV. den protestantischen Hugenotten die freie Religionsausübung. Der Kalvinismus wurde in Frankreich als Religion zugelassen, und die Hugenotten erhielten die gleichen Rechte wie die Katholiken.

der Verfassung, die Dummheiten der Regierung, die Unwissenheit und den mangelnden Patriotismus der alten Aristokratie sowie die Greuel des religiösen Fanatismus zum Vorwurf macht.

Frankreich wie England richteten sich weiterhin nach dem Schutzsystem, doch sie taten es unter verschiedenen Umständen und [daher auch] mit ganz verschiedenen Auswirkungen. England verfügte über den Vorsprung eines Jahrhunderts. Es hatte die Vorteile einer tatkräftigen und gebildeten Bevölkerung, eines aufgeklärten Adels, einer freiheitlichen Verfassung, einer reinigenden Revolution, eines ununterbrochenen Friedens, einer insularen Lage, reicher Kolonien, einer prächtigen Flotte, eines [Gesellschafts-]Systems, dessen Stabilität durch die Volksvertretung garantiert war. Demgegenüber hatte Frankreich alle Nachteile des Despotismus, kostspieliger Kriege, einer verkommenen und scheinheiligen Geistlichkeit, eines anmaßenden und unverschämten Adels sowie eines in Unwissenheit und Sklaverei gehaltenen Volkes zu ertragen. Deshalb sehen wir auch, wie unter dem gleichen [handelspolitischen] System in England alles blüht und in Frankreich alles verkümmert. Es ist eben mit den politischen Körpern genauso wie mit dem menschlichen Körper: Werden ihnen Kräftigungsmittel verabreicht, bevor noch die Ursachen ihrer Schwäche beseitigt wurden, so führen alle Anregungsmittel nur zur Vergrößerung statt zur Heilung der Schwäche.

So nehmen wir in Frankreich zunächst ein System von großer praktischer Klugheit und mit guten Erfolgen wahr. Es war ein System, mit dem sich Frankreich notwendigerweise den ersten Platz unter den Manufakturmächten erobert hätte, wäre Ludwig XIV. ein Heinrich IV. gewesen, hätte er, statt eine halbe Million Manufakturisten aus dem Lande zu jagen, diese nach Frankreich gezogen, hätte er die Landwirtschaft von ihren Ketten befreit und neben guten Institutionen auch noch ein gutes Straßen- und Kanalsystem geschaffen.

Nach dem Colbertschen System sehen wir dann eine Theorie aufkommen und Einfluß und Beständigkeit gewinnen, die sich auf sinnlose Überlegungen stützen mußte, um [schließlich] zu einem Ergebnis zu kommen, für das die Welt noch nicht reif war und für das sie auch auf lange Zeit hinaus noch nicht reif sein wird. Das war eine Theorie, die — wenn auch von Adam Smith in englischer Sprache geschrieben — in Frankreich erfolgreich in die Praxis hätte übertragen werden können, während Smith in England niemals auch nur einen einzigen Staatsmann zu seinen Ansichten hatte bekehren können.

Wir dürfen hier nicht mit Stillschweigen daran vorübergehen, welche Stellung die Anhänger von Quesnay gegenüber Adam Smith und seinen Schülern einnahmen.

Obwohl Smith dem physiokratischen System beide Füße zerschlagen hatte, hielt er dessen Kopf — das Prinzip der Handelsfreiheit — für gut genug, um seinen Glanz für sich auszunutzen. Er ging daher mit den Physiokraten behutsam um, lobte ihre edlen Absichten und ihr großes Ziel. Auf diese Weise brachte er sie dahin, daß sie schließlich ihn und sein System anerkannten. Dieses Vorgehen läßt sich ungefähr mit dem Verhalten eines Kapitäns vergleichen, der ein feindliches Schiff gekapert hat und es nun für vorteilhaft hält, den Wert der besiegten Mannschaft zu rühmen, um diese zum Eintritt in seinen Dienst zu bewegen.

Zum Unglück für Frankreich gab es unter den Schülern von Quesnay auch Männer, die an führende Stellen des Staates berufen wurden. Der bemerkenswerteste von ihnen war Turgot. Er wurde wegen seiner Talente und Tugenden zum Innenminister ernannt. Doch war Turgot auch höchst tugendhaft und aufgeklärt, so war er doch einer jener philosophischen Reformatoren, die in ihrem Eifer für die Verbesserung der Lage des Menschengeschlechts und für die Hebung der politischen Körperschaften vergessen, das Neue vom Wahren zu unterscheiden, die in Extreme verfallen, sobald sie den abstrakten Grundsätzen folgen, ohne dabei genügend die jeweils doch konkrete Lage der Menschen und Dinge zu beachten. Turgot erwies seinem Lande durchaus etwas Gutes, als er den Vorschlag unterbreitete, man solle endlich die Ketten zerbrechen, die die nationalen Industrien und vor allem die landwirtschaftliche Produktion fesselten. Doch fügte er Frankreich dann andererseits wieder große Verluste zu, als er vorschlug, man solle gegenüber den Manufakturen eine Politik befolgen, die im direkten Gegensatz zur Politik Colberts stand.

Auch Turgot übernahm die Hauptgedanken der Physiokraten: erstens, daß alle Steuern in eine einzige umgewandelt werden sollen, die auf Grund und Boden oder vielmehr auf die Grundrenten erhoben werde, weil ja nach ihrer Auffassung allein die Landwirtschaft produktiv ist; zweitens, daß die Landwirtschaft gar nicht besser gefördert werden könne als durch eine möglichst zollfreie Auslandseinfuhr. Auf diese Weise machte sich Turgot zum Anwalt einer unbeschränkten [Handels-]Freiheit zwischen den Nationen. Vor allem auf den Einfluß seiner Schriften ist eine Auffassung zurückzuführen, die gegen Ende der Regierungszeit Ludwigs XVI. — als die Regierung wegen riesiger Schulden und auf Grund eines Defizits im Staatshaushalt arg bedrängt war — unter dem aufgeklärten Teil der Bevölkerung allgemein vorherrschte. Diese Auffassung besagte, daß Frankreich allein nur noch durch einen Handelsvertrag mit England zu retten sei.

Die Engländer, die immer bereit sind, aus der Schwäche anderer Regierungen für sich Nutzen zu ziehen, ganz gleich, ob diese durch den Mangel an physischer Kraft oder — wie es hier der Fall ist — durch den Mangel an Urteilskraft verursacht ist, zeigten sich sehr geneigt, den Franzosen mit einer zweiten Auflage des Methuen-Vertrages unter die Arme zu greifen. Im Jahre 1786 wurde daher ein Vertrag geschlossen, durch den man die Einfuhr französischer Weine und französischen Branntweins nach England und die Einfuhr englischer Fabrikwaren nach Frankreich erleichterte. Ungeduldig wartete nun das französische Volk auf die segensreichen Auswirkungen, die es nach den Versicherungen und Beteuerungen der Philosophen von diesem Vertrag ja durchaus auch erwarten durfte. Doch bald trat das Gegenteil dessen ein, was es erhofft hatte. Das große Experiment endete nämlich so wie die Spekulation des Hundes in der Fabel: Dieser büßte bekanntlich das Stück Fleisch ein, weil er dessen Schatten haben wollte.

England, das sich ein Jahrhundert lang an portugiesische Weine gewöhnt hatte, vergrößerte kaum seinen Verbrauch an französischen Weinen. Doch Frankreich wurde nun mit englischen Waren überschwemmt. Da ja die Engländer mit Hilfe ihrer großen Kapitalien jedem Kredit einräumen konnten, der mit ihnen Handel treiben wollte, schlossen sie die Produkte der französischen Manufakturen von ihren eigenen Märkten aus. Es stellte sich übrigens auch heraus, daß die Franzosen den Engländern nur Luxusartikel anbieten konnten, deren Gesamtwert sehr gering war, während die Engländer den Franzosen lebensnotwendige Güter anboten, deren Gesamtwert ungeheuer groß war. Schon nach wenigen Jahren mußte die französische Regierung die Erfahrung machen, daß alle ihre Manufakturen in Verfall gerieten, und am Ende war sie gezwungen, den Vertrag wieder aufzuheben. Doch die Aufhebung dieses Vertrags war für Frankreich mit ernsten Schwierigkeiten verbunden, während sie für England keine weiteren nachteiligen Folgen hatte. Bestimmt fiel es den Franzosen nicht genauso leicht, ihre ruinierten Fabriken wieder aufzubauen, wie einigen englischen Gaumen, sich wieder an die Weine aus Portugal zu gewöhnen, nachdem sie einmal französische Weine geschmeckt hatten. Nachdem aber Frankreich Geschmack an englischen Fabrikaten gefunden hatte, wurde es mit Schmuggelwaren überschwemmt;

und viele französische Manufakturisten wurden gerade dann ruiniert, als sie am dringendsten Unterstützung brauchten. Wenn auch Sir Walter Scott diesen unglückseligen Vertrag nicht als eine der Ursachen für die Französische Revolution angesehen hat, so entging dies doch nicht der Prinzessin von Lamballe — was übrigens ein treffendes Beispiel dafür ist, wie eine aufmerksam beobachtende Hofdame den berühmtesten Verfasser moderner Geschichtsromane übertreffen kann.

Als dann die Jakobiner in Frankreich das alte Regime gestürzt hatten, vernichteten sie das Gute mitsamt dem Schlechten, da sie weder die nötige Zeit hatten noch klug genug waren, um an die echten Handelsinteressen ihres Vaterlandes denken zu können. Diese Wahnbesessenen träumten von einer römischen Republik. Da aber nun die Römer die Manufakturen verachtet und allein die Landwirtschaft hochgeschätzt hatten, so betrachteten sie die Stellung des Landwirts als einzig angemessen für einen wahren Republikaner.

Jedoch Napoleon, dessen Genie man gewiß nicht leugnen kann — so sehr man auch seine Neigung zum Despotismus und seinen grenzenlosen Egoismus tadeln könnte —, erkannte von Beginn seiner Regierung an, daß unter den gegebenen Umständen keine Nation hoffen kann, ohne eine blühende Manufakturindustrie auf eine hohe Stufe der Macht, des Wohlstandes und der Unabhängigkeit zu gelangen. Er erkannte, daß dieses Ziel im Konkurrenzkampf mit weiter fortgeschrittenen Nationen nur durch die Anwendung von Einfuhrzöllen und anderen politischen Förderungsmaßnahmen zu erreichen ist.

In bezug auf das sogenannte System der Handelsfreiheit sagte Napoleon in der ihm eignen energischen Ausdrucksweise: „Und wäre ein Reich aus Granit erbaut, es würde zu Staub zermahlen werden, sollte es den Freihandel einführen."

Napoleon suchte daher sein Heil in [handelspolitischen] Beschränkungen und Verboten. Da er es nicht nur tat, um dadurch die [französischen] Manufakturen zu fördern, sondern auch, um seinen mächtigsten Gegner England auf diese Weise zu schwächen und zu besiegen, dehnte er seine Maßnahmen auf alle Staaten des europäischen Kontinents aus. Der Beweis, wie sehr diese Maßnahmen auf die Erreichung sowohl des einen wie des anderen Zieles gerichtet waren, zeigt sich einmal in den ungeheuren Anstrengungen, die England unternahm, um sie wieder aufzuheben. Er zeigt sich zweitens in der Blüte, zu der die Manufakturen in allen Ländern kamen, wo diese Maßnahmen vollständig durchgeführt wurden — und das sogar noch trotz der außerordentlichen Lasten, die den Nationen [durch Napoleon] aufgebürdet waren.

Im vorangegangenen Kapitel haben wir gezeigt, daß Lord Castlereagh den von England über das [Napoleonische] Kontinentalsystem errungenen Sieg nicht zugunsten Englands zu nutzen verstand. Wir zeigten auch, wie dann Canning und Huskisson, nachdem sie zur Macht gekommen waren, vorgingen, um die von Lord Castlereagh begangenen Fehler wiedergutzumachen. Wir sahen, wie sie auftraten, um den Anschein zu erwecken, daß sie für das System der Handelsfreiheit wären. Ohne Zweifel taten sie das in der Absicht, die anderen Nationen zur Herabsetzung ihrer Einfuhrzölle zu veranlassen, so daß dann die englischen Waren deren Märkte noch stärker überfluten konnten.

So wie die Engländer 1786 in den damaligen Physiokraten, in deren Schülern und Nachfolgern eine Stütze gefunden hatten, so kamen ihnen nun diesmal die kosmopolitischen Ökonomen zu Hilfe. Diese Partei war von dem großen Wort *Handelsfreiheit* berauscht. Sie wurde durch die herrlich schillernden [Zukunfts-]Bilder eines J. B. Say geblendet, der in seine Theorie nicht weniger guten Glauben und nicht minder ehrenwerte Hoffnungen als Turgot setzte und gegen jeden, der nicht an die Unfehlbarkeit seiner Theorie oder an die Menschenfreundlichkeit von Canning und Huskisson glauben wollte, den

Bannfluch der Unwissenheit und Rückständigkeit schleuderte. So kam es denn, daß vor fünfzig* Jahren jeder Ökonom und Politiker, der auf der Höhe sein wollte, gezwungen war, in der Handelsfreiheit ein Allheilmittel zu sehen, durch das alle Leiden der Völker kuriert werden könnten.

Was man auch immer den Ministern der Restauration vorwerfen mag, so steht doch fest, daß ihnen die französische Industrie Anerkennung dafür schuldet, daß sie sich weder durch die Kunstgriffe englischer Minister noch durch das Aufbegehren der Opposition, noch durch die egoistischen Forderungen seitens des Handels und der Weinbergbesitzer von ihrem Schutzsystem haben abbringen lassen.

Als Canning nach Paris kam, um der französischen Regierung eine zweite Auflage des Vertrages von 1786 vorzuschlagen, ließ de Villèle in seiner Haltung klar erkennen, daß er sehr wohl wußte, was von Handelsverträgen nach Art des Methuen-Vertrages zu halten sei. Man versichert, er habe Canning zur Antwort gegeben, daß die englischen Einfuhrzölle *äußerst klug* so berechnet wären, daß sie die englischen Fabriken gegen die ausländische Konkurrenz schützten; daß aber die französischen Fabriken noch nicht so weit entwickelt wären, um [schon] die Konkurrenz mit England aushalten zu können; daß sie daher die Schutzzölle noch genauso nötig hätten wie ein junger Baum die Stütze, wenn er nicht gleich vom ersten Windstoß geknickt werden solle; daß er selbst aber — de Villèle — es nicht versäumen würde, aus den Angeboten von Canning Nutzen zu ziehen, sobald einmal die französischen Manufakturen den Stand erreicht haben sollten, wo sie die ausländische Konkurrenz nicht mehr zu fürchten hätten.

Das Auftreten Cannings nach seiner Rückkehr nach England zeigt klar genug, daß er etwas Ähnliches versucht hatte. Es war nun auch keine Rede mehr davon, die Handelsfreiheit zu proklamieren. Als dann im engli-

* fünfzehn?

schen Parlament auf eine ebenso delikate wie diplomatische Art und Weise die spanische Frage diskutiert wurde, da rühmte er sich sogar, daß er Frankreich einen Stein um den Hals gebunden habe, als er es zur Intervention veranlaßte.* Das war eine Erklärung, die zunächst einmal bestätigt, daß Canning sich an de Villèle rächen wollte. Sie zeigt schließlich auch, daß man durchaus nicht so auf die liberalen und philanthropischen Gesinnungen Cannings rechnen konnte, wie es die vertrauensseligen Liberalen des Kontinents der Welt einzureden versuchten. Tatsache ist, daß Canning von Kopf bis Fuß Engländer und daher auch nur insoweit Menschenfreund ist, wie die Menschenfreundlichkeit nicht die Handelsvormachtstellung Englands gefährdet.[1]

Es bedurfte allerdings auch von seiten de Villèles keiner besonders tiefen Weisheit, um der Schlinge zu entgehen,

* List unterstellt hier, daß Canning Frankreich veranlaßt haben soll, 1823 mit einem 100000-Mann-Heer gegen die spanische Revolution in den Krieg zu ziehen. Diese Intervention erfolgte jedoch erwiesenermaßen auf Initiative Alexanders I. Sie war zugleich die Verwirklichung eines Beschlusses der „Heiligen Allianz" (Kongreß von Verona, 1822). Canning hatte seinerseits großes Interesse daran, daß die spanischen Kolonien ihre Unabhängigkeit von Spanien erlangten, da er in ihnen wichtige Märkte für den Handel der englischen Bourgeoisie sah. Im Jahre 1822 hatte er daher Frankreich direkt mit Krieg bedroht, falls es Spanien im Kampf gegen den Aufstand der spanischen Kolonien unterstützen sollte.

[1] Say sagte 1827 im „Vollständigen Lehrgang der Politischen Ökonomie", Teil III, Seite 363: „Das englische Unterhaus – das schließlich durch aufgeklärte Männer vor dem Unrecht gewarnt wurde, das sich für Englands Manufakturen und Handel aus dem von ihm bis aufs äußerste getriebenen Prohibitivsystem ergab – scheint dessen Unerträglichkeit erkannt zu haben. Dieses System soll daher auch in Kürze, wenn schon nicht vollständig abgeschafft, so doch zumindest erheblich gemildert werden. Es ist nun recht eigenartig, wenn man sieht, daß die Engländer einerseits von diesem System loszukommen versuchen, weil es dem Fortschritt ihrer Industrie im Wege steht, während man ihm andererseits oft noch die außerordentliche Entwicklung der englischen Industrie zuschreibt."

die man ihm umlegen wollte. Auf der einen Seite sah er Deutschland. Es war mit seinen Fabriken, seiner Schafhaltung und seiner Landwirtschaft weit heruntergekommen, obwohl es doch in diesen Bereichen unter dem Schutz des Kontinentalsystems schon eine recht hohe Stufe des Wohlstandes erreicht hatte. Doch später war es dann wieder — sowohl durch die englische Konkurrenz auf den deutschen Märkten als auch durch die Sperrzölle Englands — zugrunde gerichtet worden. Auf der anderen Seite hatten Männer, die auf Grund ihrer politischen Unabhängigkeit und umfassenden Kenntnis der nationalen Industrie hohes Ansehen genossen — Männer wie Chaptal und Baron Charles Dupin — zugunsten dieser Industrie ein Zeugnis abgelegt, das man nicht widerlegen konnte.

Hier nun das, was der Biograph Cannings, Augustus Granville Stapleton (Teil IV, Seite 3)* über die Auffassungen dieses großen Mannes zur Handelsfreiheit sagt:

„Canning war völlig von der Richtigkeit des abstrakten Grundsatzes überzeugt, wonach der Handel mit Sicherheit zur höchsten Blüte gelangt, wenn er vollkommen von Beschränkungen befreit wird. Da aber das *weder die Meinung unserer Vorfahren noch der Nachbarnationen* ist und da infolgedessen allen Handelstransaktionen Beschränkungen auferlegt worden sind, ist eine Lage der Dinge entstanden, bei der die unbedachte Anwendung des abstrakten, in der Theorie freilich richtigen Prinzips *eine recht schädliche Auswirkung in der Praxis* gehabt haben müßte. Die entgegengesetzte Richtung wäre freilich, wenn sie dieses Prinzip in der Handelsgesetzgebung völlig außer acht gelassen hätte, in ihren Endergebnissen sicherlich erfolgreicher gewesen. Canning fühlte daher, daß es die Aufgabe einer vernünftigen Politik wäre, das Prinzip tatsächlich niemals aus dem Auge zu verlieren, gleichzeitig aber auch niemals dabei zu vergessen, daß unter Bedingungen, wo es voreilig außer acht gelassen worden war, die absolute Notwendigkeit bestand, es nur mit äußerster Vorsicht und mit Feingefühl anzuwenden." — Das ist Canning, der anders handelte, als er sprach.

* A. G. Stapleton, Das politische Leben des höchst ehrenwerten George Canning. (The political life of the right honourable George Canning), London 1831, 2. Auflage in drei Bänden.

Das Werk Chaptals über *die französische Industrie** ist von Anfang bis Ende eine Verteidigung des in Frankreich eingeführten [Handels]systems. Es bringt eine Klarstellung der durch dieses System erzielten Fortschritte. Es scheint, als sei das ganze Werk nur geschrieben worden, um den folgenden Absatz — den wir ihm entnehmen werden — verständlicher und klarer werden zu lassen: „Bewahren wir also das, was besteht, und bemühen wir uns um seine Vervollkommnung, statt uns im Labyrinth metaphysischer Abstraktionen zu verlieren. Eine gute Zollgesetzgebung ist die wahre Schutzgarde der landwirtschaftlichen und industriellen Produktion. Sie erhöht oder vermindert die Zölle an den [Landes-]Grenzen je nach den Umständen und unter Berücksichtigung der jeweiligen Notwendigkeiten. Sie gleicht den Nachteil aus, den unsere eigenen Produkte etwa durch den verhältnismäßig hohen Preis der Handarbeit oder des Brennmaterials haben können. Sie beschützt die entstehenden Gewerbe durch [Einfuhr-]Verbote, um sie nicht der Konkurrenz der Ausländer auszuliefern; und zwar geschieht das so lange, bis diese neuen Gewerbe die notwendige Vollkommenheit erreicht haben. Sie sichert die industrielle Unabhängigkeit Frankreichs und bereichert die Nation durch die Handarbeit, die — wie ich es schon wiederholt gesagt habe — die Hauptquelle allen Reichtums ist."**

Das ausgezeichnete Werk von Charles Dupin *über die produktiven Kräfte* Frankreichs*** ließ zum ersten Mal erkennen, wie notwendig es ist, die Frage der Politischen Ökonomie und der politischen Ordnung der Nationen unter dem Gesichtspunkt der produktiven Kräfte zu

* J. A. Chaptal, Über die französische Industrie. (De l'Industrie Française), 2 Bände, Paris 1819.

** J. A. Chaptal, Über die französische Industrie, a. a. O., Band II, Seite 414.

*** Charles Dupin, Die produktiven und kommerziellen Kräfte Frankreichs. (Forces productives et commerciales de la France), 2 Bände, Paris 1827.

prüfen und zu beurteilen. Dieses und auch sein anderes Werk über die fortschrittliche Entwicklung der Kräfte Frankreichs seit 1814* hatten jene Fortschritte, die Frankreich dem Kontinentalsystem und dem seither von der Restauration übernommenen [Handels-]System verdankt, so in den Blickpunkt des Interesses gerückt, daß es sich heute kein französisches Ministerium — ganz gleich, wer es auch immer leitet — einfallen lassen könnte, diesen industriellen Aufbau, der vierzig Jahre lang mit so großen Mühen und Entbehrungen und mit so vielversprechenden schönen Hoffnungen auf die Zukunft betrieben wurde, durch einen Vertrag à la Methuen zugrunde zu richten.

Führen wir, gestützt auf [die Angaben von] Charles Dupin, einige Fortschritte Frankreichs in den Jahren von 1812 bis 1827 an:

[In diesem Zeitraum] ist die Zahl der Bewohner Frankreichs um vier Millionen, die Zahl seiner Schafe um fünf Millionen, die seiner Pferde um 400000 gewachsen. 1812 produzierte es 70 Millionen Pfund Wolle; 1827 waren es schon 100 Millionen Pfund. 1812 produzierte es 20 Millionen Pfund Baumwolle und 200 Millionen Pfund Eisen; 1827 waren es bereits 64 Millionen Pfund Baumwolle und 320 Millionen Pfund Eisen. Frankreich hat Schafe aus Leicester und aus Nubien eingeführt, desgleichen Ziegen aus Tibet in Asien. Es hat Materialien produziert, um daraus eine große Menge von Kaschmir-Schals zu fabrizieren. Es hat jene chinesische Seidenraupe bei sich heimisch gemacht, die so herrliche weiße Seide erzeugt. Heute nun schickt es bereits große Mengen Seide in die Türkei und nach Persien, in Länder also, die früher selbst Frankreich mit diesem Artikel versorgten. In Lyon,

* Charles Dupin, Die fortschrittliche Entwicklung der Kräfte Frankreichs seit 1814. (La Situation progressive des forces de la France depuis 1814), Paris 1827. — Es handelt sich hierbei um die Einleitung zu dem in der vorstehenden Fußnote genannten Titel. Diese erschien auch als selbständiges Werk.

dem Zentrum der französischen Seidenfabrikation, stieg die Einwohnerzahl von 100000 auf 150000. Allein Paris führt für 47 Millionen Manufakturprodukte aus. In bedruckter Baumwolle sowie in allen Arten von Maschinen und Geräten hat Frankreich England eingeholt, desgleichen Deutschland in Baumwolldrucken, in feinen Damasten, in Preußischblau, in Stahlwaren und in der Lithographie, die Türkei im Rotfärben von Baumwolle, Indien in Seidenwaren, Persien in Schals, die Schweiz in der Herstellung von Uhren und mathematischen Instrumenten. Frankreich hat seine Stahl-, Kupfer-, Zinn- und Platinmanufakturen vervollkommnet. Es erzielte Erfolge in der Lithographie, im Bedrucken von Baumwolle, Wolle und Seide sowie in der Fabrikation von Steingut- und Fayence-Geschirr. Es übertrifft alle anderen Nationen in Porzellanen, Tapeten und chemischen Erzeugnissen. Infolge dieses riesigen Wachstums seiner produktiven Kräfte hat Frankreich seinen Binnenhandel nahezu verdoppelt und seine Ausfuhr mengenmäßig erheblich vergrößert.

(Der Verfasser bemerkt hier, daß es ihm der Zeitmangel nicht erlaubte, eine lange Anmerkung zum Seidenhandel zwischen Frankreich und England beizufügen.)

KAPITEL XXIX

DIE GESCHICHTE DER POLITISCHEN ÖKONOMIE DEUTSCHLANDS[1]

Die freien Städte von Italien — die Erben der römischen Zivilisation und Nachbarn jenes Kaiserreichs des Orients,

[1] Fischer, Geschichte des Handels von Deutschland; Sartorius, Geschichte des Hansebundes. Lambeccius, origines Hamb.; Angl. J. Werdenhagen de rebus publ. hans. tractatus.*

* Friedrich Christoph Jonathan Fischer, Geschichte des deutschen

das selbst noch in seiner Verfallsperiode, verglichen mit den Barbaren-Nationen des Nordens, stets über einen reichen Schatz von Künsten und Wissenschaften verfügte — hatten bereits ansehnliche Fortschritte in allen Industriearten gemacht, als der religiöse Fanatismus in der Epoche der Kreuzzüge ihre bis dahin erworbenen produktiven Kräfte noch stärker anregte. Ihre Flotte wurde stark durch den Transport vieler nach Palästina gehender Kreuzfahrerheere in Anspruch genommen. Von diesen Unternehmungen selbst brachte man wieder neue Erfindungen, neue Pflanzen, neue Landbaumethoden, neue Gewerbe, neue Bedürfnisse und neue Genüsse mit zurück. Die im Abendland am meisten gefragten Erzeugnisse waren stets jene des Orients. Über das Rote Meer brachte man sie nach Ägypten und auf dem Nil bis nach Alexandrien, von wo man sie dann nach Venedig verschiffte. Die Venetianer verteilten sie dann auf die nördlichen Gebiete Europas — [sie beförderten sie] übers Meer in die Häfen Frankreichs, Englands, Belgiens und Deutschlands oder zu Lande den Rhein entlang. Eine zweite Handelsstraße brachte [die Waren] über Persien nach Aleppo in Syrien, eine dritte durch den Persischen Golf nach Basra und von da dann nach Aleppo oder nach Konstantinopel.

Es ist eine Erfahrung aller Zeiten und aller Länder, daß Freiheit und Industrie unzertrennliche Gefährten sind. Erscheint irgendwo die Industrie, so folgt ihr die Freiheit auf dem Fuße, entfaltet irgendwo die Freiheit ihr Banner, so läßt die Industrie nicht lange auf sich warten.

Handels, der Schiffahrt, Fischerei, Erfindungen, Künste, Gewerbe ..., 4 Bände, Hannover 1785; Georg Sartorius, Geschichte des Hanseatischen Bundes, 3 Bände, Göttingen 1802, 1803, 1808; Petri Lambecii, Origines Hamburgenses, Hamburg 1706; Johann Angelii Werdenhagen, De rebus publicis Hanseaticis et earum nobilium Confoederatione Tractatus specialis. Lugdunum Batavorum 1631; J. A. Werdenhagen, De rebus publicis Hanseaticis Tractus generalis. Lugdunum Batavorum 1631.

In der Tat ist nichts natürlicher, als daß man, sobald man einmal zu Reichtum gekommen ist, nach Garantien sucht, um sich seinen Genuß zu sichern, oder umgekehrt, daß man nach Erringung der Freiheit bestrebt ist, die dadurch gewonnenen Kräfte nun auch zur Verbesserung seiner Lage auszunutzen.

So kam es, daß in diesen vergangenen Zeiten, als der Reichtum ein Mittel war, mit dem man sich die Freiheit erringen oder erkaufen konnte, der Geist der Industrie und Unabhängigkeit stets den Spuren des Handels folgte: den Rhein entlang in die Niederlande, zu den Küsten des Baltischen Meeres und sogar bis ins Zentrum barbarischer Länder, wo beispielsweise die Stadt Nowgorod republikanische Rechte erlangte. Die Grafen von Flandern begründeten den künftigen Wohlstand ihres Landes dadurch, daß sie es rechtzeitig von Räuberbanden säuberten und die Tuchfabrikation aus Italien bei sich einbürgerten.

Um die Verteidigungskraft seines Reiches zu stärken, förderte der deutsche Kaiser Heinrich I. seit dem 10. Jahrhundert im ganzen Lande die Gründung und Vergrößerung der Städte. Diese politische Maßnahme wurde von seinen Nachfolgern mehrere Jahrhunderte hindurch fortgesetzt. Wie einige kluge Könige Frankreichs und Englands betrachteten auch die [deutschen] Kaiser die Städte als mächtige Bundesgenossen gegen den Adel, als die besten Quellen für ihre Staatseinnahmen, als Basis der nationalen Verteidigung. Das gesellschaftliche Leben in den Städten förderte die Vervollkommnung der Künste und Gewerbe. Die in den Städten vor sich gehende Akkumulation großer Vermögen förderte die Entfaltung des Unternehmungsgeistes und der Bildung, und diese wiederum stärkten die politischen Einrichtungen. Aus freiem Entschluß verliehen die Kaiser den [städtischen] Gemeinden Freibriefe, durch die sie ihnen für ihre innere Verwaltung republikanische Rechte einräumten. Ihre kaiserliche Autorität behielten sie sich [gegenüber den Städten] nur insoweit vor, als es nationale Angelegenheiten betraf. Diese Freibriefe trugen in ganz überraschender Weise zur Entfaltung der Kräfte und Energien dieser jungen Körperschaften bei. So sehen wir, wie schon im 10. und 11. Jahrhundert an den Küsten Deutschlands und der Niederlande beim Aufbau und Ausbau der Städte, bei neuen Erfindungen, bei der Herstellung neuer Handelsbeziehungen und bei der Vervollkommnung der politischen und gesellschaftlichen Einrichtungen eine erstaunliche Aktivität entfaltet wird. Die damalige Aktivität ist am besten mit jener Aktivität zu vergleichen, die zu den heutigen Fortschritten Nordamerikas geführt hat. Man kann sagen, daß Deutschland damals in Kraft und Jugend erblühte. Das gilt vor allem für seine Städte im Norden.

Doch diese Stadtgemeinden, die durch die Räubereien der Adligen zu Lande und zu Wasser ständig in Unruhe gehalten wurden, erkannten bald, daß es notwendig war, ihre Kräfte zur gemeinsamen Verteidigung zu vereinigen. Im Jahre 1241 gründeten Hamburg und Lübeck einen Bund. Noch vor Ende des gleichen Jahrhunderts gehörten zu diesem Bund bereits 85 Städte an der Ost- und Nordsee und im Innern Deutschlands. Dieser Bund gab sich den Namen *Hanse*, was im alten deutschen Dialekt soviel wie Bund oder Vereinigung bedeutet. Die an dieser Hanse beteiligten Städte erfuhren bald, wie segensreich sich eine öffentliche und einheitliche Macht zum Schutz und zur Förderung des Handels auswirkt. Nach und nach entwickelten sie jenes System der Handelspolitik, dessen Vorzüge dann zu einer bis dahin beispiellosen Blüte ihres Handels und ihrer Schifffahrt führten.

Da diese Städte die Notwendigkeit eines Schutzes für ihre Handelsflotte begriffen, schufen sie sich eine entsprechende Kriegsflotte; und da sie erkannten, daß die Seemacht eines Landes von der Größe oder Nichtigkeit seiner Fischerei und seiner Handelsflotte abhängt, förderten sie den Fischfang und verboten den Mitgliedern ihres Bundes, für den Transport ihrer Waren andere Schiffe zu benutzen als die der Hansestädte.

Der Handel der Hanse wurde im Rahmen einzelner Gesellschaften betrieben. Doch die Hanse verkündete — genau wie ein unabhängiger und souveräner Staat — Gesetze und Verordnungen, die in einer Generalversammlung beraten und beschlossen worden waren. Sie schloß Handelsverträge mit ausländischen Mächten, ordnete die Gründung von Niederlassungen (Faktoreien) in anderen Ländern an und gab zur Aufrechterhaltung der Ordnung und zur Wahrung der Bundesinteressen in diesen Niederlassungen besondere Gesetze heraus; sie empfing Gesandte und entsandte ihre eigenen, erklärte Krieg und schloß Frieden, organisierte und unterhielt die gemeinsamen Verteidigungskräfte, führte einheitliche Maße und Gewichte für den gesamten Bund ein usw. Obwohl von Kaufleuten regiert, empfand die Hanse doch stets die Notwendigkeit genauer Reglungen und Beschränkungen.

In der Absicht, den [Agrar-]Produkten ihrer Länder Absatz zu verschaffen, baten die nordischen Fürsten — besonders der König von England — die Hanseaten um die Einrichtung von Handelskontoren in ihren Ländern. Der Handel Englands, so schreibt Hume, lag früher vollständig in den Händen von Ausländern, vor allem in den Händen der Hanseaten. Heinrich III. von England hatte die hanseatischen Kaufleute als Korporation anerkannt, um sie zur Gründung einer Niederlassung in England zu bewegen. Er hatte ihnen ein Patent erteilt und verschiedene Vorrechte eingeräumt. So hatte er sie auch von mehreren größeren Steuern befreit, die von anderen Kaufleuten entrichtet werden mußten. In Sachen des Handels waren die Engländer damals noch so unerfahren, daß diese Gesellschaft bis zur Regierung Eduards IV. den gesamten Handel des Königreichs in Händen hielt. Da sie hierfür nur ihre eigenen Schiffe benutzte, blieb auch die englische Flotte in einem kümmerlichen Zustand. Nachdem der Handel Englands schon zwei Jahrhunderte lang das Monopol deutscher, vor allem Kölner Kaufleute gewesen war, errichtete schließlich ihr Bund im Jahre 1250 auf persönliche Veranlassung des englischen Königs jenes dann unter dem Namen *Stahlhof* (Steel-yard) bekannt gewordene Kontor, das anfangs so viele nationale Vorteile für England mit sich brachte, später aber so viel Haß und Eifersucht erweckte, daß es schließlich — 347 Jahre nach seiner Gründung — von Elisabeth geschlossen wurde.

Als die Hanseaten nach London kamen, fanden sie einen armen und kümmerlichen [Siedlungs-]Platz vor. Die Häuser waren aus Holz und mit Stroh gedeckt. Die Räumlichkeiten, die sie als Wohnung für die Menschen aufwiesen, waren noch jämmerlicher als ihre eigenen Ställe. England war damals das Amerika der Hanseaten. Sie tauschten dort ihre Manufakturprodukte gegen Wolle, Felle, Butter, Blei und Zinn aus.

Ein zweites Kontor [der Hanse] wurde 1252 zu Brügge in Flandern gegründet. Es war der große Markt für den Verkauf der Rohstoffe, die die Hanseaten aus England und Rußland herbeischafften, und für den Einkauf von Fabrikerzeugnissen sowie von ostindischen Waren. Dort verarbeitete man auch die englische Wolle in Manufakturen und schickte sie dann als Tuch wieder nach England zurück. Ein drittes Kontor [der Hanse] befand sich in Nowgorod in Rußland. Es lieferte Pelze, Hanf, Flachs, Talg, Kupfer und andere Rohstoffe. Schließlich war noch ein viertes Kontor [der Hanse] 1278 in Bergen in Norwegen errichtet worden. Es wurde für die Hanseaten zum Mittelpunkt ihres Fischfangs und diente ihnen als Schule für ihre Seeleute.

Alle Länder, die aus dem Zustand der Barbarei herausgekommen sind, haben die Erfahrung machen müssen, daß der freie Handel mit einem höher industrialisierten und zivilisierten Volk — so wohltätig seine Wirkungen anfangs durchaus sind — am Ende doch zu einer Last und Fessel für die Entfaltung ihrer eigenen Industrie wird. Diese Erfahrung machte nun auch England. Die von Eduard III. gegen die Hanse eingeleiteten Verbotsmaßnahmen fanden schließlich unter Elisabeth mit der völligen Verdrängung der Hanseaten vom englischen Territorium ihren Abschluß.

Da sich die Hanseaten nicht damit zufriedengaben, nur ihre sowieso schon erworbenen Vorrechte zu behalten, sondern statt dessen stets unersättlich nach Erweiterung ihrer Vorrechte strebten, beklagten sie sich zu Beginn der Regierungszeit Elisabeths sehr nachdrücklich über die Behandlung, die ihnen unter Eduard VI. sowie unter Maria zuteil geworden war. Die Königin gab ihnen in kluger Weise zur Antwort, daß sie nicht in der Lage wäre, daran etwas zu ändern, daß sie ihnen aber die Vorrechte, die sie noch behalten hätten, durchaus belassen würde. Diese Antwort befriedigte die Hanseaten nicht. Im Glauben, sich rächen und England strafen zu können, stellten sie den gesamten Handel mit England ein. Doch das wirkte sich zum großen Vorteil für die englischen Kaufleute aus. Diese stellten jetzt ihre eigenen Kräfte unter Beweis. Sie taten es mit einem solchen Erfolg, daß die Hanseaten, außer sich vor Ärger, alle nur greifbaren Möglichkeiten ausnutzten, um die englischen Kaufleute bei anderen Nationen in Mißkredit zu bringen. So gelang es ihnen, ein kaiserliches Edikt zu erwirken, welches den Engländern jeglichen Handel im gesamten Deutschen Reich untersagte. Um sich nun hierfür zu rächen, hielt die englische Königin sechzig hanseatische Schiffe, die mit spanischer Schmuggelware beladen waren, auf der Themse fest. Es war zunächst ihre Absicht, diese Schiffe wieder freizulassen, sobald sie sich mit der Hanse geeinigt hätte. Doch als sie erfuhr, daß in Lübeck eine Generalversammlung der Hanse stattgefunden hatte, auf der man Maßnahmen beschlossen hatte, die den englischen Handel vernichten sollten, ließ sie diese Schiffe mitsamt ihren Ladungen endgültig beschlagnahmen.

Nur zwei Schiffe wurden freigelassen, damit sie die Nachricht nach Hause bringen und den [Hanse-]Städten melden konnten, daß die englische Königin für ihr Vorgehen nur die tiefste Verachtung übrighabe.

So behandelte Elisabeth jene Kaufleute, die ihrem Vater und so vielen Königen von England einstmals Schiffe geliehen hatten, damit sie ihre Schlachten schlagen konnten; die einstmals von allen Monarchen Europas anerkannt worden waren; die in den Kämpfen zwischen Schweden und Dänemark als Schiedsrichter aufgetreten waren; die in Schweden einen König wieder auf den Thron gesetzt und ihn zugleich zu ihrem abhängigen Vasallen gemacht hatten; die einen König von Dänemark aus seinem Land verjagt und dann sein Königreich an den Meistbietenden versteigert hatten; die die Könige von England mit militärischer Gewalt gezwungen hatten, ihre Vorrechte anzuerkennen; die mehr als einmal die Krone von England als Pfand für Geldvorschüsse an englische Könige in Händen hielten; die Kopenhagen zerstört und sogar so unverschämt und grausam gewesen waren, hundert englische Fischer einfach nur deshalb im Meer zu ertränken, weil diese den Fischfangplätzen der Hanse vor Bergen etwas zu nahe gekommen waren.

Obwohl die Hansestädte noch mächtig genug waren, um sich für diese Maßnahme der Königin von England zu rächen, so besaß ihr Bund doch schon nicht mehr seine alte Stärke. Nachdem die Hanseaten vergeblich an allen Höfen Europas um Unterstützung [gegen England] nachgesucht hatten, von diesen aber mit Verachtung abgewiesen worden waren, wurde 1630 die formelle Auflösung ihres einstmals so gefürchteten Bundes verkündet.

Verschiedene Ursachen führten gemeinsam den Untergang der Hanse herbei: Dänemark und Schweden begannen sich für die Anmaßung der Hanseaten zu rächen, indem sie ihnen überall, wo sie nur konnten, Schaden zufügten. Die Zaren von Rußland hatten sie aus dem Lande verwiesen und statt dessen einer englischen [Handels-]Gesellschaft Vorrechte eingeräumt. Der mit der Hanse für lange Zeit verbündete Deutsche Ritterorden war von Polen geschlagen und vernichtet worden.

Die Hanseaten, die sich niemals um das Deutsche Reich gekümmert hatten, solange es ihnen gut ging, besannen sich nun — doch zu spät — darauf, daß ja der [Deutsche] Reichstag ihren Beschwerden Geltung verschaffen könnte. Sie erklärten ihm deshalb — wie Werdenhagen schreibt —, daß England jährlich 200000 Stück Tuch ausführe, von denen der größte Teil in Deutschland verkauft würde, daß deshalb das einzige Mittel, um Königin Elisabeth zu einem Übereinkommen mit den Hansestädten zu zwingen, darin bestünde, die Einfuhr englischer Tuche nach Deutschland zu verbieten. Der Reichstag entschloß sich daraufhin tatsächlich dazu, die Einfuhr von englischen Manufakturerzeugnissen nach Deutschland zu verbieten. Doch wie uns Anderson berichtet, gelang es Gilpin, dem englischen Gesandten beim Deutschen Reichstag, [die Durchführung] dieses Beschlusses mit Hilfe eines geschickten Schachzuges wieder zu vereiteln.

Die Weisheit des Grundsatzes „*Machen lassen, geschehen lassen*" wird durch die Geschichte der Hansestädte nicht gerade aufs beste bestätigt. Nachdem nämlich die Städte die Kaufleute hatten „machen" lassen, was diese wollten, überließen es dann die Kaufleute den Städten, ihrerseits zu „machen", was sie wollten, das heißt, sie verließen sie in dem Augenblick, als ihnen ihr weiteres Verbleiben [dort] keinen weiteren Profit mehr versprach. So brachten die Hamburger [Kaufleute] in der Zeit, als die Holländer jährlich angeblich 2000 neue Schiffe bauten, ihre eigenen Schiffe nach Venedig, um sie dort zu verkaufen. Sie selbst sind dann mit ihren Kapitalien nach Holland gegangen.

Glanz und Bedeutung einer solchen Handelsmacht wie der Hanse rechtfertigen es, wenn wir einen Augenblick verweilen, um über die Ursachen des Verfalls und Untergangs der Hanse nachzudenken.

Der Handel dieser Städte trug keinen nationalen Charakter. Er beruhte nämlich nicht auf dem Gleichgewicht der verschiedenen Zweige der nationalen Produktion. Auch konnte er sich nicht auf eine ausreichende politische Macht stützen. Die Bündnisbande waren nicht fest genug geknüpft, so daß der lokalbegrenzte Bürgergeist der Städte den Sieg über den allgemeinen Patriotismus davontragen konnte. Die lokalen Sonderinteressen triumphierten über das gemeinsame Bundesinteresse. Dieses Auseinanderklaffen der Interessen und Bestrebungen hatte Schwäche, Eifersucht und häufig sogar gegenseitigen Verrat hervorgerufen. So hatte Köln die Feindseligkeiten zwischen England und dem Bund des öfteren zu seinem eigenen Vorteil ausgenutzt. Hamburg trieb es während eines Streites zwischen Lübeck und Dänemark nicht viel anders. Handelte es sich darum, Steuern [an den Bund] zu zahlen, dann hatte niemand Geld; kam es aber zur Verteilung der Beute, dann hatte es jede Stadt eilig, um soviel als möglich davon zu erwischen.

Der Handel [der Hanse] beruhte nicht auf der inländischen Produktion und Konsumtion, auf der heimischen Landwirtschaft und Industrie. Er war nur ein im großen Maßstab betriebener Transithandel. Die Hanse hatte in Polen und in den nordöstlichen Staaten [Europas] die Landwirtschaft, in England die Wollproduktion, in Schweden den Erzbergbau, in Rußland den Kupfererzbergbau, in den Niederlanden die Manufakturen unterstützt und gefördert. Jahrhundertelang hatte sie in ihrer Praxis das Gebot der Theoretiker befolgt, nämlich dort zu kaufen, wo die Waren am billigsten sind. Als dann aber die Länder, in denen die Hanseaten einkauften und an die sie verkauften, dazu übergingen, sie selbst von ihren Märkten auszuschließen, da konnte weder die Landwirtschaft noch die Manufakturproduktion ihres eigenen Landes — um deren Schutz sie sich ja in der Zeit ihrer Größe nicht gekümmert hatten — ihrem kommerziellen Kapital ein ausreichendes Betätigungsfeld sichern. Es wandte sich daher nach Holland und England, wo es schließlich Macht, Reichtum und Industrie ihrer Gegner vergrößern half. Von nun an sank die Macht der Hanse genauso schnell, wie sie einst entstanden war — ein schlagender Beweis dafür, daß die Privatindustrie, wenn sie sich selbst überlassen bleibt, nicht immer das Gemeinwohl fördert.

Die Hanse hatte auch nicht daran gedacht, sich mit Hilfe des Deutschen Reichstages einen verfassungsmäßigen und dauerhaften Einfluß [innerhalb Deutschlands] zu sichern. Solange sie noch selbst über Geld und eine Seemacht verfügte, ging alles gut. Kaiser, Könige und Fürsten waren ihre guten Freunde und fürchteten sie sehr. Kaiser Sigismund setzte sich [beispielsweise] vergeblich für seinen Verwandten Erich von Dänemark ein. Die Hanse hörte ihn nicht einmal an, und der Kaiser wagte es auch nicht, seine Empörung über diesen Mangel an Respekt vor der kaiserlichen Autorität auszusprechen. Die Hanseaten waren damals also in der Tat souveräne Herren. Doch als sie dann ihre Seemacht eingebüßt hatten, wurde ihr Einfluß auf den Reichstag gleich Null. Mehr noch: Der Adel, der schon lange auf ihre Macht eifersüchtig war, forderte nun frech vom Kaiser „die Unterdrückung jener großen Kaufmannsgesellschaften, die mit Hilfe ihres Geldes herrschen". Im Innern Deutschlands geriet bald eine Stadt nach der anderen in die Gewalt des Adels. Damit verloren die Seestädte ihre Stützen im Innern des Landes.

In England wurden alle diese Fehler glücklich vermieden. Dort hatten sich politische Macht, nationale Freiheit und Privatindustrie vereinigt. Handel und Schiffahrt hatten in der landwirtschaftlichen und industriellen Produktion [des eigenen Landes] eine solide Basis. Wie das bei einer natürlichen Ordnung der Dinge auch sein muß, war der Binnenhandel Englands sechsmal so groß wie sein Außenhandel, wenn auch der Außenhandel [für England] wichtiger war als der Außenhandel für jede andere Nation.

Die Interessen der Krone, des Adels und der Städte verbanden sich in England ebenfalls auf eine sehr glückliche Weise. Könnte da etwa ein vernünftiger Mensch, der über die Fortschritte der nationalen Industrie in England nachdenkt, behaupten, daß die Engländer ohne Anwendung politischer Macht auf dem Gebiet der nationalen Ökonomie auf die gleiche Stufe der Vollkommenheit in Schiffahrt und Manufakturen gelangt wären? Könnte er etwa sagen, daß sie [ohne Einsatz politischer Macht auf wirtschaftlichem Gebiet] eine genauso vollkommene industrielle Unabhängigkeit erreicht hätten? — Bestimmt nicht!

Ohne die weisen Maßnahmen der Herrscher von England könnten die Hanseaten heute noch den *Stahlhof* besitzen und dort Wolle einkaufen und Tuch verkaufen. Vielleicht wäre England dann noch immer die Weide und große Schäferei der Hansestädte — genau wie ja auch Portugal durch die List eines englischen Diplomaten zum Weinberg für Großbritannien geworden ist. Es ist sogar wahrscheinlich, daß die Engländer ohne jene Förderung, die die Gesetzgebung ihrer Industrie zuteil werden ließ, niemals jene [bürgerliche] Freiheit erlangt hätten, über die sie heute verfügen, denn die [bürgerlichen] Freiheiten von Großbritannien sind die Früchte der Industrie und des Wohlstandes.

Betrachtet man die Rivalität und den Kampf zwischen der Hanse und England auf diese Weise, dann mutet es eigentümlich an, daß Dr. Smith niemals versucht hat, die Entwicklung der Hanse von ihrem Ursprung bis zu ihrem Sturz darzustellen. Dabei gibt es doch mehrere Bemerkungen von ihm, die deutlich erkennen lassen, daß ihm die Geschichte dieser Städte durchaus bekannt war. „Ein Kaufmann", so schreibt er unter anderem, „ist nicht unbedingt Bürger eines bestimmten Landes. Es ist ihm höchst gleichgültig, von welchem Orte aus er seinen Handel betreibt. Schon die geringfügigste Ursache kann ihn veranlassen, sein Kapital und mit diesem die von ihm unterhaltenen Gewerbe von einem Land weg in ein anderes zu überführen. Kein Teil dieses Kapitals kann als Eigentum eines Landes angesehen werden, ehe es nicht entweder in Gebäuden oder in bleibenden Bodenverbesserungen angelegt und damit im Lande fest verwurzelt ist. Von dem großen Reichtum, den die meisten Hansestädte besessen haben sollen, ist keine andere Spur mehr übriggeblieben als die alten Chroniken des 13. und 14. Jahrhunderts. Heute kann man schon nicht einmal mehr mit Sicherheit die Orte angeben, wo einige dieser Städte einst gelegen haben oder zu welchen jetzigen europäischen Städten eigentlich die lateinischen Namen gehören, die sie einstmals trugen."*

Ist es nicht erstaunlich, daß Adam Smith, nachdem er auf eine so eindeutige Weise eine der Hauptursachen des Verfalls der Hansestädte — nämlich die Auswanderung ihrer Kapitalien — begründet hat, keinen Versuch unternimmt, um die Ursachen für diese Auswanderung selbst aufzudecken — die er dann ja auch in der Handelspolitik Englands und Hollands gefunden haben müßte? Ist es nicht erstaunlich, daß er in keiner Weise darauf aufmerksam macht, wie es die Hanseaten versäumten, jene aufgeklärte Politik zu betreiben, durch die sie mit ihren eigenen Manufakturen und mit ihrem Handel einen nationalen Handel hätten begründen können, der dann auch durch keine Politik fremder Nationen mittels einfacher Verbots- und Beschränkungsmaßnahmen hätte vernichtet werden können? — Es hat den Anschein, daß das Ergebnis einer solchen Untersuchung auch wohl kaum geeignet gewesen wäre, die Hauptargumente des Dr. Smith zu bestätigen.

* Dieses Smith-Zitat befindet sich im „Reichtum der Nationen" (3. Buch, 4. Kapitel).

Seit dem Fall der Hanse verkümmerten in Deutschland Handel und Industrie mehr und mehr.

Eine der Hauptursachen hierfür war die Schwächung der kaiserlichen Macht, die mit dem Verfall der Städte einherging. Auf Grund dieser Entwicklung kam es zur Herausbildung von Teilfürstentümern. Diese teilten das Reichsgebiet durch Zollgrenzen. Sie brachten es schließlich zur eigenen Souveränität, das heißt, sie erreichten die völlige Spaltung und Zerstückelung Deutschlands dadurch, daß sie einerseits die kaiserliche Autorität und andererseits die Unabhängigkeit der Städte aufhoben.

Jetzt genossen die Seestädte keinen Schutz mehr gegen die Ausländer. Der von den Portugiesen entdeckte Weg um das Kap raubte Venedig das Monopol des Orienthandels. Er entzog den deutschen Binnenstädten den Transithandel, der sie bis dahin belebt hatte.

Die Reformation Luthers verstärkte dann noch die schon so schädliche Zersplitterung Deutschlands dadurch, daß sie alle politischen Körperschaften des Reiches, die Mehrzahl seiner Staaten und Städte in zwei Parteien auseinanderriß. Das machte dann vollends all das unmöglich, was ein Zusammenwirken und ein gemeinsames Handeln [im nationalen Rahmen Deutschlands] erfordert hätte. Die Anarchie im Geldsystem, eine gegenseitige niederträchtige Eifersucht, das Fehlen starker [politischer] Einrichtungen und eines nationalen Schutzes, die Unzulänglichkeit des Verkehrswesens und die fehlende innerdeutsche Handelsfreiheit vernichteten die produktiven Kräfte der Nation. — Holland, das einstmals ein Teil des Reiches war, wurde von ihm getrennt. Die Mündung des wichtigsten Flusses Deutschlands geriet dadurch in fremde Hände. Doch die Nation empfand in ihrer Ohnmacht nicht einmal die großen Nachteile einer solchen Abhängigkeit.

Das Kontinentalsystem Napoleons belebte dann wieder die industrielle Aktivität der deutschen Nation, obwohl es ihr auch den Nachteil brachte, vom französischen

Markt ausgeschlossen zu sein und die Märkte von Spanien und Portugal sowie von deren Kolonien völlig zu verlieren, während gleichzeitig seine eigenen Märkte der französischen Konkurrenz offenstanden.

Nach dem Sturz Napoleons erschienen wieder die Engländer, die nun die deutschen Märkte durch die Vollkommenheit und Wohlfeilheit ihrer Artikel monopolisierten und gleichzeitig die Rohprodukte Deutschlands von den Märkten Englands ausschlossen oder doch mit hohen Einfuhrzöllen belegten.

Die deutschen Fabriken waren daher bald aufs neue ruiniert. Sogar die [deutsche] Landwirtschaft ging erheblich zurück.

Die Handelsunion der deutschen Staaten [— der Deutsche Zollverein —] ist eine Folge jener nachteiligen Handelssituation, in der sich Deutschland gegenüber Frankreich und England befindet. Diese Union ist nichts anderes als eine [handelspolitische] Vereinigung der deutschen Staaten (ausgenommen Österreich, Braunschweig, Hannover, Mecklenburg, Hamburg, Lübeck und Bremen). Sie verfolgt das Ziel, [1.] zwischen diesen Staaten vollkommene Handelsfreiheit herzustellen, [2.] dem Ausland gegenüber ein allgemeines und einheitliches handelspolitisches System anzuwenden und [3.] die Zolleinnahmen entsprechend der jeweiligen Bevölkerungszahl untereinander zu verteilen. Seit der Schaffung dieser Union* bemerkt man in Industrie, Landwirtschaft und Handel [Deutschlands] erneut einen erstaunlichen Aufschwung.

Die [Einfuhr-]Zölle dieser Union werden in der Regel nach dem Gewicht der Waren erhoben. Demzufolge sind auch die Zölle für die gewöhnlichsten Manufakturartikel am höchsten. Sie schützen also vor allem jene

* Der Vertrag über die Gründung des Deutschen Zollvereins trat am 1. Januar 1834 in Kraft. Bei seiner Gründung umfaßte der Deutsche Zollverein zunächst 18 deutsche Staaten mit einem Gebiet von 342000 Quadratkilometern und 23 Millionen Einwohnern.

[nationale Eigen-]Produktion, die zur Befriedigung der unerläßlichsten Bedürfnisse der Masse der Bevölkerung dient und deren Gesamtwert unvergleichlich größer ist als die Produktion von Luxusartikeln.

Insgesamt aber sind die [deutschen] Einfuhrzölle mäßig. Gegenwärtig führt Deutschland unter anderem noch für 20 Millionen Baumwollgarne ein. Es ist also noch weit von der industriellen Unabhängigkeit entfernt.

Die Handelsgeschichte Deutschlands beweist uns, daß ein Volk sehr arbeitsam, sehr moralisch, sehr sparsam, sehr erfinderisch und sehr intelligent sein kann, daß es außer diesen Eigenschaften auch noch einen fruchtbaren Boden und viele Naturreichtümer besitzen kann, ohne daß es deshalb schon eine hohe Entwicklungsstufe seines industriellen, landwirtschaftlichen und kommerziellen Wohlstandes erreichen muß. Mehr noch: Die Handelsgeschichte Deutschlands lehrt uns, daß ein Volk trotz aller dieser Vorzüge [in seiner Entwicklung] erheblich zurückfallen kann, und zwar einzig und allein deshalb, weil seine politische Gesellschaftsverfassung fehlerhaft, brüchig und ungesund ist, weil sie keine Bewegungsfreiheit und Verkehrserleichterung, keine großen Märkte, keine [Kapital-]Gesellschaften, keine Gesetze ...*, keine polytechnischen Schulen, weil sie keine Sicherheit, keine Gerechtigkeit im Innern bietet, weil sie keine Absatzmöglichkeiten nach außen erschließt, weil sie die Zollsysteme anderer Nationen nicht in Betracht zieht, weil sie schließlich weder etwas fördert noch etwas beschützt.

Die Industrie- und Handelsgeschichte Deutschlands lehrt uns weiter, daß die ökonomischen Angelegenheiten von Staaten, die selbst nicht mächtig genug sind, um von sich aus ein [wirksames] handelspolitisches System zu errichten und zu erhalten, von der Gesetzgebung anderer Nationen geregelt und beherrscht werden. Sie lehrt uns, daß die Handelsfreiheit nur ein leeres Wort ist, wenn sie

* Manuskript-Lücke.

nicht von beiden [am Handel beteiligten] Seiten verwirklicht und garantiert wird. Schließlich stehen die deutschen Märkte schon seit Jahrhunderten dem Handel aller Nationen offen. Doch diese passive Freiheit, diese [einseitige] Freiheit, die nur darin besteht, sich von jedem Störenfried nach Belieben schikanieren zu lassen, hat nichts anderes als die Vernichtung des allgemeinen Wohlstandes [in Deutschland] mit sich gebracht.

Diese Geschichte lehrt uns, daß für eine Nation nichts wichtiger sein darf, als sich durch öffentliche und allgemeine Einrichtungen gegen die industriellen und militärischen Invasionen des Auslands zu schützen, wenn sie nicht im Laufe jeder Generation aufs neue ihre eigene Industrie zugrunde gehen sehen will und wenn sie nicht gezwungen sein will, ihre Industrie immer wieder mit weiteren Kosten neu zu errichten.

Sie zeigt uns schließlich auch das völlige Versagen der herrschenden Lehre.

KAPITEL XXX

DIE POLITISCHE ÖKONOMIE VON SPANIEN, PORTUGAL UND ITALIEN[1]

Während die Engländer ihre Nationalindustrie auf den solidesten Grundlagen errichteten, mehrten die Portugiesen und Spanier ihren Reichtum durch neue [geographische] Entdeckungen. Auf diese Weise kamen sie in kurzer Zeit zu großer Macht. Doch sie verhielten

[1] Geronymo de Ustariz („Theorie des Handels")* und Bernardo de Ulloa** betrachten der Verfall der Landwirtschaft und das Schwinden des allgemeinen Wohlstandes in Spanien mit Recht als eine Folge des Untergangs der spanischen Fabriken. Sie führen für diesen Verfall eine Menge Ursachen an, beispielsweise die provinziellen Zollgrenzen, die Verbrauchssteuern und andere schädliche Steuern, den schlechten Zustand der Landstraßen, das Fehlen von Kanälen, die Einfuhr und den Schmuggel, ja

sich wie ein überspannter, vergnügungssüchtiger und fauler Mensch, der in der Lotterie das Große Los gezogen hat. Demgegenüber können die Engländer mit einem fleißigen und sparsamen Menschen verglichen werden, der sich zwar langsam, dafür aber stetig und sicher zu Wohlstand und Macht emporarbeitet. Der erste, der unvermittelt und zufällig zu prächtigem Reichtum gekommen ist, wird für einige Zeit einen größeren Aufwand und Luxus entfalten als der zweite. Bei diesem ruft der mühselige Erwerb des Vermögens nur den Wunsch hervor, seine Lage ständig zu verbessern und seine Kenntnisse zu erweitern. Der schnell und mühelos erworbene Reichtum dagegen veranlaßt den ersten, ausschließlich seinen Neigungen zum Vergnügen und Nichtstun zu folgen, so daß er am Ende dessen produktive Kräfte selbst untergräbt. Der reiche Faulpelz gibt seinen Kindern eine Erziehung, die lediglich seiner eigenen Nichtsnutzigkeit entspricht. Der kluge Mann dagegen ist bei der Erziehung seiner Kinder nur darauf bedacht, ihnen die Fähigkeit zu übermitteln, sein Unternehmen zu bewahren und es noch weiter auszubauen. Dürfen wir uns dann wundern, wenn wir als Nachkommen des ersten nur Bettler finden, während die Nachkommen des zweiten alle reichen Früchte des Fleißes, der Sparsamkeit und der Arbeit genießen?

Sehr frühzeitig schon besaß Spanien Herden guter Schafe. Heinrich II. von England hielt es deshalb schon im Jahre 1172 für angebracht, die Einfuhr spanischer

sogar die schlechten Gasthöfe. Sie vergessen nur die Hauptursachen zu erwähnen: Despotismus und Fanatismus. Ustariz allein wagt es, vorsichtig darüber Klage zu führen, daß jährlich so viele Millionen nach Rom gehen. Es wäre nicht weiter schlimm, daß sie dorthin gehen, nur hätte Rom der Nation dann wenigstens nicht die Kraft rauben dürfen, mit der sie diese Millionen reproduzieren und wiedergewinnen könnte.

* Geronymo de Ustariz, Theorie und Praxis in Handel und Flotte. Madrid 1724 und 1742, Paris 1753, London 1757.

** Bernardo de Ulloa, Die Wiederherstellung der Manufakturen und des Handels von Spanien. Madrid 1740, Amsterdam 1753.

Wolle zu verbieten. Schon zweihundert Jahre zuvor hatten sich die Bewohner der [spanischen Provinz] Biscaya in der Eisenherstellung, in Schiffahrt und Fischfang hervorgetan. Unbestritten waren sie auch die ersten, die den Walfischfang verstanden und betrieben. Im Jahre 1615 schickten deshalb die Engländer eigens Leute zur Biscaya, damit sie diese Kunst dort erlernten. Seit den frühesten Zeiten und bis in die Epoche Colberts hinein waren die spanischen Manufakturen berühmt. Zur Zeit Colberts belieferten sie Frankreich noch mit feinen Tuchen. Spanien besaß eine großartige Flotte. Jahrhundertelang waren die riesigen Schiffe Spaniens der Schrecken aller anderen Seemächte. Mit einem Wort, dieses Land besaß alle Grundlagen für Macht und Wohlstand.

Das entstehende [spanische] Nationalbewußtsein wurde dann jedoch durch eine Kombination von Fanatismus und Despotismus erstickt. Der erste Unterdrückungsakt [, der aus] dieser Kombination [entsprang,] war die Vertreibung der Juden und Mauren vom Territorium der [spanischen] Monarchie. Sogar diejenigen Nachkommen der Juden und Mauren, die ihrem alten Glauben [längst] öffentlich abgeschworen hatten und zum Katholizismus übergetreten waren, wurden ausgewiesen. Die Auswanderung dieser Völker beraubte das Land vieler nützlicher Bürger. Sie machte es um eine große Menge Kapital ärmer. Der Terror, der auf Grund der Verfolgungen durch die Inquisition [in Spanien] herrschte, schreckte die Ausländer ab, ihre Kapitalien und ihre Industrie nach Spanien zu bringen. Er zwang sogar die nationale Industrie, sich nach einer sicheren Zuflucht umzusehen.

Die Entdeckung der Neuen Welt vergrößerte daher den Reichtum und die Macht dieses Landes nur vorübergehend und nur scheinbar. Ja, sie trug sogar noch dazu bei, seinen völligen Untergang zu beschleunigen. Statt nämlich die Produkte der Nationalindustrie gegen die Produkte der Neuen Welt auszutauschen, wie es später dann Holland und England machten — ein für Mutterland und Kolonien gleichermaßen vorteilhaftes Vorgehen —, begann Spanien entgegen jeder politischen Vernunft, die Bewohner der neuentdeckten Länder auszurotten und auszuplündern. Mit den geraubten Schätzen kaufte es dann die Erzeugnisse ausländischer Industrien auf. Auf diese Weise erzog Spanien systematisch viele seiner Bürger, die bis dahin durchaus nützlichen Tätigkeiten nachgegangen waren, zu Plünderern und Unterdrückern der Neuen Welt. Deren Schandtaten und Erpressungen aber brachten Spanien nichts anderes ein als die Stärkung der Macht und der Industrie anderer Nationen, vor allem der Niederlande. So schuf sich Spanien in seinem eigenen [Herrschafts-]Bereich seinen mächtigsten Feind und erfolgreichsten Rivalen. Vergeblich erließen die Könige Gesetze, und vergeblich gaben sie Anordnungen heraus, um die Industrie des Landes zu fördern und den Abfluß des Geldes aus dem Lande zu verhindern.

Unternehmungsgeist, ökonomisches Verhalten, Intelligenz und industrielles Genie schlagen nur auf einem Boden Wurzeln, der von politischer und religiöser Freiheit befruchtet ist. Gold und Silber können nur bei denen bleiben, die sie in einer betriebsamen und blühenden [National-]Industrie günstig anlegen. Man kann den besten Willen haben, in Gegenden, die vom politischen und religiösen Despotismus unterdrückt sind, die Industrie einzuführen; man kann den besten Willen haben, dort die Edelmetalle zu halten oder hinzuziehen — alle Anstrengungen und alle Bemühungen in dieser Hinsicht sind nutzlos und können zu keinem dauerhaften Erfolg führen. Diese auf ganz offenkundige Tatsachen gestützte Beobachtung ist ohne Zweifel jenen Gelehrten entgangen, die Spanien als Beweis für die Nutzlosigkeit von [handelspolitischen] Einschränkungsmaßnahmen angeführt haben. Doch aus der Tatsache, daß die Ernte auf einem trockenen und unfruchtbaren Boden schlecht ausfällt, läßt sich doch nicht die Schlußfolgerung ziehen, daß der Samen nichts getaugt hat.

Portugal und Spanien, die in Alter und Aussehen, in Empfindungen und Fähigkeiten, Irrtümern und Vorurteilen Zwillingen gleichen, teilten auch gleiches Glück und gleiches Unglück. Zog Spanien mit der Entdeckung des neuen Erdteils das erste, so zog Portugal mit der Entdeckung des Seeweges nach Ostindien das zweite [Große] Los. Durch diese Entdeckung wurde Portugal eine große Handels- und Seemacht. Es versetzte der alten Größe Venedigs den Todesstoß.

In einer früheren Epoche hatte die Republik Venedig alle Wissenschaften und Künste Griechenlands bei sich konzentriert. Sie besaß Manufakturen aller Art, vor allem solche zur Woll-, Seiden-, Glas- und Spiegelproduktion. Mehrere Jahrhunderte hindurch hatte Venedig das Monopol des Handels mit Ostindien auf dem Wege über Ägypten besessen. Die Republik Venedig hatte sich einen starken Einfluß auf dem [europäischen] Kontinent gesichert. Sie hatte den Peleponnes, Cypern, Kreta und mehrere andere Inseln erobert. Nach einem jahrhundertelangen Kampf mit der Republik von Genua hatte sie diese so vernichtend geschlagen, daß sie ihr nicht mehr die Seeüberlegenheit streitig zu machen wagte. Aber so wie Genua besiegt wurde — das seine eigene Größe einst selbst auf die Vernichtung von Pisa gegründet hatte —, so wurde dann auch Venedig dafür bestraft, daß es dem Zusammenschluß mit den Schwesterrepubliken seine eigene, auf Unterdrückung der anderen beruhende Vorrangstellung vorzog. Beim Zusammenbruch des griechischen Kaiserreiches, der eine Folge der türkischen Eroberungen war, verlor Venedig den größten Teil seiner Inseln und seines Territoriums. In der Ausbeutung des Handels mit Indien wurde es von Portugal abgelöst.

Die italienischen Republiken begingen also denselben Fehler wie die Hansestädte. Wenn sie — statt sich voneinander zu isolieren und sich wechselseitig Schaden zuzufügen — sich enger zusammengeschlossen hätten, um einen einheitlichen Staat zu bilden, dann wären ihre Kräfte mehr als ausreichend gewesen, um einerseits die Türken zurückzudrängen und um andererseits auch noch großen Nutzen aus den neuen [geographischen] Entdeckungen zu ziehen. Die unbedeutende Rolle, die die Venetianer bei der Ausnutzung des Seeweges um das Kap spielten, kann daher auch keiner anderen Ursache zugeschrieben werden als der fehlerhaften Politik, die sie zu dieser Zeit betrieben. Hierdurch gerieten sie in eine ungünstige politische Situation. Da sie gleichzeitig die Türken bekämpfen und die eifersüchtige Rivalität von Genua überwachen mußten, konnten sie die Portugiesen weder auf dem Meere noch in Indien selbst bekämpfen, obwohl ihnen eine größere Flotte und mehr Reichtümer als den Portugiesen zur Verfügung standen. Wie alle untergehenden Mächte versuchte auch Venedig seine Schwäche durch Intrigen wettzumachen. Aber Intrigen können gegen die Kraft der Tatsachen wenig ausrichten. Venedig brach daher zusammen, um sich nie wieder zu erheben. Diese einst wohlhabende Stadt, die man vor drei Jahrhunderten noch *Königin der Meere* nannte, ist heute nur noch ein großer, von Sümpfen umgebener Steinhaufen.

Es ist eine wenig angenehme Beschäftigung, Körper zu sezieren, die schon in Verwesung übergegangen sind. Wir werden uns deshalb damit begnügen, nur solche Tatsachen aus der Handelsgeschichte dieser Länder herauszugreifen, aus denen wir für die Gegenwart und für die Zukunft nützliche Lehren ziehen können.

Im siebenundzwanzigsten Kapitel haben wir schon im einzelnen erläutert, wie vorteilhaft der Methuen-Vertrag für England war. Wir zeigten, daß Adam Smith diesen Vertrag ganz anders beurteilte, als es vor ihm alle Staatsmänner und Kaufleute sowie die Fabrikanten aller Länder getan hatten. Wie wir sahen, wollte er beweisen, daß dieser Vertrag für Portugal nützlich und für England schädlich gewesen sei.

Nun werden wir versuchen, diese Behauptung zu widerlegen. Dabei haben wir nicht im entferntesten die

Absicht, uns mit Adam Smith in [abstrakt] theoretische Auseinandersetzungen einzulassen. Zu dieser Widerlegung veranlaßt uns ausschließlich die sehr große praktische Bedeutung dieser Frage. Wir wollen also ergründen, ob Handelsverträge nach dem Muster des Methuen-Vertrages für eine Nation, die erst noch zur höchsten Stufe der industriellen Vollkommenheit strebt, nützlicher sein können als für England. Schließlich war es ein Vertrag à la Methuen, den England und Frankreich im Jahre 1786 miteinander schlossen. Es war auch ein Vertrag à la Methuen, den Canning und Huskisson mit de Villèle schließen wollten. Und es sind Verträge à la Methuen, die England immer wieder gern mit jeder Nation schließen wird, deren Konkurrenz es ungestraft und ungefährdet aushalten kann.

Im sechsten Kapitel seines vierten Buches schreibt Adam Smith zunächst [— sein erstes Argument —], daß der Methuen-Vertrag für England deshalb nachteilig war, *weil die Engländer die Einfuhr von Weinen aus Portugal mit Zöllen gestatteten, die um ein Drittel niedriger waren als die von anderen Nationen hierfür zu entrichtenden Zölle — daß sie also den Portugiesen ein Privileg einräumten; daß aber demgegenüber die Engländer an Portugal für [die Einfuhr ihrer] Tuche genauso hohe Zölle zu entrichten hatten wie alle anderen Nationen — daß sie also für das von ihnen den Portugiesen eingeräumte Privileg kein Privileg als Gegenleistung erhalten hatten.*

Aber [— so fragen wir —] übertrafen die Engländer in der Tuchfabrikation etwa nicht alle anderen Nationen? Waren sie sich nicht ganz sicher, auch ohne Privileg mehr Tuch als jedes andere Volk an Portugal verkaufen zu können? Verstanden es die Engländer nicht — wie der „British Merchant“ schrieb —, die Hälfte des portugiesischen Zolls zu unterschlagen? Gewannen nicht die Engländer — nach dem gleichen Autor — beim Ankauf der portugiesischen Weine allein durch den Wechselkurs einen Vorteil von 15 Prozent? Hörte nicht auch der Verbrauch von französischen und deutschen Weinen — an die die Engländer immerhin gewöhnt waren — mit dem Tage [des Inkrafttretens] dieses Vertrages auf? — Aus alledem geht also hervor, daß die Portugiesen in England zwar ein Privileg hatten, doch nur eines auf dem Papier, während die Engländer in Portugal tatsächlich ein Privileg hatten. Diese Betrachtung liefert uns den Schlüssel zum Verständnis der gesamten Politik der Engländer bis auf unsere Tage: In ihren Glaubensbekenntnissen sind sie immer Kosmopoliten und Philanthropen gewesen; doch in ihren Taten haben sie niemals aufgehört, Monopolisten zu sein.

Smith bestreitet auch, daß England auf Grund der Möglichkeit, seine Tuche an Portugal zu verkaufen und so aus diesem Lande große Mengen von Geld herauszuziehen, Vorteile gehabt hätte. Er meint sogar, daß dieser Handel für sein Land schädlich gewesen sei. Nach dem zweiten Einwand, den Smith gegen den Methuen-Vertrag vorbringt, *„mußten die Engländer jenen Teil des Geldes, den sie von den Portugiesen für ihre Tuche erhielten und den sie bei sich zu Hause nicht benötigten, erst wieder in andere Länder schicken, um dafür dann von diesen als Gegenleistung solche Dinge zu beziehen, die sie gebrauchen konnten; für England wäre es daher viel vorteilhafter gewesen, wenn es sein Tuch gleich in die Länder geschickt hätte, von denen es die Produkte bezieht, die ihm fehlen; wenn es also durch einen einfachen Austausch das erhalten hätte, was es nun erst durch zwei erhält.“**

Es bedarf eines großen Vertrauens zum Charakter dieses berühmten Autors und jener hohen Meinung, die wir von seinen umfangreichen Kenntnissen und seinem hervorragenden Geist haben, um ihm hier nicht Mangel an Urteilskraft oder gar etwas noch Schlimmeres zum Vorwurf zu machen. Doch da wir von seinen überragenden

* Die hier wiedergegebenen Auffassungen Smith's finden sich im „Reichtum der Nationen“ (4. Buch, 9. Kapitel).

Fähigkeiten überzeugt sind, können wir seine so haltlosen und oberflächlichen Erwägungen auf keine andere Ursache zurückführen als auf die Schwäche seiner menschlichen Natur und auf den Eifer, mit dem dieser große Schriftsteller dem hohen Ziel, das er stets vor Augen hatte, zustrebte: Er wollte eben die Menschheit auf seine Weise von den Wohltaten einer allgemeinen Handelsfreiheit überzeugen.

In seinen Erwägungen aber steckt nicht mehr Vernunft, als würde ein Ökonom behaupten, daß ein Bäcker einen unvorteilhaften Handel betreibt, wenn er sein Brot an seine Kunden verkauft und dafür Geld erhält; denn wenn der Bäcker, statt sich um seine Kunden zu kümmern, die ihm Geld für Brot geben, unmittelbar zur Mühle ginge, um dort sein Brot direkt gegen Mehl einzutauschen, dann würde er sein Ziel durch einen einzigen Austausch statt durch zwei erreichen. Aber selbst ein Mann von durchschnittlichen Fähigkeiten würde auf diese Überlegung antworten, daß der Müller, der ja nicht das ganze Brot des Bäckers benötigt, seine eigenen Geschäfte nur fortsetzen könnte, nachdem er seinerseits erst wieder Leute gefunden hätte, die ihm für sein Brot Geld geben. Dann aber würde er sich weigern, Brot für sein Mehl in Zahlung zu nehmen, sondern darauf bestehen, gleich Geld für dieses zu erhalten. Der gleiche Fall liegt beim Tauschhandel zwischen Portugal und England vor. Um dies ganz klar verstehen zu können, braucht man nur einen Blick auf den Gang des Handels in jener Zeit zu werfen: Portugal erhielt damals im Austausch gegen Manufakturprodukte Gold und Silber aus den tropischen Gebieten Südamerikas. Da es aber zu faul oder zu dumm war, um diese Manufakturwaren selbst zu fabrizieren, kaufte es mit diesem Gold und Silber die von ihm benötigten Erzeugnisse entweder von England oder von Kontinentalnationen. Bei diesen Nationen wurden die Edelmetalle dann für den inneren Geldumlauf oder für die Ausfuhr nach China oder Ostindien verwandt. So führte England jährlich Edelmetalle im Werte von einer halben Million bis zu einer Million [Pfund] aus. Im Austausch dafür erhielt es dann Erzeugnisse aus China und Indien. Von diesen konsumierte es einen Teil selbst. Den Rest verkaufte es dann an andere Nationen, sei es für Gold und Silber oder für Rohstoffe, die es für seine Fabriken brauchte. Die Nachfrage nach Tuchen war aber nun in Asien, verglichen mit der [Tuch-]Nachfrage Portugals, sehr gering. Übrigens überschritt die gesamte [Waren-]Ausfuhr Englands nach Ostindien damals nicht den Wert von 160000 Pfund Sterling.

Nun stellen wir mit unserem gesunden Menschenverstand folgende Frage: Wer hätte die vielen Tuche gekauft, die die Engländer an Portugal verkauften, falls die Portugiesen sie zurückgewiesen und es vorgezogen hätten, sie entweder selbst herzustellen oder sie in den Niederlanden, in Frankreich oder Deutschland zu kaufen? Die Engländer hätten sie dann weder an Portugal noch an die portugiesischen Kolonien verkaufen können. Was aber die anderen Länder betrifft, so verkauften die Engländer diesen sowieso schon soviel davon, wie diese überhaupt nur benötigten. Die einzig vernünftige Antwort lautet also: Die Engländer hätten genau die Menge Tuch weniger produziert, die sie an Portugal verkauften. Sie hätten dann aber auch die gleiche Menge Gold und Silber weniger nach Asien geschickt, wie die, die sie ja nun von Portugal nicht erhalten hätten. Um diesen gesamten Geldwert hätten sie dann auch entsprechend weniger Waren aus Indien zurückgebracht. Und vom europäischen Kontinent hätten sie dann schließlich auch genausoviel weniger Produkte bezogen, wie ihr Überschuß an indischen Waren geringer gewesen wäre. Durch das Fehlen aller dieser riesigen Mengen hätten sich die produktiven Kräfte Englands verringert. Sie wären entweder auf Portugal oder aber auf jene Nationen übergegangen, von denen Portugal dann seine Fabrikwaren gekauft hätte. Was aber noch schwerwiegender ist:

England hätte ohne den Methuen-Vertrag zweifellos niemals seine Herrschaft auf Ostindien ausgedehnt.

Der dritte Einwand Smith' gegen den Methuen-Vertrag besagt, *daß die Engländer, falls sie den Fluß des portugiesischen Geldes nicht in ihr Land hätten lenken können, das von ihnen benötigte Geld auch auf einem anderen Wege hätten erhalten können. Die Portugiesen hätten das Geld, das sie nicht für ihren inneren Geldumlauf nötig gehabt hätten, sowieso in andere Länder geschickt. Ihr Überschuß an Gold und Silber wäre also so oder so nach England gelangt.**

Dieser Einwand ist von der gleichen Art wie der zweite; er widerlegt sich selbst. Hätten die Portugiesen nämlich ihr Tuch selbst produziert und ihr Gold und Silber nach China und Indien geschickt, dann ist kaum anzunehmen, daß die Engländer jemals viel von diesem portugiesischen Geld zu sehen bekommen hätten. Das gleiche Ergebnis wäre auch eingetreten, wenn die Portugiesen deutsche oder flämische Tuche gekauft hätten. Die Engländer hätten dann keine einzige Elle Tuch mehr produziert — gerade so, als hätte es Portugal und die portugiesischen Kolonien niemals gegeben. Sie hätten dann auch kein einziges Gramm Gold und kein einziges Pfund indischer Gewürze über das hinaus an sich bringen können, was ihnen ihr eingeschränkter Absatz zu kaufen erlaubt hätte. Das beweist die Erfahrung Deutschlands, das früher gewerbereicher war als England und auch heute keinem anderen Land an geistigen und moralischen Kräften nachsteht. Das beweist die Erfahrung aller Länder, deren innere Industrie nicht durch Verträge à la Methuen „geschützt" ist. Das hätte uns genauso auch die Erfahrung Englands gelehrt, falls seine Minister in den beiden letzten Jahrhunderten im Geiste des Dr. Smith gehandelt hätten.

Aus der Smithschen Beurteilung des Methuen-Vertrages können wir lernen, wie gefährlich es für Staatsmänner ist,

* Siehe Anmerkung Seite 225.

den Schlüssen einer Lehre zu folgen, die nur einen falschen Kosmopolitismus zur Grundlage hat und ihre Argumente ausschließlich von der Theorie der Werte ableitet.

Übrigens kann man an Hand dieser Smithschen Argumente ganz ausgezeichnet erkennen, warum die Engländer gerade seine Lehre vom Außenhandel so verehren, ohne sie jedoch selbst zu befolgen.

Es wäre in der Tat ein Meisterstück der englischen Politik, wenn es ihr gelingen sollte, die anderen Nationen davon zu überzeugen, daß die Verträge à la Methuen für England nachteilig, aber für die Nationen, mit denen sie geschlossen werden, höchst vorteilhaft seien. Da Adam Smith den Engländern für eine solche Politik die nötigen Argumente lieferte, haben sie gute Gründe, ihn zu verehren.

Was uns jedoch betrifft, so werden wir uns damit begnügen — falls es Leute geben sollte, die den Unterschied zwischen der Politischen Ökonomie und der kosmopolitischen Ökonomie, zwischen der Theorie der produktiven Kräfte und der Theorie der Werte nicht begreifen wollen —, diese zu bitten, einmal nach Portugal und nach England zu blicken und den Zustand beider Länder miteinander zu vergleichen. Gewiß wird es dann für niemanden einen Zweifel geben, auf welcher Seite sich Verfall, Elend, Schwäche, Trägheit, Abhängigkeit, geistiger, kommerzieller und industrieller Tod finden und auf welcher Seite das genaue Gegenteil von alledem der Fall ist.

KAPITEL XXXI

RÜCKBLICK AUF DIE GESCHICHTE DER POLITISCHEN ÖKONOMIE DER VEREINIGTEN STAATEN VON NORDAMERIKA

England behandelte seine amerikanischen Kolonien von ihrer Gründung bis zu ihrem Aufstand immer nur als ein Gebiet, das einzig und allein zum Nutzen des Mutterlandes urbar gemacht, bebaut und ausgebeutet werden sollte. Seit 1651 belegte man den von Virginia nach England eingeführten Tabak mit einem hohen Zoll. Da die Pflanzer auf Grund dieser Maßnahme ihren Tabak auf holländischen Märkten zu verkaufen begannen, wurde ein Gesetz erlassen, welches bestimmte, daß für alle [ausgeführten] Erzeugnisse der amerikanischen Kolonien in jedem Falle zunächst einmal in englischen Häfen Zölle entrichtet werden mußten. Dieses Gesetz blieb bis zur Revolution in Kraft. Später, als diese Kolonien trotz des englischen Monopols Manufakturen errichteten, wurde es jedem englischen Schiff untersagt, amerikanische Wolle oder Garne oder sonstige in Amerika hergestellte Manufakturerzeugnisse zu laden.

Mehr noch: Im Jahre 1719 erklärte das englische Unterhaus [ausdrücklich], daß die Gründung von Fabriken in den amerikanischen Kolonien deren Abhängigkeit von England gefährde. Seit dieser Erklärung erließ man eine Vielzahl von Gesetzen, die alle darauf abzielten, den Aufschwung der [amerikanischen] Manufakturen zu verhindern. Im Jahre 1750 verstieg man sich sogar zu der Feststellung, daß die Schmieden, die Eisenwerke an den Küsten, die Stahlwerke sowie mehrere andere Industrie- und Manufakturunternehmen in den Kolonien Unternehmen seien, die dem Allgemeinwohl zuwiderliefen und daher allgemeinschädlich seien (Common nuisances). Sir Josuah Child und Dr. Davenant erklärten die amerikanischen Kolonien wegen ihrer Tendenzen zur Entwicklung des Fabrikwesens zu den gefährlichsten aller englischen Besitzungen (1670). Adam Smith gebührt das Verdienst, in seinem berühmten Werk als erster diese Ungerechtigkeit zurückgewiesen zu haben. Die Tyrannei, mit der England Handel und Industrie seiner [amerikanischen] Kolonien belegte, war schließlich eine der Hauptursachen für deren revolutionäre Erhebung.

Der Unabhängigkeitskrieg mußte die amerikanischen Manufakturen aus zwei Gründen zum Aufblühen bringen. Erstens sah sich jetzt die inländische Industrie schlagartig von allen Fesseln befreit, die ihren Aufschwung seit der Kolonisation des Landes hemmten. Zweitens aber war nun auch die Schaffung von Fabriken notwendig geworden, denn der Handel zwischen England und Nordamerika war unterbrochen. Das Land konnte also weder die von ihm benötigten Manufakturprodukte aus England beziehen, noch konnte es seine eigenen Erzeugnisse austauschen. Die Errichtung von Fabriken wurde damit gleichermaßen zu einer Sache des Profits wie des Patriotismus.

Das schwache Band, das die Staaten der Union nach dem Friedensschluß miteinander verband, reichte nicht aus, um die [amerikanischen] Manufaktur- und Handelsinteressen — die sich durch die Unterbrechung des Handels mit den Engländern während des Krieges herausgebildet hatten — zu schützen. Darüber hinaus spürte man auf dem Gebiet der Manufakturwaren die Auswirkungen der englischen Konkurrenz um so schmerzlicher, als England noch immer fortfuhr, die Einfuhr amerikanischer Erzeugnisse zu beschränken. Die Nation, die während des Krieges die Wohltaten des Friedens genossen hatte, mußte nun im Frieden die Unannehmlichkeiten des Krieges erleiden. Diese in industrieller und kommerzieller Hinsicht so mißliche Lage war der Hauptgrund jener Unzufriedenheit, die sich in den ersten Jahren nach Erringung der Unabhängigkeit in allen Staaten der Union äußerte. Dies führte schließlich zu einer Revision der Bundesverfassung.

Als der Kongreß nach der Verfassungsänderung von 1786 erstmalig zusammentrat, erhielt er aus fast allen Staaten Gesuche, die zugunsten der nationalen Industrie und Schiffahrt Schutzgesetze forderten. Süd-Carolina und New York waren die Staaten, die sich am nachdrücklichsten dafür einsetzten. Am Tage der Kongreß-Eröffnung erschien George Washington in einem Anzug, der aus einheimischen Produkten gefertigt war. Die Zeitungen der Regierung berichteten dazu, der Präsident wolle auf diese Weise „ein Beispiel geben und der Nation zeigen, was sie zu tun habe, um ihre Unabhängigkeit und ihren Wohlstand auf festen Fundamenten zu errichten". Dieser Kongreß beschloß die [Errichtung einer einheitlichen Außen-]Zollgrenze. Er legte Einfuhrzölle fest, um die in ihren Anfängen steckende heimische Industrie zu fördern. Um die Entwicklung der nationalen Schiffahrt zu beschleunigen, bestimmte man, daß für alle Waren, die auf amerikanischen Schiffen eingeführt werden, 10 Prozent weniger Einfuhrzoll zu entrichten wären, als für die auf ausländischen Schiffen eingeführten Artikel.

Die Maßnahmen des Kongresses von 1786 hatten einen derartigen Erfolg, daß der Präsident bei der Eröffnung des Kongresses von 1791 die Nation bereits zur Entwicklung ihrer Manufakturen, ihrer Landwirtschaft und ihres Handels beglückwünschen konnte.

Jedoch stellte sich bald heraus, daß auf Grund der Beschränkungen, die fremde Nationen — vor allem natürlich England — dem Handel der Vereinigten Staaten auferlegten, die Zölle, die man zum Schutz der amerikanischen Manufakturen und der amerikanischen Flotte eingeführt hatte und die anfangs noch sehr mäßig waren, nicht mehr lange ausreichen würden. Der Schatzminister, General Hamilton, erhielt daher den Auftrag, [dem Kongreß] über diese Frage einen ausführlichen Bericht zu erstatten. Diesen Auftrag erfüllte er mit größtem Geschick. Dem Kongreß von 1794 wurde dann von James Madison ein auf diesen Bericht gestützter Plan vorgelegt. Dieser wurde angenommen. Auf Grund dieses Planes wurden die Einfuhrzölle zugunsten der nationalen Industrie und Schiffahrt erhöht. Diese Maßnahme erstreckte sich hauptsächlich auf Artikel aus Wolle, Baumwolle, Eisen, Stahl usw.

Unter dem Schutz dieser immer noch sehr niedrigen Einfuhrzölle entwickelte sich nun nach und nach in allen Staaten des [amerikanischen] Ostens eine beachtliche Manufakturindustrie. Obwohl später die amerikanischen Fabriken infolge der stürmischen Fortschritte der englischen Manufakturen mehr als einmal und noch dazu in den wichtigsten Artikeln — Baumwolle und Wolle — durch die Konkurrenz Englands erdrückt wurden, gelang es ihnen doch nicht, die Aufmerksamkeit und Unterstützung der nationalen Gesetzgebung zu finden. Das war so lange nicht möglich, wie Landwirtschaft und Außenhandel der Vereinigten Staaten durch jene Kriege, die damals den europäischen Kontinent verwüsteten, auf ihre Kosten kamen. Doch der letzte Krieg zwischen England und der amerikanischen Union und mehr noch der ihm folgende Frieden veränderten die Lage von Grund auf. Jetzt waren Landwirtschaft und Außenhandel ihrerseits ebenfalls durch den Krieg vernichtet, während andererseits die Fabriken durch den Krieg wieder zur Blüte gebracht worden waren. Der Frieden verschlimmerte dann die Lage der Kaufleute und Landwirte noch mehr dadurch, daß er ihnen die Manufakturisten — die jetzt erneut von der englischen Konkurrenz erdrückt wurden — als Leidensgefährten an die Seite führte. — Zum zweiten Male machte die Nation jetzt die Erfahrung, daß ein Frieden, der die nationale Industrie der Gnade der ausländischen Konkurrenz ausliefert, schlimmer ist als ein Krieg.

Die allgemeine Not, die einerseits durch die erfolgreiche [Manufaktur-]Konkurrenz der Engländer und [andererseits] durch das Verbot, amerikanisches Getreide und Holz in die Häfen Englands einzuführen, hervorgerufen wurde, ließ schließlich die Sicherung der Manufakturkraft der Nation erneut zu einer nationalen Angelegenheit werden. Jetzt konnten daher auch die Manufakturisten im Kongreß von 1816 ein Gesetz durchbringen, das die Einfuhrzölle auf englische Manufakturwaren erhöhte. Doch später erwies sich auch dieser Tarif noch für diesen Zweck als zu niedrig. Da sich auf Grund dessen die Fabriken nicht recht erholen und die Landwirte [deshalb auch] ihr Getreide nicht absetzen konnten, fielen der Preis für landwirtschaftliche Erzeugnisse wie auch der Bodenpreis mehr und mehr. Die Bankrotte von Grundeigentümern und Getreidepflanzern wurden zu einer allgemeinen Erscheinung. Im Jahre 1822 versuchte man dann, dieses Übel durch eine [weitere Zoll]tariferhöhung zu mildern. Doch das Sonderinteresse der Baumwollpflanzer, die in den Vereinigten Staaten die gleiche Rolle spielen wie in Frankreich die Weinbauern, hatte sich mit dem Interesse des Außenhandels verbündet. Es erwies sich daher als so stark, daß sich das allgemeine nationale Interesse nicht dagegen durchsetzen konnte.

Erst im Jahre 1824, als die Zahl der Bankrotte von Getreide anbauenden Landwirten in den Staaten eine erschreckende Höhe erreicht hatte, konnte man im Kongreß eine neuerliche [Zoll-]Tariferhöhung durchsetzen. Aber diese Maßnahme war in England kaum bekannt geworden, als sich auch schon Huskisson ans Werk machte, um die Auswirkungen dieser Tariferhöhung durch entsprechende Gegenmaßnahmen wieder aufzuheben. Dadurch ermöglichte er es den englischen Fabrikanten, den Konkurrenzkampf mit den Amerikanern sogar auf den Märkten der Vereinigten Staaten siegreich führen zu können.

Diese Gegenmaßnahmen Englands brachten jetzt die amerikanischen Manufakturen in eine Lage, die noch ungünstiger war als je zuvor. Die Hoffnung, der neue amerikanische [Zoll-]Tarif werde die eigenen Fabrikanten ausreichend schützen, hatte nämlich zur Gründung einer großen Zahl neuer Unternehmen geführt. Aber unter diesen Umständen sahen sich diese schon kurz nach ihrer Gründung von der totalen Vernichtung bedroht. Dieser Umstand sowie die Tatsache, daß sich die Handelsbeziehungen zwischen beiden Nationen immer zerstörender [auch] auf die Landwirtschaft der Vereinigten Staaten auswirkten, führten schließlich zur Annahme des [Zoll-] Tarifs von 1828. Hierzu kam es gegen den heftigen Widerstand der Baumwollpflanzer und der Außenhandelsinteressen. Dieser [Zoll-]Tarif sicherte endlich den nationalen Fabriken — vor allem den Baumwoll-, Woll- und Eisenfabriken — den notwendigen Schutz. Er wurde zur unmittelbaren Ursache für die ständig steigende Prosperität, der sich die amerikanischen Fabriken seit dieser Zeit erfreuen können.

Der [Zoll-]Tarif von 1828 war nur eine natürliche und notwendige Folge jener englischen Handelspolitik, die darin bestand, amerikanisches Getreide, Holz usw. zurückzuweisen und als Bezahlung für [englische] Fabrikwaren nur solche Waren anzunehmen, die für England selbst unentbehrlich waren (Baumwolle usw.). Ein solches [handelspolitisches] Vorgehen seitens Englands wirkte sich nur auf den Wohlstand jener Bevölkerungsteile [Amerikas] vorteilhaft aus, deren Gebiete den geringsten Wert hatten, nämlich der [sklavenhaltenden] Bevölkerung jener Staaten, in denen [noch] die Sklaverei — dieses Übel des Landes — besteht. Es ruinierte aber [andererseits] die fruchtbarsten, größten und freiheitlichsten Staaten, deren gesamte jährliche Ersparnis lediglich darin bestand, daß sie in jedem Jahr eine halbe Million ihrer besten und kräftigsten Landwirte [für die Urbarmachung] der westlichen Wildnisse bereitstellten.

Huskisson kannte die Lage der Dinge sehr wohl. Es war sogar öffentlich bekannt geworden, daß der englische Gesandte in Washington seine Regierung wiederholt vor den Folgen der Ausschließung amerikanischer Erzeugnisse von den englischen Märkten gewarnt hatte. Wäre nun Huskisson wahrhaftig jener aufrichtige Kosmopolit gewesen, als den ihn die Theoretiker des Kontinents hinstellen wollten, dann hätte er den neuen amerikanischen [Zoll-]Tarif zum Anlaß genommen, um der englischen [Land-]Aristokratie klarzumachen, daß dies die „schönen“ Früchte ihres Korngesetzes seien und daß allein die Aufhebung dieses sinnlosen Gesetzes den englischen Fabriken wieder einen Teil des amerikanischen Marktes zurückgeben könnte, dessen völliger Verlust ihnen jetzt endgültig drohte. Doch was tat Huskisson? Er ereiferte sich gegen die Vereinigten Staaten wie ein Taschenspieler, dessen Tricks man gerade entlarvt hat. Er behauptete Dinge, deren Unrichtigkeit jedem amerikanischen Bauern bekannt war. Dabei stieß er gegen die Amerikaner Drohungen aus, deren Verwirklichung gar nicht in seiner Macht stand. Mit einem Wort, er machte sich lächerlich.

Huskisson behauptete, daß die Ausfuhr der Amerikaner nach England die Hälfte der Gesamtausfuhr Amerikas ausmache, während die Ausfuhr der Engländer nach Amerika nur ein Sechstel der Gesamtausfuhr Englands ausmache. Daraus schloß er dann, daß sich die Amerikaner in stärkerer Abhängigkeit von den Engländern befänden als die Engländer von den Amerikanern. Oberflächlich betrachtet, scheint dies ganz einleuchtend zu sein. Aber die amerikanischen Farmer wissen sehr genau, welchen Charakter die [Handels-]Beziehungen [zwischen England und Amerika] tragen. Alle Ausfuhren der Amerikaner nach England bestehen nämlich aus Rohstoffen, auf die England angewiesen ist und deren Wert sie dann durch Weiterverarbeitung verzehnfachen. Alle Ausfuhren der Engländer nach Amerika bestehen demgegenüber nur aus solchen Fabrikerzeugnissen, auf die Amerika sehr gut verzichten kann, weil es sie entweder selbst produzieren oder auch von den Franzosen und Deutschen kaufen kann. So erweist sich also, daß England sogar in doppelter Weise von Amerika abhängig ist.

Huskisson prahlte auch, wie stark die Einfuhr amerikanischer Baumwolle nach England im Verlauf der letzten zehn Jahre gestiegen sei. Das stimmt durchaus. Doch diese Einfuhrsteigerung erfolgte in einer Weise, die für England genauso vorteilhaft wie für Nordamerika schädlich war. Da nämlich die Produktion von Baumwolle ständig dem Baumwollverbrauch vorauseilte und diesen überstieg, kam es bei näherem Hinsehen zu folgendem bemerkenswerten Ergebnis: Hatten die Amerikaner im Jahre 1816 für 81 Millionen Pfund Baumwolle 24 Millionen Dollar bekommen, so erhielten sie im Jahre 1826 für 204 Millionen Pfund Baumwolle nur noch 25 Millionen Dollar – für eine dreimal so große Warenmenge zahlten ihnen die Engländer also nur ein Fünfundzwanzigstel mehr Geld. Bei dieser Lage der Dinge konnten die amerikanischen Pächter wohl kaum die Argumentation Huskissons anerkennen.

Schließlich drohte Huskisson damit, die Einfuhr amerikanischer Baumwolle nach England zu beschränken. Es ist heute schwer zu sagen, ob dies allen Ernstes die Absicht Huskissons war (wir können es nicht glauben, weil wir dann entweder seine theoretischen und praktischen Kenntnisse oder aber seine politische Ehrlichkeit anzweifeln müßten) oder ob er die Amerikaner für dumm genug hielt, um sie durch solche Drohungen einschüchtern zu können. Immerhin steht fest, daß die Amerikaner auf jeden Fall wußten,

1. daß die ostindische Baumwolle eine minderwertige Qualität hat,
2. daß es sich bei Ostindien, Brasilien und Ägypten um Länder handelt, in denen sich das Wachstum der [Baumwoll-]Produktion nur äußerst langsam vollzieht,
3. daß sich die Belegung amerikanischer Baumwolle mit hohen Zöllen ausschließlich zum Vorteil für die Baumwollfabriken des europäischen Kontinents auswirken würde, solange England

nicht aus anderen Ländern die notwendigen Mengen Rohbaumwolle beziehen könnte, und

[4.] daß eine solche Maßnahme die Vereinigten Staaten aus leichtverständlichen Gründen zur ersten Nation auf dem Gebiet der Baumwollverarbeitung machen würde.

Eine andere Drohung Huskissons verletzte selbst die Regeln der primitivsten Klugheit. Er gab nämlich zu verstehen, daß wohl ein groß aufgezogener Schmuggelhandel über die Grenzen von Kanada die schädlichen Wirkungen des amerikanischen Zolltarifs bald abschwächen würde. Nun, wenn England sowieso schon bei Repressalien äußerst vorsichtig sein muß, so sollte es sie auf jeden Fall gerade in dieser Gegend vermeiden.

Insgesamt kann man also sagen, daß Huskisson die Amerikaner und ihre Lage genauso falsch beurteilte wie Canning Frankreich und die Franzosen. Die Zeit der Methuen-Verträge ist vorüber! Nicht einmal so eindrucksvolle Prinzipien wie das der Handelsfreiheit können darüber auf die Dauer hinwegtäuschen. Heute fordert man Taten und nicht Phrasen!

Die Zeit ist vorüber, wo es für England genügte, einige [ausländische] Minister für sich zu gewinnen, um ganze Nationen nach seiner Pfeife tanzen zu lassen. In unseren Tagen sind so viele Hände im Pressewesen tätig, so viele Augen im Lesen geübt und wird so viel [über die Dinge] nachgedacht, daß es beim Abschluß von Handelsverträgen auf etwas ganz anderes ankommt als auf hohle Parlamentsdeklarationen und diplomatische Kniffe. Heute bedarf es dazu der Wahrheit und [der Wahrung] des gegenseitigen Vorteils.

Hier wie in anderen Kapiteln haben wir uns absichtlich ausführlich mit der Politik Cannings und Huskissons beschäftigt, weil wir schon lange mit Staunen verfolgen, wie das politische Handeln dieser beiden Männer von den Philosophen und Politikern des Kontinents schlecht und falsch beurteilt wird. Offensichtlich ist die Meinung der letzteren von der politischen Einstellung der beiden Minister beeinflußt worden. Sie waren nämlich Whigs, und als solche wurden sie [natürlich] von den Tories heftig gehaßt. Die Liberalen des Kontinents glaubten daher wohl in den englischen Whigs ihre Brüder sehen zu können. Sie glaubten, Canning und Huskisson seien Fleisch von ihrem Fleisch.

Guter Gott! Ein englischer Whig ist stets Engländer! Ganz besonders aber wird ein Engländer, der an der Spitze seiner Nation steht, immer nur in genau demselben Sinne Kosmopolit sein, wie es früher einmal die Hanseaten, Venetianer und Holländer waren.

Timeo Danaos [et] dona ferentes! — Fürchte die Danaer, auch wenn sie Geschenke bringen!

KAPITEL XXXII

RÜCKBLICK AUF DIE POLITISCHE ÖKONOMIE RUSSLANDS

Nach der Aufhebung des Kontinentalsystems und nach dem allgemeinen Friedensschluß beeilte sich Rußland, um an den Vorteilen der Handelsfreiheit teilnehmen zu können. Die Herren dieses Reiches hatten sich hierüber von Storch* in besonderen Vorlesungen aufklären lassen. Der russische [Zoll-]Tarif von 1818 näherte sich soweit wie möglich dem Prinzip der Handelsfreiheit. Unmittelbar darauf

* Heinrich Friedrich von Storch (1766—1835) hielt am Petersburger Hof vor Angehörigen der Zarenfamilie Vorlesungen über Politische Ökonomie. Er interpretierte dabei die ökonomischen Lehren der klassischen bürgerlichen Politischen Ökonomie in vulgarisierter Form. Ein sechsbändiges Werk, in dem seine Petersburger Vorlesungen wiedergegeben sind, wurde 1815 in Petersburg auf Kosten des Zaren Alexander I. gedruckt. Es er-

erfolgte eine gewaltige Überschwemmung [des russischen Marktes] mit ausländischen Fabrikaten. Dies führte zum Ruin der russischen Manufakturen und zum Abfluß des größten Teiles allen baren Geldes ins Ausland. Gerade so, als ginge es darum, die [herrschende] Theorie noch mehr zum allgemeinen Gespött werden zu lassen, fielen mit diesen [freihändlerischen] Maßnahmen [der russischen Handelspolitik] die [Einfuhr-]Beschränkungsmaßnahmen Großbritanniens in bezug auf Getreide und die meisten Rohstoffe zusammen. Das Elend erreichte [dadurch] in Rußland seinen Höhepunkt. Dennoch hielt der [russische] Staat noch lange an seinem [handelspolitischen] System fest. Die Theoretiker hatten nämlich dem Zaren eingeredet, daß nur der erste Schritt [zum Freihandel] mit nachteiligen Folgen verbunden wäre, daß dies aber nur scheinbar schädlich sei, weil sich dann schnell die wohltuenden Auswirkungen [des Freihandels] einstellen würden. Vier Jahre lang wartete der Zar [vergeblich] auf die Erfüllung dieser Prophezeiung. Schließlich aber nahm das Elend so furchtbare Formen an, daß man die schlimmsten Folgen befürchten mußte. Nicht einmal die französische Invasion hatte das Land so sehr erschöpft und geschwächt wie diese angebliche Handelsfreiheit. „Denn die Eigentümer", erklärte Graf Nesselrode in seinem Rundschreiben vom 22. März 1822 (so groß war bereits die Macht der [herrschenden] Theorie, daß sich sogar die absoluteste Regierung öffentlich rechtfertigen mußte, als sie auf diese Theorie verzichtete), „die Eigentümer von [Grund und] Boden, haben keinen Markt, die Fabriken stehen vor dem endgültigen Ruin, die Edelmetalle sind exportiert, die solidesten Handelshäuser stehen vor dem Zusammenbruch."

schien 1823 auch in Paris. („Lehrgang der Politischen Ökonomie oder Darstellung der Grundsätze, die den Wohlstand der Nationen bestimmen" — „Cours d'Économie politique ou exposition des principes qui déterminent la prosperité des Nations".)

Seitdem hat Rußland das entgegengesetzte [handelspolitische] System eingeführt. Man hört jetzt wenigstens nicht mehr von einer solchen Notlage sprechen. Man glaubt sogar behaupten zu können, daß Landwirtschaft, Industrie und Handel [in Rußland] einen neuen Aufschwung genommen haben — wenn auch das Land offensichtlich noch nicht für ein vollkommenes Schutzsystem reif ist.

KAPITEL XXXIII

ÜBER DIE STELLUNG DER VERSCHIEDENEN SYSTEME DER POLITISCHEN ÖKONOMIE ZUR ZOLLGESETZGEBUNG

Das Merkantilsystem war ein System, das aus den beschränkten und kurzsichtigen Kaufmannsvorstellungen erwachsen war. Es stellte den Grundsatz auf, eine Nation könne nur das gewinnen, was eine andere verliere. Es meinte, der Reichtum der Nationen bestehe ausschließlich im Besitz von Edelmetall, und folglich komme alles darauf an, aus dem Ausland soviel Geld wie möglich ins Land zu ziehen und soviel Geld wie möglich im Lande zurückzuhalten. Sein Ziel bestand also darin — und mußte darin bestehen —, Ausfuhr und Abfluß von Edelmetall soweit wie möglich durch Zölle zu verhindern.

Es wäre nicht gerecht, wollte man mit diesem Merkantilsystem das Manufaktursystem gleichsetzen und es genau wie dieses verurteilen. Das Manufaktursystem hatten bereits vor Colbert einige Autoren erläutert. Es wurde von England in der Praxis angewandt und durchgesetzt und schließlich von Colbert den Engländern nachgeahmt. Die Italiener haben dieses System mit dem besonderen Namen Colbertismus belegt. Damit haben sie bereits den Unterschied zwischen dem Merkantilsystem und dem Manufaktursystem zur Genüge charakterisiert.

Das Manufaktursystem zielte nicht darauf ab, aus dem Verlust anderer Vorteile zu ziehen. Es wollte die Manufakturisten, die Landwirte, den Binnen- und Außenhandel, kurz, die gesamte Nation dadurch reich machen, daß es die Aufmerksamkeit auf die Gründung und Aufrechterhaltung der Manufakturkräfte und der Manufakturproduktion lenkte. Dieses Ziel hat es in der Tat auch überall [dort] erreicht, wo es durch natürliche Hilfskräfte und durch die gesellschaftlichen, moralischen und politischen Verhältnisse der Nationen unterstützt wurde. Mit der Einführung von Zöllen verfolgte es lediglich die Absicht, den heimischen Manufakturisten den inneren Markt zu sichern und sie gegen die ausländische Konkurrenz zu stärken. In dem Augenblick jedoch, wo dieses System so weit ging, zugunsten der heimischen Fabriken die Ausfuhr von landwirtschaftlichen Erzeugnissen und Rohstoffen zu beschränken, verletzte es die Interessen der Landwirtschaft und das kosmopolitische Prinzip. Seine Zielsetzung war *ausschließlich national* — und daher zu sehr beschränkt.

Das physiokratische oder Agrarsystem stellt nichts anderes dar als eine Reaktion auf die beiden vorangegangenen Systeme. Als es die Gelegenheit wahrnahm, um deren Fehler vollkommen bloßzustellen, verfiel es aber in ein anderes Extrem — in einen *schrankenlosen Kosmopolitismus*. Da es sich die [Förderung der] Interessen der menschlichen Gesellschaft zum Ziel setzte, verkannte es oder vielmehr übersah es vollkommen die Natur und die besonderen Interessen der Nation. Durch die Fehlerhaftigkeit und Beschränktheit des Manufaktursystems verwirrt, sah es das Heil nur in einem völlig freien Welthandel.

Seine Prinzipien stellte das physiokratische System à priori auf. Nachträglich erst versuchte es dann, die Beweise für diese Prinzipien zu finden. Da es hierbei aber feststellte, daß der Zustand und die Natur der Dinge nicht mit seinen Prinzipien übereinstimmten, und da es spürte — was Colbert in der Tat ja schon bewiesen hatte —, daß beim gegebenen Stand der Gliederung der Menschheit in Nationen die Manufakturen nur durch wirksame Zollsysteme gefördert und aufrechterhalten werden können, mußte das Agrarsystem schließlich den Wert der Manufakturen vollkommen leugnen. Es mußte sich darauf festlegen und legte sich in der Tat darauf fest, jenen völlig sinnlosen Grundsatz zu beweisen, die Manufakturisten seien unproduktiv.

Da dieses System in seiner Zielstellung ausschließlich *kosmopolitisch* war, konnte es die nationalen Interessen nicht anerkennen. Es mußte daher auch die Abschaffung aller Zölle verkünden. Dieses System war ohne Inhalt und ohne Grundlage. Immerhin rückte es die Bedeutung der Landwirtschaft sowie die großen, vom Merkantilsystem verkannten Menschheitsinteressen ins rechte Licht.

Das kosmopolitische System schließlich — wir finden keine Bezeichnung, die das System von Adam Smith und J. B. Say besser charakterisiert — erkannte, daß die physiokratischen Auffassungen unhaltbar waren. Es setzte die Manufakturen wieder in ihre Rechte ein und wies nach, daß sie es in erster Linie sind, durch die die Landwirtschaft zur Blüte kommt.

Geblendet vom Glanz des kosmopolitischen Prinzips der Handelsfreiheit, verfehlte es aber den Weg, der zu diesem Ziel führt. Es verfiel in den gleichen Fehler wie die Physiokraten und stellte zuerst das Prinzip auf, um dann erst nach Beweisen für seine Richtigkeit zu suchen.

Die Teilung der Menschheit in Nationen sowie die Tatsache, daß jede Nation eine selbständige Einheit ist, [einerseits] und [andererseits] das von der Natur selbst gestellte Problem, durch Vereinigung aller individuellen Kräfte zu einem allgemeinen und für alle Individuen gleichermaßen nützlichen Ziel zu gelangen, schien den Gedankengang dieses Systems zu stören. Es mußte daher die Untergliederung der Menschheit in Nationen übersehen und mit Stillschweigen übergehen, um [statt dessen] eine Weltrepublik als gegeben vorauszusetzen.

Da das kosmopolitische System auf diese Weise aber gezwungen war, den Krieg sowie seine schwerwiegenden Auswirkungen zu übersehen oder doch zumindest deren Nichtvorhandensein zu unterstellen, und da es nun auch gezwungen war, die Zölle — die sich schließlich aus der Untergliederung der Menschheit in Nationen ergeben — als Ergebnis einer falschen Politik hinzustellen, geriet es auf einen Weg, der es vollkommen von der Wirklichkeit und vom tatsächlichen Stand der Dinge entfernte. Alle Schlüsse dieses Systems wurden daher auch wertlos. Sie konnten von der Praxis nicht angewandt werden, da diese ja gezwungen ist, ein nationales Ziel zu verfolgen. Sie muß deshalb auch internationale Feindseligkeiten voraussehen oder solche doch wenigstens zu verhindern suchen.

Außerdem konzentrierte dieses System seine Untersuchungen hauptsächlich auf die *Materie*, nicht aber auf die *Kraft*, auf den Geist, der die Materie beherrscht und gestaltet. Zumindest ordnete es die schöpferische Kraft der [von ihr] geschaffenen Materie unter. Genau wie bei seinem ersten Grundirrtum verfiel es auch in diesen Irrtum nur deshalb, weil es vorweg Prinzipien aufstellte, die es dann erst nachträglich zu beweisen versuchte.[1]

Die Arbeit und der Wert der Güter — das waren die Axiome, die nach den Lehren der Verfechter dieses Systems die gesamte Produktion beherrschen sollten. Da nun dieses System das Wesen dieser Prinzipien auf eine ebenso neue wie mit der Natur der Dinge übereinstimmende Weise entwickelte und darlegte, wurde es dazu verleitet, seine Erwägungen, die nur für bereits produzierte Dinge gelten, auch auf die produktiven Kräfte selbst anzuwenden. Diese aber folgen ganz anderen Gesetzen.

[1] Droz („Politische Ökonomie", Vorrede VI) beklagt sich bitter darüber, daß sich die Autoren in ihren Darstellungen nicht die Mühe gemacht haben, vom Bekannten zum Unbekannten vorzugehen. Das sei doch das einzige Mittel, um die Wahrheit aufzudecken.

Auf diese Weise kam man zu folgenden falschen Schlußfolgerungen: [1.] Da Produkte nur durch Produkte gekauft werden, müsse der Außenhandel unter allen Umständen nützlich sein. Deshalb wäre es auch sinnlos, die Produktion einer Nation durch die Gesetzgebung regeln zu wollen. [2.] Falls eine andere Nation ihrer Produktion durch [wirtschaftspolitische] Beschränkungsmaßnahmen eine andere Richtung geben sollte, als sie sonst auf natürliche Weise genommen hätte, dann dürfte die durch diese Veränderung geschädigte Nation nichts unternehmen, um das Übel zu mildern. Durch Repressalien würde sie sich selbst nur doppelt schaden. [3.] Die höchste Weisheit der Nationen auf dem Gebiet des Außenhandels bestehe darin, nur dort einzukaufen, wo man am billigsten einkaufen kann. Im übrigen aber solle man alles seinen natürlichen Gang gehen lassen.

Bei dieser Betrachtungsweise mußte man vollkommen übersehen,

[1.] daß die Nationen ihre Landwirtschaft nur schrittweise entwickeln und vervollkommnen;

[2.] daß die Fortschritte der Landwirtschaft sowie die gesamte Zivilisation, die Macht und Unabhängigkeit einer Nation die Entwicklung und Aufrechterhaltung einer Manufakturkraft zur Grundbedingung haben;

[3.] daß sich diese Manufakturkraft bei den weniger entwickelten Nationen unter den Bedingungen der freien Konkurrenz nicht herausbilden und sich schon gar nicht in freier Konkurrenz gegen die Manufakturkraft der weiter fortgeschrittenen Nationen behaupten kann;

[4.] daß eine Nation eine Manufakturkraft nicht nur für einige Jahre ins Leben ruft, sondern für Jahrhunderte und Jahrtausende, für die gesamte Dauer ihrer Existenz;

[5.] daß die Theorie der Werte von diesem Gesichtspunkt aus nicht einmal in Erwägung gezogen werden kann;

[6.] daß Zölle das einzige Mittel sind, um eine Manufakturkraft zu entwickeln, zu fördern und zu vervollkommnen, vorausgesetzt, daß die Nation auf Grund ihrer geistigen und materiellen Hilfsquellen hierzu in der Lage ist;

[7.] schließlich, daß dies der wahre Weg ist, auf dem man eines Tages das große Menschheitsziel der Handelsfreiheit viel sicherer wird erreichen können, als wollte man sich der Natur und der Kraft der Dinge widersetzen.

Da man alle diese wichtigen Überlegungen aus den Augen verlor, mußte man sich zwangsläufig in einer Vielzahl von Widersprüchen verstricken, mußte man in zahlreiche der Natur widersprechende Erwägungen hineingeraten. Während man so einerseits die Bedeutung der Manufakturen anerkannte und auch zugab, daß es ohne sie keinen Fortschritt — weder in der Landwirtschaft noch in der Kultur — geben kann, mußte man andererseits die Mittel ablehnen und zurückweisen, durch die man allein in den Besitz dieser als notwendig erkannten Manufakturen gelangen konnte. Während man nicht bestreiten konnte, daß alle Nationen, die das Manufaktursystem angewandt hatten, dadurch reich und mächtig geworden sind, mußte man behaupten, daß sie *trotz* [und nicht dank] ihrer Zollsysteme reich und mächtig geworden wären. Den armen Colbert mußte man in dem einen Kapitel loben und in einem anderen wieder tadeln.[1] Den

[1] Im Teil I (Seite 294) seiner „Abhandlung" sagt Say: „Colbert ließ die Last der Mittel, die zur Förderung der Fabriken dienten, von der Landwirtschaft tragen." Auf Seite 279 des gleichen Bandes sagt er dann: „Vielleicht schuldet man sie (die Seiden- und Tuchmanufakturen) den weisen Förderungsmaßnahmen Colberts." Auf Seite 575 sagt er: „Wenn sich irgendein Gewinn aus einer Industrie herausholen läßt, dann hat sie keine Förderung nötig; und wenn sich kein Gewinn aus ihr herausholen läßt, dann verdient sie nicht, gefördert zu werden." Und dann sagt er auf Seite 275 des gleichen Kapitels, „daß es vielleicht weise wäre, einige Industrien zu fördern, die in Zukunft Gewinn bringen könnten". Auf Seite 268 des gleichen Kapitels sagt er noch: „Handelsverträge sind nur gut, um Industrien und Kapitalien zu schützen, die auf Grund schlechter Gesetze auf falsche Wege geraten sind." Schließlich sagt Say im Teil II auf Seite

Zollschutz mußte man als ein Monopol hinstellen, obwohl er doch nichts anderes ist als ein [Markt-]Vorbehalt für die Nation. Man mußte behaupten, daß die Manufakturen auf Kosten der Landwirtschaft beschützt würden, obwohl es doch gerade die Landwirtschaft war, die hiervon den größten Vorteil hatte. Man mußte das Argument vorbringen, daß der Zollschutz der Landwirtschaft Kapitalien entziehe, obwohl es sich als wahr herausstellte, daß die Manufakturen meist nur solche Hilfsquellen und Kräfte wecken und erfordern, die in einem reinen Agrarland entweder nichts sind oder dort nur schlummern und brachliegen. Selbst Handelsverträge — dieses einzige Mittel, um nach und nach zu einer größeren Handelsfreiheit in der Praxis kommen zu können — mußte man ablehnen und ächten, weil ausgerechnet die Verträge, die am stärksten mit den Prinzipien sowie mit dem Geist des Systems übereinstimmten, inzwischen am allerwenigsten jenes Resultat erbracht hatten, das sich das System von der Handelsfreiheit versprach.

Die folgende Argumentation des kosmopolitischen Systems verblüffte am stärksten: Die Natur selbst [— so hieß es —] zwinge den Völkern die Handelsfreiheit auf. Sie mißbillige und verurteile die [Handels-]Beschränkungen, denn sie habe ja selbst die verschiedenen Völker mit verschiedenen Produktionen und mit unterschiedlichem Reichtum ausgestattet. Es wäre daher gegen die Vernunft, wollte man etwa den Norden zwingen, Südfrüchte hervorzubringen. Dieses Argument klingt sehr schön. Doch im siebenzehnten Kapitel haben wir bewiesen, daß es ausschließlich für Bodenprodukte gilt. Was jedoch die Manufakturproduktion angeht, so ist offenbar, daß alle großen Völker der gemäßigten Zone, sofern sie [dabei] durch ihre geistige, moralische und politische Verfassung unterstützt werden, hierzu in gleicher Weise berufen und

404, „daß die Landwirtschaft ohne blühende Städte und ohne Manufakturen immer arm und elend sein wird". — Das sind wohl durchaus Widersprüche!

in gleicher Weise befähigt sind. Dieser Unterschied wäre so scharfsinnigen und gebildeten Männern wie Smith und Say gewiß nicht entgangen, hätten sie sich nicht von dem Prinzip blenden lassen, das sie verteidigen wollten.

Der beste Beweis für die völlige Fehlerhaftigkeit und Ohnmacht dieses kosmopolitischen Systems besteht darin, daß es weder die Wege noch die Mittel angibt, die wirklich zur Handelsfreiheit und zur Weltrepublik führen können. Es hat niemals auch nur das geringste geleistet, um zu diesem Ziel hinzuführen.[1]

Zugunsten des Systems von Adam Smith hat man viel Wert auf das Verdienst gelegt, daß es doch immerhin die Völker gelehrt habe, Reichtum nicht allein im Besitz von Edelmetallen, sondern im Besitz von Wertgegenständen* überhaupt zu sehen. Dies wäre in der Tat ein großes Verdienst, wenn es nicht etwas noch Wichtigeres als den Besitz von Wertgegenständen gäbe, nämlich die Kraft, die diese schafft. Völker, die diese Kraft einbüßen — das lehrt uns das Beispiel Venedigs, der Hanse, Spaniens und Portugals — versinken sehr bald in Armut, Elend und Ohnmacht.

Man hat auch behauptet, Adam Smith hätte die Völker gelehrt, die *Arbeit* sei die einzige Quelle, sei der einzig wahre Ursprung des Reichtums. Dies ist jedoch genausowenig wahr, wie diese beschränkte und begrenzte Kennzeichnung des Ursprungs des Reichtums selbst nur eine der Hauptursachen für das Ungenügen und die Ohnmacht

[1] Say [widerlegt] sich selbst, wenn er sagt: „*Vielleicht* tut eine Regierung noch gut daran, einer Produktion einige Ermunterungen zu gewähren, die *im Anfang zwar mit Verlust arbeitet*, nach wenigen Jahren aber offensichtlich Profit abwerfen muß." Dieses „*vielleicht*" steht völlig im Widerspruch zu den Einwänden, die Say gegen [wirtschaftspolitische] Ermunterungen vorbringt. Was ist übrigens, wenn nun eine Industrie offenkundig erst in Zukunft Profit abwerfen wird — und zwar nicht schon nach wenigen Jahren, wohl aber nach einer Reihe von Jahren? — Lebt denn eine Nation etwa nur für wenige Jahre?

* „Wertgegenstände", gemeint sind „Produkte der wertbildenden Arbeit".

des kosmopolitischen Systems ist. Genausogut hätte Adam Smith dann auch die Hände und Füße der Menschen als Quelle des Reichtums anführen können. Aus einer solchen Feststellung hätte man dann genauso nützliche Prinzipien und Folgerungen ableiten können.

Bezeichnet man die *Arbeit* der Menschen als Ursprung und Quelle ihres Reichtums, so sagt man damit überhaupt nichts. Welcher Unterschied besteht doch zwischen der Arbeit eines Ruderknechtes und der Arbeit des Konstrukteurs eines Dampfbootes? Obwohl der erste gewiß zehnmal mehr körperliche Kräfte verausgabt wie der zweite, so bringt er dennoch nicht den tausendsten Teil der Wirkungen des zweiten hervor. Doch selbst wenn man von der Maschinenkraft absieht — welchen Unterschied gibt es doch zwischen der rein körperlichen Arbeit etwa eines Engländers und der eines unglücklichen Inders, zwischen der Arbeit eines Landwirts, der von allen Manufakturisten weit entfernt lebt und auch nicht über Handelsbeziehungen zu ihnen verfügt, und der Arbeit eines Landwirts, der allerengste Beziehungen zu Manufakturisten aller Art hat? Welch ein Unterschied besteht doch zwischen den Arbeitsergebnissen eines versklavten, demoralisierten und in Aberglauben befangenen Volkes und den Arbeitsergebnissen einer freien, gebildeten und intelligenten Nation?

Will man sich also eine klare und zutreffende Vorstellung von den produzierenden Kräften machen, um diese Kräfte entsprechend entwickeln und schützen zu können, dann muß man die Frage so stellen: Wenn der Reichtum durch die Arbeit produziert wird, wodurch wird dann die Arbeit produziert? Was treibt den Menschen dazu, seine Hände und Füße zum Zwecke des Produzierens in Bewegung zu setzen? Was läßt seine Anstrengungen wirksam werden? — Überall stoßen wir dann darauf, daß es der Geist ist, der den Körper in Bewegung setzt.

Je mehr der Mensch davon überzeugt ist, daß man auch an die Zukunft denken muß, je stärker ihn seine Gefühle dazu veranlassen, auch die zukünftige Existenz der Seinen zu sichern, um so mehr wird er sich anstrengen, um so mehr wird er arbeiten. Je mehr der Mensch von Jugend auf an Arbeit gewöhnt ist, je wirksamer durch seine Erziehung edle Gefühle in ihm geweckt wurden, je mehr gute Beispiele er bei denjenigen sieht, die ihm von Kindheit an als Vorbild dienen, um so mehr kann er die Früchte seiner Anstrengungen selbst genießen, um so mehr enthält er sich jeder Ausschweifung, um so mehr kann er durch seine Handlungen und durch seine Arbeit die öffentliche Achtung und Anerkennung erwerben, um so weniger wird er in seiner Aktivität durch irrige oder abergläubische Vorstellungen oder durch die Willkür anderer gestört, um so mehr wird er auch seine wirtschaftlichen Fähigkeiten, seine Eignung zur Arbeit entwickeln, um so mehr wird er produzieren. Monogamie, Christentum und Freiheit eignen sich darum auch besser als Polygamie, Mohammedanismus und Knechtschaft oder eine unentwickelte Stufe der Freiheit dazu, die Entwicklung der produktiven Kräfte und der Arbeit zu fördern. Selbst bei Anhängern verschiedener christlicher Sekten gibt es darum schon einen erkennbaren Unterschied ihrer produktiven Kräfte.

Die Kräfte und die Arbeit des Menschen werden mächtig durch die Kräfte der Natur, des Wassers, der Winde, der Tiere, des Dampfes unterstützt. Doch diese Hilfsmittel kann der Mensch erst in seinen Dienst stellen, nachdem Aufklärung und Bildung, Wissenschaften und Künste, Manufakturen und Fabriken eine hohe Entwicklungsstufe erreicht haben. Darum sind auch die jeweiligen [Produktions-]Ergebnisse der Arbeiter unvergleichlich größer bei einer Nation, in der alle diese Kräfte schon hervorragend entwickelt sind, als bei einer noch weniger zivilisierten Nation.

Hieraus folgt, daß die Kräfte und die Aktivität des Menschen, wenn sie materielle Werte produzieren sollen, erfordern, daß gute Gesetze eingeführt und diese richtig durchgeführt werden, daß Personen und Eigentum größtmögliche Sicherheit genießen, daß Moral und religiöser Geist in der Nation verbreitet und gefestigt und dabei Aberglauben, Vorurteile und Laster ausgerottet werden, daß Erziehung, Wissenschaften und Künste sorgfältig unterhalten und gepflegt werden, daß Manufakturen und Fabriken ausreichend geschützt werden, daß ein genaues Gleichgewicht zwischen allen Zweigen der Produktion hergestellt wird und daß der Nation die von ihr schon erreichte Entwicklungsstufe auf jeden Fall erhalten bleibt und sie in ihren weiteren Fortschritten mit einer Sorgfalt unterstützt wird, die ihren inneren Wohlstand steigert und ihre äußere Sicherheit garantiert.

Wenn aber die Dinge nun einmal so liegen, dann folgt daraus notwendigerweise, daß die Arbeit derer, die sich mit der Förderung, Entwicklung und dem Schutz der produktiven Kräfte befassen, im Hinblick auf [die Schaffung von] materiellem Reichtum nicht weniger produktiv ist als die Arbeit derer, die greifbare Tauschwerte produzieren.

Sollte man uns hier entgegenhalten wollen, daß sich aus unserem Prinzip der Schluß ziehen läßt, eine Nation sei um so produktiver, je mehr Rechtsanwälte, Geistliche, Soldaten, Professoren oder Gelehrte sie habe, dann fiele es uns leicht, eine solche Sophisterei zu widerlegen. Genauso nämlich wie die materielle Produktion der physischen Arbeit darf keineswegs die geistige Produktion der geistigen Arbeit [ausschließlich] nach der Zahl der Produzenten bewertet werden, die damit beschäftigt sind. Wenn tausend Manufakturisten nur genauso viele Kleider produzieren wie zweihundert, die über die notwendigen Kräfte verfügen, dann liegt es auf der Hand, daß die größere Zahl der Produzenten in der Tat nur eine Verminderung der Produktion bedeutet. Genauso können auch tausend Lehrer und Geistliche, die ihre Pflicht gewissenhaft erfüllen, mehr geistige Kräfte hervorbringen als hunderttausend [oberflächliche Pfuscher].

Da Adam Smith nur die Verausgabung und Anwendung physischer Kräfte als Quelle des Reichtums anerkannte und anführte, dabei aber versäumte, nach den Ursachen für die produktiven Kräfte der Arbeit zu suchen, mußte er auch ganz folgerichtig in den schweren Fehler verfallen, die Wirkung jener geistigen Kräfte zu verkennen, welche die produktiven Kräfte hervorbringen. Hätte er sich statt dessen um die Erforschung dieser Ursachen bemüht, dann hätte er notwendigerweise auch die Bedeutung der Manufakturkraft für alle anderen produktiven Kräfte der Nation erkennen müssen. Dann wäre er auch nicht auf jenen falschen Weg geraten, den Außenhandel [allein] nach der Theorie der Werte zu beurteilen.

J. B. Say hat diesen Mangel des Smithschen Systems empfunden. Er hat deshalb das [Smithsche] System in dieser Hinsicht auch abgelehnt. Doch das Wort Arbeit (travail) hat er dann nur durch das Wort Arbeitsfleiß (industrie) ersetzt, das heißt, durch einen ebenfalls noch zu engen und begrenzten Begriff. Say hat die produktiven Kräfte nicht erkannt. Er hat sie zumindest nicht in ihrer ganzen Bedeutung anerkannt. Dies geht aus folgendem hervor:

1. Den Handel und die [handelspolitischen] Beschränkungsmaßnahmen beurteilt er genau wie Adam Smith.

2. Die innere Manufakturkraft erkennt Say nicht als Grundbedingung für Zivilisation, Unabhängigkeit und Macht einer Nation an, auch nicht als Mittel, um die Landwirtschaft auf den höchstmöglichen Entwicklungsstand zu bringen.

3. Den Einfluß, den die politischen und gesellschaftlichen Verhältnisse der Nation auf die Produktion ausüben, verkennt Say völlig. So kam es, daß Say in genau die gleichen Fehler verfiel wie sein Vorgänger.

Das Verdienst, den Gedanken der produktiven Kräfte verbreitet zu haben, gebührt den umfassenden und erkenntnisvollen Arbeiten von Chaptal, Charles Dupin und Droz. Durch sie wurde die Politische Ökonomie wesentlich vertieft.

Chaptal beschränkte sich darauf, zu zeigen, welche Fortschritte Frankreich in seinem materiellen Reichtum unter dem Einfluß seiner inneren und äußeren Industrie- und Handelspolitik erreicht hat. Dupin allein war es, der über das, was Say „Industrie" nennt, weit hinausging, indem er auch Moral, Intelligenz, Erziehung sowie die gesellschaftlichen und politischen Einrichtungen und Unternehmen statistisch als produktive Kräfte darstellte. Obwohl sich Dupin entschieden gegen die Absicht aussprach, ein neues System begründen zu wollen, hat er doch auf diese Weise alle produktiven Kräfte entsprechend ihrer praktischen Bedeutung in einer so vollkommenen und systematischen Ordnung dargestellt, daß er durch sein regelrechtes Vorgehen und seine Klarheit sowie durch die Geschlossenheit seiner Darstellung das völlige Ungenügen des kosmopolitischen Systems besser sichtbar gemacht hat als durch eine [unmittelbare] Kritik.

Nachdem Droz zunächst das kosmopolitische System, so wie es Smith und Say geschaffen hatten, mit bemerkenswerter Klarheit erläutert hat, bringt er in seinem Werk ein umfangreiches und inhaltsreiches Kapitel. Dort wird in einem genialen und geistreichen Abriß die Theorie der produktiven Kräfte dem System von Smith und Say gegenübergestellt. Der weitere Ausbau dieses Kapitels hätte gewiß genügt, um eine Theorie zu entwickeln, die der Natur besser entspricht [als jene von Smith und Say]. —

Wenn die englischen Ökonomen einem System Hochachtung entgegenbringen, das ihrer Nation — wie wir es in unseren früheren Kapiteln gezeigt haben — die Weltherrschaft verschaffen und sichern würde, und wenn sie den Widerstand, den die Praktiker anderer Länder diesem System entgegensetzen, als kurzsichtig und wissenschaftsfeindlich bezeichnen, so scheint uns dies ganz natürlich zu sein.[1] Die nationalen Interessen Englands stimmen ja in der Tat mit dieser Theorie überein, denn ausgerechnet in

[1] Der durchdringende Geist Montesquieus gestattete es ihm, sehr tief auf den Grund der englischen Politik zu blicken. Im [„Geist

den Punkten, in denen diese falsch und haltlos ist, nützt sie der englischen Nation.

Wenn die deutschen Ökonomen bis heute dieser Theorie ihre Hochachtung bezeugt haben und wenn mehrere von ihnen dabei sogar so weit gingen, das physiokratische System wieder aus dem Abfall der alten Literatur herauszugraben, so läßt sich auch das noch gut erklären. Auf Grund der Zersplitterung des Landes in so viele klein-[staatliche] Bruchstücke hatte sich nämlich in Deutschland die Einführung eines nationalen Handelssystems bis in die jüngste Zeit hinein als unmöglich erwiesen. Es scheint daher ganz natürlich zu sein, wenn die Gelehrten dieser Nation von der Handelsfreiheit das Heil für ihr Vaterland erwarteten und sich deshalb auf die Prinzipien des kosmopolitischen Systems beriefen. Das ist genauso natürlich wie die Tatsache, daß sich der Schwache auf die Prinzipien der Gerechtigkeit und Moral beruft, wenn er vom Starken unterdrückt und mißhandelt wird.

Wenn nun aber in Ländern, in denen sich schon in bescheidenem Maße eine Manufakturkraft entwickelt hat — die aber unvermeidlich im freien Konkurrenzkampf der Manufakturkraft einer weiter fortgeschrittenen Nation zum Opfer fallen müßte —, Männer auftreten, die ein System befürworten und verteidigen, dessen praktische Verwirklichung unweigerlich Reichtum, Macht und Zivilisation ihrer eigenen Nation vermindern und einem anderen Volk die Vorherrschaft [in der Welt] verschaffen würde, so erscheint uns das als widernatürlich. Wir glauben, daß es dafür keine Rechtfertigung gibt; es sei denn, wir führen dieses Verhalten auf jene geistige Verblendung zurück, die aus Egoismus und Eigenliebe erwächst.

Die Theoretiker behaupten, es wäre zum Schaden für die ganze Menschheit, wenn man der englischen Manufakturkraft nicht die Vorherrschaft [in der Welt] zubillige.

der Gesetze"] Teil II, Seite 191, zitiert er Cicero, der folgendes sagte: „Nolo eundem populum imperatorem et portatorem esse [terrarum]."

Diese Nation, so sagen sie, sei nun einmal weiter fortgeschritten. Durch die möglichst weitgehende Ausdehnung ihrer Herrschaft könne die ganze Menschheit sehr viel schneller vorankommen, als wenn die in Zivilisation und Macht mit den Engländern rivalisierenden Nationen große Anstrengungen machen wollten, um sie einzuholen und ihnen mit Hilfe von [handelspolitischen] Beschränkungsmaßnahmen gleichzukommen versuchen.

Sollten die Nationen tatsächlich entschlossen sein, ihr Heil in der englischen Vorherrschaft zu suchen und dabei vollkommen auf ihren eigenen Wert sowie auf ihre Geltung als nationale Einheiten zu verzichten, so würden wir den Ansichten dieser Schriftsteller zustimmen. Doch es ist wohl kaum anzunehmen, daß sich die Nationen zu einer solchen Verzichtleistung entschließen. So etwas könnte man von ihnen nur dann erwarten, wenn man sie davon überzeugen könnte, daß die englische Nation von einer viel vollkommeneren Art ist als alle anderen. Solange man aber diesen Beweis nicht erbringen und solange eine solche Überzeugung nicht allgemein verbreitet werden kann, solange die Franzosen, Amerikaner, Deutschen, Belgier usw. hoffen und [mit Recht] auch hoffen können, daß sie durch Befolgung des gleichen Weges, den die Engländer in ihrer industriellen, gesellschaftlichen und politischen Entwicklung gegangen sind, auch ihrerseits zum gleichen Ergebnis gelangen, so lange kann keine Theorie damit rechnen, daß es ihr gelingen wird, die Völker zu einem solchen Verzicht zu veranlassen. Immer werden es die anderen Nationen für unsinnig halten, wenn von ihnen erwartet wird, daß sie den Engländern für alle Zeit den ersten Platz einräumen und damit einverstanden sein sollen, ihrerseits Rückschritte zu machen, um die Fortschritte der Menschheit zu beschleunigen — und das alles nur aus dem einzigen Grund, weil die durch ihr Schicksal und von der Natur besonders begünstigte [englische] Nation den anderen Nationen um dreißig bis fünfzig Jahre zuvorgekommen ist. Immer werden die Nationen der Ansicht sein, daß die Menschheit, sollte sie selbst auf Grund ihrer nationalen Handelssysteme nicht ganz so schnell vorankommen, zum Ausgleich dafür dann auch auf eine gleichmäßigere und für die Freiheit aller Nationen viel vorteilhaftere Weise vorwärtsschreiten wird. Wenn alle zivilisierten Nationen gemeinsam voranschreiten und wenn sich die noch weniger zivilisierten Nationen ebenfalls allmählich entwickeln, dann ist die Errichtung einer Weltrepublik sehr viel wahrscheinlicher, als wenn eine einzelne Nation den Herrschaftsbereich ihrer erdrückenden Manufaktur- und Handelskraft auf alle anderen Nationen ausdehnt. In diesem Falle würde es schließlich nur zu einer Welthandelsdespotie kommen.

KAPITEL XXXIV

DAS NATÜRLICHE SYSTEM DER POLITISCHEN ÖKONOMIE

Wir geben dem System, das wir in der vorliegenden Abhandlung entwickelt haben, den Namen „Natürliches System",

[1.] weil es nicht à priori eine allgemeine Behauptung aufstellt und dann erst nachträglich versucht, diese zu beweisen, sondern statt dessen seine Prinzipien aus der Natur der Dinge selbst ableitet und diese als erstes zu ergründen versucht;

[2.] weil es nicht die besonderen Interessen der Nationen leugnet und auch nicht die Nationen mit allen ihren Beziehungen und mit allen sich daraus ergebenden unterschiedlichen Verhältnissen übersieht, sondern bestrebt ist, die Vereinigung der Menschheit auf die gegebene Lage der Nationen zu gründen;

[3.] weil es davon ausgeht, daß die [Herstellung der] Handelsfreiheit genau wie die Vereinigung der Menschheit nur ein natürliches Ergebnis der gleichmäßigen und gleichzeitigen Entwicklung der politischen und gesellschaftlichen Verhältnisse aller Nationen sein kann.

Die *Theoretiker* werden uns nicht den Vorwurf machen können, daß wir die Zollsysteme verteidigen, weil wir — wie die Merkantilisten — etwas gewinnen wollen, was andere verlieren, oder weil wir etwa unser eigenes Geld im Land zurückhalten und anderes aus dem Ausland zu uns hereinholen, also nur die Handelsbilanz zu unseren Gunsten gestalten wollen. Sie werden uns auch nicht vorwerfen können, daß wir — wie die Vertreter des Manufaktursystems — die natürlichen Bedingungen verkennen, durch die das eine Land in dieser und das andere in jener Produktion begünstigt ist, denn wir setzen uns ja für den möglichst weitgehenden Freihandel mit Lebensmitteln und Rohstoffen ein. Sie werden uns auch nicht vorwerfen können, daß wir die Menschen auf ewig in sich feindlich gegenüberstehende Nationen gespalten sehen wollen, denn wir sehen in der Nationalität nur eine Stufe, um zum Kosmopolitismus zu gelangen. Sie werden uns auch nicht vorwerfen können, daß wir die großen Verdienste der kosmopolitischen Schule verkennen, denn wir erkennen die gesamte Theorie der Werte so an, wie sie von ihren Begründern entwickelt wurde. Wir behaupten lediglich, daß es auch eine Theorie der Kräfte gibt und daß in Fragen des Außenhandels die Theorie der Werte der Theorie der Kräfte untergeordnet werden muß. Sie werden uns auch nicht Undankbarkeit gegenüber dem großen Adam Smith vorwerfen können, weil wir bestreiten, daß die Arbeit die [einzige] Grundlage des Reichtums sei. Schon J. B. Say hat doch bewiesen, daß die [Smithsche] Auffassung von der Arbeit viel zu eng [begrenzt] ist. Wir glauben unsererseits gezeigt zu haben, daß die von Say entwickelte Vorstellung vom „Arbeitsfleiß" (industrie) ebenfalls noch viel zu eng ist. Auch sie verleitet noch dazu, die produktiven Kräfte ausschließlich materiell aufzufassen.

Die *Praktiker* ihrerseits werden uns nicht vorwerfen können, [1.] daß wir keinen Blick für die wechselseitigen

Beziehungen und die besondere Lage der Nationen gehabt hätten; [2.] daß wir etwa einen Zustand der Menschheit unterstellt hätten, in dem sie sich gar nicht befindet und den sie erst noch erreichen soll; [3.] daß wir das alles nur getan hätten, um zu Schlußfolgerungen zu kommen, die sowohl dem gesunden Menschenverstand wie auch der allgemeinen Erfahrung widersprechen. Im Gegenteil, sie werden uns gerechterweise zugestehen müssen, daß wir mehr als die Hälfte [unserer Abhandlung] dazu benutzt haben, um gerade ihre eigene praktische Betrachtungsweise zu rechtfertigen. Sie werden uns zugestehen müssen, daß wir uns von ihnen nur dadurch unterscheiden, daß wir nicht wie sie die Landwirtschaft durch [handelspolitische] Beschränkungen fördern wollen und daß wir die [handelspolitischen] Beschränkungen selbst — wie sie es tun — im allgemeinen nicht verewigen wollen.

Wir nennen dieses System deshalb das „Natürliche System", weil wir glauben, mit seiner Hilfe die Irrtümer aufgedeckt, die Widersprüche gelöst und die Einheit von Theorie und Praxis hergestellt zu haben.

KAPITEL XXXV

DIE FRAGE

Die nun vor dem Abschluß stehende Abhandlung gibt die Antwort auf folgende Frage:

> „Welche Umstände muß eine Nation berücksichtigen, um bei Einführung der Handelsfreiheit oder bei einer Änderung ihrer Zollgesetzgebung die Interessen der nationalen Produzenten auf gerechte Weise mit den Interessen der Gesamtheit der Konsumenten in Übereinstimmung zu bringen?"

Hierbei sind folgende Fälle zu unterscheiden:

1. Wenn die Nation in ihrer geistigen, moralischen, gesellschaftlichen und politischen Entwicklung noch sehr

zurückgeblieben ist, wenn sich bei ihr noch keine unabhängige und wohlhabende Mittelklasse herausgebildet hat, wenn Kapitalien, Kenntnisse sowie Grund und Boden noch im ausschließlichen Besitz einer kleinen Zahl Privilegierter sind, dann wird die Nation am schnellsten vorankommen, wenn sie die Einfuhr von Fabrikwaren so stark wie möglich begünstigt. Das setzt natürlich voraus, daß die Liefernation ihrerseits nicht die Einfuhr von Lebensmitteln und Rohstoffen, die die Agrarnation in Zahlung geben kann, durch hohe Zölle behindert oder gar vollständig verbietet. Ist das aber der Fall, dann muß die Agrarnation einer solchen Manufakturnation den Vorzug geben, die ihr die besten Bedingungen bietet. Dabei muß sie es sich aber vorbehalten, allen [Nationen], die sich später zu den gleichen Handelsbedingungen bekennen sollten, die gleichen Rechte einzuräumen.

2. Ist eine Nation, die ansonsten über alle notwendigen geistigen Kräfte verfügt, durch ihr kleines Territorium zu stark beengt, um mit Hilfe ihrer inneren Hilfsquellen und ihres inneren Marktes auf die Entwicklung einer starken Manufaktur hoffen zu können, dann muß sie sich entweder in ihren Handelsbeziehungen mit anderen Nationen zusammenschließen, oder sie muß versuchen, die allgemeinen Absatzmöglichkeiten für ihre Manufakturen durch Handelsverträge zu vergrößern und auszubauen.

3. Befindet sich bei einer Nation, die im übrigen alle erforderlichen Bedingungen zur Entwicklung einer Manufakturkraft aufweist, diese Manufakturkraft selbst erst noch in der ersten Periode ihrer Entwicklung, dann muß man beachten:

a) ob diese Nation schon ein System von Prohibitionen oder hohe Zölle bei sich eingeführt hat. In diesem Falle wird sie gut daran tun, die Zölle nach und nach abzubauen, so daß sie am Ende nur noch *die* Industriezweige schützen, von denen anzunehmen ist, daß sie mit der Zeit Gewinn abwerfen werden;

b) ob man erstmalig eine Zollgrenze errichten will. In diesem Falle wird man gut daran tun, nur nach und nach *die* Industriezweige zu schützen, von denen anzunehmen ist, daß sie mit der Zeit Gewinn einbringen werden.

4. Wenn eine Nation alle notwendigen Bedingungen aufweist, um die höchste Stufe der Industrieentwicklung zu erreichen, und wenn sich ihre Manufakturkraft auf Grund eines lange schon eingeführten Prohibitivsystems in voller Entwicklung befindet, dann muß sie sich darauf vorbereiten, nach und nach zum Protektionssystem überzugehen.

5. Wenn eine Nation eine Manufakturkraft besitzt, die ihr unter allen Umständen — sogar bei Handelsfreiheit — bald die Konkurrenzüberlegenheit sichern soll, dann muß sie nach und nach ihre Einfuhrzölle herabsetzen, um dadurch eine begrenzte Konkurrenz der ausländischen Manufakturen auf ihrem inneren Markt zuzulassen.

Was die Handelsfreiheit im Hinblick auf Agrarprodukte, den allmählichen Übergang von einem System zum anderen, die Voraussetzungen für den Schutz der inneren Manufakturen, die ausländische Konkurrenz usw. betrifft, so verweisen wir auf das, was wir im einzelnen dazu in den Kapiteln XV bis XXVI dargelegt haben.

ENTSCHULDIGUNG

Der Verfasser bittet, die große Anmerkung auf [Seite 32 ff.] zu lesen: Es schlägt die Stunde, zu der er diese Abhandlung vorlegen muß. Es blieb ihm nicht mehr die Zeit, um die zahlreichen Fehler des Abschreibers zu berichtigen und um eine Menge von Literaturhinweisen und erläuternden Anmerkungen nachzutragen.

Kolibri 360 GmbH
Ferdinand-Jühlke-Straße 7
99095 Erfurt, Deutschland
produktsicherheit@kolibri360.de